अभिलेखों में ऐतिहासिक भूगोल

अभिलेखों में ऐतिहासिक भूगोल

(गुप्तोत्तर कालीन अभिलेखों का भौगोलिक अध्ययन)

डॉ. जितेश कुमार सिंह

स्वाति पब्लिकेशन्स
दिल्ली

प्रथम संस्करण 2020
ISBN: 978-93-81843-30-7

प्रकाशक:
स्वाति पब्लिकेशन्स
34, सैन्ट्रल मार्केट, अशोक विहार
दिल्ली-110 052
फोन: 91-11-27212194-95
फैक्स: 91-11-27212195
ई-मेल: swatipublications7@gmail.com, agamkala101@gmail.com
www.agamkala.com

लेज़र टाइपसैटिंग:
अमन प्रिंटोग्राफिक्स
दिल्ली
फोन: 9891395309

भारत में मुद्रित।

परमआदरणीया स्नेहमयी माता
श्रीमती सुशीला सिंह
एवं
परमपूज्य पिताजी
श्री राम शंकर सिंह
को सादर समार्पित

अनुक्रमणिका

संकेत सूची

अ०	अध्याय
अ० भ० ओ० रि० इं०	अनल्स ऑफ द भंडारकर ओरियंटल रिसर्च इंस्टीट्यूट
अ० हि० इं०	अर्ली हिस्ट्री ऑव इंडिया
आर्क० स० रि०	आर्कियोलॉजिकल सर्वे रिर्पोट
आर्क० स० रि० ए० रि०	आर्कियोलॉजिकल सर्वे रिर्पोट, एनुअल रिर्पोट
इ० ग० इं०	इम्पीरियल गजेटिअर ऑफ इंडिया
इ० एंटि०	इंडियन एंटिक्वैरी
ए० एस० आई० आर०	आर्कियोलॉजिकल सर्वे ऑफ इंडिया, रिर्पोट
एपि० इं०	एपिग्रफिया इंडिका
ऐं० इं० हि० ट्रे०	ऐंश्यंट इंडियन हिस्टोरिकल ट्रेडिशन
ऐं० मि० इं० क्ष० ट्रा०	ऐंश्यंट मिड–इंडियन क्षत्रिय ट्राइब्स
का० इं० इं०	कार्पस इंस्क्रिप्शनम् इंडिकारम्
जे० उ० प्र० हि० सो०	जर्नल ऑफ यूनाइटेड प्रॉविंसेज हिस्टोरिकल सोसाइटी
जे० ए० एस० बी०	जर्नल ऑफ एशियाटिक सोसाइटी बंगाल
जे० बी० आर० एस०	जर्नल ऑफ बिहार रिसर्च सोसाइटी
जे० बी० बी० आर० ए० एस० सो०	जर्नल ऑफ द बाम्बे ब्रांच ऑफ द रायल एशियाटिक सोसायटी

जे० बी० बी० आर० एस०	जर्नल ऑफ बिहार एंड बंगाल रिसर्च सोसाइटी
ज्यॉ० ऐं० मे० इं०	ज्यॉग्रेफी ऑव ऐंश्यंट एंड मेडिवल इंडिया
ज्यॉ० डिक्श०	ज्यॉग्रेफी डिक्शनरी
पा० टि०	पाद टिप्पणी
प्रा० भा० ऐ० भू०	प्राचीन भारत का ऐतिहासिक भूगोल
प्रा० भा० ऐ० इ०	प्राचीन भारत का राजनीतिक इतिहास
प्रा० भा० रा० सां० इ०	प्राचीन भारत का राजनीतिक तथा सांस्कृतिक इतिहास
पे० हि० ऐं० इं०	पोलिटिकल हिस्ट्री ऑफ ऐंश्यंट इंडिया
म० पु०	मत्स्य पुराण
मा० पु०	मार्कण्डेय पुराण
योग० महा०	योगवासिष्ठ महारामायण
विनय०	विनयपिटक
सा० इं० इं०	साउथ इंडियन इंस्क्रिप्शंस
से० इं०	सेलेक्ट इंस्क्रिप्शंस
सै० बु० ई०	सैक्रेड बुक ऑव द ईस्ट
संयुक्त०	संयुक्त निकाय
हरि० पु०	हरिवंश पुराण
हि० ज्यॉ० ऐं० इं०	हिस्टोरिकल ज्यॉग्रेफी ऑफ ऐंश्यंट इंडिया

आभार

इस पुस्तक को साकार रूप में आपके समक्ष प्रस्तुत करते हुए अपार हर्ष का अनुभव हो रहा है। इस पुस्तक को मूर्त रूप देने में मेरे परम आदरणीय गुरुजी प्रो. प्रशान्त श्रीवास्तव जी का अप्रतिम योगदान रहा है जिन्होंने न केवल विषय चयन अपितु तथ्यों के संकलन के साथ ही अपना बहुमूल्य समय और निर्देशन प्रदान कर इसे एक महत्वपूर्ण कृति बनाया। उनके सुझाव व सहयोग के आधार पर ही एक शोध प्रबंध को व्यापकता प्रदान कर तथा कतिपय नवीन तथ्यों का समायोजन कर एक पुस्तक के रूप में प्रकाशित कर पाना संभव हुआ है। मेरे पूज्य गुरुदेव ने एक सफल निर्देशक एवं मार्गदर्शक के रूप में निरंतर मुझे जीवन में आगे बढ़ने की प्रेरणा और आत्मविश्वास दिया। समय–समय पर आने वाली विषयपरक तथा व्यक्तिगत समस्याओं का निराकरण उनके अमूल्य सुझाव के बिना संभव न हो पाता। पुस्तक के तथ्यों के संकलन और विश्लेषण के दौरान गुरुजी की जीवन संगिनी डा. निधि श्रीवास्तव जी का भी मैं विशेष रूप से आभारी हूँ जिनकी ममतामयी दृष्टि से मैं आज भी अभिसिंचित होता रहा हूँ। पुस्तक के तथ्यों के संकलन के दौरान उनकी दोनों पुत्रियों प्रतीची व पूर्वी तथा उनके स्वर्गीय माता–पिता के प्रति भी मैं अपनी कृतज्ञता प्रकट करता हूँ जिनका समय बाँटकर ही वे मेरा मार्गदर्शन करते रहे।

मैं प्राचीन भारतीय इतिहास एवं पुरातत्व विभाग, लखनऊ विश्वविद्यालय, लखनऊ के पूर्व अध्यक्ष प्रो. एस. एन. कपूर तथा वर्तमान अध्यक्ष प्रो. एस. के. जायसवाल का भी आभार प्रकट करता हूँ जिन्होंने अनेकों प्रकार से मुझे प्रेरित कर मेरा मार्गदर्शन किया। इसके साथ ही मैं विभाग के अन्य शिक्षकों के प्रति भी अपनी कृतज्ञता प्रकट करता हूँ जिन्होंने इस कार्य में मेरा सहयोग किया है। इस पुस्तक के तथ्यों के संकलन के दौरान मैं परम आदरणीय प्रो. के. के. थपल्याल जी का भी आशीर्वाद पाने में सफल रहा और उनके द्वारा विभिन्न संदर्भों में

सहायता प्राप्त की जिसके लिए उनके प्रति मैं अपना हार्दिक आभार प्रकट करते हुए उनके अच्छे स्वास्थ्य व दीर्घ आयु की कामना करता हूँ।

अध्ययन की सुविधा प्रदान करने के लिए मैं विभागीय पुस्तकालय, प्राचीन भारतीय इतिहास एवं पुरातत्व विभाग, लखनऊ विश्वविद्यालय, लखनऊ, टैगोर पुस्तकालय, राज्य संग्रहालय, लखनऊ (विशेष रूप से डा. एस. एन. उपाध्याय, वार्ष्णेय जी और वाजपेयी जी) आदि के अध्यक्ष एवं कर्मचारियों का उनके सहयोग हेतु विशेष रूप से धन्यवाद करता हूँ।

अन्त में मैं अपने आदरणीय माता–पिता के प्रति हार्दिक आभार प्रकट करता हूँ जिन्होंने तमाम कठिनाइयों के बावजूद भी मुझें आगे बढ़ने के लिए न केवल प्रोत्साहित किया अपितु हरपल मेरे साथ रहे। उनके आशीर्वाद के बिना यह कार्य संभव नहीं हो पाता। मैं अपने अग्रज श्री अजय सिंह एवं अनुज मंजेश तथा परिवार के अन्य प्रत्येक सदस्य एवं मित्रगण, जय, युवराज, सुनील, संदीप, वर्षा तथा अपने विद्यालय परिवार के प्रत्येक सदस्य विशेष रूप से कामना, सौम्या, प्रशान्त, रोहित, शेखर आदि के प्रति भी अपनी कृतज्ञता प्रकट करता हूँ जिन्होंने इस कार्य में अपना बहुमूल्य सहयोग मुझें प्रदान किया।

प्रस्तुत पुस्तक को मूर्त रूप प्रदान करने में मेरी जीवन–संगिनी डा. रुचि सिंह के योगदान को शब्दों में ज्ञापित करना संभव नहीं है जिन्होंने अपना अमूल्य समय, सहयोग व निंरतर प्रेरणा देकर इस दुष्कर कार्य को काफी सहज कर दिया। पुस्तक के संकलन की शुरुआत से पूर्णता की अवधि में मुझे दो बच्चों के पिता बनने का दैवीय सौभाग्य मिला। मैं अपनी पुत्री जिज्ञासा एवं पुत्र जीवेश को विशेष रूप से स्नेह आशीष देना चाहूँगा जिनका समय चुराकर ही मैं इस पुस्तक को आपके समक्ष प्रस्तुत कर पाया हूँ। इस अवसर पर मैं अपनी जीवन संगिनी के पूज्य माता–पिता श्रीमती रमासिंह एवं श्री शमशेर सिंह के प्रति भी अपनी हार्दिक कृतज्ञता ज्ञापित करता हूँ जिनके स्नेहाशीष एवं सहयोग के बिना यह कार्य संभव नहीं था। इस विशेष भावुक क्षण में मैं अपने अग्रज स्व. श्री संजय सिंह को अवश्य याद करना चाहूँगा जो आज हमारे साथ नहीं हैं किन्तु उनके आशीर्वाद के बिना इस कार्य को पूर्णता प्रदान करना कठिन था।

पुस्तक के त्वरित और सुकचिपूर्ण प्रकाशन के लिए स्वाति पब्लिकेशन, दिल्ली, के प्रति भी मैं अपना हार्दिक आभार व्यक्त करता हूँ। आप सभी पाठकों का आभार प्रकट करते हुए यह विनम्र निवेदन है कि तथ्यों के संकलन तथा संपादन में यथासंभव पूर्ण सावधानी रखी गयी है किन्तु कतिपय त्रुटियाँ यदि रह गई हों तो उसके निष्पादन हेतु आपके बहुमूल्य सुझाव आमंत्रित हैं।

आशा करता हूँ कि गुप्तोत्तर कालीन अभिलेखों के भौगोलिक अध्ययन के सन्दर्भ में यह पुस्तक आपके लिए लाभप्रद सिद्ध होगी।

03.12.2019 **डा. जितेश कुमार सिंह**

अध्याय– प्रथम

भूमिका

गुप्तोत्तर कालीन भूगोल का अध्ययन प्राचीन भारतीय इतिहास का एक रोचक विषय होने के साथ–साथ महत्वपूर्ण भी है। इस काल के भौगोलिक कारकों का उल्लेख तत्कालीन शासकों, तथा उनके सामन्तों के द्वारा उत्कीर्ण अभिलेख, जारी दानपत्रों तथा साहित्य (संस्कृत, बौद्ध तथा जैन) के साथ विदेशी यात्रियों के विवरणों में भी प्राप्त होता है। परवर्ती साहित्य भी उक्त सन्दर्भ में अत्यन्त महत्वपूर्ण हैं। 'गुप्तोत्तर कालीन अभिलेखा का भौगोलिक अध्ययन' अपने में एक अत्यंत महत्वपूर्ण अध्ययन क्षेत्र है। अभिलेखों के आधार पर इस काल का भौगोलिक अध्ययन अभी तक किसी ने क्रमबध रूप से नहीं किया है। अतः मैंने प्रस्तुत पुस्तक की विषय वस्तु हेतु इसी विषय को चयनित किया है।

विषय का क्रमबद्ध अध्ययन करने के लिये मैंने गुप्तोत्तर कालीन अभिलेखों के साथ–साथ समकालीन संबंधित साहित्य को भी स्रोत के रूप में प्रयुक्त किया है। विषय सामाग्री को मैंने मुख्यतः उत्तर भारत के अभिलेखों पर ही केन्द्रित रखा है किन्तु उनमें उल्लिखित दक्षिणभारत, पूर्वीभारत, पश्चिम भारत तथा मध्य भारत के भौगोलिक सदन्र्भों को भी यथासंभव सम्मिलित करने का प्रयास किया है। इसमें लगभग 550 ई0 से लेकर 1200 ई0 तक का काल समाहित किया गया है। प्रस्तुत पुस्तक को विभिन्न अध्यायों मे बाँटा गया है जिससे विषय में क्रमबद्धता तथा सरलता आ सके। इनका संक्षिप्त विवरण निम्नवत हैः

प्रथम अध्याय के अन्तर्गत पुस्तक की भूमिका को रखा गया है। भूमिका में उक्त कालावधि में अभिलेखों में वर्णित विभिन्न भौगोलिक तथ्यों का वर्णन किया गया है।

भारत–वर्ष, आर्यावर्त, दाक्षिणात्य आदि विंदुओं को तकनीकि कारणों से भूमिका के अन्तर्गत रखना ही समीचीन प्रतीत होता है।

द्वितीय अध्याय के अन्तर्गत गुप्तोत्तर कालीन अभिलेखों में वर्णित विभिन्न नदियों का उल्लेख, उनकी स्थिति का निर्धारण तथा उनकी पहचान स्थापित करने का प्रयास किया गया है। गुप्तोत्तर कालीन अभिलेखों में गंगा, यमुना, सरस्वती, फल्गु, वंक्षु, लौहित्य आदि विभिन्न नदियों का उल्लेख मिलता है। नदियों का अध्ययन केवल भौगोलिक आधार पर ही महत्वपूर्ण नहीं है वरन् यह समकालीन शासकों के राज्यविस्तार, उनके राज्य की आर्थिक तथा सांस्कृतिक स्थिति का भी परिचय प्राप्त करनें में अत्यंत लाभप्रद है। तत्कालीन व्यापार और वाणिज्य के प्रोत्साहन में गंगा, यमुना आदि नदियों का अत्यंत महत्व दृष्टिगत होता है। नदियों ने अपने तटों पर स्थित विभिन्न नगरों के राजनीतिक तथा सांस्कृतिक विकास में भी योगदान किया है। नदियों के मैदानी भाग अत्यंन उपजाऊ होते हैं, जिसके कारण उन पर अधिकार करने के लिये विभिन्न राज्यवंशों ने दीर्घकाल तक संघर्ष किया था। इस सन्दर्भ में गंगा–यमुना का दोआब अत्यंत महत्वपूर्ण है।

तृतीय अध्याय में इस काल के अभिलेखों में विभिन्न पर्वतों का वर्णन किया गया है। भारत के भौगोलिक निर्धारण में हिमालय आदि पर्वतों का प्रमुख स्थान रहा है। हिमालय न केवल भारत की उत्तरी सीमा का निर्धारण करता है वरन् इसे विदेशी आक्रमणों से सुरक्षित भी करता है। भारत एक विशाल एवम् विलक्षण देश है। मुख्यतः इसे उत्तर और दक्षिण भारत में विभाजित करने का श्रेय विन्ध्य पर्वतमाला को जाता है। पर्वत न केवल अपनी प्राकृतिक विशेषताओं के लिये ही महत्वपूर्ण है अपितु इन्होंने अपने आश्रय में विभिन्न राज्यों, जातियों, आदि का भी पोषण किया। हिमालय, विन्ध्य आदि पर्वतों को दुलर्भ औषधियों और पशु–पक्षियों का आश्रय माना गया है। इस उपमहाद्वीप के भौगोलिक परिवर्तन यथा जलवायु मौसम आदि में पर्वतों को महत्वपूर्ण कारक के रूप में जाना जाता है। गुप्तोत्तर कालीन अभिलेखों में हिमालय, विन्ध्य, रैवतक, अरण्यकूपगिरि, महेन्द्र, कैलास आदि विभिन्न पर्वत श्रेणियों का उल्लेख प्राप्त होता है। इस काल के पर्वतों का अध्ययन तत्कालीन भारत की रूपरेखा और विभिन्न राजवंशों के राज्यविस्तार का निर्धारण करने में भी अत्यंत उपयोगी हैं। अभिलेख में वर्णित हिमालय, विन्ध्य, महेन्द्र, कैलास आदि पर्वतों का उल्लेख टॉलमी, मेगस्थनीज, ह्वेनसांग आदि विदेशी यात्रियों के विवरणों में भी मिलता है।

भारत की विशालता, जनसंकुलता, विविधता तथा भाषाई विभिन्नताओं के आधार पर इसे अलग–अलग प्रान्तों में विभाजित किया गया था। कतिपय प्रान्तों की महत्वपूर्ण स्थिति को देखते हुये उन पर अधिकार स्थापित करने के लिये अनेक संघर्ष भी हुये। गुप्तोत्तरकाल में काशी, अवन्ती, वंग, कान्यकुब्ज, गौड़, आदि विभिन्न प्रान्तों का उल्लेख मिलता है जो अपनी राजनीतिक, सांस्कृतिक तथा व्यापारिक स्थिति के कारण अत्यंत महत्वपूर्ण थे। इस काल के कतिपय प्रान्त तो अत्यन्त विशाल थे यथा–काशी, अवन्ती, कान्यकुब्ज जबकि कुछ लघु प्रान्तों का भी उल्लेख प्राप्त होता है यथा जापिला, डाहल आदि। इस काल में

विभिन्न भुक्तियों का भी उल्लेख मिलता है, यथा–पुण्ड्रवर्धनभुक्ति, अहिछत्रभुक्ति, दण्डभुक्ति, नगरभुक्ति आदि। भुक्ति संभवतः राज्य के प्रशासनिक विभाजन की एक इकाई थी। प्रायः वृहत राज्यों को विभिन्न भुक्तियों में विभाजित कर उसे किसी अधिकारी के अधीन कर दिया जाता था। कभी–कभी किसी नगर को उसकी महत्वपूर्ण स्थिति के कारण भुक्ति के रूप में परिवर्तित कर दिया जाता था। अभिलेखों में श्रावस्ती का उल्लेख भुक्ति और नगर दोनो ही रूपों में मिलता है। अध्ययन की सुविधा के लिये भुक्ति को भी प्रान्तों के अन्तर्गत ही रखा गया है। गुप्तोत्तर कालीन अभिलेखों में कतिपय द्वीपों यथा आम्रद्वीप, लंकाद्वीप, सुवर्णद्वीप आदि का भी उल्लेख मिलता है। इन द्वीपों की विभिन्न स्रोतों के आधार पर उचित स्थिति स्पष्ट करने का प्रयास किया गया है जिसमें बौद्ध साहित्य और विदेशी यात्रियों के विवरण अत्यंत उपयोगी रहें हैं। उक्त द्वीपों को भी प्रान्तों के अन्तर्गत ही रखा गया है। प्राचीन भारत में अनेक राज्य अस्तिव में आये। बड़े राज्यों तथा साम्राज्यों को प्रशासन में सहुलियत की दृष्टि से विभिन्न आधार पर अनेक प्रान्तों में विभाजित किया गया। इन प्रान्तों के लिये गुप्त काल से भुक्ति नाम का प्रयोग किया जाने लगा और यह गुप्तोत्तर काल में भी जारी रहा। प्रान्तों को आगे जिलों में विभाजित किया गया जिन्हें विषय अथवा आहार कहा जाता था। प्रशासन की सबसे छोटी इकाई ग्राम थी। चतुर्थ अध्याय के अन्तर्गत गुप्तोत्तर कालीन अभिलेखों में उल्लिखित विभिन्न राज्यों और प्रान्तों का अध्ययन किया गया है।

पाँचवें अध्याय का संबंध गुप्तोत्तर कालीन अभिलेखों में उल्लिखित जिलों, नगरों, आदि से है। विभिन्न जनों द्वारा अपनी राज्य स्थापना और उसके विस्तार के साथ ही राजनीतिक और सांस्कृतिक गतिविधियों के केन्द्र के रूप में विभिन्न नगरों का उदय हुआ। इनमें से कतिपय नगर भौगोलिक स्थिति के कारण अत्यंत महत्वपूर्ण थे। कतिपय नगर व्यापार और वाणिज्य के केन्द्र के रूप में प्रसिद्व थे, यथा उज्जैनी, श्रावस्ती, वाराणसी, आदि। इन नगरों में से कतिपय को संस्कृति और शिक्षा का केन्द्र भी माना जाता था। कुछ नगरों को धार्मिक गतिविधियों के केन्द्र के रूप में ख्याति प्राप्त थी। वाराणसी और अयोध्या हिन्दूधर्म तथा श्रावस्ती और गया आदि बौद्ध धर्म के प्रसिद्ध केन्द्र थे। कन्नौज जैसे कतिपय नगरों के महत्वपूर्ण व्यापारिक पथों पर स्थित होने के कारण विभिन्न शासकों द्वारा उन पर अधिकार स्थापित करने हेतु संघर्ष का भी उल्लेख प्राप्त है। वाराणसी, श्रावस्ती, अयोध्या आदि नगर विभिन्न वस्तुओं के उत्पादन हेतु भी प्रसिद्ध थे। कतिपय नगरों का प्रयोग बन्दरगाहों के रूप में भी किया जाता था जहाँ से विदेशी जलयानों और यात्रियों द्वारा वस्तुएँ लाने–ले जाने का वर्णन प्राप्त होता है।

गुप्तोत्तर कालीन अभिलेखों में विभिन्न नगरों का उल्लेख प्राप्त होता है। इन नगरों के बारे में विस्तृत सूचना टॉलेमी, ह्वेनसांग आदि विदेशी यात्रियों के विवरणों से भी प्राप्त होता है। ह्वेनसांग अपने यात्रा भ्रमण में उत्तर भारत से दक्षिण भारत तक के विभिन्न नगरों में गया था। उसने इन नगरों की स्थिति और महत्व पर प्रकाश डाला है। इन अभिलेखों में नगरों के अतिरिक्त विभिन्न विषयों और मंडलों का भी उल्लेख प्राप्त होता है, यथा

स्थालीक्कट विषय, गया विषय, कालंजर और व्याघ्रतटी मंडल आदि। इन विषयों, मंडलों, नगरों आदि को भी अध्ययन की सुविधा के लिये इसी अध्याय के अन्तर्गत ही समाहित किया गया है।

भारत को प्राचीन समय से ही ग्रामों का देश माना जाता है। ग्रामों को राज्यों के प्रशासनिक संगठन की आधारभूत इकाई माना जाता है। प्रशासनिक विभाजन के क्रम में ग्राम राजस्व एकत्रित करने की सबसे छोटी इकाई माने जाते हैं। ग्रामों का प्रशासन ग्रामिक, ग्रामणी या मुखिया द्वारा किया जाता था। प्रायः ग्रामों का प्रशासन उसके द्वारा चुने गये सदस्यों द्वारा किया जाता था जो एक समिति द्वारा संचालित होते थे। समिति ग्रामों में राज्य की घोषणाओं को लागू करने के साथ ही साथ ग्राम के प्रशासन, सड़क, सफाई, सिंचाई आदि की व्यवस्था करती थी। ग्रामों का आकार भी भिन्न–भिन्न होता था। कतिपय ग्राम किन्हीं धार्मिक कारणों इत्यादि से महत्वपूर्ण स्थिति प्राप्त कर लेते थे। कभी–कभी ग्रामों को उनके किसी विशेष वस्तु के उत्पादन या संबंधों के कारण भी प्रसिद्धी मिल जाती थी। शासकों द्वारा ग्रामों की आय को मंदिर, मठों, आदि के निमित्त दान किये जाने की प्रथा भी प्रचलित थी। शासकों द्वारा विभिन्न अवसरों पर यज्ञादि के द्वारा ग्रामों का दान करने का वर्णन मिलता है। गुप्तोत्तर कालीन अभिलेखों में विभिन्न ग्रामों का उल्लेख प्रायः दान के सन्दर्भ में मिलता है, यथा अंगार, मार्कटसागर, क्रौंचश्वभ्र आदि। संस्कृत तथा बौद्ध साहित्य में भी राजाओं द्वारा विभिन्न अवसरों पर दान किये गये ग्रामों का उल्लेख मिलता है। इन ग्रामों की स्थिति और इनकी स्पष्ट पहचान करने का यथा संभव प्रयास इस छवें अध्याय में किया गया है।

भारत देश की विविधता विभिन्न सन्दर्भों में परिलक्षित होती है। इसी क्रम में यहाँ निवास करने वाली विभिन्न जातियों का उल्लेख मिलता है। इन जातियों में कतिपय मूल रूप से यहीं की निवासी थी, यथा कुरू, पंचाल, मद्र आदि जबकि कतिपय को विदेशी मूल का बताया जाता है, यथा यवन, चीन आदि। गुप्तोत्तर कालीन विभिन्न जातियों का उल्लेख अभिलेखों में प्राप्त होता है, जिनमें लिच्छवि, यवन, कुरू आदि ने अपनी राजनीतिक शक्ति का विस्तार कर तत्कालीन राजनीति को प्रभावित किया। उत्तर भारत की राजनीति में लिच्छवियों की स्थिति विभिन्न कालों में अत्यंत महत्वपूर्ण थी। इनकी कुलीनता और न्यायप्रणाली इन्हें समकालीन अन्य जातियों से महत्वपूर्ण स्थिति प्रदान करती है। यवनों ने विदेशी आक्रमणकारियों के रूप में भारत में प्रवेश किया किन्तु वे यहाँ की संस्कृति में रच–बस गये। उन्होनें अपना राजनीतिक विस्तार कर यहाँ की राजनीति को काफी प्रभावित किया। हिन्द–यवन संस्कृति का विकास भारत और यवनों के सम्मिलन से हुआ। यवनों के आने से भारतीय इतिहास के निर्धारण को एक दिशा मिली तथा कला, साहित्य और ज्योतिष के क्षेत्र में महत्वपूर्ण प्रगति हुई। भारतीय साहित्य में इन जातियों को आर्यों और अनार्यों की श्रेणी में विभाजित किया गया है। मूल रूप से भारत में निवासित जनों को आर्य तथा विदेशी आक्रमणकारियों को अनार्य जाति का बताया गया है। विभिन्न संस्कृत तथा बौद्ध साहित्यिक

ग्रंथों से इन जातियों की स्थिति, राज्य की स्थापना तथा उनके भौगोलिक विस्तार के बारे में पर्याप्त सूचना मिलती है। गुप्तोत्तर कालीन अभिलेखों में उल्लिखित विभिन्न जातियों का अध्ययन इस सातवें अध्याय में किया गया है।

प्राचीन भारतीय भूगोल के अध्ययन हेतु कई महत्वपूर्ण पुस्तकें उपलब्ध हैं जिनमें से कतिपय पुस्तकों द्वारा गुप्तोत्तर कालीन भौगोलिक स्थिति पर महत्वपूर्ण प्रकाश पडता है। इस अध्ययन के लिए गुप्तोत्तर कालीन अभिलेखों को मूलस्रोत के रूप में चुना गया है, जिन्हें हुल्त्स, कीलहार्न, डी0 आर0 भण्डाकर, डी0 सी0 सरकार, भगवानलाल इन्द्राजी, वी0 वी0 मिराशी आदि विद्वानों ने प्रकाशित किया है। प्रस्तुत पुस्तक को व्यवस्थित और विस्तृत स्वरूप प्रदान करने के लिए निम्नलिखित पुस्तकों तथा शोध पत्रों से महत्वपूर्ण सहायता प्राप्त हुई– कनिंघम की ऐंश्यंट ज्यॉग्राफी ऑफ इंडिया (1924); एन0 एल0 डे0 की ज्यॉग्राफिकल डिक्शनरी ऑफ ऐंश्यंट एंड मिडिवल इंडिया (1927); बी0 सी0 लाहा की ज्यॉग्रेफी ऑफ ऐंश्यंट इंडिया (1954); प्राचीन भारत का ऐतिहासिक भूगोल (उपरोक्त का हिन्दी अनुवाद, रामकृष्ण द्विवेदी, 1972); ट्राइब्स इन ऐंश्यंट इंडिया (1943); डी0 सी0 सरकार की सेलेक्ट इंस्क्रिप्शंस, II, (1983); के0 के0 थपल्याल की इंस्क्रिप्शंस ऑफ मौखरीज, लेटर गुप्ताज, पुष्पभूतिज एंड यशोवर्मन् ऑफ कन्नौज (1985) तथा ऐंश्यंट इंडियन सील्स (1972) आदि। इसके अतिरिक्त विभिन्न शोध पत्रिकाओं में प्रकाशित शोधपत्रों के अध्ययन से इस पुस्तक को पूर्णता प्रदान करने में सहायता मिली। इनमें एपिग्रेफिया इंडिका, इंडियन ऐंटिक्वैरी, जर्नल ऑफ द रॉयल एशियाटिक सोसाएटी, जर्नल ऑफ एशियाटिक सोसाएटी बंगाल आदि महत्वपूर्ण हैं।

पुस्तक के विभिन्न अध्यायों में वर्ण्य विषय को देवनागरी वर्णानुक्रम के आधार पर व्यवस्थित किया गया है।

सन्दर्भ ग्रंथ सूची पुस्तक के अन्त में दी गयी है, जिसमें विषय–वस्तु पर प्रकाश डालने वाले ग्रन्थों (प्राथमिक एंव द्वितीय) तथा शोध पत्रों का विवरण दिया गया है। अधिकांश अध्ययन सामाग्री अंग्रेजी में उपलब्ध थी इस कारण मैंने सन्दर्भ ग्रंथ सूची अंग्रेजी में देना ही उचित समझा। पुस्तक में सारगर्भित तथ्यों के क्रमबद्ध विश्लेषण का समुचित प्रयास किया गया है।

भारत–वर्ष

भारत–वर्ष तथा उसके आर्यावर्त, उत्तरापथ, मध्यदेश तथा दक्षिणात्य/दक्षिणापथ जैसे भागों का उल्लेख भूमिका के अन्तर्गत करना ही उचित प्रतीत होता है।

पुराणों के अनुसार पृथ्वी सप्त द्वीपों में विभाजित है, जिसमें जम्बुद्वीप एक है। इस जम्बुद्वीप के नौ वर्ष हैं जिनमें से भारत–वर्ष एक है। भारत–वर्ष के भी नौ भेद या खण्ड या द्वीप बताये गये हैं।[1] पुराणों में भारत–वर्ष शब्द का प्रयोग कहीं पर वृहत्तर भारत के विस्तृत

अर्थ में तथा कहीं पर केवल भारत देश के संकुचित अर्थ में किया गया है।[2] जैन परंपरा में जम्बुद्वीप को चुल्ल हिमवंत के दक्षिण में और पूर्वी तथा पश्चिमी समुद्रों के मध्य स्थित कहा गया है। जैन साहित्य में वर्णित भारत–वर्ष को पालि ग्रंथों में वर्णित जम्बुद्वीप से समीकृत किया जाता है।[3] चीनी लोग भारत–वर्ष को 'इन्दु–देश' कहते थे। ह्वेनसांग के अनुसार बुद्ध रूपी सूर्य के अस्त हो जाने के उपरांत इस देश के महात्मा ही सम्पूर्ण संसार के लिए इन्दु (चन्द्रमा) का कार्य करते थे, जबकि अन्य देशों में यदाकदा तारों के सदृश ही महापुरुष उत्पन्न होते थे। इसी कारण से इसे इन्दुदेश कहा जाता था।[4] ह्वेनसांग ने भारत–वर्ष के लिए जम्बुद्वीप (चीनी चम्पु) तथा 'यिन–तु' नामों का प्रयोग किया है।[5] मगध बौद्ध धर्म के निमित्त एक अत्यन्त पवित्र स्थान था, अतएव यदाकदा चीनी साहित्य में सम्पूर्ण भारत–वर्ष के लिए मगध नाम का भी प्रयोग मिलता है।[6] भारतीय समाज में ब्राह्मणों की प्रमुखता होने के कारण चीनी लोग भारत–वर्ष को 'ब्राह्मण–देश' नाम से भी संबोधित करते थे।[7] हिमालय पर्वत के दक्षिण तथा हिन्द महासागर के उत्तर में स्थित एशिया महाद्वीप के विशाल प्रायद्वीप को भारत–वर्ष के नाम से पुकारा जाता था। यह विस्तृत भूखंड अपने वृहत रूप में चतुर्भुज जैसा है। युनानियों ने इसे 'इंडिया' नाम से उल्लिखित किया है। मध्यकालीन लेखको ने इसे हिन्द या हिन्दुस्तान कहा है। मोटे तौर पर इस देश को चार प्रमुख भागों में बाँटा गया हैः–

1. उत्तर का पर्वतीय प्रदेश
2. गंगा तथा सिंधु का उत्तरी मैदान
3. दक्षिण का पठारी भाग, एवं
4. सुदूर दक्षिण का मैदानी भाग।[8]

महाभारत में भारत–वर्ष का स्वरूप चार छोटे समबाहु त्रिभुजों में विभाजित एक समबाहु त्रिभुज के रूप में बताया गया है।[9] कूर्म निवेश खण्ड में भारत–वर्ष के धरातल को लेटे हुए पूर्वाभिमुख कूर्म के ऊपरी पृष्ठ के सदृश उत्तल आकार वाला कहा गया है।[10] पूर्वकालीन बौद्धों के अनुसार भारत–वर्ष का आकार उत्तर में चौंड़ा है जबकि दक्षिण में यह एक बैलगाड़ी के अगले भाग के समान है, तथा सात बराबर भागों में विभाजित है।[11]

भारत–वर्ष का यह आकार इस देश के मूल स्वरुप से अत्यंत वृहत सीमा तक मिलता है, जो कि उत्तर में चौड़ा है जहाँ हिमालय पूर्व से पश्चिम तक विस्तृत है और जो दक्षिण में त्रिभुजाकार है। यह स्वरूप चीनी लेखक फाह–कि–लिह–तो द्वारा वर्णित इस स्वरूप के समान है। भारत–वर्ष के आकार के संबंध में मेगस्थनीज और डायमेकस का विचार है कि समुद्र से काकेशस तक इसकी दूरी 20,000 स्टेडिया से भी अधिक है।[12] मेगस्थनीज के अनुसार भारत की न्यूनतम चौडाई 16,000 और न्यूनतम लम्बाई 22,300 स्टेडिया है।[13] मेगस्थनीज ने अपनी पुस्तक 'इंडिका' में भारत–वर्ष के निवासियों, नदियों, प्रदेशों, नगरों, भूमि, पशुओं, वृक्षों, जातियों आदि का उल्लेख किया है। हेरोडोट्स ने भारत–वर्ष को इंडिया

कहा है जो पारसीक साम्राज्य का बीसवाँ प्रान्त था। राजशेखर की काव्यमीमांसा[14] में भारत–वर्ष के पंरपरानुगत पाँच भागों का स्पष्ट उल्लेख किया गया है।

मुस्लिम लेखकों में अलबरुनी तथा अन्य विद्वानों ने अपने–अपने विवरणों में भारत–वर्ष की भौगोलिक, सामाजिक, राजनैतिक, धार्मिक तथा आर्थिक पक्षों का चित्रण किया है। यह देश अपनी अनोखी विविधता, विलक्षणता, भाषा, रीति–रिवाजों तथा परंपराओं हेतु प्रसिद्ध था। भारत–वर्ष की भौगोलिक स्थिति भी इसे एक महत्वपूर्ण देश की स्थिति प्रदान करती है।

यह पुर्वी गोलार्द्ध के मध्य तथा दक्षिण एशिया के केन्द्रीय प्रायद्वीप के रूप में स्थित है। हिन्द महासागर ने भारत–वर्ष का व्यापारिक संबंध अन्य देशों से स्थापित किया है। इसके पूर्वी, पश्चिमी और दक्षिणी तीनों किनारे क्रमशः बंगाल की खाडी, अरब सागर और हिन्द महासागर से आवृत्त हैं। उत्तर, पश्चिमोत्तर और उत्तर–पूर्व में यह देश चीनी तुर्किस्तान और तिब्बत, ईरान के पठार, बलुचिस्तान तथा वर्मा की चिंदविन और इरावदी नदियों की घाटियों से एक विशाल प्राचीर द्वारा विभाजित है। भारत–वर्ष के आकार की विशालता इसकी प्राकृतिक विशेषताओं को एक अनोखा स्वरूप प्रदान करती है। हिमालय की गौरवशाली ऊँचाइयाँ इसकी उत्तरी सीमा को सुरक्षित करते हुए इसके अनुपम सौन्दर्य में वृद्धि करती हैं। विंध्यपर्वतमाला इसे मुख्यतः दो भागों उत्तर भारत व दक्षिण भारत में विभाजित करती है। समय–समय पर हुए विभिन्न आक्रमणों के प्रभाव को झेलते हुए अपनी प्राचीन परंपरा और सांस्कृतिक विरासत को सँजोयें हुए भारत–वर्ष वर्तमान समय में भी अपनी विविधात्मक एकता के लिए प्रसिद्ध है।

इसका उल्लेख कल्चुरि रत्न–II के साखों ताम्रपत्र अभिलेख[15] (1128 ई0) में हुआ है। अभिलेख से प्राप्त सूचना के अनुसार भारत–वर्ष में मध्यदेश के अन्तर्गत सोणभद्र निवासी ब्राह्मण महासोण ने जाम्बवत नामक पवित्र स्थान पर पचास दिनों का मृत्युपर्यंत व्रत रखा था।[16]

आर्यावर्त

आर्यावर्त क्षेत्र विंध्य और हिमाद्रि पहाड़ियों के मध्य स्थित था। आर्यों द्वारा अपने विस्तार के लिए इसी प्रदेश का उपयोग किया था जिसके कारण इस क्षेत्र का नाम आर्यावर्त पडा था। इस प्रदेश में विभिन्न नदियाँ प्रवाहित होती थी तथा इसका मैदानी भाग अत्यंत उपजाऊ था।[17] मनु के धर्मशास्त्र में सूत्रों के आर्यावर्त को मध्यप्रदेश बताया गया है।[17a] मनु ने इसकी सीमा उत्तर में हिमालय से लेकर दक्षिण में विंध्य तक और पश्चिम में विंध्य से लेकर पूर्व में प्रयाग तक बतायी है। सूत्रों में वर्णित आर्यावर्त और मनु द्वारा उल्लिखित मध्यदेश काव्यमीमांसा[18] में अन्तर्वेदी के नाम से वर्णित है जिसे पूर्व में वाराणसी तक फैला हुआ कहा गया है। ऋग्वैदिक आर्यों के देश के विशाल भू–भाग जो उत्तरापथ के अन्तर्गत सम्मिलित था, को ब्राह्मणों द्वारा निर्धारित आर्यावर्त की सीमा के बाहर कहा गया है।[19] लगभग सभी

ब्राह्मण ग्रन्थ भारत–वर्ष के सबसे महत्वपूर्ण भाग के रूप में आर्यावर्त का उल्लेख करते है। पंतजलि ने अपने महाभाष्य[20] में आर्यावर्त का उल्लेख किया है। धर्मसूत्रों एवं धर्मशास्त्रों में आर्यावर्त को पश्चिम में विनशन (जहाँ सरस्वती नदी लुप्त होती है) से लेकर पूर्व में कालक वन तक तथा उत्तर में हिमालय से लेकर दक्षिण में परिपात्र तक विस्तृत कहा गया है।[21] बौधायन के धर्मसूत्र[22] में भी आर्यावर्त की पूर्वी सीमा कालक वन तक विस्तृत बतायी गयी है जिसे प्रयाग अथवा उसके निकटवर्ती किसी स्थान से समीकृत करने का प्रयत्न किया गया है।[23]

आर्यावर्त का उल्लेख बीसल या विग्रह–IV के दिल्ली शिवालिक प्रस्तर स्तंभ अभिलेख[24] में किया गया है। अभिलेख से प्राप्त सूचना के आधार पर विग्रहराज ने आर्यावर्त को पूरी तरह से म्लेच्छों से मुक्त कर दिया था तथा इस क्षेत्र के निवासियों के लिए करों में कुछ राहत भी प्रदान की थी।[25]

उत्तरापथ

मौर्य सम्राट अशोक के समय उत्तरापथ एक प्रान्त था जिसकी राजधानी तक्षशिला थी। यह मौर्यकालीन पाँच प्रमुख प्रान्तों में से एक था। यहाँ से होकर अनेक व्यापारिक मार्ग गुजरते थे तथा यहाँ स्थित विभिन्न प्रसिद्ध व्यापारिक केन्द्रों से इसकी स्थिति और भी महत्वपूर्ण हो गयी थी। समुद्रगुप्त की प्रयाग–प्रशस्ति में उत्तरापथ (आर्यावर्त) के विभिन्न राज्यों का उल्लेख मिलता है जिसे उसने विजित किया था। पाणिनी ने एक विशेष सूत्र में उत्तरापथ का वर्णन किया है।[26] जो माल उत्तरापथ से आता था अथवा जो लोग उस मार्ग से होकर गुजरते थे, समकालीन विवरणों में उनके लिए ओत्तरपाथक शब्द का प्रयोग मिलता है। उत्तरापथ में व्यापार और यातायात का जो प्रसिद्ध मार्ग गंधार से पाटिलपुत्र तक जाता था, वह अशोक, शेरशाह, अकबर आदि के काल में अत्यंत व्यस्त रहा। उसी महान मार्ग का आदि प्राचीन नाम उत्तरापथ था। मेगस्थनीज तथा अन्य यूनानी लेखकों ने इसे 'नार्दन रुट' नाम से उल्लिखित किया था, जो उत्तरापथ का उचित अनुवाद है। यूनानी लेखकों के अनुसार इस मार्ग के दो भाग थे। प्रथम वंक्षु से लेकर काश्यपीयन सागर (जो काला सागर होते हुए यूरोप जाता था) तक था। इसी मार्ग से भारतीय माल नदियों के माध्यम से पश्चिमी देशों तक पहुचाया जाता था। मार्ग का दूसरा भाग गंधार की राजधानी पुस्कालावती से तक्षशिला होता हुआ सिंधु, शतुद्रि और यमुना नदियों को पार कर के हस्तिनापुर, प्रयाग, कान्यकुब्ज को मिलाता हुआ पाटिलपुत्र एंव ताम्रलिप्ति तक जाता था तथा वहाँ से कंबोज की ओर आकर चीन के कौशेयपथों से मिलता था।[27] इस प्रकार चीन, पश्चिमी देशों और भारत को मिलाने वाला यह मार्ग उत्तरापथ के नाम से प्रसिद्ध तथा विश्व व्यापार में अत्यधिक महत्वपूर्ण था।

काव्यमीमांसा में संकलित ब्राह्मण अनुश्रुतियों के अनुसार उत्तरापथ की स्थिति पृथुदक के पश्चिम में बतायी जाती है। इसी ग्रंथ के अनुसार सिंधु नदी की संपूर्ण घाटी को उत्तरापथ में सम्मिलित कहा गया है। वशिष्ठ एवं बौधायन के धर्मसूत्रों तथा मनु कृत धर्मशास्त्र के

अनुसार उत्तरापथ को सरस्वती नदी के विलुप्त होने वाले स्थान के पश्चिम में स्थित बताया गया है।[28] खारवेल के हाथीगुम्फा अभिलेख में उत्तरापथ का अभिज्ञान मथुरा, मगध तथा इसके दक्षिण–पूर्व में विस्तृत प्रदेशों से किया गया है।[29] पुराणों के भुवन–कोष खण्ड तथा काव्यमीमांसा में उदीच्य या उत्तरापथ (उत्तर भारत) को भारत का एक महत्वपूर्ण खण्ड बताया गया है। उत्तरापथ पालि स्रोतों में उल्लिखित पूर्व में अंग से उत्तर–पश्चिम में गंधार और उत्तर में हिमालय से दक्षिण में विंध्य तक संपूर्ण उत्तर भारत से समीकृत किया जाता है। हर्षचरित के रचनाकार वाण के अनुसार उत्तरापथ में उत्तर प्रदेश के पश्चिमी भाग, पंजाब और भारत तथा पाकिस्तान के पश्चिमोतर सीमांत प्रदेश सम्मिलित थे।[30] संस्कृत बौद्ध ग्रंथों में भारत–वर्ष के तीन भागों में उत्तरापथ, मध्यदेश और दक्षिणपथ का उल्लेख मिलता है।[31]

इसका उल्लेख श्रीचन्द्र (925–75 ई0) के पश्चिमभाग ताम्रपत्र अभिलेख[32] में किया गया है। अभिलेख से ज्ञात होता है कि त्रैलोक्यचन्द्र की पत्नी कान्चिका (जिसे अन्यत्र कांचना भी कहा गया है) से उत्पन्न पुत्र श्रीचन्द्र की सेना ने उत्तरापथ को अधीन करने के लक्ष्य से लौहित्य घाटी में स्थित कामरूप पर आक्रमण किया था।[33]

मध्यप्रदेश

मनु ने सूत्रों में उल्लिखित आर्यावर्त को ही मध्यप्रदेश बताया है।[34] मध्यप्रदेश पुराणों के भुवनकोश खण्ड में वर्णित तथा काव्यमीमांसा में उल्लिखित भारत–वर्ष के पाँच भागों में से एक था। काव्यमीमांसा[35] में मनु द्वारा वर्णित मध्यदेश को अन्तर्वेदी नाम से उल्लिखित किया गया है। महावग्ग[36] के अन्तर्गत मध्यदेश की सीमाओं को पूर्व में कजंगल नगर, दक्षिण में शरावदी नदी तक, पश्चिम में थून (थानेश्वर) तथा उत्तर में उसीरधज पर्वत (कनखल, हरिद्वार के उत्तर में स्थित उसीरगिरि) तक विस्तृत बताया गया है। भोजवर्मन् के बेलाव तथा विजयसेन के बैरकपुर ताम्रपत्रों[37] में वर्णित मध्यप्रदेश को अश्वघोष ने हिमालय और परिपात्र पर्वत, जो मध्यदेश की दक्षिणी सीमारेखा है, के मध्य स्थित बताया है।[38] संस्कृत बौद्ध ग्रंथों में भारत–वर्ष के तीनो भागों में उत्तरापथ और दक्षिणपथ के साथ मध्यदेश का उल्लेख प्राप्त होता है। सातवीं शताब्दी ई0 के थंगवंश के प्रशासकीय प्रलेखों में भारत–वर्ष को पाँच भागों में विभाजित देश कहा गया है जिसमें प्राच्य, प्रतीच्य, उदीच्य, दक्षिण और मध्य देश सम्मिलित थे। इन्हें समान्यतः पंच भारत कहा जाता था।[39] लगभग सभी ब्राह्मण ग्रंथों में भारत–वर्ष के सबसे अधिक महत्वपूर्ण भाग मध्यदेश का उल्लेख मिलता है।

मध्यदेश के अन्तर्गत थानेश्वर से लेकर गंगा के डेल्टा तक के संपूर्ण प्रदेश तथा हिमालय पर्वत से लेकर नर्मदा नदी तट तक के समस्त भू–भाग सम्मिलित थे। मध्यदेश की पूर्वी सीमा का विस्तार समय परिवर्तन के साथ–साथ होता रहा जिसके परिणामतः इसमें वे क्षेत्र भी सम्मिलित हो गए जो ब्राह्मण धर्म के प्रभाव में आकर पवित्र हो गए थे।[40]

मध्यदेश का उल्लेख कल्चुरि रत्न–II के सार्खो[41] (1128 ई0) ताम्रपत्र अभिलेख में हुआ है। अभिलेख से प्राप्त सूचना के अनुसार सोणभद्र निवासी एक ब्राह्मण महासोण ने जांबवत नामक पवित्र स्थान पर पचास दिनों का मृत्युपर्यंत व्रत रखा था। सोणभद्र को अभिलेख में मध्यदेश के अन्तर्गत स्थित बताया गया है।[42]

दाक्षिणात्य

दाण्डिन् ने अपने काव्यादर्श[43] में दाक्षिणात्य तथा अदाक्षिणात्य जनों का उल्लेख किया है। प्रसिद्ध भाष्यकार बुद्धघोष ने गंगा के दक्षिण में स्थित भू–भाग को दाक्षिणात्य कहा है। सुत्तानिपात में गंगा के दक्षिण और गोदावरी के उत्तर में स्थित संपूर्ण भू–भाग को दाक्षिणात्य बताया गया है।[44] काव्यमीमांसा में दाक्षिणात्य का अभिज्ञान उस प्रदेश से किया गया है जो मांधाता से समीकृत तथा महिष्मती के दक्षिण में स्थित था।[45] धर्मसूत्रों के अनुसार दाक्षिणात्य सामान्यतः पारिपात्र के दक्षिण में स्थित विंध्य के एक भाग से समीकृत किया जाता है। दाक्षिणात्य का अभिज्ञान स्थूल रूप में दक्षिण भारत से किया जाता है।[46]

इस क्षेत्र का उल्लेख विजयसेन (1096–1159 ई0) के देवपाढ़ा प्रस्तर अभिलेख[47] में हुआ है। अभिलेख में वीरसेन और अन्य चन्द्रवंशियों को दाक्षिणात्य का शासक कहा गया है। अभिलेख से प्राप्त सूचना के अनुसार चंद्रवंश में उत्पन्न सामन्तसेन ब्राह्म–क्षत्रियों में सर्वप्रमुख (पुष्पों में हार के समान) था। उसने कार्णाट के राजसिहांसन को हस्तगत करने वालों को पराजित किया था।[48]

सन्दर्भ :

1. दृ0 उपाध्याय, भरतसिंह, बुद्धकालीन भारतीय भूगोल, पृ0 53.
2. वही, पृ0 54.
3. वही।
4. वाटर्स, ऑन युवान–च्वांग ट्रेविल्स इन इंडिया, I, पृ0 138.
5. वही, पृ0 32–33, 140.
6. कनिघंम, ऐंश्यंट ज्यॉग्रेफी ऑफ इंडिया, पृ0 12.
7. वाटर्स, ऑन युवान–च्वाग ट्रेविल्स इन इंडिया, I, पृ0 140.
8. दृ0 लाहा, बी0 सी0, प्रा0 भा0 का ऐ0 भू0, प्रस्तावना, पृ0 13–20.
9. कनिघंम, ऐंश्यंट ज्यॉग्रेफी ऑफ इंडिया, पृ0 2.
10. दृ0 लाहा, बी0 सी0, वही, पृ0 13–20.
11. दीर्घनिकाय, II, पृ0 235.
12. मैक्रिंडिल, ऐंश्यंट इंडिया ऐज डिस्क्राइब्ड बाई मेगस्थनीज ऐंड एरियन, पृ0 49.
13. वही, पृ0 50.

14. काव्यमीमांसा, पृ0 93.
15. मिराशी, वी0 वी0, एपि0 इं0, XXII, पृ0 159 और आगे।
16. सरकार, डी0 सी0, से0 इं0, II, पृ0 349.
17. दृ0 लाहा, बी0 सी0, प्रा0 भा0 का ऐ0 भू0, प्रस्तावना, पृ0 19–22.
17a. वही, पृ0 20.
18. वही, पृ0 93.
19. दृ0 लाहा, बी0 सी0, प्रा0 भा0 का ऐ0 भू0, प्रस्तावना, पृ0 13–20.
20. महाभाष्य, 12, 4, 1, पृ0 244.
21. दृ0 लाहा, वही।
22. धर्मसूत्र, 1.1.2.9.
23. कनिंघम, ऐंश्यंट ज्यॉग्रेफी ऑफ इंडिया, पृ0 41, पदसंकेत, 1.
24. कीलहार्न, इं0 एंटि0, XIX, पृ0 218.
25. सरकार, डी0 सी0, से0 इं0, II, पृ0 409.
26. अष्टाध्यायी, 5.1.77.
27. वही।
28. दृ0 लाहा, बी0 सी0, प्रा0 भा0 का ऐ0 भू0, प्रस्तावना, पृ0 20–23.
29. वही, पृ0 21.
30. वही, पृ0 22.
31. वही, पृ0 23.
32. सरकार, डी0 सी0, एपि0 इं0, XXXVII, पृ0 289 और आगे।
33. सरकार, डी0 सी0, से0 इं0, II, पृ0 92.
34. दृ0 लाहा, बी0 सी0, प्रा0 भा0 का ऐ0 भू0, प्रस्तावना, पृ0 20.
35. काव्यमीमांसा, पृ0 93.
36. महावग्ग, V, पृ0 12–13.
37. मजूमदार, एन0 जी0, इंसक्रिप्शंस ऑफ बंगाल, III, पृ0 16 और आगे।
38. सौन्दरानंदकाव्य, II, श्लोक 62.
39. कनिंघम, ऐंश्यंट ज्यॉग्रेफी ऑफ इंडिया, पृ0 11.
40. दृ0 लाहा, वही, पृ0 20–21.
41. मिराशी, वी0 वी0, एपि0 इं0, XXII, पृ0 159 और आगे।
42. सरकार, डी0 सी0, से0 इं0, II, पृ0 349.
43. काव्यदर्श, I, 60; I, 80.
44. दृ0 लाहा, बी0 सी0, प्रा0 भा0 का ऐ0 भू0, प्रस्तावना।
45. वही।

46. एपि० इं०, I, पृ० 306.
47. कीलहार्न, एपि० इं०, I, पृ० 307 और आगे; मजूमदार, एन० जी०, इंसक्रिप्शंस ऑफ बंगाल, III, (1929), पृ० 46 और आगे।
48. सरकार, डी० सी०, से० इं०, II, पृ० 145.

अध्याय 2

नदियाँ

अविमुक्त नदी

इस नदी का उल्लेख मदनपाल के मंत्री भीमदेव के राजघाट प्रस्तर अभिलेख में हुआ है।[1] अभिलेख में उल्लिखित सूचना के अनुसार भीमदेव ने अविमुक्त नदी के किनारे भगवान भव (शिव) का मंदिर निर्मित करवाया था। यह भीमदेव पालशासक मदनपाल (1143–62 ई0) का संधिविग्राहिक था।[2] अविमुक्त नदी की पहचान गंगा नदी से की जाती है जिसे वाराणसी में इस नाम से भी जाना जाता है।[3]

कालिन्दी नदी

इस नदी का उल्लेख धंग के खजुराहो प्रस्तर अभिलेख (954 ई0) में किया गया है।[4] अभिलेख से प्राप्त सूचना के अनुसार यशोवर्मन् के पुत्र एवं उत्तराधिकारी धंग ने कालंजर, मालव व कालिन्दी नदी से आवृत्त भू–भाग पर शासन किया था।[5] इसे वर्तमान यमुना नदी से समीकृत किया जाता है।[6] यमुना को कालिन्दगिरि से निकालने के कारण ही कालिन्दकन्या या कालिन्दी कहा जाता है।[7] बाण की कादम्बरी[8] में यमुना का जल काला होने के कारण ही इसे कालिन्दी नाम से पुकारा गया है। भागवतपुराण में भी यमुना को कालिन्दी नाम से ही वर्णित किया गया है।[9]

कावेरी नदी

इस नदी का उल्लेख श्रीचन्द्र (925–75 ई0) के पश्चिमभाग तामपत्र अभिलेख में हुआ है।[10] अभिलेख से प्राप्त सूचना के अनुसार राजा त्रैलोक्य चन्द्र की सेना अपने विजय अभियान में मलय पर्वतमाला को पार करके कावेरी नदी की घाटी तक पहुच गयी थी।[11]

कावेरी दक्षिण भारत की एक प्रमुख नदी है जो कुर्ग में पश्चिमी घाट की पहाडियों से निकलकर दक्षिणपूर्व में मैसूर से बहती हुई मद्रास राज्य के तंजौर जिले के अन्तर्गत बंगाल की खाडी में गिरती है।[12] यह नदी अपने मुहाने पर एक विस्तृत डेल्टा का निर्माण करती है। कावेरी में बाईं ओर से दस और दाहिनी ओर आठ अन्य उपनदियाँ आकर मिलती हैं। कावेरी नदी प्राचीन काल में मोतियों के लिए प्रसिद्ध थी। चोलों की प्राचीन राजधानी उरगपुर (वर्तमान उरैयुर) कावेरी नदी के दक्षिणी तट पर स्थित थी। इस नदी के तट पर श्रीरंगपटनम, शिवसमुद्रम तथा त्रिचनापल्ली के समीप श्रीरंगम् जैसे पवित्र नगर स्थित हैं।[13] पुगार या कावेरीपट्टनम नामक चोलों का प्रमुख बन्दरगाह कावेरी के उत्तरीय तट पर स्थित था।[14] दक्षिण भारत के अभिलेखों में कावेरी नदी को चोलों से संबद्ध किया गया है। एक उल्लेख के अनुसार 'हर' ने गुणभद्र से यह प्रश्न किया था, "मैं पृथ्वी पर स्थित एक मंदिर में खड़े होकर कैसे चोलों की महान् शक्ति या कावेरी नदी का अवलोकन कर सकता हूँ?[15] प्राचीन तमिल काव्यों में कावेरी की महत्ता को विशिष्ट रूप से वर्णित किया गया है। चालुक्य नरेश द्वितीय पुलकेशिन द्वारा चोल राज्य में प्रवेश करने के लिये अपनी सेना सहित कावेरी को पार करने का उल्लेख है, जबकि उसके हाथियों द्वारा निर्मित सेतु के माध्यम से इस नदी का प्रवाह रूक गया था।[16] मणि–मेखलैं[17] महाकाव्य के अनुसार इस अत्यधिक महत्तावाली नदी को अगस्त्य ऋषि ने राजा कान्त के निवेदन पर तथा सूर्य पुत्रों की परमपद प्राप्ति हेतु अपने कुंभ से उत्पन्न किया था। कावेरी चोलों की विशिष्ट पहचान के रूप में विख्यात थी और इसने दीर्घकाल तक पडने वाले अनावृष्टि में भी उन्हें निराश नहीं किया। कावेरी में प्रत्येक वर्ष आने वाली बाढ़ के अवसर पर एक उत्सव होता था जिसमें राजा सहित संपूर्ण देश के लोगों द्वारा भाग लेने का उल्लेख है।[18]

780 ई0 के लगभग राष्ट्रकूट साम्राज्य की दक्षिणी सीमा कावेरी नदी तक विस्तृत थी।[19] पुराणों[20] तथा वराहमिहिर की वृहत्संहिता में भी कावेरी नदी का विभिन्न सन्दर्भों में उल्लेख किया गया है। लगभग 13वीं शताब्दी के आस–पास देवगिरि के यादव शासकों के शासनकाल तक कावेरी क्षेत्र राजनीतिक गतिविधियों का केन्द्र बना रहा।[21] दक्षिण के प्रमुख राजवंश चोलों तथा जावा के शैलेन्द्रवंशी शासकों के मध्य जलीय व्यापार कावेरी नदी के माध्यम से ही किया जाता था।[22]

किसी पल्लव राजा द्वारा कावेरी के तटवर्ती क्षेत्रों पर शासन करने के कारण यह पल्लवों की प्रिय नदी कही गयी है।[23] रामायण[24] महाभारत[25] तथा योगिनीतंत्र[26] में इस नदी का उल्लेख किया गया है। कालिकापुराण[27] में महाकाल झील को इस नदी का उदगम स्थल

बताया गया है। महाकवि दण्डिन् के काव्यादर्श[28] में कावेरी के तटवर्ती देशों का उल्लेख किया गया है। विभिन्न पुराणों एवं महाकाव्य में कावेरी नदी की अत्यंत्र पवित्र महत्ता को दर्शाया गया है।[29] यूनानी लेखक टॉलेमी द्वारा उल्लिखित खेबेरोज का अभिज्ञान कावेरी नदी से ही किया गया है, जिसका उद्‌गम स्थल आदेईसाथ्रोन पर्वत है जिसे संभवतः सुह्य पर्वत के दक्षिणी भाग से समीकृत किया जा सकता है।[30] अग्निपुराण में श्रीपर्वत को कावेरी नदी के तट पर स्थित बताया गया है।[31] तंजोर का प्राचीन नगर कावेरी के तट पर चेन्नई के दक्षिण–पश्चिम में लगभग 218 मील दूर स्थित था।[32]

कोशियार नदी

इस नदी का उल्लेख श्रीचन्द्र (925–75 ई0) के पश्चिमभाग तामपत्र अभिलेख में हुआ है।[33] अभिलेख से प्राप्त सूचना के अनुसार राजा श्रीचन्द्रदेव ने अपने अधिकारियों को श्रीचन्द्रपुर–ब्रह्मपुर या श्रीचन्द्रपुर–ब्रह्मदत्त शासन नामक भू–क्षेत्र के दान में दिये जाने के बारे में सूचित किया था। यह भू–क्षेत्र मणि, वेत्रघटी तथा कोशियार नामक तीन नदियों के मध्य स्थित था।[34] इस नदी का अभिज्ञान करना संभव नहीं हो पाया है।

गंगा नदी

इस नदी का उल्लेख विनायकपाल कालीन धंग के खजुराहो प्रस्तर अभिलेख[35] (954 ई0) तथा विजयसेन के देवपाढ़ा प्रस्तर अभिलेख (1096–1159 ई0) में किया गया है।[36] प्रथम अभिलेख से प्राप्त सूचना के अनुसार राजा यशोवर्मन् (जिसका एक अन्य नाम लक्षवर्मन् था) के हाथियों ने गंगा नदी के जल में क्रीड़ा किया था।[37] गंगा भारत की सबसे पवित्र तथा महत्वपूर्ण नदी है। गंगा नदी को अलकनंदा[38] अथवा द्युघनी[39] अथवा द्युधनी[40] नामों से भी जाना जाता है। इस नदी का उल्लेख ऋग्वेद[41] तथा शतपथ ब्राह्मण[42] में किया गया है। विभिन्न साहित्यिक तथा अभिलेखीय स्रोतों में इस नदी के भागीरथी तथा जाह्नवी आदि अन्य नाम भी मिलते हैं। पंतजलि के महाभाष्य[43] में गंगा नदी का उल्लेख आता है। ब्रह्मपुराण, कालिदास के रघुवंश तथा योगिनीतंत्र में भी इस नदी का विभिन्न संदर्भों में वर्णन प्राप्त होता है। अथर्ववेद[44] में वर्णित वरणावती को लुडविग ने गंगा नदी ही बताया है। बौद्ध विद्वानों के अनुसार मध्य देश की नदियाँ गंगा नदी समूह के अन्तर्गत आती थी, जिनकी सहायक नदियों की संख्या यूनानी लेखकों के अनुसार उन्नीस थी।[45] इन विद्वानों के अनुसार भारत की दो प्रमुख नदी गंगा और सिन्धु में, गंगा की लम्बाई सिन्धु से अधिक थी। योगिनीतंत्र में गंगा को विष्णुपदी, मन्दाकिनी आदि नामों से उल्लिखित किया गया है।[46]

महाभारत के अनुसार बिन्दुसार, जबकि जैन ग्रन्थ जम्बुद्विपण्णति के अनुसार पद्‌मनद् गंगा नदी का उद्‌गमस्रोत है। पालि ग्रन्थों में अनोतत्त झील के दक्षिणी मुख को गंगा नदी का उद्‌गमस्थल कहा गया है।[47] एक अन्य उल्लेख के अनुसार गंगा नारायण के चरणों से निकली हुई मानी जाती है जो मेरु पर्वत पर बहती हुई चार शाखाओं में विभक्त होकर

पूर्व, दक्षिणी, पश्चिम और उत्तर में आगे बढ़ती है। शिव ने भरत के आग्रह पर इसके दक्षिणी प्रवाह को भारत से होकर प्रवाहित होने दिया।[48] वर्तमान में यह नदी गढ़वाल में गंगोत्री से उत्पन्न होकर नीचे की ओर बहती हुई हरिद्वार और बुलन्दशहर को पार करके दक्षिण–पूर्व में मुड़ती हुई प्रयाग में प्रवाहित होती है। यहाँ इसका मिलन यमुना से होता है और यह त्रिपथगा राजमहल की पहाड़ियों तक पहुँचती है। इसी पहाड़ी से गुजरते हुये गंगा नदी बंगाल में प्रवेश करके सागर द्वीप के निकट समुद्र (बंगाल की खाड़ी) में गिरती है।[49] विशालतम जलपथ के लिये प्रसिद्ध यह नदी अपने उद्गम स्रोत हेतु प्राचीन समय से ही 'सप्तगंगम्' के नाम से जानी जाती थी।[50]

हरिवंश के अनुसार राजा पुरुरवा उर्वशी के साथ पाँच वर्षों तक मंदाकिनी के तट पर रहे थे जिसे गंगा का ही एक अन्य नाम माना जाता है।[51] पद्मपुराण (अ0 21) में गंगा–सागर–संगम का उल्लेख है जो पवित्र तीर्थ के रूप में प्रसिद्ध था। इसी ग्रन्थ[52] में गंगा–सिन्धु के संगम को भी एक तीर्थस्थल बताया गया है। इसमें गंगा की सात शाखाओं–वातादका, नलिनी, सरस्वती, जम्बू नदी, सीता, गंगा एवं सिन्धु के प्रति संकेत है।[53] एरियन ने गंगा और उसकी सहायक नदियों के बारे में महत्वपूर्ण सूचनायें दी हैं, जिसके अनुसार "मेगस्थनीज ने लिखा है कि गंगा और सिन्धु में गंगा नदी अधिक बडी हैं। इसके साथ ही इसमें सोनोस, सिट्टोकेटिस तथा सोलो–मेटीज नदियाँ जो परिवहन योग्य हैं एवं कोण्डोकेटीज, सैम्बोस, मगोन, एगौरैनिस तथा ओमेलिस नाम की नदियाँ भी मिलती है।[54]

जबुद्दिवपण्णति के अनुसार 14000 विभिन्न नदियों को सम्मिलित कर गंगा नदी पूर्व की ओर प्रवाहित होती है। गढ़वाल जिले के अन्तर्गत गंगोत्री में भागीरथी गंगा प्रकट होती हैं।[55] बाण की कादम्बरी[56] के अनुसार भगीरथ द्वारा पृथ्वी पर लाये जाते समय गंगा ने यज्ञ करते हुए जहणु ऋषि की बेदी को बहा दिया था। तैतिरीय आरण्यक[57] के अनुसार गंगा एवं जमुना के मध्य रहने वाले जन विशेष रूप से सम्मानित होते थे। कल्चुरि कर्ण के वाराणसी ताम्रपत्र अभिलेख (1042 ई0) के अनुसार राजा कार्तवीर्य को उस देश का स्वामी बनाया गया जिसके एक ओर तुहिनगिरि (हिमालय) की पुत्री अर्थात गंगा प्रवाहित होती थी।[58] गंगा का मैदानी भाग अत्यन्त उपजाऊ है जिसमें विभिन्न प्रकार की फसलें बहुतायत से पैदा होती हैं। एक उल्लेख के अनुसार यह नदी अतुलित वेगवान प्रवाह के साथ आकाश से अवतरित हुई थी, जिसे भगवान शिव ने अपने जटा में धारण किया था।[59]

गोदावरी नदी

इस नदी का उल्लेख नरवर्मन् के नागपुर म्यूजियम प्रस्तर अभिलेख (1104 ई0) में किया गया है।[60] अभिलेख से प्राप्त सूचना के अनुसार लक्ष्मणदेव ने एक अभियान में त्रिपुरी को विजित कर कुछ समय गोदावरी नदी के तट पर व्यतीत किया था।[61] गोदावरी नदी का उल्लेख भागवत पुराण[62], ब्रह्माण्डपुराण[63], मत्स्यपुराण[64] और पद्मपुराण[65] में विभिन्न सन्दर्भों

के अन्तर्गत किया गया है। रामायण[66] के अनुसार यह नदी कमल के पुष्पों से सुशोभित थी तथा इसके निकट मृग स्वच्छन्द विचरण किया करते हैं। इस नदी का उल्लेख महाभारत[67] में भी किया गया है। राम के वनवास के दौरान उनके साथ गए अनुज भ्राता लक्ष्मण ने इस नदी में स्नान किया था तथा अनेक कमलपुष्पों तथा फलादि लेकर वह पर्णकुटी लौटे थे।[68] इस नदी के जल में हंस, कारण्ड्प और चक्रवाक क्रीड़ा करते थे। इस सुन्दर नदी के दोनों तट वृक्षों से सुशोभित थे।[69] कालिदास ने रघुवंश[70] में इस नदी का वर्णन किया है। पंचवटी को गोदावरी नदी के तट पर स्थित बताया गया है।[71] ब्रह्मपुराण[72] के अनुसार त्रयंबक तीर्थ गोदावरी नदी का उद्‌गम स्थल था। सुत्तनिपात्त[73] में इस नदी का उल्लेख किया गया है। गोदावरी नदी के तट पर अनेक पुण्य स्थलों यथा कुशावर्ततीर्थ[74], दशाश्वमेधिकतीर्थ[75], गोवर्धनतीर्थ[76], सावित्रीतीर्थ[77], विदर्भ[78], मार्कण्डेयतीर्थ[79] एवं किष्किंधातीर्थ[80] को स्थित बताया गया है। गोदावरी दक्षिण भारत की सबसे लंबी और सर्वप्रमुख नदी हैं, जिसका उद्‌गम स्थल पश्चिमी घाट में है।[81] दक्षिण भारत की सबसे पवित्र मानी जाने वाली इस नदी का वास्तविक स्रोत ब्रह्मगिरी है, जो त्रयंबक नामक गाँव की ओर नासिक से 20 मील दूर स्थित है।[82] जातक[83] में इसे कपित्थवन के निकट स्थित बताया गया है। महाराष्ट्र में स्थित नासिक की पहाडियों से निःसृत होकर यह आन्ध्रप्रदेश के एक बडे भू–भाग को काटते हुए प्रवाहित होती है। यह नदी लगभग 900 मील लम्बी है।[84] विन्ध्य पर्वतमाला के नीचे की ओर पूर्वीघाट में एक घाटी बनाती हुई यह नदी दक्षिण पूर्व दिशा में प्रवाहित होती है। यह नदी उपनदियों में विभाजित होकर गोदावरी जिले में बंगाल की खाड़ी में गिरती है तथा अपने मुहाने पर एक विशाल डेल्टा का निर्माण करती है।[85] आन्ध्र और महाराष्ट्र राज्य के अन्तर्गत गोदावरी के प्रवाह मार्ग में अनेक सहायक नदियाँ आकर मिलती हैं। गोदावरी नदी सुह्य पर्वत से तुगंभद्रा, कावेरी, भीमरथ (भीमरथी), कृष्णवेहा आदि नदियों के साथ ही निःसृत हुई है। अपनी पवित्रता के कारण यह नदी दक्षिण भारत की गंगा कहलाती है। जैन साहित्य में गोदावरी को गोयावरी कहा गया हैं।[86] महाभारत में गोदावरी को सप्तगोदावरी कहा गया है।[87] गोदावरी के तट पर ही नासिक में प्रसिद्ध कुम्भ मेले का आयोजन किया जाता है। अतः गंगा व क्षिप्रा नदी के अतिरिक्त गोदावरी ही वह नदी है जिसके तट पर इस पवित्र स्नान पर्व का आयोजन होता है जिसमें देश–विदेश से बड़ी संख्या में लोग भाग लेकर पुण्यार्जन करते हैं।

गोमती नदी

इस नदी का उल्लेख चन्द्रदेव के चन्द्रावती ताम्रपत्र अभिलेख (1092 ई0) में हुआ है।[88] अभिलेख से प्राप्त सूचना के अनुसार राजा चन्द्रादित्य ने कठेहली–पत्तला को पाँच सौ ब्राह्मणों के निमित्त दान किया था जोकि वरणा, भागीरथी और गोमती नदियों के मध्य स्थित था।[89] इस गोमती नदी की पहचान ऋग्वेद में वर्णित गोमती से की जाती है जो संभवतः सिन्धु की एक पश्चिमी सहायक नदी वर्तमान गोमल है।[90] इसे वाराणसी के आगे गंगा में मिलने वाली वर्तमान गोमती से भी समीकृत करने का प्रयास किया गया है जो रामायण

के अनुसार अयोध्या में प्रवाहित होने वाली और पशुओं से अकीर्ण थी।[91] यह शाहजहाँपुर जिले से निकलकर वाराणसी और गाजीपुर जनपदों के बीच गंगा नदी में मिल जाती है।[92] पुराणों में प्रसिद्ध धूतपापा नदी को पूर्वी गोमती की एक सहायक नदी बताया गया है।[93] भागवत पुराण[94] तथा पद्मपुराण[95] में भी इस नदी का उल्लेख प्राप्त होता है। गोमती नदी का उल्लेख महाभारत[96] में हुआ है। कतिपय विद्वानों का विचार है कि धूतपापा फैजाबाद मण्डल में सुल्तानपुर से 18 मील दक्षिण–पूर्व में गोमती नदी के तट पर स्थित वर्तमान धोपाप है।[97] उत्तर–प्रदेश की राजधानी लखनऊ गोमती नदी के ही तट पर स्थित है। स्कन्द पुराण[98] में गोमती नाम की एक अन्य नदी का वर्णन किया गया है। निश्चित रूप से यह नदी गुजरात राज्य के अन्तर्गत होकर प्रवाहित होती थी, जिसके तट पर द्वारका स्थित था किन्तु इसका इस अभिलेख की गोमती नदी से समीकरण उचित नहीं लगता है।

घर्घरा नदी

इस नदी का उल्लेख चन्द्रदेव के चन्द्रावती ताम्रपत्र अभिलेख (1092 ई0) में किया गया है।[99] इस नदी का उल्लेख करते हुए अभिलेख में कहा गया है कि महाराजाधिराज चन्द्रादित्य देव ने एक दान कार्य संपन्न करने से पूर्व स्वर्गद्वार–तीर्थ पर स्नान किया था। यह तीर्थ सरयू और घर्घरा नदियों के संगम पर स्थित था।[100]

घर्घरा संभवतः सरयू की कोई सहायक नदी थी जो अयोध्या में इससे मिलती थी।[101] एक उल्लेख के अनुसार उत्तर और दक्षिण कोसल के मध्य बहने वाली सरयू नदी मानसरोवर से पूर्व कौडियाली नाम से प्रवाहित होती है, आगे इसका नाम सरयू और अन्त में घाघरा या घर्घरा हो जाता है।[102] गंगा की सहायक नदी सरयू छपरा जिले में गंगा से मिलती है तब इसका नाम घाघरा या घर्घरा हो जाता है। बहराइच जनपद के अन्तर्गत प्रवाहित होते हुए कुछ महत्वहीन सहायक नदियाँ गोण्डा जिले में आकर घर्घरा में मिल जाती है।[103] छोटी गंडक, जिसे हिरण्यवती अथवा अजितावती भी कहते है, गोरखपुर जिले में प्रवाहित होकर घर्घरा (घाघरा) में गिरती है।

चित्रशिला नदी

इस नदी का वर्णन श्रीचन्द्र (925–75 ई0) के पश्चिमभाग ताम्रपत्र अभिलेख में हुआ है।[104] अभिलेख में इस नदी का उल्लेख करते हुए कहा गया है कि कांचिका (जिसे अन्यत्र कंचना कहा गया है) से उत्पन्न त्रैलोक्यचन्द्र के पुत्र श्रीचन्द्र की सेना ने उत्तरापथ को जीतने के लक्ष्य से लौहित्य नदी की घाटी में स्थित कामरुप पर आक्रमण किया था जहाँ हिमगिरी के निकट बहने वाली दो धाराओं में से एक नाम पुष्पभद्रा तथा दूसरे का नाम चित्रशिला था। चित्रशिला वर्तमान असम राज्य में बहने वाली लौहित्य (ब्रह्मपुत्र) नदी की धारा प्रतीत होती है।[105]

ताम्रपर्णी

ताम्रपर्णी का उल्लेख नरवर्मन् के नागपुर म्यूजियम प्रस्तर अभिलेख (1104 ई0) में हुआ है।[106] अभिलेख में ताम्रपर्णी का उल्लेख करते हुए कहा गया है कि लक्ष्मीधर के सरदारों की पत्नियों द्वारा स्नान करते हुए उनकी मेखलाओं से ताम्रपर्णी में गिरे हुए मोती पाण्ड्य शासक की समृद्धि का आधार थे।[107] ताम्रपर्णी को वर्तमान ताम्रवारी माना जाता है।[108]

अति संभव है कि यह नदी पाण्ड्य राज्य की दक्षिणी सीमा के आगे बहती थी। टॉलेमी ने मोतियों के लिए प्रसिद्ध कोरकाई बन्दरगाह का उल्लेख किया है जो इसी नदी के मुहाने पर स्थित था।[109] कालिदास ने भी रघुवंश[110] में मोती निकालने के लिए प्रसिद्ध ताम्रपर्णी का उल्लेख किया है जिसका स्थानीय नाम ताम्रवारी था। वराहमिहिर ने वृहत्संहिता[111] में ताम्रवर्णी से मोतियों की प्राप्ति का उल्लेख किया है। ताम्रपर्णी को गुंटूर से भी समीकृत करना समीचीन प्रतीत होता है, जो तीन नदियों के संयुक्त प्रवाह का नाम है एवं जो धाराओं के माध्यम से समुद्र में गिरती है। ब्रह्मण्ड पुराण[112] में इसे ताम्रवर्णा भी कहा गया है।

महाभारत के वनपर्व[113] में इसे एक पवित्र नदी कहा गया है। अशोक के तेरहवें शिलालेख में ताम्रपर्णी वासियों को स्पष्ट रूप से ताम्रपम्पनीया अथवा ताम्रपर्ण्य बताया गया है। इसी अभिलेख में ताम्रपर्णी या ताम्रपर्ण्यों के देश को पाण्ड्य देश के आगे की ओर स्थित कहा गया है।[114] महाभारत के अन्तर्गत भी ताम्रपर्णी पाण्ड्य या द्रविण देश के आगे स्थित बताया गया है और वैदूर्यक पर्वत को इसका शैल भू–चिन्ह कहा गया है।[115] अगस्त्य मुनि और उनके शिष्यों के आश्रम एवं गोकर्णतीर्थ यहीं पर स्थित बतलाये जाते हैं। उपरोक्त सूचनाओं के आधार पर हम ताम्रपर्णी को ह्वेनसांग द्वारा वर्णित मलयकूट से भी समीकृत कर सकते हैं क्योंकि मलयकूट को भी पोतलक (वैदर्यूक) पर्वत रूपी भू–चिन्ह के साथ द्रविड़ देश के आगे स्थित कहा गया है।[116]

मारवर्मन् सुन्दर पाण्ड्य–II के तिन्नेवली अभिलेख में ताम्रपर्णी को तणपोरूंद–आरू कहा गया है।[117] कौटिल्य के अर्थशास्त्र[118] में इसे पारसमुद्र कहा गया है। यूनानी लेखकों के अनुसार यह ताप्रोबेन है। इसका वर्णन अशोक के दूसरे और तेरहवें शिलालेखों में भी आता है। सामान्यतः ताम्रपर्णी को लंका से समीकृत किया जाता है। किन्तु स्मिथ के अनुसार ताम्रपर्णी लंका को द्योतित नहीं करता वरन् तिन्नेवली जिले के अन्तर्गत ताम्रपर्णी के प्रति संकेत करता है। उन्होने गिरनार पाठ 'आ ताम्वपन्नी' का उल्लेख किया है जो उनके अनुसार नदी के लिये प्रयुक्त हुआ न कि लंका के लिये।[119] भागवत पुराण[120] में इसे एक नदी के रूप में वर्णित किया गया है।

उपरोक्त विवेचना के आधार पर ताम्रपर्णी को लंका से व्यवहृत न करके एक नदी मानना ही अधिक तर्कसंगत प्रतीत होता है जो पाण्ड्य–राज्य की दक्षिणी सीमा पर प्रवाहित होता थी।[121]

नंद्या नदी

इस नदी का उल्लेख महेन्द्रपाल–II के प्रतापगढ प्रस्तर अभिलेख[122] (946 ई0) में किया गया है। अभिलेख में उपलब्ध सूचना के अनुसार खोम्माण के पुत्र महाराजाधिराज भृतपट्ट ने नंद्या नदी के किनारे स्थित पलासकूपिका ग्राम के वव्वुलिक नामक मैदान (भूमिखंड) को घोण्टावर्षि के राजा इन्द्रादित्य देव के निमित्त दान कर दिया था।[123] नंद्या नदी का उचित अभिज्ञान करने में जी0 एच0 ओझा ने अपनी असमर्थता प्रकट की है।[124] अतः उचित साक्ष्यों के अभाव में अभी तक इस नदी का स्पष्ट व भौगोलिक अभिज्ञान स्थापित करना संभव नहीं हो सका है।

पुष्पभद्रा नदी

इस नदी का वर्णन श्रीचन्द्र (925–75 ई0) के पश्चिमभाग ताम्रपत्र अभिलेख में हुआ है।[125] अभिलेख में इस नदी का उल्लेख करते हुए कहा गया है कि कांचिका (जिसे अन्यत्र कंचना कहा गया है) से उत्पन्न त्रैलोक्यचन्द्र के पुत्र श्रीचन्द्र की सेना ने उत्तरापथ को जीतने के लक्ष्य से लौहित्य नदी की घाटी में स्थित कामरुप पर आक्रमण किया था। यहाँ पर हिमगिरी के निकट बहने वाली दो धाराओं में से एक नाम चित्रशिला तथा दूसरे का नाम पुष्पभद्रा था। पुष्पभद्रा की पहचान सभवतः असम राज्य में बहने वाली लौहित्य (ब्रह्मपुत्र) नदी की एक धारा के रूप में की जा सकती है।[126]

फल्गु नदी

इस नदी का उल्लेख यक्षपाल (1075–85 ई0) के गया–शीतला मन्दिर अभिलेख में हुआ है।[127] अभिलेख में कहा गया है कि फल्गु नदी के किनारे गया नामक पवित्र स्थान पर शूद्रक नामक एक विद्वान को गौड़ देश के शासक द्वारा सरदार की उपाधि देकर सम्मानित किया गया।[128]

मज्झिमनिकाय[129] से प्राप्त वर्णन के अनुसार इस नदी की प्रवाहित निर्मल धारा में स्नान हेतु क्रमिक अवरोह वाली सीढियों से युक्त घाट निर्मित हैं। इस नदी के जल को निर्मल, शीतल, कीचड़ रहित और शुद्ध कहा गया है।[130] महावस्तु[131] में भी फल्गु नदी के जल को निर्मल और शीतल बताया गया है। ललित–विस्तर में झाड़ियों और वृक्षों से सुशोभित तटोवाली एक नदी के रूप में फल्गु नदी का वर्णन किया गया है। यह नदी लक्खीसराय के पूर्वोत्तर की ओर मुंगेर जिले के अन्तर्गत गंगा में मिलती है।[132] यह नैरंजना (वर्तमान नीलांजान) और महानद (वर्तमान मोहना) नामक दो पर्वतीय नदियों का सयुक्त प्रवाह मात्र है जो बोधगया के कुछ आगे जाकर एक दूसरे से मिलती हैं।[133] इसमें दो सहायक नदियाँ एक बिहार के पटना जिले के अन्तर्गत और दूसरी मुंगेर जिले में मिलती हैं।[134] नीलांजान या नैरंजना नदी का उद्गम स्रोत हजारीबाग जिले में समेरिया के समीप है। इसी नदी के

पश्चिम में कुछ ही दूर पर बुद्धगया स्थित है।[135] पालि भाष्यकारों का विचार है कि नैरंजरा नाम से निर्मल जलवाली (नेलांजला) अथवा नीले जल वाली एक नदी का बोध होता है।[136]

भागीरथी नदी

इस नदी का उल्लेख भोज–I के सामन्त बाउक के जोधपुर प्रस्तर अभिलेख[137] (837 ई0) तथा चन्द्रदेव के चन्द्रावती ताम्रपत्र अभिलेख (1092 ई0) में हुआ है।[138] प्रथम अभिलेख से प्राप्त सूचना के अनुसार शीलुक के पुत्र झोटा ने सिंहासन त्याग दिया और वह भागीरथी की ओर चला गया।[139] चन्द्रदेव के चन्द्रावती ताम्रपत्र अभिलेख के कठेहली–पत्तला नामक क्षेत्र को गोमती, वरणा और भागीरथी नामक नदियों से परिवृत्त कहा गया है।[140]

इस नदी का उल्लेख हरिवंश[141] और योगिनीतंत्र[142] में मिलता है। सेन और चन्द्र ताम्रपत्रों के आधार पर भागीरथी को गंगा नदी से समीकृत किया गया है।[143] बल्लालसेन के नैहटि ताम्रपत्र के अनुसार भी भागीरथी को गंगा नदी माना गया है और इसी लिए राजमाता ने सूर्य ग्रहण के अवसर पर इस नदी के किनारे एक महान धार्मिक अनुष्ठान सम्पन्न किया था।[144] भागीरथी को गंगा का ही एक अन्य नाम माना जाता है जिसका विभिन्न अभिलेखों और साहित्यिक स्रोतों में वर्णन हुआ है।[145] एक मान्यता के अनुसार राजा भगीरथ के प्रयास से ही गंगा को पृथ्वी पर प्रवाहित किया जा सका था जिसके कारण इसे भागीरथी कहा जाने लगा।[146] बाण की कादम्बरी[147] के अनुसार भगीरथ द्वारा पृथ्वी पर लाई जाते समय गंगा ने यज्ञ करते हुए जहणु ऋषि की वेदी को बहा दिया था।

ब्रह्मपुराण[148] से प्राप्त वर्णन से ज्ञात होता है कि विंध्य पर्वत के दक्षिण में बहने वाली गंगा को गौतमी गंगा तथा उसके उत्तर में प्रवाहित गंगा को भागीरथी गंगा कहा जाता है। वर्तमान भूगोलवेत्ताओं के अनुसार भागीरथी सर्वप्रथम गढ़वाल क्षेत्र में गंगोत्री के निकट परिलक्षित होती है। देवप्रयाग में बायी तरफ से आने वाली अलकनन्दा नदी भी इसमें मिल जाती है तब सयुक्त प्रवाह को गंगा कहा जाता है।[149] भागीरथी नदी में मुर्शिदाबाद जिले के अन्तर्गत बंसलोई नामक प्रथम सहायक नदी बायी ओर से मिलती है और अजया नामक एक अन्य प्रमुख नदी वर्दमान जिले के कटवा नामक स्थान पर इससे मिलती है। यह नदी वर्दमान और बीरभूमि जिलों के मध्य प्राकृतिक सीमा का निर्धारण करती है।[150] भागीरथी की एक अन्य महत्वपूर्ण सहायक नदी रूपनारायण बाकुडा, हुगली और मिदनापुर जनपदों से प्रवाहित होकर तामलुक के समीप हुगली नदी में मिल जाती है। गंगा नदी का जल समुद्र तक पहुंचाने में अन्य नदियों के साथ ही भागीरथी का भी महत्वपूर्ण योगदान है।[151] इस नदी के तटों पर विभिन्न पवित्र तीर्थ स्थल स्थित हैं (भागीरथी के बारे में और अधिक जानकारी के लिए इसी अध्याय के अन्तर्गत देखिए 'गंगा नदी')।

मणि नदी

इस नदी का वर्णन श्रीचन्द्र (925–75 ई0) के पश्चिमभाग ताम्रपत्र अभिलेख में हुआ है।[152] अभिलेख से प्राप्त सूचना के अनुसार राजा श्रीचन्द्रदेव ने विभिन्न विषयों के अन्तर्गत बहुत से भू–क्षेत्रों के दान की सूचना अपने अधिकारियों को दी थी। इस भू–क्षेत्र का नाम श्रीचन्द्रपुर–ब्रह्मपुर शासन था जो वेत्रघटी, कोशियार तथा मणि नदियों से आवृत्त बताया गया है।[153]

मालव नदी

इस नदी का उल्लेख विनायकपालकालीन धंग के खजुराहों प्रस्तर अभिलेख (945 ई0) में हुआ है।[154] इस नदी का उल्लेख करते हुए अभिलेख में कहा गया है कि यशोवर्मन् के पुत्र और उत्तराधिकारी धंग ने कालंजर, कालिंदी और मालव नदी से परिवृत्त क्षेत्र पर शासन किया था।[155] मालव नदी का एक अन्य नाम वेत्रवती भी था।[156] यह गंगा की एक छोटी सहायक नदी थी जो यमुना में मिलती थी। मालव नदी अथवा वेत्रवती की पहचान आधुनिक वेतवा नदी से की जाती है, जो गंगा की सहायक नदी है।[157] वेत्रवती नदी का उल्लेख मार्कण्डेय पुराण[158] में हुआ है। मिलिन्दपन्हों[159] में इसे वेत्तवती नाम से उल्लिखित किया गया है। पुराणों तथा कालिदास के मेघदूत में इसे पारिपात्र पर्वत से निकलने वाली कहा गया है।[160] बाण की कादम्बरी से प्राप्त वर्णन के अनुसार यह नदी विदिशा से होकर प्रवाहित होती है।[161] वेत्रवती नामक नगर वेत्रवती नदी के तट पर स्थित था।[162] वेत्रवती नदी का जल पीने योग्य था। कालिदास के अनुसार इसकी लहरें आनंद से तरंगायित रहती थी। जैसा कि इसकी कलकल की ध्वनि से स्पष्ट होता था।[163] जातक[164] के अनुसार अवगाहन के उपरान्त यहाँ स्नान करने वालों के द्वारा फेकी गयी बहुत सी दातौनें प्राप्त होती थी। वेत्रवती और उज्जयिनी के मध्य निर्बिन्ध्या नदी बहती थी।[165] मिलिन्दपन्हों के अनुसार वेत्रवती हिमालय से उद्भूत 500 नदियों में से एक थी।[166]

यमुना नदी

इस नदी का उल्लेख धंग के खजुराहों प्रस्तर अभिलेख (945 ई0)[167] में तथा गोविन्दचन्द्र के बसही ताम्रपत्र अभिलेख[168] (1104 ई0) में हुआ है। प्रथम अभिलेख से प्राप्त सूचना के अनुसार राजा यशोवर्मन् (अन्य नाम लक्षवर्मन) के युद्ध में भाग लेने वालें हाथियों ने गंगा और यमुना के जल में क्रीड़ा की थी।[169] यमुना नदी का उल्लेख ऋग्वेद[170], अथर्ववेद[171] एवं ऐतरेय ब्राह्मण[172] में किया गया है। कालिदास ने अपने रघुवंश में इस नदी का उल्लेख किया है।[173] ऋग्वेद[174] से प्राप्त एक विवरण के अनुसार तृत्सुओं और राजा सुदास ने यमुना नदी के तट पर अपने शत्रुओं को पराजित किया था। तृत्सुजन का राज्य पूर्व में यमुना एवं पश्चिम में सरस्वती नदी के मध्य स्थित था।[175] पंचविश ब्राह्मण[176] शंखायन श्रौतसूत्र[177], कात्यायन

श्रौतसूत्र[177a], लाट्यायन श्रौतसूत्र[178] तथा आश्वलायन श्रौतसूत्र[179] के विभिन्न संदर्भों के अन्तर्गत यमुना नदी का वर्णन किया गया है। इस नदी का उल्लेख पतंजलि के महाभाष्य[180], योगिनीतंत्र तथा कालिका पुराण[181] में किया गया है। ऐतरेय ब्राह्मण[182] एवं शतपथ ब्राह्मण[183] में यमुना नदी के तट पर भरतों की विजयकीर्ति का वर्णन मिलता है।

कालिन्दगिरि से निकलने के कारण यमुना नदी को कालिन्दकन्या भी कहा जाता है।[184] भागवतपुराण[185] तथा महावस्तु[186] में भी यमुना का कालिन्दी नाम से उल्लेख किया गया है। वाणभट्ट ने कादम्बरी[187] में इस नदी को कालिन्दी कहा है क्योंकि इसका जल काला प्रतीत होता है। यह नदी यमुना–गंगा के मध्यवर्ती पनढर पर स्थित बंदरपूँछ नामक शिखर के ढालों से अवतरित होती है। कुरसोली से आठ मील दूर यमुनोत्री को यमुना नदी का उद्गम स्रोत माना जाता है।[188] यमुनोत्री का मन्दिर बन्दरपूँछ पाद में स्थित है।[189] यमुना गंगा की सर्वप्रमुख पश्चिमी सहायक नदी है जो कामेत पर्वत के नीचे हिमालय पर्वतमाला से निकलती है। उत्तर–भारत के मैदानी भागों में प्रवेश करने से पहले यह शिवालिक पर्वतमाला और गढ़वाल में अपनी घाटियाँ बनाती है। इसके पश्चात यह गंगा के समानान्तर प्रवाहित होती है।[190] मथुरा से आगे चलकर प्रयाग या इलाहाबाद में गंगा के संगम तक यमुना दक्षिण–पूर्व दिशा में प्रवाहित होती है। देहरादून जिले में इसमें पश्चिम दिशा की ओर से आने वाली दो सहायक नदिया मिल जाती हैं। इसमें से एक नदी का नाम उत्तरी टोंस है। आगरा और इलाहाबाद के मध्य बाँयी ओर से इसमें चर्मण्वती (वर्तमान चंबल), कालीसिंध, बेत्रवती (वर्तमान बेतवा), केन और पयष्णी (वर्तमान पैसुनी) नामक चार सहायक नदियॉ मिलती हैं।[191] इस नदी के मध्य स्थित किसी स्थान पर किये गए एक महायज्ञ में काश्यप के शिष्य शरभंग उपस्थित थे।[192] चीनी लोग यमुना नदी को येन–मोक–ना कहते थे।[193] यमुना नदी शूरसेन एवं कोसल राज्यों तथा आगे कोसल व वत्स के बीच सीमा थी। शूरसेन प्रदेश की राजधानी मथुरा तथा वत्स की राजधानी कौशांबी इस नदी के दाहिने तट पर स्थित थी। युनानी लेखक इसे इरैन्नेबोस से समीकृत करते हैं। प्राचीन बौद्ध ग्रन्थों में वर्णित पाँच महानदियों में से यमुना भी एक है।[194] स्कन्दपुराण में वर्णित वालुवाहिनी नदी को यमुना की एक सहायक नदी के रूप में उल्लिखित किया गया है।[195]

लौहित्य नदी

इस नदी का वर्णन आदित्यसेन (660–75 ई0) के अफसद प्रस्तर अभिलेख[196], वनमालवर्मन् (835–60 ई0) के पर्वतीया ताम्रपत्र अभिलेख[197] तथा श्रीचन्द्र (925–75 ई0) के पश्चिमभाग ताम्रपत्र अभिलेख में किया गया है।[198] प्रथम अभिलेख से प्राप्त सूचना के अनुसार दामोदरसेन का पुत्र और उत्तराधिकारी महासेनगुप्त अपनी वीरता और साम्राज्य विस्तार हेतु प्रसिद्ध था। उसने सुस्थितवर्मन् को परास्त कर अपनी कीर्ति को लौहित्य नदी तक प्रसारित कर दिया था।[199] वनमालवर्मन् के पर्वतीया ताम्रपत्र अभिलेख के अनुसार वनमालदेव ने लौहित्य–भट्टारक नदी के किनारे स्थित हरपेश्वर से स्वल्प मंड्गोक मण्डल के अन्तर्गत

स्थित हपोसग्राम का दान किया था।[200] श्रीचन्द्र के चन्द्रावती ताम्रपत्र के अनुसार उसकी सेना ने उत्तरापथ को विजित करने के लक्ष्य से लौहित्य नदी की घाटी में स्थित कामरूप पर आक्रमण किया था।[201]

लौहित्य नदी की पहचान ब्रह्मपुत्र नदी से की जाती है जो कि पूर्वोत्तर राज्यों में बहने वाली भारत की एक प्रमुख नदी है।[202] लौहित्य नदी सदिया जिले के अन्तर्गत ब्रह्मपुत्र में मिलने वाली उसकी एक प्रमुख सहायक नदी है।[203] लौहित्य (लोहित) नदी नमकिउ पर्वत के पहले उत्तर–पूर्व से चार नदियों के सयुक्त प्रवाह के रूप में बहती है।[204] इस नदी को रघुवंश[205] में असम राज्य के अन्तर्गत प्राग्ज्योतिष या गौहाटी की सीमा बताया गया है। जम्बुदीवपण्णत्ति में पूर्वी मानसरोवर झील की पूर्वी कुल्या से निकलने वाली सरिता को इस नदी का उद्‌गम स्रोत माना जाता है। आधुनिक भौगोलिक अनुसंधानों से भी स्पष्ट होता है कि इसका स्रोत मानसरोवर के पूर्वी क्षेत्र में है।[206] इस नदी की प्रमुख अग्र धाराएँ है–कुपि, चेम–युंगदुंग और अंगसी–चु। कुपि नदी का सर्वाधिक निस्सारण होने के कारण स्वेन हडिन ने कुपि हिमनद को ही लौहित्य नदी का स्रोत माना है।[207] कैलास तीर्थ एवं मानसरोवर के स्वामी प्रणवानंद ने चेम–युंगदुंग हिमनद को ब्रह्मपुत्र का उद्‌गम बताया गया है।[208] ब्रह्मपुत्र की उत्पत्ति के एक पौराणिक विवरण के अनुसार यह नदी चार पर्वतों के बीच स्थित है, जिसके उत्तर में कैलास और दक्षिण में गंधमान पर्वत है।[209] दक्षिणी तिब्बत के पठार से प्रवाहित होने वाले लौहित्य (ब्रह्मपुत्र) के प्रवाह को सुन्प कहा जाता है।[210]

असम प्रांत के लखीमपुर जनपद की पूर्वी सीमा पर ब्रह्मपुत्र नदी में ब्रह्मकुण्ड नामक एक गहरा कुण्ड है जिसमें भगवान परशुराम ने अपना परशु अभ्यर्पित किया था।[211] लखीमपुर और सिबसागर जिलों के मध्य यह नदी मजुली नामक एक द्वीप का निर्माण करती है। मणिपुर के उत्तर में नागा पहाडियों से निकलने वाली धनश्री नामक एक सहायक नदी ब्रह्मपुत्र में मिलती है और आगे बाई ओर से इसमें कलाँग की दो नदियाँ इसकी सहायक के रूप में नवगाँव जिले के अन्तर्गत इससे मिलती है। गोलपारा जिले में दामरा के थोड़ा पूर्व गारो पहाड़ियों से प्रवाहित होने वाली कृष्णाई नदी इसमें मिल जाती है जबकि दाहिनी ओर से इसमें मानस नामक बड़ी सहायक मिलती है।[212] ब्रह्मपुत्र की प्राचीन धारा और मेघना नदी का संगम मेंमनसिंह जिले में होता है। बंगाल में प्रवेश करने के पश्चात ब्रह्मपुत्र (लौहित्य) दो शाखाओं में विभक्त हो जाती है। ब्रह्मपुत्र की यमुना शाखा में घोड़ाघाट के निकट दाई ओर से तिस्ता (त्रिसोत) इसकी सहायक नदी के रूप में मिलती है, और आगे दाहिनी ओर से करतोया नामक एक अन्य प्रमुख सहायक नदी इसमें मिलती है, जो कभी बंगाल और कामरूप के बीच की सीमा थी।[213] गंगा और ब्रह्मपुत्र नदियाँ मिलकर संसार का सबसे बड़ा डेल्टा बनाती है।

वरणा नदी

इस नदी का वर्णन चन्द्रदेव (1092 ई0) के चन्द्रावती ताम्रपत्र अभिलेख में हुआ है।[214] अभिलेख में इस नदी का उल्लेख करते हुए कहा गया है कि राजा चन्द्रादित्यदेव ने सरयू और घर्घरा के संगम पर स्थित तीर्थ (स्वर्गद्वार तीर्थ) पर स्नान करने के पश्चात कठेहली पत्तला को पाँच सौ ब्राह्मणों के निमित्त दान कर दिया था। यह भू–भाग गोमती, भागीरथी तथा वरणा नदियों से घिरा हुआ था।[215] इस आधार पर वरणा को उत्तर भारत की सीमा में प्रवाहित माना जा सकता है। एक अन्य विवरण के अनुसार वरणा एक जलदुर्ग था जो आश्वकायनों के राज्य में सिन्धु और स्वात नदियों के मध्य स्थित सर्वाधिक सुदृढ़ रक्षा स्थल के रूप में प्रसिद्ध था। यूनानी लेखकों ने इसका नाम एओरनस बताया है, जहाँ अस्सकेनोई (आश्वकायन) और सिकन्दर महान का युद्ध हुआ था।[216]

वेत्रघटी नदी

श्रीचन्द्र (925–75 ई0) के पश्चिमभाग ताम्रपत्र अभिलेख में इस नदी का उल्लेख किया गया है।[217] अभिलेख में इस नदी का उल्लेख करते हुए कहा गया है कि राजा श्रीचन्द्रदेव ने अपने अधिकारियों को श्रीचन्द्रपुर–ब्रह्मपुर अथवा श्रीचन्द्रपुर–ब्रह्मपुर शासन, नामक जिन भू–क्षेत्रों को दान करने की सूचना दी है, वे मणि, कोशियार तथा वेत्रघटी नदियों से घिरे हुए थे।[218] इस नदी का उचित अभिज्ञान करना संभव नहीं हो सका है।

वंक्षु नदी

इस नदी का उल्लेख नरवर्मन् के नागपुर म्यूजियम प्रस्तर अभिलेख (1104 ई0) में हुआ है।[219] अभिलेख से प्राप्त सूचना के अनुसार लक्ष्मीधर (लक्ष्मनदेव) चोलों को पराजित करने के पश्चात पश्चिम तक गया। यहाँ यक्षों से ईर्ष्या के कारण वह उत्तर की बढा और वंक्षु नदी के तट पर तुरुष्कों का विनाश किया।[220] डी0 सी0 सरकार ने इस नदी की पहचान वर्तमान आक्सस नदी से की है जो संभवतः उत्तरी सीमा पर बहती थी।[221] किन्तु एम0 मोनियर विलियम डिक्शनरी में वंक्षु नदी की पहचान गंगा नदी की एक लघु शाखा के रूप में की गयी है।[222] इस नदी का जल प्राकृतिक रूप से अत्यंत मृदुल था।

वेणी नदी

इस नदी का उल्लेख कल्चुरि कर्ण के वाराणसी ताम्रपत्र अभिलेख (1042 ई0) में आया है।[223] अभिलेख में वेणी नदी का उल्लेख करते हुए कहा गया है कि कल्चुरि शासक कर्ण ने अपने प्रयाग में स्थित शिविर से काशी के एक ग्राम सुसीग्राम को पण्डित विश्वरूप के लिए दान करने की सूचना अपने कर्मचारियों और सहायकों को दी थी। यह दान उसने वेणी नदी में

स्नान तथा भगवान त्रिलोचन (शिव) की आराधना करने के पश्चात ही सम्पन्न किया था।[224] इस नदी को प्रयाग में त्रिवेणी से समीकृत किया गया है।[225]

इस नदी का उल्लेख पुराणों में किया गया है।[226] एक उल्लेख के अनुसार यह महाराष्ट्र में प्रवाहित होने वाली कोई नदी थी। इसे बेन्वा नदी भी बताया जाता है तथा कृष्णा तथा वेणी नदी के संगम पर माहुली नामक एक पुण्य तीर्थ स्थित है।[227] अन्यत्र इस नदी को मध्यप्रांत में बहने वाली वेनगंगा से समीकृत किया जाता है, जो कि जबलपुर के 40 मील दक्षिण से निकलकर दक्षिण की ओर 30 मील तक नागपुर के पूर्व की ओर बहती है।[228]

दो नदियों के संगम को वेणी कहा गया है।[229] प्रयाग में गंगा–यमुना एवं सरस्वती के संगम को त्रिवेणी भी कहा जाता है।[230]

सरयू नदी

इस नदी का वर्णन चन्द्रदेव (1092 ई0) के चन्द्रावती ताम्रपत्र अभिलेख में हुआ है।[231] अभिलेख में इस नदी का उल्लेख करते हुए कहा गया है कि परभट्टारक महाराजधिराज परमेश्वर परम्माहेश्वर चन्द्रादित्यदेव ने सरयू और घर्घरा नदियों के अयोध्या में स्थित संगम स्वर्गद्वार तीर्थ में स्नान कर दान कार्य सम्पन्न किया था।[232]

रामायण में इस नदी का उल्लेख किया गया है। प्राचीन आयोध्या नगरी को इसी नदी के तट पर स्थित कहा गया है।[233] रामायण[234] में सरयू नदी को अयोध्या नगर से आधे योजन की दूरी पर प्रवाहित कहा गया है। वाल्मीकि रामायण[235] के अनुसार राजा दशरथ ने सरयू नदी के तट पर अश्वमेध यज्ञ किया था। इस नदी का वर्णन ऋग्वेद[236] और अष्टाध्यायी[237] में प्राप्त होता है। पुराणों[238], महाभारत[239], कालिदास कृत रघुवंशम्[240], योगिनीतंत्र[241] तथा अरब इतिहासकार अल्बरूनी के उल्लेख[242] के साथ ही साथ अध्यात्म रामायण[243] के विभिन्न सन्दर्भों में हुआ है। उत्तर और दक्षिण कोशल के मध्य प्रवाहित होने वाली यह नदी मानसरोवर से आगे कौड़ियाली नाम से जानी जाती है।[244] सरयू नदी का एक अन्य नाम घाघरा या घर्घरा भी मिलता है। गंगा और सरयू नदियों के संगम पर चेरान नामक प्राचीन स्थान स्थित है।[245] एक उल्लेख के अनुसार राम और लक्ष्मण सरयू तथा गंगा के संगम पर गए थे।[246]

कालिका पुराण[247] में सरयू को एक पवित्र नदी के रूप में उल्लिखित किया गया है। मिलिन्दपन्हों[248] में हिमालय को इस नदी का उद्गम स्थल बताया गया है। तुर्वसु और यदु ने सरयू नदी को पारकर चित्ररथ एवं अर्ण को पराजित किया था।[249] सरयू गंगा की एक सहायक नदी घाघरा या गोगरा ही है।[250] युनानी लेखक टॉलेमी ने सैरबोस नाम से इस नदी का उल्लेख किया है। सरयू नदी को प्राचीन बौद्ध ग्रन्थों में पाँच महानदियों में से एक बताया गया है।[251] सरयू बिहार के छपरा जिले में जाकर गंगा से मिल जाती है। बहराइच

(उ0प्र0) जिले के उत्तर पश्चिमी कोने पर इसमें उत्तर पूर्व की ओर से एक उपनदी मिलती है जो सरयू के नाम से आगे बहती है। सरयू का एक अन्य नाम सरभू भी मिलता है।[252]

सरस्वती नदी

इस नदी का उल्लेख नरवर्मन् के नागपुर म्यूजियम प्रस्तर अभिलेख (1104 ई0) में हुआ है।[253] अभिलेख से प्राप्त सूचना के अनुसार राजा लक्ष्मीधर (लक्ष्मनदेव) ने कीर देश के शासक को सरस्वती नदी के तट पर हराया था।[254] इस नदी का उल्लेख ऋग्वेद[255], रामायण[256], महाभारत[257] तथा विभिन्न पुराणों[258] आदि के अन्तर्गत विभिन्न संदर्भों में किया गया है। अनेक झीलों से युक्त यह नदी आज लुप्त हो गयी है, फिर भी यह विश्वास किया जाता है कि एक शाखा के रूप में यह प्रयाग में त्रिवेणी के संगम पर मध्यकाल तक अस्तित्व में थी। इसका जल लालवर्ण था और यह मुख्य रूप से सिंधु नदी के निकट अथवा उसी से समीकृत की गयी है। इस नदी के तटवर्ती भागों में ऋग्वैदिक सभ्यता विकसित हुई थी।[259] एन0 एल0 डे तथा रायचौधरी ने विभिन्न सूचनाओं के आधार पर सरस्वती नदी का अभिज्ञान गुजरात, कुरुक्षेत्र, पंजाब तथा अफगानिस्तान में बहने वाली नदियों से किया गया है। इन विद्वानों ने इसके प्राचीनतम वर्णन जेंद अवेस्ता और वेहिस्तून अभिलेखों को ऋग्वेद के साथ सन्दर्भित करते हुए किया है।[260] आरेल स्टाइन ने राजस्थान से प्राप्त कतिपय पुरातात्विक अवशेषों के आधार पर सरस्वती नदी का समीकरण हाकरा में किया है।[261] सरस्वती और दृषद्वती को उत्तर भारत की दो प्रसिद्ध ऐतिहासिक नदियाँ माना जाता है, जो सिंधु नदी समूह से असंपृक्त, स्वतंत्र रूप में प्रवाहित होती है।[262] इन्हीं दोनों नदियों के मध्य में मनु द्वारा वर्णित ब्रह्मवर्त क्षेत्र को स्थित कहा गया है। मनु ने उस स्थान को विनशन की संज्ञा दी है, जहाँ सरस्वती नदी अदृश्य हो जाती है।[263] सरस्वती नदी हिमांचल प्रदेश में शिमला और सिरमौर के पहाड़ी क्षेत्रों से होकर एक उभार बनाती हुई प्रवाहित होती है।[264] तैतिरीय संहिता[265], पंचविश ब्राह्मण[266], कौषीतकी ब्राह्मण[267], शतपथ ब्राह्मण[268] तथा ऐतरेय ब्राह्मण[269] में विभिन्न सन्दर्भों के अन्तर्गत सरस्वती नदी का उल्लेख किया गया है। ऋग्वेद[270] में एक पवित्र नदी के रूप में इसका उल्लेख किया गया है। कात्यायन[271], लाट्यायन[272], आश्वालायन[273] तथा शंखायन[274] श्रौतसूत्रों में इस नदी के तट पर किये गये यज्ञों की महत्ता और उनकी पवित्रता का वर्णन किया गया है। पद्मपुराण[275] में गंगोद्मेदतीर्थ का उल्लेख है, जहाँ यह गंगा नदी में मिलती है। कालिदास ने अपने रघुवंश[276] में इस नदी का वर्णन किया है। सिद्धांतशिरोमणि में सरस्वती का वर्णन कहीं पर दृष्टिगोचर और कहीं अदृश्य रहने वाली नदी के रूप में किया गया।[277] योगिनीतंत्र[278] में भी सरस्वती नदी का उल्लेख हुआ है। वर्तमान में अस्तित्वशील यह नदी शतद्रु एवं यमुना के बीच बहती है।[279] वैदिककाल में आर्य लोग सरस्वती को एक ओजवती नदी के रूप में जानते थे, जो समुद्र में मिलती थी।[280] यह हिमालय पर्वतमाला में शिवालिक से निकलकर अंबाला के बाद बदरी में मैदान में आती है। हिन्दु इसे एक पवित्र नदी के रूप में पूजते हैं। महाभारत[281] में लोग इस पुण्यसलिला नदी के तट पर पितरों को

पिण्डदान किया करते थे। सरस्वती नदी के तट पर एक वन था जिसे अम्बिकावन कहा जाता था।[282]

स्वर्गद्वार-तीर्थ

स्वर्गद्वार तीर्थ का उल्लेख चन्द्रदेव (1092 ई0) के चन्द्रावती ताम्रपत्र अभिलेख में हुआ है।[283] इस अभिलेख के अनुसार परभट्टारक परमेश्वर परम्माहेश्वर चन्द्रादित्यदेव ने सरयू और घर्घरा नदियों के संगम पर अयोध्या में स्थित स्वर्गद्वार तीर्थ में स्नानोपरान्त पाँच सौ ब्राह्मणों के निमित्त कठेहली पत्तला नामक ग्राम का दान किया था।[284] यह आज भी अयोध्या में स्थित इसी नाम का एक घाट है।

सुरूंगा नदी

इस नदी का वर्णन श्रीचन्द्र (925–75 ई0) के पश्चिमभाग ताम्रपत्र अभिलेख में किया गया है।[285] अभिलेख में इस नदी का उल्लेख करते हुए कहा गया है कि राजा त्रिलोक्यचन्द्र की सेना ने अपने विजय अभियान में कई प्रदेशों को विजित कर कृष्णशिखारिन् नामक ग्राम में वंग देश की दही (दधी) का आनंद उठाया तथा उसके सरदारों ने सुरूंगा एवं विंध्य क्षेत्र की अन्य नदियों का जल पिया और वे मलय पर्वतमाला को पार करते हुए कावेरी घाटी तक पहुँच गए।[286]

सुरूंगा नदी संभवतः विंध्यपर्वतमाला से निकलने वाली कावेरी की कोई सहायक नदी प्रतीत होती है, क्योकि त्रिलोक्यचन्द्र की सेना द्वारा सुरूंगा के साथ ही विंध्यक्षेत्र की अन्य नदियों का जल पीने की बात अभिलेख से स्पष्ट होती है। इस आधार पर इसे विंध्यक्षेत्र की ही कोई नदी माना जा सकता है। के0 के0 गुप्त चौधरी इस नदी की पहचान नहीं कर सके हैं।[287]

क्षीरोदा नदी

इस नदी का वर्णन श्रीचन्द्र (925–75 ई0) के पश्चिमभाग ताम्रपत्र अभिलेख में किया गया है।[288] अभिलेख से प्राप्त सूचना के अनुसार परमसौगत परमेश्वर परमभट्टारक महाराजाधिराज त्रिलोक्यचन्द्र की सेना ने समतट को जीत लिया था। यहाँ का प्रमुख नगर देवपर्वत इसी क्षीरोदा नदी के तट पर स्थित था। अभिलेख में अपनी औषधीय जड़ी–बूटियों के लिए प्रसिद्ध लालम्बी वन को इसी नदी के निकट स्थित बताया गया है।[289] डी0 सी0 सरकार ने इस नदी की पहचान आधुनिक खिरनै नदी से की है।[290]

सन्दर्भ

1. सरकार, डी0 सी0, एपि0 इं0, XXXVII, पृ0 245 और आगे।
2. सरकार, डी0 सी0, से0 इं0, II, पृ0 112.
3. वही।
4. कीलहार्न, एपि0 इं0, I, पृ0 124 और आगे।
5. सरकार, डी0 सी0, से0 इं0, II, पृ0 259.
6. वही।
7. दृ0 लाहा, बी0 सी0, प्रा0 भा0 का ऐ0 भू0, पृ0 155.
8. कादम्बरी, पृ0 62.
9. दृ0 लाहा, वही।
10. सरकार, डी0 सी0, एपि0 इं0, XXXVII, पृ0 289 और आगे।
11. सरकार, डी0 सी0, से0 इं0, II, पृ0 92.
12. दृ0 लाहा, बी0 सी0, प्रा0 भा0 का ऐ0 भू0, प्रस्तावना, पृ0 64.
13. वही।
14. वही, पृ0 275.
15. हुल्त्स, सा0 इं0 इं0, I, पृ0 34.
16. दृ0 लाहा, बी0 सी0, प्रा0 भा0 का ऐ0 भू0, प्रस्तावना, पृ0 275.
17. मणि–मेखलै, I, 9–12; 23–4.
18. दृ0 लाहा, बी0 सी0, रिवर्स ऑफ इंडिया, पृ0 51.
19. दृ0 सिन्हा, यू0 एन0, योग0 महा0 का रचना काल, पृ0 206.
20. भागवत पुराण, 5.19.18, 7.13.12; मत्स्य पुराण, 51.13,163.61.
21. इं0 इन दी सेंट्रल प्रोविन्सेज एंड बरार, II, संस्करण, नागपुर, 1932, पृ0 158–59.
22. मजूमदार एंड पुसाल्कर, 'द हिस्ट्री एंड कल्चर ऑफ इंडियन पीपुल, बाम्बे, 1988, V, पृ0 731.
23. सा0 इं0 इं0 I, पृ0 29.
24. किष्किन्धाकांड, XLI, 21, 25.
25. महाभारत, IX, 328; वनपर्व, LXXXV, 81.64.5.
26. योगिनीतंत्र, 2, 6, पृ0 178.
27. कालिकापुराण, अ0, 24, 130,135.
28. काव्यादर्श, 3, 166.
29. दृ0 लाहा, बी0 सी0, प्रा0 भा0 का ऐ0 भू0, पृ0 274.
30. वही, पृ0 275.
31. अग्निपुराण, CXIII, 34.
32. लाहा, वही, पृ0 324.
33. सरकार, डी0 सी0, एपि0 इं0, XXXVII, पृ0 289 और आगे।

34. सरकार, डी0 सी0, से0 इं0, II, पृ0 93.
35. कीलहार्न, इं0 एंटि0, XIX, पृ0 124 और आगे।
36. कीलहार्न, इं0 एंटि0, XIX, पृ0 307 और आगे।
37. सरकार, डी0 सी0, से0 इं0, II, पृ0 259.
38. भागवतपुराण, IV, 6, 24, XI, 29, 42.
39. वही, III, 23, 29.
40. वही, III, 5.1; X 75.8.
41. वही, X, 75.5; VIII 45.21.
42. शतपथ ब्राह्मण, XIII, 5,4,11.
43. महाभाष्य, पृ0 I, 1–9 पृ0 436.
44. अथर्ववेद, IV, 7.1.
45. मैक्रिंडिल, ऐंश्यंट इंडिया, पृ0 136 और आगे।
46. योगिनीतंत्र, 2,3, पृ0 122 और आगे; 2,7, 8, पृ0 186 और आगे।
47. दृ0 लाहा, बी0 सी0, प्रा0 भा0 का ऐ0 भू0, पृ0 53.
48. मार्कण्डेय पुराण, 56, 1–12.
49. दृ0 सिन्हा, यू0 एन0, योग0 महा0 का रचना काल, पृ0 206.
50. महाभारत, 84. 29.
51. हरिवंश पुराण, XXVI, 5–7.
52. अ0, 4, श्लोक, 107.
53. स्वर्गखंड, अ0, 2, श्लोक 68.
54. मैक्रिंडिल, ऐंश्यंट इंडिया, पृ0 190–191.
55. दृ0 लाहा, बी0 सी0, प्रा0 भा0 का ऐ0 भू0, पृ0 133.
56. कादम्बरी, पृ0 75.
57. तैत्तिरीय आरण्यक, I, 20.
58. कीलहार्न, इं0 एंटि0, II, पृ0 305 और आगे।
59. सा0 इं0 इं0, II, पृ0 514.
60. कीलहार्न, इं0 एंटि0, II, पृ0 305 और आगे।
61. सरकार, डी0 सी0, से0 इं0, II, पृ0 392.
62. भागवतपुराण, V, 19, 18.
63. ब्राह्मंड पुराण, I, 12, 15.
64. मत्स्य पुराण, 22, 46.
65. उत्तरखण्ड, श्लोक 35–38.
66. अरण्यककांड, 15वाँ सर्ग, श्लोक, 11–18, 24.
67. महाभारत, 85, 33; 82, 2.
68. रामायण, आरण्यक कांड, वही।

69. दृ0 लाहा, बी0 सी0, प्रा0 भा0 का ऐ0 भू0, पृ0 257.
70. रघुवंशी, XIII, 33.
71. वही।
72. ब्रह्मपुराण, अ0 77, श्लोक, 9–10, सौरपुराण, अ0, 69, श्लोक, 26.
73. सुत्तनिपात्त पृ0 190.
74. ब्रह्मपुराण, अ0 80.
75. महाभारत, अ0 83, 64.
76. वही, अ0 91.
77. वही, अ0 102.
78. वही, 121.
79. वही, अ0 145.
80. वही, 157.
81. दृ0 लाहा, वही, प्रस्तावना, पृ0 62.
82. वही, पृ0 258.
83. जातक, V, पृ0 132.5, पृ0 132.
84. वही।
85. वही।
86. वृहत्कल्प–भाष्य, 6.6244 और आगे।
87. महाभारत, अ0 85.44.
88. साहनी, डी0 आर0, एपि0 इं0, XIV, पृ0 192 और आगे।
89. सरकार, डी0 सी0, से0 इं0, II, पृ0 273.
90. ऋग्वेद, X, 75.6.
91. रामायण, अयोध्याकाण्ड, अध्याय 49.
92. इं0 ऐंटि0 XXI, 1893, पृ0 178.
93. दृ0 लाहा, बी0 सी0, प्रा0 भा0 का ऐ0 भू0, पृ0 53.
94. भागवतपुराण, V, 19, 18. X, 79.11.
95. उत्तरखंड, श्लोक, 35–38.
96. महाभारत, अ0 84,73.
97. दृ0 लाहा, बी0 सी0, प्रा0 भा0 का ऐ0 भू0, पृ0 136.
98. अवंतीखंड, अ0 60.
99. सरकार, डी0 सी0, एपि0 इं0, XXXVI, पृ0 202 टिप्पणी 6.
100. सरकार, डी0 सी0, से0 इं0, II, पृ0 273.
101. वही।
102. दृ0 सिन्हा, यू0 एन0, योग0 महा0 का रचना काल, पृ0 203.
103. दृ0 लाहा, बी0 सी0, प्रा0 भा0 का ऐ0 भू0, प्रस्तावना, पृ0 53.

104. सरकार, डी0 सी0, एपि0 इं0, XXXVII, पृ0 289 और आगे।
105. सरकार, डी0 सी0, से0 इं0, II, पृ0 92.
106. कीलहार्न, इं0 एंपि0, II, पृ0 184 और आगे।
107. सरकार, डी0 सी0, से0 इं0, II, पृ0 392.
108. वही।
109. दृ0 लाहा, बी0 सी0, प्रा0 भा0 का ऐ0 भू0, प्रस्तावना, पृ0 323.
110. रघुवंश, IV, 49.50.
111. वृहत्संहिता, XIV, 16.
112. ब्रह्मण्ड पुराण, अ0 49.
113. वनपर्व, XXXVIII, 8340.
114. दृ0 लाहा, बी0 सी0, प्रा0 भा0 का ऐ0 भू0, प्रस्तावना, पृ0 323.
115. वही।
116. वही, पृ0 324.
117. एपि0 इं0, XXXIV, भाग, IV, पृ0 166.
118. अर्थशास्त्र II , XI.
119. अशोक, तृतीय संस्करण, 162.
120. भागवतपुराण, IV, 28, 35; V, 19, 18; X, 79, 16; XI, 5, 39.
121. दृ0 लाहा, बी0 सी0, प्रा0 भा0 का ऐ0 भू0, प्रस्तावना, पृ0 323–24.
122. ओझा, जी0 एच0, एपि0 इं0, XIV, पृ0 182 और आगे।
123. सरकार, डी0 सी0, से0 इं0, II, पृ0 250 और आगे।
124. ओझा, जी0 एच0, एपि0 इं0, XVI, पृ0 181 और आगे।
125. सरकार, डी0 सी0, से0 इं0, XXVII, पृ0 289 और आगे।
126. सरकार, डी0 सी0, से0 इं0, II, पृ0 92.
127. कीलहार्न, इं0 एंन्टि0, XVI, पृ0 64 और आगे; सरकार, डी0 सी0, से0 इं0, II, पृ0 92 और आगे।
128. सरकार, डी0 सी0, से0 इं0, पृ0 102.
129. स्यामी संस्करण, भाग, II, पृ0 233.
130. प्रपंचसूदनी, II, पृ0 233, ललितविस्तार, पृ0 311.
131. महावस्तु, II, पृ0 123.
132. दृ0 लाहा, बी0 सी0, प्रा0 भा0 का ऐ0 भू0, पृ0 421.
133. दृ0 त्रिपाठी, प्रभा, प्राचीन पूर्वोत्तर भारत, पृ0 37.
134. वही।
135. वही।
136. दृ0 बरुआ, बी0 एम0, गया एंड बुद्धगया, पृ0 5, 101–14.
137. मजूमदार, आर0 सी0, एपि0 इं0, XXVIII, पृ0 95 और आगे।

138. साहनी, डी0 आर0 एपि0 इं0, XIV, पृ0 192 और आगे।
139. सरकार, डी0 सी0, से0 इं0, II, पृ0 236.
140. सरकार, डी0 सी0, से0 इं0, II, पृ0 273.
141. हरिवंश, I, 15.
142. योगिनीतंत्र, 2.4, पृ0 128–129.
143. इंसक्रिप्शंस ऑफ बंगाल, III, पृ0 97.
144. वही, पृ0 74.
145. दृ0 लाहा, बी0 सी0, प्रा0 भा0 का ऐ0 भू0, पृ0 243.
146. वही।
147. कादम्बरी, पृ0 75.
148. ब्रह्मपुराण, अ0, 78, श्लोक 77.
149. दृ0 लाहा, बी0 सी0, प्रा0 भा0 का ऐ0 भू0, पृ0 53.
150. वही, पृ0 55.
151. वही।
152. सरकार, डी0 सी0, से0 इं0, XXXVII, पृ0 289 और आगे।
153. सरकार, डी0 सी0, से0 इं0, II, पृ0 93.
154. कीलहार्न, एंपि0 इं0, I, पृ0 124 और आगे।
155. सरकार, डी0 सी0, से0 इं0, II, पृ0 259.
156. वही।
157. दृ0 लाहा, बी0 सी0, प्रा0 भा0 का ऐ0 भू0, पृ0 227.
158. मार्कण्डेय पुराण, पृ0 20, 57.
159. मिलिन्दपन्हों, पृ0 114.
160. मेघदूत, पूर्वमेघ, श्लोक, 25.
161. काले, एम0 आर0 द्वारा संपादित, बंबई, पृ0 14.
162. जातक, IV, पृ0 388.
163. मेघदूत, V, पृ0 26; जातक, IV, पृ0 388.
164. जातक, सं0 497.
165. लाहा, ज्यॉग्रेफिकल एसेज, पृ0 114; थार्नटनकृत गजेटियर, ग्वालियर, भोपाल; भागवत पुराण, 14–15.
166. ट्रेक्नर संस्करण, पृ0 114.
167. कीलहार्न, एंपि0 इं0, I, पृ0 124 और आगे।
168. फ्लीट, जे0 एफ0, इं0 एंन्टि0, XIV, पृ0 103.
169. सरकार, डी0 सी0, से0 इं0, II, पृ0 259.
170. ऋग्वेद, X, 75. V, 52, 17; VIII, 18–19; X, 75, 5.
171. अथर्ववेद, IV, 9,10.

172. ऐतरेय ब्राह्मण, VIII, 14, 4.
173. रघुवंश, VI, 4.
174. ऋग्वेद, VII, 18, 19.
175. दृ0 लाहा, बी0 सी0, प्रा0 भा0 का ऐ0 भू0, पृ0 229.
176. पंचविश ब्राह्मण, IX, 4,11; XXV, 10, 24; 13, 4.
177. शांखायन श्रौतसूत्र, XIII, 29.25.33.
177.a. कात्यायन श्रौतसूत्र, 6. 10. 39.
178. लाट्यायन श्रौतसूत्र, X, 19,9,10.
179. आश्वलायन श्रौतसूत्र, X, 6.28.
180. महाभाष्य, I, 1,9, पृ0 436; 1,4,2, पृ0 670.
181. कालिका पुराण, अ0 15.8.
182. ऐतरेय ब्राह्मण, VII, 23.
183. शतपथ ब्राह्मण, XII, 5,4,11.
184. दृ0 लाहा, बी0 सी0, प्रा0 भा0 का ऐ0 भू0, पृ0 229.
185. भागवत पुराण, III, 4.36; IV,8.43; VI.16.16; VIII.4.23; IX.4.30; IX.4.37; X.58-22.
186. महावस्तु, III, 201.
187. कादम्बरी, पृ0 62.
188. वही।
189. वही।
190. दृ0, लाहा, वही, पृ0 229.
191. वही, पृ0 230.
192. महावस्तु, I, 160.
193. वही।
194. अंगुत्तर, IV, 101; संयुक्त, II, 135; V, 401, 460, 461.
195. दृ0 लाहा, बी0 सी0, प्रा0 भा0 का ऐ0 भू0, पृ0 230.
196. फ्लीट, का0 इं0 इं0, III, पृ0 202 और आगे; सरकार, एपि0 इं0, XXXVII, पृ0 183 और आगे।
197. सरकार, डी0 सी0, एपि0 इं0, XXIX, पृ0 145–159.
198. सरकार, डी0 सी0, एपि0 इं0, XXXVII, पृ0 289 और आगे।
199. थपल्याल, के0 के0, इंसक्रिप्शंस ऑफ मौखरीज, लेटर गुप्ताज, पुष्पभूतिज यशोवर्मन् ऑफ कन्नौज, पृ0 166.
200. चौधरी, पी0 डी0 एवं सरकार, डी0 सी0, एपि0 इं0, XXIX, पृ0 145–159.
201. सरकार, डी0 सी0, एपि0 इं0, XXIX, पृ0 145–159.
202. दृ0 लाहा, बी0 सी0, प्रा0 भा0 का ऐ0 भू0, पृ0 389.

203. महाभारत, भीष्मपर्व, अ0 9; अनुशासनपर्व 7647, रामायण किष्किन्धाकांड, XL, 26, एशियाटिक रिसर्चज, XIV, पृ0 425.
204. लाहा, रिवर्स ऑफ इंडिया, पृ0 30.
205. रघुवंश, IV, 81.
206. दृ0 लाहा, बी0 सी0, प्रा0 भा0 का ऐ0 भू0, पृ0 359.
207. वही।
208. चटर्जी, एस0 पी0, प्रेसीडेंशियल ऐड्रेस टु द ज्यॉग्रफिकल सोसायटी ऑफ इंडिया, ज्यॉग्रफिकल रिव्यू ऑफ इंडिया, सितम्बर, 1953.
209. कालिका पुराण, अ0, 82,36.
210. लाहा, रिवर्स ऑफ इंडिया, पृ0 29–30.
211. वही।
212. दृ0 लाहा, बी0 सी0, प्रा0 भा0 का ऐ0 भू0, पृ0 57.
213. महाभारत, वनपर्व, अ0 85.
214. साहनी, डी0 आर0, एपि0 इं0, XXXV, पृ0 202, टिप्पणी 6.
215. सरकार, डी0 सी0, से0 इं0, II, पृ0 273.
126. स्टाइन, आरेल, आर्किओलाजिकल सर्वे मेमोयर सं0 42, पृ0 89–90.
217. सरकार, डी0 सी0, एपि0 इं0, XXXVII, पृ0 289 और आगे।
218. सरकार, डी0 सी0, से0 इं0, II, पृ0 93.
219. कीलहार्न, इं0 एंपि0, इं0, II, पृ0 182 और आगे।
220. सरकार, डी0 सी0, से0 इं0, II, पृ0 392.
221. वही।
222. कीलहार्न, इं0 एंपि0, इं0, II, पृ0 194.
223. कीलहार्न, इं0 एंपि0, इं0, II, पृ0 305 और आगे।
224. सरकार, डी0 सी0, से0 इं0, II, पृ0 338.
225. वही।
226. भागवत पुराण, 5.19.18, पद्मपुराण, उत्तर, अ0 74.
227. दृ0 सिन्हा, यू0 एन0, योग0 महा0 का रचना काल, पृ0 201.
228. एंपि0, इं0, II, पृ0 302.
229. दृ0 राय, यू0 एन0, प्रा0 भा0 में नगर तथा नगर जीवन, पृ0, 102.
230. वही।
231. सरकार, डी0 सी0, एपि0 इं0, XXXV, पृ0 202 टिप्पणी, 6.
232. सरकार, डी0 सी0, से0 इं0, II, पृ0 273.
233. वाल्मीकि, रामायण, आदिकांड, 14.1–2,23.5.5.5–6; अयोध्याकांड, 32.17,63.20–21–36.
234. उत्तरकांड, 123वॉ सर्ग, श्लोक,1.
235. आदिकांड, 14वां सर्ग, श्लोक, 1–2.

236. ऋग्वेद, 4.30.18, 10.64.9, 5.53.9.
237. अष्टाध्यायी, 6.4.174.
238. मार्कण्डेयपुराण, 5.19.18, 9.8.17, 10.79.9; पद्मपुराण, उत्तरखंड, 35–38; कालिकापुराण, 24.139.
239. अनुशासन पर्व, 155.23–24, 165.21; भीष्म पर्व, 9.19; आदि पर्व, 169.20–21; सभा पर्व, 20–28; वन पर्व, 84.70.
240. रघुवंशम्, 8.95, 13.60, 60–16, 63.
241. योगिनीतंत्र, 2.5.
242. सचाउ, इ0 सी0, अलबरुनीज इंडिया, दिल्ली, 1989, भाग, I, पृ0 259, II, पृ0 143.
243. रामायण, वेदव्यास, अध्यात्म रामायण, गोरखपुर, सं0 2017, युद्धकांड 14.13.
244. दृ0 सिन्हा, यू0 एन0, योग0 महा0 का रचना काल, पृ0 203.
245. लाहा, बी0 सी0 ज्यॉग्राफी ऑफ अर्ली बुद्धिज्म, नई दिल्ली,1979, पृ0 5.6.23.36; लाहा, बी0 सी0 रिवर्स ऑफ इंडिया, पृ0 22, कलकत्ता रिव्यू 'आर्यन आक्यूपैशन', अक्टूबर, 1924, पृ0 74–76.
246. रामायण, आदिकांड, 23वां सर्ग, श्लोक, 5.
247. कालिका पुराण, अ0 24.139.
248. मिलिन्दपन्हों, पृ0 114.
249. दृ0 लाहा, बी0 सी0, प्रा0 भा0 का ऐ0 भू0, पृ0 204.
250. वही।
251. वही।
252. दृ0 लाहा, बी0 सी0, प्रा0 भा0 का ऐ0 भू0, पृ0 203–204.
253. कीलहार्न, इं0 एंपि0, इं0, II, पृ0 182 और आगे।
254. सरकार, डी0 सी0, से0 इं0, II, पृ0 392.
255. ऋग्वेद, 10.75.5, 7.3, 6.6.
256. वाल्मीकि रामायण, अयोध्याकांड, 71.5.
257. शल्यपर्व, अ0 35–35, भीष्मपर्व, 9.14.
258. भागवतपुराण, 5.19.18; शर्मा, आर0 पी0, पौराणिक कोश, वाराणसी, 1986, पृ0 513.
259. दृ0 सिन्हा, यू0 एन0, योग0 महा0 का रचना काल, पृ0 200.
260. डे0 एन0 एल0, ज्यॉग्रफिकल डिक्शनरी ऑफ ऐश्यंट एंड मेडिवल इंडिया, पृ0 180–181; राय चौधरी, एच0 सी0, स्टडीज इन इंडियन एंटिक्विटीज, कलकत्ता, 1932, पृ0 47,50,52,57,101.
261. मजूमदार एंड पुसाल्कर, द हिस्ट्री एंड कल्चर ऑफ इंडियन पीपुल, बाम्बें, 1986, पृ0 75.
262. दृ0 लाहा, बी0 सी0, प्रा0 भा0 का ऐ0 भू0, पृ0 24.
263. दृ0 महाभारत, 82. 30, पद्मपुराण, अ0 21.
264. दृ0 लाहा, वही।
265. तैत्तिरीय संहिता, VII, 2,1.4.

266. पंचविश ब्राह्मण, XXV, 10.1.
267. कौषीतकीय ब्राह्मण, XII, 2.3.
268. शतपथ ब्राह्मण, I, 4.1.14.
269. ऐतरेय ब्राह्मण, II, 19.1.2.
270. ऋग्वेद, I, 89.3.164.19, II, 41.16.30.8.32.8, III, 54.13 आदि।
271. कात्यायन, XII, 3.20, XXIV, 6.22.
272. लाट्यायन, X, 15.1.18.13.19.4.
273. आश्वालायन, XII, 6.2.3.
274. शांखायन, XIII, 29.
275. पद्मपुराण, सृष्टिखण्ड, अ0 32, श्लोक, 105.
276. रघुवंश, III, 9.
277. लाहा, उपरोक्त, पृ0 205.
278. योगिनीतंत्र, 2.3, 2.5, 2.6.
279. वही।
280. मैक्समूलर, ऋग्वेद, संहिता, पृ0 46.
281. महाभारत, 83, 151, 84, 66.
282. भागवत पुराण, X, 34, 1—18.
283. साहनी, डी0 आर0, एपि0 इं0, XIV, पृ0 1092, और आगे।
284. सरकार, डी0 सी0, से0 इं0, II, पृ0 273.
285. सरकार, डी0 सी0, एपि0 इं0, XXXVII, पृ0 289 और आगे।
286. सरकार, डी0 सी0, से0 इं0, II, पृ0 92.
287. वही, पृ0 100.
288. सरकार, डी0 सी0, एपि0 इं0, XXXVII, पृ0 289 और आगे।
289. सरकार, डी0 सी0, से0 इं0, II, पृ0 92.
290. वही, पृ0 100.

अध्याय 3

पर्वत

अरण्यकूपगिरि

इस पर्वत का उल्लेख शीलादित्य के सामोली प्रस्तर अभिलेख[1] में हुआ है। अभिलेख से प्राप्त सूचना के अनुसार वटनगर से आये हुये महाजन समुदाय ने जेन्तक के नेतृत्व में अरण्यकूपगिरि पर लोगों के निवास हेतु 'आगार' का निर्माण कराया था। आगार मुख्यतः एक प्रकार का घर अथवा अस्थायी आवास होता था।[2]

केदार पर्वत

इस पर्वत का उल्लेख देवपाल (812–50 ई0) के नालन्दा ताम्रपत्र अभिलेख[3] में हुआ है। अभिलेख में केदार पर्वत का उल्लेख करते हुए कहा गया है कि जिस समय पाल शासक धर्मपाल की सेना समस्त शक्तिहीन शासकों का विनाश कर, इस संसार को विजित कर रही थी, उसने उत्तर में केदार पर तथा पूर्व में गंगा सागर संगम में स्नान कर गोकर्ण तथा अन्य दक्षिण–पश्चिम के पवित्र स्थानों पर धार्मिक कार्य संपन्न किये।[4]

देवपाल के मुंगेर दानपत्र[5] में भी केदार पर्वत का उल्लेख किया गया है जो हिमालय क्षेत्र में स्थित था।[6] गढ़वाल में मंदाकिनी या कालीगंगा नदी केदार पर्वत से निकलती है।[7] गणपति के शासन काल में दो अभिलेखों में भी इस पर्वत का उल्लेख प्राप्त होता है।[8] विष्णुस्मृति[9] में भी केदार पर्वत का वर्णन प्राप्त होता है। एक पर्वत के रूप में केदार का

उल्लेख योगिनीतंत्र[10] में भी प्राप्त होता है। महाभारत[11] में केदार तीर्थ का उल्लेख प्राप्त होता है।[12] आनन्दभट्ट के बल्लालचरित[13] में 'बदरिक आश्रम' की स्थिति गढ़वाल में केदारपर्वत के निकट गंगातट पर स्थित देवदारुवन या दारुवन बताई गयी है।[14]

कैलास

इस पर्वत का उल्लेख धंग (954 ई0) के खजुराहो प्रस्तर अभिलेख[15] में, जयवर्धन–II के राघोली ताम्रपत्र अभिलेख[16] तथा युवराज (980–95 ई0) के बिल्हारी प्रस्तर अभिलेख[17] में हुआ है। प्रथम अभिलेख के अनुसार भोटनरेश ने देवपाल से प्राप्त विष्णु की वैकुण्ठ प्रतिमा को कैलास पर सुरक्षित करवाया था।[18] द्वितीय अभिलेख से प्राप्त सूचना के अनुसार शैलवंशीय शासक श्रीवर्धन को संभवतः कैलास पर्वत के जयेश के प्रति समर्पित कहा गया है।[19] बिल्हारी अभिलेख में कैलास का उल्लेख करते हुए कहा गया है कि युवराज–I जिसे केयूरवर्ष भी कहा जाता था ने उत्तर में कैलास पर्वत, दक्षिण में रामसेतु तथा पूर्वी और पश्चिमी समुद्र से घिरे हुये भू–भाग पर शासन किया था।[20] इसके अतिरिक्त अन्य अभिलेखों में भी कैलास का उल्लेख किया गया है। कल्चुरि कर्ण (1042 ई0) के वाराणसी ताम्रपत्र अभिलेख में कहा गया है कि राजा कार्तवीर्य को रावण के विजेता के रूप में उस देश का स्वामी बनाया गया जो तुहिनगिरी की पुत्री (गंगा), कैलास पर्वत और पूर्वी और दक्षिणी समुद्र से घिरा था।[21]

कैलास को पर्वतों का राजा कहा गया है। नंदा या गंगा नामक नदी से घिरे हुए इस पर्वत को भूतेशगिरी भी कहा जाता है।[22] कालिका पुराण[23] और योगिनीतंत्र[24] में इस पर्वत का उल्लेख हुआ है। रामचन्द्र के पुरुषोत्तमपुरी अभिपत्रों में इस पर्वत का वर्णन किया गया है।[25] एक उल्लेख के अनुसार इस पर्वत पर शिव–पार्वती भी आये थे।[26] शान्तनु का निवास गंधमान पर्वत के साथ कैलास पर भी था।[27] महाभारत मे कुमाऊँ और गढ़वाल पर्वतों को कैलास पर्वतमाला में सम्मिलित बताया गया है।[28] इसी ग्रंथ में एक अन्य स्थान पर इसे हेमकूट कहा गया है।[29] दशकुमारचरितम् में कैलास को शंकरगिरी भी कहा जाता था, जहां इक्ष्वाकु नरेश मानसवेग के पुत्र तथा वेगवत के पुत्र वीरशेखर भी आये थे।[30] कालिदास ने कुमारसंभव[31] में कैलास का उल्लेख किया है।

जैन लोग इसे अष्टपाद पर्वत के नाम से जानते हैं, जहां पर ऋषभ के पुत्रों एवं अनेक मुनियों को कैवल्य प्राप्त हुआ था।[32] कैलास पर्वत पर ही इन्द्र ने तीन स्तूप बनावाये थे।[33] भरत ने यहां पर सिंहनिषद नामक एक चैत्य तथा अपनी प्रतिमा के साथ ही चौबीस अन्य 'जिन' प्रतिमाओं का निर्माण कराया था।[34] बालि ने कैलास पर्वत पर ही रावण के ऊपर आक्रमण किया था।[35] कैलास पर्वत श्रेणी लद्दाख पर्वतमाला के समानांतर तथा उससे पचास मील पीछे तक विस्तृत थी जिसमें अनेक अतिविशाल शिखर–समूह थे। इसे वैद्यूत पर्वत से समीकृत किया जा सकता है।[36]

तिब्बती लोग इस पर्वत को 'कग्रीनपोचे' कहते हैं जो मानसरोवर से लगभग पच्चीस मील दूर उत्तर में स्थित है।[37] इसी पर्वत पर बदरिकाश्रम स्थित था।[38] मत्स्यपुराण[39] के अनुसार कैलास पर्वत हिमालय का एक भाग था। किन्तु मार्कण्डेय पुराण में इसे एक अलग पर्वत बताया गया है।[40] महाबोधिवंश[41] में इसे शुद्ध–धवल पर्वत बतलाया गया है। इसी पर्वत पर स्थित बिहार से थेर सुरियगुन्त 96000 भिक्षुओं के साथ लंका गये थे।[42] 'सुघम्मपुर' इसी पर्वत के शिखर पर स्थित था।[43] महायान बौद्धपरंपरा के अनुसार हिमालय क्षेत्र उत्तर में गंधमान पर्वतमाला तक विस्तृत था, जो रुद्र हिमालय का एक भाग था किन्तु महाकाव्यकारों ने इसे कैलास पर्वत का एक अंश बताया है।[44]

तुहिनगिरि

इस पर्वत का उल्लेख कल्चुरिकर्ण के वाराणसी ताम्रपत्र अमिलेख[45] (1042 ई0) में हुआ है। अभिलेख का प्रारंभ भगवान शिव, ब्राह्मणों और सूर्य की वन्दना के साथ होता है। राजा कार्तवीर्य (कीर्तवीर्य का पुत्र अर्जुन) को रावण को जीतने वाला, और उस देश का स्वामी बताया गया है जो तुहिनगिरी की पुत्री (गंगा), कैलास पर्वत तथा पूर्व और दक्षिणी समुद्र तथा सेतु से घिरा था।[46] यहाँ तुहिनगिरि हिमालय पर्वत का ही एक अन्य नाम था।[47]

प्रवरगिरि

इस पर्वत का उल्लेख अनन्तवर्मन् के बराबर पहाड़ी गुहालेख[48] में हुआ है। इस अभिलेख में इस प्रसिद्ध मौखरी शासक द्वारा कृष्ण की प्रतिमा को प्रवरगिरि गुहा में उत्कीर्ण कराने का उल्लेख है। अभिलेख में इसके द्वारा अपने पिता शार्दूलवर्मन् के शत्रुओं को पराजित करने का भी उल्लेख प्राप्त होता है। प्रवरगिरी की पहचान बराबर की पहाड़ियों से करने का सुझाव दिया गया है।[49] इस गुहा को वर्तमान समय में 'लोमशऋषि गुहा' के नाम से जाना जाता है, जो वास्तविक रूप में मौर्य सम्राट अशोक के समय में निर्मित हुई थी।

प्रवरगिरि की स्थिति इस गुहालेख में पनारी गाँव के उत्तर की ओर बतायी गयी है, जो गया जिले के मुख्यालय गया नगर से पूर्वोत्तर की ओर लगभग चौदह मील दूर स्थित है।[50]

मलय पर्वत

इस पर्वत का उल्लेख श्री चन्द्र (925–75 ई0) के पश्चिमभाग ताम्रपत्र अभिलेख[51] में हुआ है। इस अभिलेख के अनुसार अपने विजय अभियान के क्रम में राजा त्रैलोक्यचन्द्र की सेना मलय पर्वत क्षेत्र को विजित करते हुये कावेरी नदी तक जा पहुंची।[52] इस विजय अभियान के क्रम में उसकी सेना ने समतट को जीत लिया था, जहाँ क्षीरोदा नदी के तट पर प्रमुख नगर देवपर्वत और अपनी औषधीय झाड़ियों के लिये प्रसिद्ध 'लालम्बी–वन' स्थित था।[53]

मलय पर्वत का उल्लेख भागवतपुराण[54] तथा मार्कण्डेय पुराण में किया गया है। रामायण[55] तथा महाभारत[56] से भी मलय पर्वत के बारे में जानकारी प्राप्त होती है। भवभूति ने भी अपने महावीरचरित्र में मलय पर्वत का वर्णन किया है।[57] योगवासिष्ठ महारामायण नामक ग्रंथ में इस पर्वत को सुन्दर लताओं से आवेष्टित तथा चन्दन और सर्प के लिये प्रसिद्ध कहा गया है।[58] कालिदास ने मलय पर्वत को चन्दन के वृक्षों के लिये प्रसिद्ध बताया है।[59] चीनी यात्री ह्वेनसॉग[60] तथा यूनानी लेखकों ने भी मलय पर्वत का उल्लेख किया है।[61]

वराहमिहिर ने वृहत्संहिता[62] में इस पर्वत का उल्लेख किया है। एक उल्लेख के अनुसार पाण्ड्य देश के किसी शासक ने अपना देश छोड़कर इसी पर्वत पर आश्रम प्राप्त किया था।[63] लगभग 149 ई0 के वासिष्ठीपुत्र पुलमावी के नासिक गुहालेख में सातवाहनों की यशःपताका का मलय पर्वत तक विस्तृत होने का उल्लेख प्राप्त होता है।[64] भोज प्रथम के उदयपुर अभिलेख (सातवीं शताब्दी ई0) में उसे मलयक्षेत्र का विजेता कहा गया है।[65]

इस पर्वत को श्रीखण्डाद्रि या चन्दनाद्रि भी कहा जाता था, जहाँ अगस्त्यमुनि का आश्रम स्थित था।[66] कावेरी नदी से आगे पश्चिम घाट का दक्षिणी विस्तार जिसे अब त्रावणकोर की पहाड़ियाँ कहा जाता है, वास्तव में मलयगिरी का पश्चिमी भाग है।[67] जातक[68] में वर्णित चंदकपर्वत को कुछ विद्वानों ने मलयगिरि या मालाबार कहा हैं। यह पर्वतमाला दक्षिण भारत में स्थित है जो आधुनिक केरल में स्थित मलयगिरि प्रतीत होता है।[69] विद्वानों ने मलय पर्वत का समीकरण पश्चिम घाट के कुन्दईबारी दर्रे से लेकर कन्याकुमारी में मालाबार तक विस्तृत पर्वतमाला से किया है।[70] इसके अन्तर्गत कोयम्बटूर के अन्तरीय क्षेत्र तथा नीलगिरि पहाड़ी की टूटी मालायें (जिसमें अन्नामलाई तथा इल्लामलाई की पर्वत श्रृखलाएं सम्मिलित थी) को उल्लिखित किया गया है।[71]

महेन्द्र पर्वत

इस पर्वत का उल्लेख अनन्तवर्मन् चोडगंग के विशाखापत्तनम् ताम्रपत्र अभिलेख[71–a] तथा अनंगभीम के नागरी ताम्रपत्र अभिलेख[72] (1230–31 ई0) में हुआ है। प्रथम अभिलेख से प्राप्त सूचना के अनुसार वीरसिंह के पुत्रों ने अपने शौर्य से पृथ्वी को जीत लिया और वे महेन्द्र पर्वत तक पहुँच गये। तत्पश्चात् बालादित्य को जीतकर उन्होंने कलिंग देश पर अधिकार कर लिया।[73]

महेन्द्र पर्वत का उल्लेख योगिनीतंत्र[74] तथा गंग शासक इंद्रवर्मन् के गौतमी–अभिपत्रों में भी हुआ है। संभवतः इसमें गंजाम जिले के अन्तर्गत इसी नाम की पहाड़ियों का उल्लेख किया गया है।[75] ऐसा प्रतीत होता है कि महेन्द्र पर्वतमाला गंजाम जिले से सुदूर दक्षिण में पाण्ड्य देश से लेकर पूर्वीघाट पर्वतमाला तक फैली हुई थी।[76] गंजाम जिले के निकट पूर्वीघाट के एक भाग को आज भी महेन्द्र पहाड़ी कहा जाता है।[77] कालिदास के अनुसार महेन्द्रपर्वत कलिंग देश में स्थित था। यह नाम मुख्यतः उस पर्वतमाला को दिया गया है

जो गंजाम को महानदी घाटी से पृथक करती हैं।[78] कालिदास ने रघुवंश में कलिंगनरेश को महेन्द्राधिपति भी कहा है।[79]

योगवासिष्ठ महारामायण में महेन्द्र पर्वत का उल्लेख अनेक गुहाओं से अभिमंडित, अथाह जलप्रवाहक, सिद्धिप्राप्त गंधों का आवास तथा हीरा धारण करने वाले पर्वत के रूप में किया गया है।[80] ब्राह्मण ग्रंथों[81] तथा पुराणों[82] में भी इस पर्वत का उल्लेख विभिन्न सन्दर्भों में मिलता है। रामायण के आधार पर ऐसा प्रतीत होता है कि महेन्द्र पर्वत पूर्वीघाट में स्थित था। महेन्द्र पर्वत श्रेणी वह संपूर्ण पर्वतमाला प्रतीत होती है, जो गंजाम और सुदूर दक्षिण में पूर्वीघाट की समस्त पर्वत श्रेणी तक विस्तृत है।[83] भागवतपुराण[84] और महाभारत[85] के अनुसार ऋषभमाला, महेन्द्रपर्वत से संबद्ध एक लघु पहाड़ी है। कुर्नूल जिले में कृष्णा नदी के किनारे स्थित श्रीपर्वत[86], पुष्पगिरी (कड़ापा के उत्तर में स्थित), वेंकटाद्रि (मद्रास से लगभग 72 मील दूर उत्तर पश्चिम में उत्तरी अर्काट जिले में तिरुपति या त्रिपटी के निकट तिरुमलाई पर्वत) तथा अरुणाचल[87] (कम्पा नदी पर स्थित), महेन्द्र पर्वत से ही संबंधित कुछ छोटी पहाड़ियाँ हैं। महेन्द्र पर्वत का उल्लेख वराहमिहिर की वृहत्संहिता में भी हुआ है।[88]

अतः उड़ीसा से मदुरा जिले तक विस्तृत संपूर्ण पर्वतमाला को महेन्द्रपर्वत कहा जाता है, जिसमें पूर्वीघाट की पर्वतश्रेणियाँ भी सम्मिलित थी और यह मलयांचल[89] से मिल जाता है। भगवान रामचन्द्र जी से पराजित होने के पश्चात् परशुराम ने इसी पर्वत पर शरण ली थी। बाण के हर्षचरित[90] के अनुसार भी महेन्द्र पर्वत मलय पर्वतमाला में मिल जाता है।

प्राचीन भारतीय भूगोलवेत्ता पूर्वीघाट को ही महेंद्रगिरि कहते थे क्योंकि पूर्वीघाट के सर्वोच्च शिखर को अब भी इसी नाम से पुकारा जाता है। विशिष्ट पहाड़ियों के रूप में ये पहाड़ियाँ भारत के पूर्वी समुद्र–तट के न्यूनाधिक समानांतर फैली हुई हैं, जो इस देश के अनेक भागों में विभिन्न नामों से जानी जाती है।[91] महिष–राइस इसे मैसूर से समीकृत करते है।[92] कतिपय विद्वान इसे माहिष्मती से जबकि कुछ अन्य विद्वान इसे भूतपूर्व इंदौर रियासत (मध्य प्रदेश) के निमाड़ जिले में नर्मदा के उत्तरी तट पर स्थित महेश्वर से समीकृत करते हैं। महेन्द्र पर्वत का उल्लेख गुप्त शासकों तथा पूर्व के गंग शासकों के अभिलेखों में भी आया है। संभवतः चीनी यात्री ह्वेनसांग भी महेन्द्र पर्वत से परिचित था।[93] श्री चन्द्र के पश्चिम भाग तामपत्र लेख की (925–75 ई0) लेख संख्या सात में उल्लिखित देवपर्वत को के0 के0 गुप्त चौधरी ने महेन्द्र पर्वत बताया है।[94]

तिन्नेवली जिले में भी एक महेन्द्रगिरि है।[95] पार्जिटर का विचार है कि केवल महानदी, गोदावरी और वैनगंगा के मध्य में स्थित पहाड़ियों के लिये ही महेन्द्रगिरि नाम का उपयोग किया जाना चाहिए और संभवतः इसमें गोदावरी के उत्तर में स्थित पूर्वीघाट के कुछ भाग सम्मिलित किये जा सकते हैं।[96] पार्जिटर का मत हैं कि रामायण और पुराणों में वर्णित महेन्द्रगिरि दो विभिन्न पर्वतमालाएं हैं, परन्तु रायचौधरी के मतानुसार रामायाण के रचनाकार एवं पुराणकारों का आशय एक ही पर्वतमाला से था।[97]

मुद्गगिरि पर्वत

इस पर्वत का उल्लेख बाउक के जोधपुर प्रस्तर अभिलेख[98] तथा पाल शासक धर्मपाल देव के मुंगेर दानपत्र में प्राप्त होता है।[99] जोधपुर अभिलेख के अनुसार राजा कक्क ने मुद्गगिरी के समीप गौड़ों से युद्ध किया था। मुंगेर दानपत्र के आधार पर माना जाता है कि मुद्गगिरि देवपाल के साम्राज्य में स्थित था। दसवीं शताब्दी ईसवीं में मुद्गगिरि पाल शासकों के शाही पड़ाव का स्थल था।[100] मुद्गलों या मुद्गगिरि के निवासियों का उल्लेख महाभारत[101] में प्राप्त होता है। अंगराज कर्ण को पराजित करने के पश्चात् भीम ने मोद्गिरि पर एक युद्ध किया था तथा इसके प्रमुख को मार डाला था। मोदगिरि को मुद्गगिरि से समीकृत किया जाता है।[102]

चार्ल्स विल्किंसन ने मुद्गगिरि की पहचान आधुनिक मुंगेर से की है।[103] मुद्गगिरि की पहचान अधिकांश विद्वानों ने बिहार में स्थित मुंगेर की पहाड़ियों से की है।

रैवतक पर्वत

इस पर्वत का उल्लेख ईशानवर्मन् के जौनपुर प्रस्तर अभिलेख में प्राप्त होता है।[104] इस अभिलेख की सातवीं व आठवीं पंक्तियों में आन्ध्र का उल्लेख है तथा इसी अभिलेख की सातवीं पंक्ति में रैवतक पर्वत का भी उल्लेख किया गया है। इस अभिलेख के अत्यंत क्षतिग्रस्त तथा खंडित होने के कारण इस स्रोत से उक्त नामों के विषय में कोई विस्तृत सूचना प्राप्त नहीं हो सकी है।[105]

पार्जिटर रैवतक पर्वत को हलार में स्थित वरदा नामक पहाड़ी से समीकृत करते हैं।[106] ईश्वरवर्मन् मौखरी के जौनपुर शिलालेख में इस पर्वत को विन्ध्यपर्वत के साथ उल्लिखित किया गया है।[107] बुद्धसंहिता के अनुसार यह दक्षिण–पश्चिम संभाग में स्थित था।[108] स्कन्दगुप्त के जूनागढ़ अभिलेख में रैवतक पर्वत को ऊर्जयंत के सामने स्थित कहा गया है।[109] रैवतक अथवा गिरनार के उल्लेख विभिन्न गुप्त सम्राटों और शकक्षत्रप रुद्रदामन्–I के अभिलेखों में भी हुआ है। रैवत या रैवतक पहाड़ी को द्वारका के समीप स्थित बताया गया है। इसका समर्थन महाभारत के उल्लेख से भी मिलता है, जहाँ इस पहाड़ी पर होने वाले एक उत्सव की चर्चा है जिसमें द्वारका के लोग भी सम्मिलित हुए थे।[110] रैवतक पहाड़ी को राजा दत्तात्रेय के पुरोहित नेमिनाथ का जन्म स्थल माना जाता है।[111] सुराष्ट्र में रैवतक पहाड़ी के शीर्ष पर नेमिनाथ का एक ऊँचा शिखर युक्त मंदिर स्थित है। महमूद के दोहद शिलालेख के अनुसार रैवतक वह पहाड़ी है जिस पर मंदिर है। इस पहाड़ी के नीचे सुवर्णरेखा नदी प्रवाहित होती है।[112] रैवतक पर्वत का उल्लेख वराहमिहिर की वृहत्संहिता से भी प्राप्त होता है।[113] अरब यात्री अल्बरुनी ने भी रैवतक पर्वत का उल्लेख अपने वर्णनों में किया है। वर्तमान समय के भूगोलवेत्ताओं के अनुसार रैवतक पर्वत को जूनागढ़ के गिरनार पर्वत से समीकृत किया गया है, जो कि पश्चिम से उत्तर की ओर यमुना नदी तक विस्तृत विध्यपर्वत श्रृंखला की एक शाखा है।[114] फ्लीट के अनुसार रैवतक गिरनार की दो में से एक पहाड़ी है, न कि

मुख्य गिरनार। ऐसा माना जाता है कि प्राचीन काल में रैवतक और ऊर्जयंत गिरनार में स्थित दो भिन्न पहाड़ियों के नाम रहे होगें किन्तु बाद में उन्हें एक ही माना जाने लगा।[115]

विन्ध्यपर्वत

इस पर्वत का उल्लेख देवपाल (812–50 ई0) के नालंदा ताम्रपत्र अभिलेख[116] तथा अनंतवर्मन् के नागार्जुनी पहाड़ी गुहा अभिलेख में हुआ है।[117] प्रथम अभिलेख के अनुसार इस अभिलेख को उत्कीर्ण कराने का उद्देश्य विन्ध्यपहाड़ी पर कात्यायनी देवी की प्रतिमा की स्थापना की सूचना को सुरक्षित रखना और एक ग्राम को देवी भवानी के निमित्त दान की सूचना देना था।[118] अभिलेख से यह सूचना भी प्राप्त होती है। कि उक्त ग्राम के निकट से एक नदी प्रवाहित होती थी। उल्लेखनीय है कि नागार्जुनी पहाड़ी (गया जिला) विन्ध्यपर्वत की सुदूर स्थित श्रृंखला का निर्माण करती है।[119] संभवतः ग्राम के निकट बहने वाली नदी महानदी थी।[120] देवपाल के नालंदा ताम्रपत्र अभिलेख के अनुसार वह अपने विजय अभियान में विन्ध्यपर्वत तक और वहाँ से कंबोज देश तक गया था।

एक पर्वत के रूप में विन्ध्य या विन्ध्यांचल को दक्षिण भारत में स्थित बताया जाता है। वशिष्ठ धर्मशास्त्र[122] में विंध्यपर्वत को आर्यावर्त की दक्षिणी सीमा बताया गया है। यह पर्वत भारत को दो भागों में विभाजित करता है–एक भाग उत्तरार्ध जिसे आर्यावर्त कहते है और दूसरा दक्षिणार्ध जिसे बाद में दक्षिणात्य कहा गया है।[123] विंध्यपाद पर्वत (विंध्य पर्वत) टॉलेमी के अनुसार सारडोनिक्स पर्वत है। इसे सतपुड़ा पर्वत श्रेणी से समीकृत किया जा सकता है, जिससे ताप्ती नदी निकलती है।[124] टॉलेमी ने विन्ध्यपर्वत को औंडोन नाम से उल्लिखित किया है। यह नेमेडोस (नर्मदा) तथा ननगौना (ताप्ती) का उद्‌गम स्थल था। उसके अनुसार औंडोन विंध्य के केवल उस भाग का नाम था जहां से नर्मदा एवं ताप्ती नदियाँ निकलती हैं।[125] विंध्यपर्वत के विभिन्न भाग अलग–अलग नामों से जाने जाते हैं। ब्युहलर के अनुसार पारिपात्र पर्वत भी मालवा में विंध्यपर्वत का ही एक अंग है।[126]

विन्ध्य का उल्लेख योगवशिष्ठ महारामायण में भुशुण्ड के भ्रमण स्थान, अलम्बुसा का स्थान, मदमस्त हाथियों का भ्रमण स्थल, अति–भयंकर वनों से आच्छादित एवं ऊटों के प्राप्ति स्थल के रूप में हिमालय, महेंद्र, मन्दर, दर्द्वध्र मलयांचल आदि पर्वतों के साथ किया गया है।[127] विभिन्न कथानकों के संबंध में इस पर्वत का उल्लेख बाल्मीकि रामायण[128], तथा पुराणों[129] में मिलता है। योगिनीतंत्र[130] में भी इस पर्वत का विशेष रूप से उल्लेख किया गया हैं। कालिदास ने रघुवंश[131] में तथा कल्हण ने राजतरंगिणी[132] में भी विन्ध्य पर्वत का वर्णन किया है। मार्कण्डेय पुराण[133] के अनुसार विंध्यपर्वत में रेवा नदी के जल से सिंचित एक अति सुन्दर कन्दर स्थित है। इस कन्दरा का वर्णन ल्यूडर्स की तालिका[134] में भी हुआ है। दशकुमारचरितम्[135] में विन्ध्याटवी का उल्लेख है, जो विंध्यपर्वत से संबद्ध है और जो मनुष्यों के लिये दुर्गम व पशुओं के लिये उपयुक्त एक भयानक तथा सघन जंगल है। विंध्य के पर्वत–प्रेक्षप पर चट्टान में कटी हुई बावनगंज नामक एक विशाल जैन प्रतिमा है।[136]

संभवतः एक लम्बे समय तक आर्य सभ्यता का विस्तार विंध्य क्षेत्र तक नहीं हो पाया था, जिसके कारण उनके प्रांरभिक साहित्य में इस पर्वत का कोई उल्लेख नहीं प्राप्त होता है। सिकन्दर के भारत पर आक्रमण के समय विंध्य पर्वत के दोनों सिरों पर जनपदों का विस्तार था।[137] विंध्यपर्वत का उल्लेख पुलमावि के नासिक गुहा अभिलेख (149 ई0). तालगुंड प्रस्तर अभिलेख (455–70 ई0), पुलकेशिन–II के ऐहोल प्रस्तर अभिलेख[138] (634 ई0) जयवर्द्धन–II के राघोली ताम्रपत्र अभिलेख,[139] भोज–I (8वीं शताब्दी ई0 के आस–पास) के ग्वालियर प्रस्तर अभिलेख[140] (836–85 ई0), नारायणपाल कालीन बादाल प्रस्तर अभिलेख[141] (855–910 ई0) अमोघवर्ष के संजन ताम्रपत्रलेख[142] (871 ई0), श्रीचन्द्र के पश्चिम भाग तामपत्रलेख[143] (925–75 ई0), युवराज–II के बिल्हारी प्रस्तर अभिलेख[144] (980–85 ई0 के लगभग) नरवर्मन् के नागपुर संग्रहालय प्रस्तर अभिलेख[145] (1104 ई0) विक्रमादित्य–VI के नीलगुंड ताम्रपत्रलेख[146] (1087 ई0 अथवा 1123 ई0) आदि में भी विभिन्न सन्दर्भों में प्राप्त होता है।

कालान्तर में संभवतः आर्य संस्कृति का प्रसार मध्यदेश तथा विंध्यक्षेत्र तक हो गया था। इस विस्तार के लिये आर्यों को युद्ध भी करना पड़ा था। संभवतः इसी कारण परवर्ती वैदिक साहित्य तथा अभिलेखों में विन्ध्यपर्वतमाला का वर्णन मिलता है।[147] मौर्यों के पतन के पश्चात् विन्ध्य क्षेत्र में अराजकता की स्थिति उत्पन्न हो गयी थी। परवर्ती काल में लगभग मध्ययुग तक विध्यक्षेत्र उत्तर भारत तथा दक्षिण भारतीय शक्तियों का युद्धक्षेत्र बना रहा।[148] बाद के समय में विन्ध्यक्षेत्र हिन्दुओं, मुसलमानों और अंग्रेजों के मध्य सघर्षों की पृष्ठभूमि बन गया।[149] आधुनिक विद्वानों ने इस पर्वत का विस्तार पश्चिम में गुजरात से पूर्व में बिहार तक लगभग सात सौ मील (भरनेर, कैमूर आदि विभिन्न स्थानीय नामों के साथ) तक बताया गया है। विंध्यपर्वत की औसत ऊँचाई 1500–2000 फीट तथा इसके कुछ शिखरों की ऊँचाई 5000 फीट तक है।[150] ऐसा विश्वास है कि इस पर्वत का निर्माण अरावली से गृहीत अवसादों से हुआ है।

हिमगिरी

इस पर्वत का उल्लेख श्रीचन्द्र (925–75 ई0) के पश्चिमभाग ताम्रपत्र अभिलेख[151] में हुआ है। अभिलेख से प्राप्त सूचना के अनुसार राजा त्रैलोक्य चन्द्र की पत्नी कांचिका (जिसे अन्यत्र कांचना कहा गया है।) से उत्पन्न पुत्र श्रीचन्द्र की सेना ने उत्तरापथ को अधीन करने के लक्ष्य से लौहित्य घाटी में स्थित कामरूप पर अपना अधिकार स्थापित कर लिया। यहीं पर हिमगिरी के निकट बहने वाली धारा को चित्रशीला और पुष्पभद्रा कहते थे।[152]

हिमगिरी की पहचान हिमालय पर्वत के ही एक अंश या एक नाम के रूप में की जाती है।[153] (हिमगिरि के बारे में विस्तृत जानकारी के लिये देखिये इसी अध्याय के अन्तर्गत 'हिमालय')।

हिमवंत

इस पर्वत का उल्लेख कर्ण (1100–10 ई0) के रत्नगिरि ताम्रपत्र अभिलेख[154] में हुआ है। अभिलेख से प्राप्त सूचना के अनुसार सोमवंशी शासक भीमरथ के पुत्र और उत्तराधिकारी धर्मरथ ने सेतु हिमवत और पूर्वी तथा पश्चिमी समुद्र से घिरे हुए चक्रवर्ती क्षेत्र को जीत लिया था।[155] हिमवत को पर्वतराज भी कहा जाता है। हिमवत हिमालय पर्वत का ही एक अन्य नाम है।[156] बाण के हर्ष चरित (सप्तम् उच्छवास) के अनुसार अपना राजसूय पूरा करने के लिये अर्जुन ने हेमकूट को जीता था, जो हिमवत का ही एक अन्य नाम है।

मार्कण्डेय पुराण[157] में हिमवत को एक समुद्र से दूसरे समुद्र तक धनुष की प्रत्यंचा के समान विस्तृत कहा गया है। कुणाल जातक[158] में हिमवत को 500 लीग ऊँचा और 300 लीग चौड़ा विशाल क्षेत्र कहा गया है। थेर मज्झिम को बौद्ध धर्म का प्रचार करने के लिये हिमवत क्षेत्र में भेजा गया था।[159] पालि वर्णनों के अनुसार भारतीय प्रायद्वीप का हिमवत प्रदेश उत्तर में सुमेरू पर्वत के दक्षिणी ओर तक फैला हुआ था।[160] प्राचीन भूगोलवेत्ताओं के अनुसार पंजाब के पश्चिम में सुलेमान पर्वत से लेकर पूर्व में असम और अराकान पर्वतमाला तक भारत की संपूर्ण उत्तरी सीमा पर फैली हुई पर्वतश्रेणी के लिये हिमवत नाम का प्रयोग किया जाता था।[161]

पुराणों के अनुसार हिमवत से दस से भी अधिक नदियां (गंगा, यमुना, सरस्वती, चन्द्रभागा, सिंधु, शतद्रु, वितस्तता, इरावती, कुहू, गोमती, बाहुदा, धूतपापा, दृषद्वती, विपाशा, देविका, रक्ष आदि) निकलती है।[162] विभिन्न ग्रंथों में हिमवंत प्रदेश में रहने वाली अनेकों जातियों का वर्णन मिलता है। जम्बुद्दीवपण्णति के अनुसार महापद्यहृद नामक दो झीलों में से एक क्षुद्रहिमवंत और दूसरी महाहिमवंत से संबद्ध थी।[163] हिमवत प्रदेश विभिन्न प्रकार के जीव–जन्तुओं और दुलर्भ जड़ी –बूटियों के लिये भी विख्यात था। हिमवंत पर्वत की एक गुफा में एक सप्ताह तक समाधिस्थ रहकर नारद ने दिव्य शक्तियां प्राप्त की थी। यह पर्वत अपने उच्च शिखरों के लिये प्रसिद्ध था।[164] (हिमवत के विषय में विस्तृत जानकारी के लिए देखिए इसी अध्याय के अन्तर्गत 'हिमालय')।

हिमालय

हिमालय का उल्लेख देवपाल (812–50 ई0) के नालन्दा ताम्रपत्र अभिलेख[165] में हुआ है। अभिलेख से प्राप्त सूचना के अनुसार पाल शासक देवपाल अपने विजय अभियान में विंध्य तक तथा वहां से कंबोज देश तक गया और उसने हिमालय से लेकर राम सेतु तक तथा वरुण के निवास स्थान से लेकर लक्ष्मी (पूर्वी और पश्चिमी समुद्र बंगाल की खाड़ी से लेकर अरब सागर) तक संपूर्ण प्रदेश पर अधिकार स्थापित कर लिया था।[166]

हिमालय पर्वत को प्राचीन काल में हेमवत, हिमवान, हिमाचल, हिमवंत, हिमाद्रि आदि नामों से जाना जाता था।[167] पद्मपुराण में हिमालय के भौगोलिक नामों की एक सूची दी

गयी है। प्राचीन भारतीय साहित्य में इस पर्वत का वर्णन विभिन्न सन्दर्भों में किया गया है। अंगुत्तर निकाय[167]। में इसे पर्वतराज तथा कालिकापुराण[168] में इसे नागाधिराज कहा गया है। बाणभट्ट के अनुसार यह पर्वत स्फटिक शिलाओं से निर्मित होने के कारण धवल प्रतीत होता था।[169] योगवासिष्ठ महारामायण के अनुसार हिमालय, ब्रह्मा और राक्षसी कर्कटी का तपस्थल तथा सुरूचि नामक अप्सरा का निवास स्थल था। इसी ग्रंथ में भगवान शिव को हिमालय का जमाता कहा गया है।[170] महाभारत में बालखिल्य तथा शेषनाग द्वारा हिमालय पर्वत पर तपस्या करने का उल्लेख प्राप्त होता है।[171] कालीदस कृत कुमारसम्भव[172] तथा योगवासिष्ठ महारामायण[173] में हिमालय को पृथ्वी के मानदण्ड के रूप में वर्णित किया गया है। योगवासिष्ठ महारामायण के विभिन्न उल्लेखों में इस पर्वत को नानाप्रकार की औषधियों और रत्नों का स्रोत तथा धार्मिक दृष्टि से महत्वपूर्ण बताया गया है।[174]

महाभारत[175] में मैनाक पर्वत को हिमालय पर्वत का ही एक भाग बताया गया है। दद्दर नामक एक अन्य पर्वत का भी उल्लेख हिमालय क्षेत्र में मिलता है।[176] हिमालय के निकट ही धम्मक पर्वत स्थित था जहां बौद्ध धर्म के प्रथम दीपंकर के निमित्त एक कुटी और आश्रम का निर्माण कराया गया था।[177] हिमालय के पार्श्व भाग में स्थित चण्डगिरि पर्वत के समीप एक विशाल वन स्थित था।[178]

अलबेरूनी ने मेरु और निषध, जो पुराणों के अनुसार वर्ष पर्वत थे, को हिमालय पर्वतमाला से संबद्ध बताया है।[179] हिमालय को गंगा, यमुना, अचिरावती, सरभु, मही, सिंधु, सरस्वती, वेत्रवती, वितस्ता, और चन्द्रभागा नामक दस महत्वपूर्ण नदियों का उदगम् स्थल कहा गया है।[180] परन्तु पुराणों में इस पर्वत को गंगा, यमुना, विपाशा, गण्डकी, कौशिकी धूतपापा आदि सहित दस से अधिक नदियों का उद्गम स्थल कहा गया है।[181] टॉलेमी के अनुसार इमाओस (हिमालय) गंगा, सिंधु, कोआ तथा स्वात नदियों का उद्गम स्थल है।[182] मिलिंदपन्हों में ऊहा नदी को हिमालय में स्थित बताया गया है।

अपदान[184] नामक पालि ग्रंथ में हिमालय के निकट स्थित विभिन्न पर्वतों का वर्णन किया गया है। हिमालय भारत की भौगोलिक सीमा के अन्तर्गत स्थित एकमात्र वर्ष पर्वत है। विभिन्न बौद्ध ग्रंथों में अनोत्त, कण्णमुण्ड, स्थकार, छदन्त, कुणाल, मंदाकिनी और सीहप्पत नामक सात झीलों का उल्लेख है, जिनका स्रोत हिमालय है।[185] भारतवर्ष और हरिवर्ष के बीच में हिमालय पर्वतमाला और हेमकूट स्थित हैं जिनमें हिमालय हेमकूट के दक्षिण की ओर स्थित है। देशों और पर्वतों की इस स्थिति का ज्ञान जैन ग्रंथ जबदीवपण्णत्ति और महाभारत से प्राप्त होता है।[186] महायान बौद्ध परंपरा के अनुसार हिमालय क्षेत्र उत्तर की ओर गंधमान पर्वतमाला तक विस्तृत था जो रुद्र हिमालय का एक भाग था, परन्तु महाकाव्यों में इसे कैलास पर्वत का अंश कहा गया है।[187]

महाभारत[188] और कुमारसंभव[189] में कैलास और हिमालय नामक दो सर्वोच्च पर्वतों को मेरुपर्वत[190] कहा गया है। ये दोनों पर्वत पूर्व समुद्र से लेकर पश्चिम समुद्र तक विस्तृत हैं।

पार्जिटर,[191] मार्कण्डेय पुराण एवं संस्कृत साहित्य में विशेष रूप से वर्णित कैलास पर्वत, हिमालय के मध्य भाग के उत्तर में स्थित था।[192] महाभारत के अनुसार हिमालय प्रदेश हिमालय के ठीक पश्चिम में स्थित था।[193] हैमवंत प्रदेश (हिमालय क्षेत्र) को कतिपय विद्वानों ने तिब्बत से, फर्ग्युसन ने नेपाल से और रीज डेविड्स ने हिमालय से समीकृत किया है।[194] बुद्ध ने शाक्य और कोलिय नामक दो प्राचीन जनों को हिमालय की ओर भेज दिया था और उन्होंने हिमालय क्षेत्र के विभिन्न पर्वतों की ओर संकेत किया था।[195] कालसी शिलालेखों, निग्लीव और लुम्बिनी से प्राप्त अशोक के स्तंभलेखों तथा चंपारन से प्राप्त अभिलेखों में भारत के हैमवंतखंड का उल्लेख प्राप्त होता है।[196] अश्वघोष ने हिमालय (हिमवान) का वर्णन करते हुए मध्यदेश को इसके और पारियात्र के मध्य स्थित कहा है।[197] असम और मणिपुर तथा विस्तृत पूर्वी हिमालय क्षेत्र को स्थूल रूप में जम्बूदीप का हेमवंत खंड कहा जाता है, जिसके लिये अशोक ने अपने तेरहवें शिलालेख में नाभक और नाभपति शब्दों का प्रयोग किया है।[198] कालिदास ने हिमालय पर्वत को भारतवर्ष के उत्तर में स्थित तथा पूर्व और पश्चिम की ओर समुद्र से निमग्न बताया है।[199] कुमारसंभव[200] के अनुसार इस पर्वत पर स्थित विभिन्न रत्नों की खान इसके सौंदर्य में वृद्धि करती है। इसके शिखर विभिन्न प्रकार के खनिजों के स्रोत हैं। इसके दीप्तिमान शिखरों पर अनेक ऋषियों का आवास था। हिमालय की अंधकारमय गुफाओं में सपत्नीक बसे हुए किरातों को स्वदीप्त जड़ी–बुटियां प्रकाश प्रदान करती थी।[201] मार्कण्डेय पुराण के अनुसार मानसरोवर के समीपवर्ती क्षेत्र, कैलास, मन्दार और हेम किरातों के प्रमुख स्थान थे।[202] सघनरूप में हिमाच्छादित हिमालय प्रदेश यहां भ्रमण करने वालों के लिये दुष्कर था।[203] हिमालय सफेद समूर वाले याकों के लिये विख्यात था।[204] विक्रमोर्वशी[205] के अनुसार राजा विक्रम द्वारा पूछे जाने पर अप्सराओं ने कहा कि वे हिमालय पर स्थित हेमकूट शिखर पर उनकी प्रतिक्षा करेंगी। हिमालय पर स्थित चद्दन्त झील 50 लीग लंबी और 50 लीग चौड़ी थी, जिसमें लाल और श्वेत कमल तथा कुमुदिनियां एवं खाद्य–कुमुद बहुतायत से उत्पन्न होते थे।[206] हिमालय क्षेत्र में निवास करने वाली सुन्दरियाँ अपनी शक्ति से वश में करके व्यक्तियों का सर्वनाश कर देती थी।[207]

हिमालय पर्वत विभिन्न प्रकार के पशुओं का आवास था जिनमें हाथी, मृग, गैंडे, महिष, मेढ़क, मयूर आदि प्रमुख थे। इसके जंगलों में आंवारा हाथी अतिशय संख्या में रहते थे।[208] हिमालय प्रदेश के अन्तर्गत चित्रकूट पर्वत की किसी गुफा में निवास करने वाले एक प्रौढ़ कलहंस ने प्राकृतिक झील में उत्पन्न होने वाले वन्य धान को नष्ट कर दिया था।[209] यहाँ की विभिन्न नदियां मत्स्य तथा पक्षियों के लिए प्रसिद्ध थी। यह पर्वत पक्षियों के कलरव से प्रतिध्वनित रहता था।[210] हिमालय क्षेत्र में ऋषि, आखेटक तथा शिकार पर निकले हुये राजागण आया करते थे। जातक[211] के अनुसार इस पर्वत पर अनेकों ऋषियों के आश्रम स्थित थे। सौन्दरानंदकाव्य[212] तथा दिव्यावदान[213] के अनुसार कपिल मुनि का आश्रम हिमालय के पार्श्व भाग में भागीरथी नदी के समीप स्थित था। वृषपर्वन् का प्रसिद्ध आश्रम हिमालय में कैलास के निकट स्थित था।[214] वाराणसी के चार समृद्ध गृहस्थ तृष्णजनित दुःखों

की अनुभूति कर हिमालय की ओर जाकर सन्यासी हो गये तथा काफी समय तक वहां पर जंगली फलमूल खाकर जीवन यापन करते रहे।[215] वाराणसी के ही एक समृद्ध ब्राह्मण ने सन्यास ग्रहण कर दिव्य शक्तियों को प्राप्त किया और हिमालय पर निवास करने लगा।[216] काशी निवासी किसी ब्राह्मण द्वारा अपनी माता की मृत्यु के पश्चात् हिमालय क्षेत्र में जाकर धार्मिक जीवन ग्रहण कर लेने का उल्लेख प्राप्त होता है।[217] जातक[218] के अनुसार विदेह नरेश ने मिथिला का राज्य त्याग दिया और हिमालय पर जाकर धार्मिक जीवन व्यतीत करने लगा। जातक में उल्लेख है कि नारद ऋषि एक सप्ताह तक हिमालय की एक गुफा में समाधिस्थ रहे और दिव्यशक्तियाँ प्राप्त कर आनंद की अनुभूति करने लगे।[219]

हिमालय विश्व की सर्वोच्च पर्वतमाला है जिसकी आकृति एक वृत्ताकार चाप की तरह है। इसका उन्नतोदरत्व, पूर्व में ब्रह्मपुत्र और पश्चिम में सिंधु नदियों के मध्य की ओर उल्टा है। इसमें पृथक ऊँचाइयों के प्रायः तीन समानांतर शैल–कूट हैं जिनके नाम वृहद् हिमालय, लघुत्तर हिमालय और वाह्य हिमालय हैं।[220] भू–वृत्त के आधार पर हिमालय को तीन क्षेत्रों में बांटा जा सकता है–तिब्बत, हिमालय और अधः हिमालय क्षेत्र। पुरा एवं मध्य जीवकल्पीय काल के प्रस्तरिल तल तिब्बत अंचल में विकसित हैं। हिमालय अंचल का निर्माण मुख्य रूप से मणिभ और परिवर्तनशील चट्टानों से हुआ है, जबकि अधः हिमालय अंचल में पूर्णरूपेण तृतीय युग के तल सन्निहित हैं।[221] इस पर्वत की सर्वोच्च चोटी का नाम एवरेस्ट है।

भारत की भौगोलिक सीमा के निर्धारक कारकों में हिमालय पर्वत का महत्वपूर्ण योगदान है। यह पर्वत इस देश को एशिया के अन्य भागों से पृथक कर इसे विदेशी आक्रमणकारियों से सुरक्षित करता है।[222] इस पर्वतमाला के उत्तर की ओर स्थित विभिन्न दर्रों को तीन समूहों में विभक्त किया जाता है– शिपकी वर्ग, अल्मोड़ा तथा दार्जिलिंग–सिक्किम समूह। पश्चिमोत्तर सीमांत की ओर से भारत में प्रवेश कराने वाले अनेक दरों में खैबर, कुर्रम, तोची, गोमल और बोलन इसी पर्वतमाला के अन्तर्गत स्थित हैं।[223] जैसा कि ऊपर कहा जा चुका है कि आधुनिक भूगोलवेत्ताओं ने हिमालय को तीन भागो में विभाजित किया है। बृहद हिमालय : यह भाग उत्तर की ओर विस्तृत है और समुद्र से इसकी ऊँचाई 20000 फीट से भी अधिक है। वृहत हिमालय को आगे भी भौगोलिक रूप से चार भागों में बांटा जा सकता हैः पंजाब हिमालय, कुमाऊँ हिमालय, नेपाल हिमालय और असम हिमालय। पंजाब हिमालय इस पर्वतमाला का सबसे पश्चिमी भाग है। जो सिंधु से लेकर सतलज नदी तक लगभग 350 मील की दूरी में विस्तृत है। इस अंश में विभिन्न चोटियाँ तथा झीलें स्थित है।[224] कुमाऊँ हिमालय का विस्तार सतलज से लेकर काली नदी तक है। इस भाग में स्थित सर्वोच्च शिखर नंदादेवी की ऊँचाई 25,645 फीट है। इस भाग में कई अन्य प्रसिद्ध पर्वत चोटियां पायी जाती हैं। जिनमें से कुछ त्रिशुल (23,360 फीट), नंदा कोट (22,510 फीट) दूनागिरी (23,184 फीट), बद्रीनाथ (23,190 फीट), केदारनाथ (22,720 फीट) प्रमुख हैं। कुमाऊँ हिमालय में पूर्णविकसित हिमनद पाये जाते हैं। इनमें से केदारनाथ, गंगोत्री और सरस्वती हिमनद बहुत महत्वपूर्ण है।[225] नेपाल हिमालय का विस्तार कुमाऊँ हिमालय की

पूर्वी सीमा से लेकर तीस्ता नदी तक है। इसी श्रृंखला में हिमालय की सर्वोच्च चोटी माउंट एवरेस्ट या गौरी श्रृंग (29,002 फीट) स्थित है। अन्य प्रमुख शिखरों में कंचनजंघा (28146 फीट), मकालू (22790 फीट), धौलागिरि (26795 फीट) सम्मिलित हैं। हिमालय के इस भाग से भी कई नदियां–यथा करनाली, काली, गंडक, अरून (कोसी) आदि अपना उद्‌गम स्रोत प्राप्त करती हैं। इसके हिमनदों में धौलागिरि समूह, माउंट एवरेस्ट समूह और कंचनजंघा समूह प्रमुख है।[226] असम हिमालय का विस्तार प्राचीन भूगोलवेत्ताओं ने कुछ स्पष्ट नहीं किया है। इसका विस्तार तीस्ता नदी से लेकर भारत की पूर्वी सीमा तक है। नामचावरवा (25,445 फीट) इस भाग में स्थित एक मात्र शिखर है जिसकी तुलना नेपाल हिमालय से की जा सकती है।[227]

लघु हिमाल : यह हिमालय का गहन शिवालिक श्रृंखला तक विस्तृत भाग है जिसमें अपेक्षाकृत कम ऊँचे शिखर पाये जाते हैं। इसकी औसत चौड़ाई पचास मील है। यह श्रृंखला क्षेत्रीय भाषाओं, में पीर पंजाल, धौलाधर, नागा टिब्बा, महाभारत और मिरि, अबोर और डाफला नाम से प्रसिद्ध है। पीरपंजाल का विस्तार पूर्व में काश्मीर के दक्षिण से लेकर व्यास नदी तथा वृहदहिमालय से सटे हुए कुछ आगे पूर्व तक है। धौलाधर श्रृंखला का विस्तार पीरपंजाल के दक्षिण में ऊधमपुर (जम्मू) से लेकर पश्चिम में शिमला की पहाड़ियों तथा वृहत हिमालय में बद्रीनाथ के समीप तक है। नागा टिब्बा दक्षिण में शिमला पहाड़ियों से लेकर वृहद हिमालय के अन्तर्गत धौलागिरि तक है। महाभारत श्रृंखला का विस्तार काली की घाटी से लेकर दार्जिलिंग के निकट सिंगालेला श्रृंखला तक है। मिरि, अबोर और डाफला का विस्तार असम हिमालय के दक्षिण तक है।[228]

वाह्य हिमालयः इसमें कम ऊँची चोटियाँ पायी जाती हैं जो सिंधु से लेकर ब्रह्मपुत्र तक प्रायः हिमालय के समानांतर फैली हुई हैं। पश्चिम में यह शिवालिक माला के नाम से प्रसिद्ध है। शिवालिक माला व्यास नदी से गंगा नदी तक लगभग 200 मील में विस्तृत है। इसे प्राचीन भूगोलविदों ने मैनाक पर्वत नाम दिया है। पूर्ववर्ती संयुक्त प्रांत में गंगा और यमुना के मध्य स्थित शिवालिक को चुरिया और दुदवा नाम से जाना जाता है।[229]

संदर्भ :

1. हल्दर, आर0 आर0, एपि0 इ0, XX, पृ0 99.
2. सरकार, डी0सी0, से0 इं0, II, पृ0 360.
3. शास्त्री, एच0, एपि0 इं0. XVII पृ0 318 और आगे।
4. सरकार, डी0 सी0, से0 इं0, II, पृ0 71.
5. कीलहान, इं0 एंटि0, XXI, पृ0 256, 1.31.
6. दृ0 लाहा, बी0 सी0, प्रा0 मा0 का ऐ0 भू0, प्रस्ता0, पृ0 27.
7. वही, पृ0 53
8. एपि0 इं0, XXXII, भाग, VII.

9. विष्णुस्मृति, 85.17.
10. योगिनीतंत्र, पृ0 1, 8; 1, 11.
11. महाभारत, 83, श्लोक, 72.
12. कूर्मपुराण, 30, 45–48; सौर पुराण, अ0 99, श्लोक, 23.
13. बल्लालचरित, II, 7.
14. लाहा, अर्ली इंडियन मॉनेस्टरीज, द इंडियन इंस्टीट्यूट ऑफ वर्ल्ड कल्चर, ट्रांजैक्शन नं0 29, पृ0 5.
15. कीलहार्न, एपि0 इं0. पृ0 124 और आगे।
16. हीरालाल, एपि0 इं0, X, पृ0 44 और आगे।
17. कीलहार्न, एपि0 इं0, पृ0 254 और आगे मिराशी, का0 इं0 इं0. IV, पृ0 204 और आगे।
18. सरकार, डी0 सी0, से0 इं0, II, पृ0 259.
19. सरकार, डी0 सी0, से0 इं0, II, पृ0 312.
20. वही, पृ0 322.
21. कीलहार्न, एपि0 इं0, II, पृ0 305 और आगे; मिराशी, का0 इ0 इं0, IV, पृ0 236 और आगे।
22. भागवत पुराण, IV, 5.22; V, 16.27.
23. कालिका पुराण, बंगवासी संस्करण।
24. योगिनीतंत्र, 1.1, 1.12.
25. एपि0 इं0, XXV, भाग, V.
26. कालिका पुराण (वंगवासी संस्करण), अ0, 14, 31.
27. अध्याय, 82, 7.
28. वनपर्व, अध्याय, 144–156.
29. भीष्मपर्व, अध्याय, 6.
30. दशकुमार चरितम्, पृ0 54
31. कुमारसंभव, निर्णय सागर संस्करण, VIII, 24.
32. द्र0 लाहा, बी0 सी0, प्रा0 भा0 ऐ0 भू0, पू0 149.
33. वही।
34. वही।
35. द्र0 लाहा, बी0 सी0, सम जैन क्रॉनिकल सूत्राज, पृ0 174.
36. द्र0 लाहा, बी0 सी0, प्रा0 भा0 का ऐ0 भू0, पृ0 149.
37. वही।
38. डे, एन0 एल0, ज्यॉ0 डिक्श0, पृ0 82–83; लाहा0 बी0 सी0, ज्यॉग्रेफी ऑफ अर्ली बुद्धिज्म, पृष्ठ 39; लाहा, बी0 सी0, माउंटेंस ऑफ इंडिया, पृ0 7.
39. मत्स्य पुराण, 121.2.
40. द्र0 लाहा, बी0 सी0, प्रा0 भा0 का ऐ0 भू0, प्रस्ता0, पृ0 141.
41. महाबोधिवंश, 13, 26, 45 और 79.
42. थूपवंश, 73.

43. सासनवंश, पृ0 38.
44. दृ0 लाहा0, बी0 सी0, प्रा0 भा0 का ऐ0 भू0, प्रस्ता0, पृ0 143.
45. कीलहार्न, एपि0 इं0, पृ0 305 और आगे; मिराशी, का0, इं0 इं0, IV पृ0 236 और आगे।
46. सरकार, डी0 सी0, से0 इं0, II, पृ0 337.
47. वही।
48. थपल्याल, के0 के0, इंसक्रिप्शंस ऑफ मौखरीज, लेटर गुप्ताज, पुष्पभूतिज एंड यशोवर्मन् ऑफ कन्नौज, पृ0 134.
49. वही।
50. का0 इं0 इं0, III, पृ0 221–222.
51. सरकार, डी0 सी0, एपि0 इं0, XXXVII पृ0 289 और आगे।
52. सरकार, डी0 सी0, से0 इं0, II, पृ0 92.
53. वही।
54. भागवतपुराण, 5.19.16,11.2.
55. अयोध्याकांड, 91.24, युद्धकांड, 26.42.
56. सभापर्व, 10.32, 52.33; द्रोणपर्व, 54.26; भीष्मपर्व, 9.11.
57. महावीर–चरित्र, श्लोक, 3.
58. योग0 महा0, निर्वाण पूर्वाद्ध, 22.40, उत्तरार्द्ध, 114.10., 115.2.
59. रघुवंश, 4.48–52; कुमारसंभव, 8.25.
60. बील, एस0, सि–यू–की, बुद्धिस्ट रेकार्डस ऑफ द वेस्टर्न वर्ल्ड, दिल्ली, 232, 233, 252.
61. स्कॉफ, बिल्फ्रेड, दि पेरीप्लस ऑफ दि एरिथ्रिअन सी, दिल्ली, 1974, पृ0 201.
62. वृहत्संहिता, XIV, 11.
63. लाहा, बी0 सी0, प्रा0 भा0 का ऐ0 भू0, पृ0 291.
64. दृ0 सिन्हा, यू0 एन0, योग0 महा0 का रचनाकाल, पृ0 182.
65. उदयपुर अभि0, सं0–50, श्लोक, 18; दृ0, एपि0 इं0, I, पृ0 235.
66. धोयीकृत पवनदूतम।
67. लाहा, बी0 सी0, प्रा0 भा0 का ऐ0 भू0, पृ0 291.
68. जातक, V, 162.
69. वही।
70. दृ0, सिन्हा, यू0 एन0, योग0 महा0 का रचनाकाल, पृ0 181–82.
71. लाहा, बी0 सी0, माउन्टेंस ऑफ इंडिया, पृ0 20; सरकार, डी0 सी0, स्टडीज इन द ज्यॉग्राफी ऑफ द ऐंशयंट एड मेडिवल इंडिया, पृ0 173–286.
71.a सरकार, डी0 सी0, एपि0 इं0, XXVIII, पृ0 235 और आगे।
72. फ्लीट, जे0 एफ0, इं0 एंटि0, XVII पृ0 166 और आगे।
73. सरकार, डी0 सी0, से0 इं0, II पृ0 165.
74. योगिनीतंत्र, 2, 4, 128 और आगे।
75. एपि0 इं0, XXXIV, भाग, अक्टूबर, 1937, पृ0 181.
76. लाहा, बी0 सी0, प्रा0 भा0 का ऐ0 भू0, पृ0 290.

77. वही।
78. रघुवंश, IV, 39, 43, VI, 54.
79. रघुवंश, IV, 43, VI, 54.
80. योग0 महा0, 3.25.27, 3.73.52, 4.29.27, 3.1724, 3.36.49.
81. शतपथ ब्राह्मण, लंदन, 1855.1.6.3, एतेरेय ब्राह्मण, दिल्ली, 19.77, 2.31.
82. भागवत पुराण, 19.16, मार्कण्डेय पुराण, 57.10, ब्रह्मपुराण, 27.20
83. रामायण, किष्किन्धाकाण्ड, 41, 18–20; लंकाकाण्ड, 4, 92–94
84. भागवतपुराण, X, 79.
85. महाभारत, III, 85, 21.
86. अग्निपुराण XIII, 3–4; पार्जिटर, मार्कण्डेय पुराण, 290, टिप्पणी।
87. स्कन्दपुराण, अध्याय, III, 59–61; IV 9.13.21.37.
88. वृहत्संहिता, 48.81.
89. लाहा, बी0 सी0, प्रा0 भा0 का ऐ0 भू0, पृ0 290.
90. हर्षचरित, सप्तम उच्छवास।
91. दृ0, लाहा, बी0 सी0, माउंटेंस ऑफ इंडिया, कलकत्ता, ज्योग्राफिकल सोसाइटी पब्लिकेशन, सं0 5, पृ0 22.
92. मैसूर ऐंड कुर्ग इंस्क्रिप्शंस, पृ0 14.
93. दृ0 सिन्हा, यू0 एन0, योगवसिष्ठ महारामायण का रचनाकाल, पृ0 179–80.
94. सरकार, डी0 सी0 एपि0 इं0, XXXVII, पृ0 289 और आगे।
95. तिन्नेवली डिस्ट्रिक्ट गजेटियर, I, पृ0 4.
96. मार्कण्डेय पुराण, पृ0 305, टिप्पणी।
97. स्टडीज इन इंडियन ऐंटिक्विटीज, पृ0 108–109.
98. सरकार, डी0 सी0 से0 इं0, II, पृ0 236; मजूमदार, आर0 सी0, एपि0 इं0, XVIII, पृ0 95 और आगे।
99. गौड़लेखमाला, I, पृ0 33 और आगे।
100. दृ0, आर्क0 सं0 इं0 रिपोर्टस्, XV, ओ, मैल्ली द्वारा संपादित बिहार एंड उड़ीसा डिस्ट्रिक्ट गजेटियर्स, मुंगेर, पृ0 232–48.
101. द्रोणपर्व, XI, 397.
102. लाहा, बी0 सी0 प्रा0 भा0 का ऐ0 भू0, पृ0 402.
103. गौड़लेखमाला, I, पृ0 33 और आगे; एपि0 इं0, IV पृ0 246.
104. फ्लीट, का0 इं0 इं0, III, पृ0 228–30, फलक, XXXII, बी0य थपल्याल, के0 के0, इंसक्रिप्शंस ऑफ मौखरीज, लेटर गुप्ताज, पुष्पभूतिज एंड यशोवर्मन् ऑफ कन्नौज, पृ0 140.
105. थपल्याल, वही।
106. मार्कण्डेय पुराण, पृ0 289.
107. का0 इं0 इं0, III, पृ0 64.
108. दृ0 लाहा, बी0 सी0, प्रा0 भा0 का ऐ0 भू0, पृ0 490.

109. सरकार, डी0 सी0, से0 इं0, I, पृ0 313.
110. महाभारत, आदिपर्व, CCXIX, 7906–17.
111. दृ0 लाहा, बी0 सी0, प्रा0 भा0 का ऐ0 भू0, पृ0 490.
112. एपि0 इं0, XXIV, भाग, V, पृ0 222.
113. वृहत्संहिता, 14.90.
114. लाहा, बी0 सी0, माउन्टेंस ऑफ इंडिया, पृ0 18–19.
115. बाम्बे गजेटियर, VIII, पृ0 441.
116. शास्त्री, एच0. एपि0 इं0, XVI, पृ0 318 और आगे।
117. थपल्याल, के0 के0, इंसक्रिप्शंस ऑफ मौखरीज लेटर गुप्ताज, पुष्पभूतिज एंड यशोवर्मन् ऑफ कन्नौज, पृ0 138.
118. फ्लीट, का0 इ0 इ0, II, भाग, II, पृ0 226–28, पत्र XXXI, बी0 एवं भंडारकर की सूची सं0 1605.
119. का0 इं0 इं0, II, 227.
120. फ्लीट, का0 इं0 इं0, III, 228, टिप्पणी, 2.
121. सरकार, डी0 सी0, से0 इं0, II, पृ0 71.
122. वशिष्ठ, धर्मशास्त्र, I, 9.
123. दृ0 लाहा, बी0 सी0, प्रा0 भा0 का ऐ0 भू0, पृ0 502–03.
124. वहीं, पृ0 32.
125. वही।
126. से0 बु0 इं0, 14, 2, 3, 146, 147; वेदिक इंडेक्स, II, पृ0 126, पा0 टि0।
127. योग0 महा0, 1.13.12., 1.17.51, 3.30.15, 3.68.35, 5.20.25
128. रामायण, किष्किन्धा काण्ड, 604–07; महाभारत आदिपर्व, 208.7–10; सभापर्व, 10.31; विराटपर्व, 6.17, द्रोणपर्व, 202.71; कर्णपर्व, 34.22; भीष्मपर्व, 9.11; शल्यपर्व, 45.50.
129. विष्णु0 पु0, 7.10.10; भविष्य पुराण, 9; भागवत पु0 5.19.16.
130. योगिनीतंत्र, बम्बई, संवत, 1949.29.
131. रघुवंश, 16.32.
132. राजतरंगिणी, दिल्ली, 1961, I, पु0 3, पंक्ति, 394, पु0 4, पंक्ति, 153, 161, पु0 5, पंक्ति, 152.
133. मार्कण्डेय पुराण, वंगवासी संस्करण, पृ0 19.
134. ल्यूडर्स की तालिका, सं0 1123.
135. दशकुमारचरितम्, पृ0 18.
136. लाहा, बी0 सी0, प्रा0 भा0 का0 ऐ0 भू0, पृ0 502–03.
137. स्कॉफ, एच0 डब्ल्यू, 'द पेरीप्लस ऑफ द एरिथ्रिअन सी', दिल्ली, 1974, पृ0 188.
138. कीलहार्न, एपि0 इं0, VI, पृ0 4 और आगे।
139. हीरालाल, एपि0 इं0, IX, पृ0 44 और आगे।
140. मजूमदार, आर0 सी0, एपि0 इं0, XVIII, पृ0 107 और आगे।।
141. कीलहार्न, एपि0 इं0, II, पृ0 181 और आगे।

142. भंडाकर, डी0 आर0, एपि0 इं0, XVII, पृ0 243 और आगे।
143. सरकार, डी0 सी0, एपि0 इं0, XXXVII, पृ0 289 और आगे।
144. कीलहार्न, एपि0 इं0, I, पृ0 254 और आगे।
145. कीलहार्न, एपि0 इं0, II, पृ0 182 और आगे।
146. बार्नेट, एल0 डी0, एपि0 इं0, XII, पृ0 142 और आगे।
147. दृ0 सिन्हा, यू0 एन0, योग0 महा0 का रचनाकाल, पृ0 195, 196, 197.
148. वही।
149. स्मिथ, वी0 ए0, द ऑक्सफोर्ड हिस्ट्री ऑफ इंडिया, नई दिल्ली, 1988, पृ0 25, 37, 42, 250, 410.
150. दृ0 लाहा, बी0 सी0, प्रा0 भा0 का ऐ0 भू0, पृ0 502–03.
151. सरकार, डी0 सी0, एपि0 इं0, XXXVII, पृ0 289 और आगे।
152. सरकार, डी0 सी0, से0 इं0, II, पृ0 92.
153. लाहा, बी0 सी0, प्रा0 भा0 का ऐ भू0, प्रस्तावना, पृ0 21–31.
154. मित्रा, देवला, एपि0 इं0, XXXIII, पृ0 263–68.
155. सरकार, डी0 सी0, से0 इं0, II, पृ0 156.
156. दृ0 लाहा, बी0 सी0, प्रा0 भा0 का ऐ0 भू0. पृ0 144–45
157. मार्कण्डेय पुराण, अ0, 54. 24. 57. 59.
158. कुणाल जातक, सं0 536.
159. महावंस, XII, 6; धूपवंस, 43; महाबोधिवंस, 114–145.
160. पालिसिनेरु।
161. लाहा, बी0 सी0, प्रा0 भा0 का ऐ0 भू0, पृ0 141.
162. मार्कण्डेय पुराण, 57, 16–18.
163. लाहा, बी0 सी0, प्रा0 भा0 का ऐ0 भू0 पृ0 143.
164. वही।
165. शास्त्री, हीरानंद, एपि0 इं0, XVII, पृ0 318 और आगे।
166. सरकार, डी0 सी0, से0 इं0. II, पृ0 71.
167. पद्म पुराण, उत्तर खण्ड, श्लोक, 35–38; पाणिनी, अष्टाध्यायी, IV. 4.1.12
167a. अगुत्तर निकाय, I, 152.
168. कालिका पुराण, अध्याय, 14, 51.
169. कादंबरी, श्लोक, 16.
170. योग0 महा0, 3.74.20, 1.1.19, 3.68.2.
171. महाभारत, गोरखपुर, 1955–88; आदिपुराण, 30.19, 36.2–3.
172. कालिदास, कुमारसंभव 1.1.
173. योगवासिष्ठ महारामायण, 3.82.21.
174. कालिदास, कुमारसंभव, मुंबई, 1.1, 50; सिन्हा, यू0 एन0, योग0 महा0 का रचनाकाल, पृ0 170–71.

175. सभापर्व, III, 58–60; वनपर्व, CXXV, 10,694–95.
176. जातक, III, पृ0 16.
177. बुद्धवंस, II, श्लोक, 29.
178. महावस्तु, III, 130.
179. दृ0 लाहा, बी0 सी0, प्रा0 भा0 का ऐ0 भू0, पृ0 141.
180. मिलिंदपञ्हों, 114.
181. मार्कण्डेय पुराण, 57, 16–18.
182. दृ0 लाहा, बी0 सी0, प्रा0 भा0 का ऐ0 भू0, पृ0 141.
183. मिलिदपञ्हों, पृ0 70.
184. कदम्ब, पृ0 382; कुक्कुट, पृ0 178; कोसिक, पृ0 381; गोतम, पृ0 162; पदुम, पृ0 362; भारिक, पृ0 440; लम्बक, पृ0 15; वसभ, पृ0 166; सभंग, पृ0 437 और सोभित, पृ0 328.
185. अंगुत्तरनिकाय, IV, पृ0 101; मनोरथपूरणी, II, पृ0 759; परमत्थजोतिका, II, पृ0 443.
186. दृ0 लाहा, बी0 सी0, प्रा0 भा0 का ऐ0 भू0, पृ0 143.
187. वही।
188. महाभारत, VI, 6.3.
189. कुमारसंभव, I, 1.
190. मार्कण्डेय पुराण, अ0, 54, श्लोक 23.
191. पार्जिटर, मा0 पु0, पृ0 277.
192. वही, पृ0 376.
193. महाभारत, वनपर्व, अध्याय, 253.
194. दृ0 लाहा, वही, पृ0 141.
195. जातक, V, 412 और आगे।
196. दृ0 लाहा, वही।
197. सौन्दरानंद काव्य, II, श्लोक, 62.
198. बरूआ, अशोक एंड हिज इंस्क्रिप्शंस, भाग–I, पृ0 101.
199. कुमारसंभव, I, 1.
200. कुमारसंभव I, 3.
201. वही, I, 4.
201a. वही, I. 10.
202. पार्जिटर, मा0 पु0, पृ0 372, पाद टिप्पणी।
203. वही, I, 11.
204. वही, I, 13.
205. विक्रमोर्वशी, अंक, I.
206. जातक, V, 37.
207. वही, V, 152.
208. वही, VI, 497.

209. वही, III, 208.
210. वही, III, 272.
211. जातक, III, 37, 74, 79, 143; IV, 42 आदि।
212. सौन्दरानंद काव्य, I, 5.
213. दिव्यावदान, पृ0 548.
214. महाभारत, वनपर्व, CLVII- 11, 541–43; CLXXVII. 12, 340–44.
215. जातक, VI, 256.
216. जातक, V, 193.
217. वही, III, 37.
218. जातक, III, 365.
219. जातक, VI, 58.
220. दृ0 लाहा, प्रा0 भा0 का ऐ0 भू0, प्रस्तावना, पृ0 27.
221. वही, पृ0 30.
222. वही, पृ0 31.
223. वही।
224. लाहा, बी0 सी0, माउंटेंस ऑफ इंडिया, ज्यॉग्राफिकल सोसाइटी प्रकाशन नं0 5, कलकत्ता, 1944.
225. वही।
226. वहीं।
227. वही।
228. वही।
229. वही।

अध्याय 4

राज्य/प्रान्त

अवन्ती

इस राज्य का उल्लेख धर्मपाल (775–812 ई0) के खालीमपुर ताम्रपत्र अभिलेख[1] में हुआ है। अभिलेख में अवन्ती का उल्लेख मद्र, कुरू, कीर आदि राज्यों के साथ किया गया है जो धर्मपाल द्वारा आयोजित दरबार में उपस्थित हुए थे। इन राज्यों ने धर्मपाल की अधीनता स्वीकार कर चक्रायुध को कन्नौज का शासक स्वीकार कर लिया था।[2] अवन्ती को ब्रह्मांडपुराण[3] में अवन्तिका नाम से वर्णित किया गया है। इसका उल्लेख रूद्रदामन् के जूनागढ़ अभिलेख[4] में भी हुआ है। कथा–सरित्सागर[5] में अवन्ती को प्राचीन मालवा से समीकृत किया गया है। अवन्ती की राजधानी उज्जयिनी थी।[6] इसका उल्लेख वाशिष्ठिपुत्र पुलुमावि के नासिक गुहालेख में आकरावन्ती[7] के रूप में मिलता है। अशोक के प्रथम पृथक शिलालेख में उज्जयिनी का उल्लेख मिलता है जहाँ से कुमार महामात्रों को भेजता था। अशोक के अभिलेखों में भोज एवं राष्ट्रिकों तथा उनकी प्रशाखाओं को मौर्य साम्राज्य के अवन्ती प्रांत की क्षेत्रीय सीमा के बाहर स्थित बताया गया है।[8]

महाभारत[9] में अवन्ती को पश्चिम भारत में स्थित बताया गया है। यहाँ इसे पवित्र नर्मदा नदी के तट पर स्थित कहा गया है। महाभारत[10] में अर्जुन द्वारा अवन्ती की गणना सुराष्ट्र एवं कुति के साथ पश्चिम भारत के अन्य राज्यों के अन्तर्गत की गयी है। रीज डेविड्स के अनुसार अवन्ती विंध्य पर्वत के उत्तर और मुम्बई के पूर्वोत्तर में स्थित थी।[11] टी0 डब्ल्यू0 रीज

डेविड्स के विचार से दूसरी शताब्दी ई0 तक इसे अवन्ती कहा जाता था, परन्तु सातवीं या आठवीं शताब्दी के उपरांत इसे मालव कहा जाने लगा।[12] अवन्ती को मुख्य रूप से वर्तमान मालवा, निमाड़ एवं मध्य–प्रदेश में इसके समीपवर्ती भागों से समीकृत किया जाता है। अवन्ती के दो भाग थे, उत्तरी भाग की राजधानी उज्जैनी तथा दक्षिणी भाग की माहिष्मती थी।[13] डी. आर. भंडारकार के अनुसार भी प्राचीन अवन्ती दो भागों में विभक्त थी। महाभारत[14] के अनुसार अवन्ती और माहिष्मती दो अलग–अलग देश थे। प्राचीन मालव की राजधानी चंबल की सहायक नदी शिप्रा के तट पर स्थित थी, जिसे मध्य–प्रदेश के वर्तमान उज्जैन से समीकृत किया जाता है।[15]

अवन्ती बुद्धकालीन सोलह महाजनपदों में से एक था जिसका निर्माण अच्युतगामी ने कराया था।[16] अवन्ती जन प्राचीन भारत के एक सशक्त क्षत्रिय कबीले से थे, जिन्होंने विंध्य पर्वत के उत्तर में स्थित क्षेत्रों पर अधिकार कर लिया था।[17] बौद्धकाल में वे भारत के चार प्रमुख जनपदों में से एक थे जो कालांतर में मौर्य साम्राज्य में समाहित कर लिए गये थे।[18] महाभारत में कहा गया है कि अवन्ती जन संपूर्ण कौरव–सेना का पंचम भाग थे।[19]

मत्स्यपुराण[20] के अनुसार अवन्ती जनों की उत्पत्ति हैहयों से हुई थी।[21] एक उल्लेख के अनुसार किसी अवन्ती नरेश का विवाह एक यदु राजकुमारी राज्याधिदेवी से हुआ था, जिससे विंद और उपबिंद नामक दो पुत्र उत्पन्न हुए थे।[22] उक्त दोनों पुत्रों की पहचान महाभारत[23] में वर्णित बिंद एवं अनुविंद नामक अवन्ती के दो वीर राजकुमारों से की जा सकती है, जिन्होंने कुरूक्षेत्र के युद्ध में अत्यंत साहस प्रदर्शित किया था। प्रसिद्ध व्याकरणविद पाणिनि ने अपने एक सूत्र में अवन्ती का उल्लेख किया है।[24] अवन्ती का उल्लेख पतंजलि के महाभाष्य[25] में भी प्राप्त होता है। भागवत पुराण[26] में अवन्ती का उल्लेख एक नगर के रूप में मिलता है। एक नगर के रूप में इसका वर्णन स्कन्दपुराण[27] में भी मिलता है। अवन्ती का उल्लेख योगिनीतंत्र[28] में भी प्राप्त होता है। एक परम्परा के अनुसार सिन्धु नदी से आगे बढ़ने वाले आर्यों ने अवन्ती की उर्वर भूमि को विजित कर इसे अपना उपनिवेश बना लिया था।[29] इस देश में प्रचुर मात्रा में अन्न का उत्पादन होता था तथा यहाँ के निवासी संपन्न तथा समृद्ध थे।[30] कतिपय विद्वानों के अनुसार पालि भाषा जिसमें हीनयान बौद्ध ग्रंथों की रचना हुई है, वह अवन्ती या गंधार में ही विकसित हुई थी।[31] संभवतः जैन मत के प्रवर्तक महावीर ने अवन्ती राज्य में कुछ समय तक तपस्या की थी तथा वे अवन्ती की राजधानी उज्जयिनी भी गये थे, जहाँ उन्होंने एक श्मशान के निकट तपस्या की थी।[32] अवन्ती की राजधानी उज्जयिनी में लिंगायत संप्रदाय का एक तीर्थस्थल स्थित था, जहाँ भ्रमण करते हुए प्रायः लिंगायत मुनि आये करते थे।[33]

चौथी शती ई0 पू0 में मगध ने उज्जयिनी पर अधिकार कर लिया था। अशोक राजा बनने से पूर्व उज्जयिनी का उपराज्यपाल नियुक्त किया गया था।[34] परवर्ती युगों में अवन्ती के कतिपय राजवंशों ने भारतीय राजनीति को काफी प्रभावित किया था। पालों के अतिरिक्त मालवा (प्राचीन अवन्ती) के परमार वंश का नाम इस संदर्भ में विशेष रूप से उल्लेखनीय है।

अवन्ती व्यापार का एक प्रसिद्ध केन्द्र था। सोपारा और भड़ौच बन्दरगाहों से पश्चिमी समुद्रतट, दक्कन एवं कोसल (उ0 प्र0) के श्रवस्ती से आने वाले तीन मार्ग यहाँ पर मिलते थे।[35] पेरीप्लस ऑफ द एरिथ्रियन सी[36] के आधार पर ज्ञात होता है कि ओजीनी (उज्जैन) से स्थानीय उपभाग अथवा देश के अन्य भागों में निर्यात हेतु बैरीगाजा में सुलेमानी पत्थर, पोर्सीलोन तथा अच्छी मलमल के सामान आया करते थे। अवन्ती शिक्षा का भी एक महान केंद्र था। हिन्दू ज्योतिषी अपने देशांतर का प्रथम याम्योत्तर उज्जयिनी से गिनते थे। बसंतोत्सव के अवसर पर चौथी शती ई0 में राज्यपाल के दरबार में कालिदास के नाटकों का अभिनय होता था।[37]

सातवीं शती ई0 में प्रसिद्ध चीनी यात्री ह्वेनसांग इस देश के भ्रमण पर आया था। उसने उज्जयिनी की परिधि 6000 ली बतायी थी। यह एक घनी आबादी वाला नगर था। यहाँ उसे अनेक भग्नप्राय संघागारों के अवशेष मिले थे। यहाँ का राजा ब्राह्मण था। नगर के समीप एक स्तूप निर्मित था।[38] कतिपय मुद्राओं पर एक घेरे में एक बैल (नंदि) या बोधिवृक्ष या सुमेरू पर्वत या लक्ष्मी की आकृति अंकित थी। यहाँ की कतिपय मुद्रायें चतुष्कोणीय जबकि अन्य वृत्ताकार थी।[39] शाहजहाँ के शासन काल तक इस नगर में वगार्कार ताम्रमुद्राएँ निर्मित होती थी।[40] उज्जयिनी से प्राप्त गोलाकार मुद्राओं पर एक विशेष चिन्ह या लक्षण अंकित होता था जिसे उज्जैन अभिलक्षण कहा जाता था।[41]

अहिच्छत्र भुक्ति

अहिच्छत्र का उल्लेख हर्ष के बाँसखेड़ा ताम्रपत्र अभिलेख[42] (628 ई0) में हुआ है। अभिलेख से प्राप्त सूचना के अनुसार राजा हर्ष (हर्षवर्धन) ने अंगदीय–विषय से संबद्ध पश्चिमी पटक या पथक के मर्कटसागर नामक एक ग्राम का दान बालचन्द्र और भद्रस्वामिन् के निमित्त किया था। उक्त विषय और ग्राम को अहिच्छत्र भुक्ति के अन्तर्गत स्थित बताया गया है।[43]

अहिच्छत्र का उल्लेख प्राचीन साहित्य में विभिन्न संदर्भों के अन्तर्गत किया गया है। महाभारत में इसे उत्तरी पंचाल की राजधानी बताया गया है।[44] वैदिक साहित्य में पंचाल देश के पूर्वी एवं पश्चिमी भाग का उल्लेख प्राप्त होता है।[45] भागीरथी नदी उत्तर एवं दक्षिण पंचाल को विभाजित करती थी। पतंजलि के महाभाष्य[46] में इसका वर्णन प्राप्त होता है। पंचाल मुख्य रूप से दिल्ली के उत्तर–पश्चिम में हिमालय की तराई क्षेत्र से लेकर चंबल नदी के मध्य का भू–भाग था।[47] अहिच्छत्र भुक्ति की पहचान उत्तर–प्रदेश के बरेली जनपद से की जाती है।[48] पभोसा गुहालेख के अनुसार बहसतिमित्र यहाँ का शासक था जिसकी मुद्राएँ रामनगर (वर्तमान बरेली जनपद) और कोसम (इलाहाबाद में स्थित वत्सों की प्राचीन राजधानी कौशाम्बी) से प्राप्त हुई हैं। इसी अभिलेख से अहिच्छत्र पर शासन करने वाले सौन–कायनि नामक राजा का उल्लेख मिलता है।[49] समुद्रगुप्त की प्रयाग–प्रशस्ति में अच्चुत नामक किसी शक्तिशाली नरेश का वर्णन किया गया है जिसकी कतिपय मुद्राएँ अहिच्छत्र से प्राप्त हुई है। ह्वेनसांग (7वीं शता0 ई0) के भारत भ्रमण के समय अहिच्छत्र एक अत्यंत महत्वपूर्ण नगर

था।[50] उसके अनुसार इसकी परिधि 3000 ली से अधिक तथा इसकी राजधानी का विस्तार 17–18 ली से अधिक था। यहाँ उपज बहुतायत से होती थी तथा अनेक जंगल, खानें और स्वास्थ्यवर्द्धक जलवायु पायी जाती थी। नगर में दस से अधिक बौद्ध विहार तथा नौ देवमंदिर निर्मित थे। यहाँ के नागरिक ईमानदार तथा विद्यानुरागी थे।[51]

अहिच्छत्र का प्राचीन नाम अधिछत्र था जो ल्यूडर्स की ब्राह्मी अभिलेखों की अनुक्रमणिका सूची के एक लेख में आज भी सुरक्षित है। अधिछत्र को अहिक्षेत्र भी कहा जाता था किन्तु इसका वास्तविक नाम संभवतः अहिच्छत्र था।[52] कनिंघम के अनुसार इसका इतिहास 1430 ई0 तक प्राप्त होता है। संभवतः टॉलेमी ने अदिसद्र नाम से अहिच्छत्र का ही वर्णन किया है।[53] महाभारत में इसे छत्रवती भी कहा गया था।[54] आषाढ़सेन के पभोसा गुहालेख (लगभग ई0 सन का प्रारंभिक काल) में अधिछत्र का उल्लेख मिलता है।[55] एक उल्लेख के अनुसार द्रुपद को युद्ध में पराजित कर अर्जुन ने अहिच्छत्र और काम्पिल्य नगरों को द्रोणाचार्य को अर्पित कर दिया था।[56] अहिच्छत्र का एक अन्य प्राचीन नाम संख्यावती भी था।[57] पार्श्वनाथ द्वारा इस नगर के परिभ्रमण का उल्लेख प्राप्त होता है। एक बार पार्श्वनाथ के शत्रु कष्ठासुर ने पृथ्वी को जलमग्न करने के निमित्त भयानक वर्षा करायी जिसमें वे आकंठ डूब गये थे। उनकी रक्षा हेतु स्थानीय नागराज ने अपनी पत्नियों समेत वहाँ जाकर उनके सिर को अपने सहस्रफणों से ढँक लिया तथा शरीर को कुंडली मारकर लपेट लिया जिसके कारण इस नगर को अहिच्छत्र कहा गया।[58] वर्तमान समय में सर्वप्रथम कैप्टन होग्सन के अहिच्छत्र पहुँचने का उल्लेख है जिसने इसे कई मीलों तक विस्तृत प्राचीन दुर्ग का अवशेष बताया था। इसमें संभवतः 34 अट्टालक थे जिसे पाण्डु दुर्ग के नाम से जाना जाता था।[59]

आनर्त

इस प्रान्त का उल्लेख भोज–I (836–85 ई0) के ग्वालियर प्रस्तर अभिलेख[60] में किया गया है। अभिलेख के अनुसार प्रतिहार शासक नागभट्ट–II ने आनर्त आदि राज्यों के गिरिदुर्गों पर अधिकार कर लिया था।[61] आनर्त उत्तरी काठियावाड़ में स्थित एक राज्य था। कतिपय विद्वानों का मत है कि आनर्त द्वारका के निकट स्थित था जबकि कुछ अन्य इसे वडनगर के समीप स्थित बताते हैं।[62] आनर्त में एक आश्रम स्थित था जहाँ पर वैदिक मन्त्रों का नित्य पाठ करने वाले ऋषिजन निवास करते थे।[63] एक उल्लेख के अनुसार शकक्षत्रप रूद्रदामन–I ने आनर्त को गौतमी पुत्र से पुनः जीत लिया था।[64]

जूनागढ़ अभिलेख से ज्ञात होता है कि उज्जयिनी के शक राज्य में पूर्वी एवं पश्चिमी मालवा, माहिष्मती, सुराष्ट्र भृगुकच्छ, श्वभ्र आदि के साथ आनर्त भी सम्मिलित था।[65]

आम्रद्वीप

इसका उल्लेख गुप्तवंशीय महानामन् के बोधगया अभिलेख[66] (587 ई0) में हुआ है। अभिलेख में आम्रद्वीप का उल्लेख करते हुए कहा गया है कि उपसेन के शिष्य महानामन् (जो कि श्रीलंका द्वीप में उत्पन्न हुए थे) का आवास इसी द्वीप में स्थित था।[67]

कनिंघम के अनुसार आम्रद्वीप या मैंगो आइलैंड लंका या सीलोन का एक अन्य नाम था। इसके उपरोक्त नामकरण का कारण संभवतः उसका आम (आम्र) के सदृश आकार था।[68]

उत्कल

इस प्रान्त का उल्लेख श्रीचन्द्र (925–75ई0) के पश्चिमभाग ताम्रपत्र अभिलेख[69] में हुआ है। अभिलेख से प्राप्त सूचना के अनुसार राजा श्रीचन्द्र की सेना द्वारा अर्जित सफलताओं से यवन हूण और उत्कल देश की महिलाओं के लिए तनाव का कारण उत्पन्न हो गया था।[70]

बुद्धकाल में उत्कल को महानदी और सुहम (सुम्भ) जनपद के मध्य स्थित कहा जाता था।[71] स्कन्दपुराण[72] में उत्कल का विस्तार ऋषिकुल्या नदी से सुवर्ण रेखा और महानदी क्षेत्र तक बताया गया है। कालिदास के अनुसार उत्कल की पूर्वी सीमा का विस्तार कपिशा नदी से लेकर पश्चिम में मेंकलों के राज्य तक प्रतीत होता है।[73] प्राचीन उत्कल को आधुनिक उड़ीसा राज्य के उत्तरी भाग से समीकृत किया जाता है। स्कन्दपुराण[74] में विभिन्न तीर्थ–स्थानों से युक्त उत्कल देश को दक्षिण समुद्र के तट पर स्थित बताया गया है।[75] नरसिंह–I के भुवनेश्वर शिलालेख में उसकी बहन चन्द्रिका द्वारा उत्कल जनपद के एक ग्राम (वर्तमान भुवनेश्वर) में एक विष्णु मंदिर निर्मित कराये जाने का वर्णन है। उपरोक्त विवरण के आधार पर वर्तमान पुरी और भुवनेश्वर जनपदों को उत्कल विषय में सम्मिलित माना जाता है।[76] महावस्तु[77] में तपस्सु और भल्लिक नामक व्यापारियों का उल्लेख किया गया है जो उत्कल के अधिष्ठान नामक नगर के निवासी थे। यहाँ उत्कल को उत्तरापथ में स्थित कहा गया है। किन्तु बी. सी. लाहा ने थेरगाथा की अट्ठकथा[78] के आधार पर उक्त दोनों व्यापारियों को गंधार राष्ट्र. के पोक्खरवती नामक नगर का निवासी बताया है।[79] अंगुत्तर–निकाय की अट्ठकथा[80] में उक्त दोनों व्यापारियों को असितंजन नामक नगर का निवासी बताया गया है। घटजातक में असितंजन नगर को कंसभोग की राजधानी तथा उत्तरापथ में स्थित बताया गया है। संभवतः तपस्सु और भल्लिक नामक उक्त दोनों व्यापारी मूल उत्तरापथ के ही निवासी रहे हों किन्तु व्यापार के लिये वे उत्कल जनपद से मज्झिम देश की ओर गये हों। अतः उत्कल जनपद के उड़ीसा के उत्तरी भाग में स्थित और उक्त व्यापारियों के उत्तरापथ निवासी होने में कोई भ्रम नहीं है।[81]

गाहड़वाल शासक गोविन्दचन्द्र के बारहवीं शती के एक अभिलेख में शाक्यरक्षित नामक किसी बौद्ध विद्वान का उल्लेख है जो उत्कल देश का निवासी था। नारायणपाल के योगपुर

दानपत्र के अनुसार पालशासक जयपाल के उत्कल देश पहुंचने पर उनका कोई राजा अपनी राजधानी छोड़कर भाग गया था।[82]

गुडवमिश्र कालीन बादाल स्तंभलेख[83] में पालशासक देवपाल को गुर्जर एवं द्रविड़ नरेशों के दर्प को चूर करने वाला, हूणों का मानमर्दन करके उत्कलों की प्रजाति का विनाशक कहा गया है। महाशिवगुप्त ययाति के सोनपुर दानपत्र के अनुसार उत्कल, कलिंग और कंगोद से पृथक था।[84] ह्वेनसांग ने अपने यात्रा विवरण में उत्कल का उल्लेख किया है। वह कर्णसुवर्ण (संभवतः मुर्शिदाबाद के निकट स्थित रांगामाटि) से 700 ली दक्षिण–पश्चिम में यात्रा करने के उपरांत वु–तु, उ–तु अथवा उ–छ प्रदेश पहुँचा था।[85] इस वु–तु को अपदान में 'ओड्ड', महाभारत में 'उड्र' तथा मनुस्मृति में 'ओड्र' नाम से वर्णित किया गया है। प्लिनी ने इसे ही 'ओरितिस' बताया है।[86] लामा तारनाथ ने इसे ओडविश नाम से उल्लिखित किया है। उक्त समस्त नामों का तात्पर्य उत्कल से ही माना जाता है। बुद्ध काल में उत्कल एक सुप्रसिद्ध जनपद था।

उत्तर-तोसलि

इसका उल्लेख कर्ण (1100–10ई0) के रत्नगिरि ताम्र–पत्र अभिलेख[87] में हुआ है। अभिलेख से प्राप्त सूचना के अनुसार राजा कर्णदेव ने उत्तर–तोसलि के अन्तर्गत स्थित 'अट्टविश–खंड' के कोणा नामक एक ग्राम का दान किया था।[88]

हुल्त्स ने कटक जिले से प्राप्त दो ताम्रपत्र अभिलेखों के आधार पर उत्तर एवं दक्षिण तोसलि का उल्लेख किया है।[89] तोसलि का उल्लेख मौर्यसम्राट अशोक के पृथक कलिंग शिलालेख एवं राजा वीर पुरूषदत्त के नागार्जुनीकोंड अभिलेख में भी प्राप्त होता है।[90] टॉलेमी ने इसे तोसलेयी नाम से वर्णित किया है। अशोक के शासन काल में तोसलि के प्रशासन का उत्तरदायित्व एक कुमारामात्य के ऊपर रहता था। उत्तर– तोसलि विस्तार में दक्षिण–तोसलि से बड़ा होता प्रतीत होता है। इसके अन्तर्गत पंचाल, वुभ्युदय तथा सरेफाहार जनपद सम्मिलित थे।[91] बालासोर जनपद के सोरो से प्राप्त ताम्रपत्रों में उत्तर–तोसलि में सरेफा के समीप एक ग्राम में भूमिदान का वर्णन किया गया है।[92] नेउलपुर दानपत्र में भी वर्तमान बालासोर जनपद के अन्तर्गत स्थित उत्तर–तोसलि के कतिपय ग्रामों का उल्लेख है।[93] संभवतः बालासोर मंडल उत्तर–तोसलि का मुख्य केन्द्र था। उत्तर–तोसलि को ओड्र विषय का केवल एक अंश माना जाता है।[94] कतिपय विद्वानों का विचार है कि तोसलि प्राचीन कोसल है किन्तु उड़ीसा प्रान्त के पुरी जनपद में स्थित धौली को प्राचीन तोसलि मानना अधिक समीचीन प्रतीत होता है।[95]

ओड्र

इस राज्य का उल्लेख युवराज–II (980–85 ई0) के बिल्हारी प्रस्तर अभिलेख[96] में किया गया है। अभिलेख में उल्लिखित सूचना के आधार पर ज्ञात होता है कि चेदि नरेश ने सोमेश्वर

को आभूषणों से सुसज्जित करके दक्षिण कोसल और ओड्र नरेशों को पराजित कर प्राप्त धन से उसकी वन्दना की थी।[97]

ओड्र का उल्लेख ओड्डवषय के रूप में भी मिलता है। ह्वेनसांग ने इसे उ–च कहा है। कन्नड़ भाषा में इसे ओड्डरू तथा तेलगु में ओध्रुलु कहा जाता था।[98] ओड्र की पहचान वर्तमान उड़ीसा प्रान्त से की जाती है। वृहत्संहिता[99] में ओड्र को उड़ नाम से वर्णित किया गया है। योगिनीतंत्र[100] में भी ओड्र का वर्णन मिलता है। महाभारत[101] में ओड्रों (उड्र) को उत्कलों, मेंकलों, कलिंगों आदि से संबंधित कहा गया है। पालिग्रंथ अवदान[102] में ओडड्कों का उल्लेख मिलता है जो ओड्र के ही निवासी थे। ब्रह्मपुराण[103] के अनुसार ओड्र उत्तर में विरजामंडल (जाजपुर) तक विस्तृत था और इसमें तीन क्षेत्र (पुरूषोत्तम या श्रीक्षेत्र, सवितु या अर्कक्षेत्र तथा विरजाक्षेत्र (जिसके अन्तर्गत वैतरणी नदी प्रवाहित होती थी) सम्मिलित थे। ह्वेनसांग भी ओड्र देश गया था।

तिरूमलई शिलालेख में राजा राजेन्द्रचोल द्वारा शासनकाल के तेरहवें वर्ष में ओड्र विषय पर विजय प्राप्त करने का उल्लेख मिलता है। राजा भंजदेव के आदिपुर ताम्रपत्र के अनुसार ओड्र विषय मूलरूप से एक लघु विषय का वाचक था किन्तु कालान्तर में यह संज्ञा संपूर्ण प्रान्त के लिये प्रयुक्त की जाने लगी।[104] ओड्रदेश की परिधि 700 ली से भी अधिक थी। यह एक समृद्ध और खुशहाल प्रदेश था। यहाँ गर्म जलवायु पायी जाती थी। यहाँ के निवासी विद्यानुरागी तथा अधिकांश बौद्ध मतावलंबी थे। इस राज्य में अनेक बौद्ध संघाराम तथा कतिपय देव मंदिरों के निर्मित होने के साक्ष्य मिलते हैं।[105]

अंग

इस राज्य का उल्लेख नरवर्मन् के नागपुर म्युजियम प्रस्तर अभिलेख[106] तथा गोविन्दचन्द्र (1114–55 ई0) की रानी कुमार देवी के सारनाथ प्रस्तर अभिलेख में किया गया है।[107] प्रथम अभिलेख से प्राप्त सूचना के अनुसार लक्ष्मणसेन को देखकर अंग और कलिंग के हाथी युद्ध क्षेत्र से भाग खड़े हुए।[108] कुमारदेवी के सारनाथ प्रस्तर अभिलेख के अनुसार कन्नड़ मूल का क्षत्रिय 'महन' गौड़ देश का महान योद्धा तथा अनेक पाल शासकों का मामा था। उसने अपने भतीजे पाल शासक रामपाल की ओर से देवरक्षित को पराजित किया था।[109]

अंग बुद्धकालीन सोलह महाजनपदों के अन्तर्गत सम्मिलित एक बहुत ही संपन्न राज्य था।[110] योगिनीतंत्र[111] में अंग राज्य का वर्णन प्राप्त होता है। अथर्ववेद[112] में अंगों को मगधों, मुजावंत तथा गंधारों के साथ एक विशिष्ट जन बताया गया है। उन्हें व्रात्य या कट्टर ब्राह्मण धर्म के प्रभाव के बाहर स्थित जन कहकर तिरष्कृत समझा जाता था।[113] पाणिनि के अनुसार अंग, वंग, कलिंग, पुण्ड्र आदि सभी एक ही वर्ग में सम्मिलित और मध्य देश में स्थित थे।[114] महाभारत में अंगों को वंगों और कलिंगों के साथ बालि की पत्नी सुदेष्णा से ऋषि दीर्घतमस् द्वारा उत्पन्न कहा गया है।[115] जिमर तथा ब्लूमफील्ड का विचार है कि अंग लोग कालांतर में गंगा और सोन के तट पर बस गये थे और संभवतः उनका प्राचीन निवास भी वहीं था।[116]

पार्जिटर के अनुसार वे अनार्य थे, जो समुद्र–पार से आकर पूर्वी भारत में बस गये थे।[117] प्रजाति में अंग लोग कलिंग एवं बंगाल के मैदानी क्षेत्र के अन्य जनों से संबद्ध थे।[118]

भोजवर्मन् के बेलाव–ताम्रपत्र के अनुसार वर्मन् शासकों ने अंग देश तक अपना अधिकार विस्तृत कर लिया था।[119] कर्ण के रेव शिलालेख में अंगों का उल्लेख कॉगड़ा घाटी के कीरों, लाट, कुंतल एवं कुलाच्च के साथ किया गया है।[120] अमोघवर्ष के नवीं शती ई0 के नीलगुंड अभिलेख के अनुसार अंग, वंग और मगध के शासक उसकी आराधना करते थे।[121] कृष्ण–III के दिउली दानपत्र में कहा गया है कि अंग, मगध और अन्य जन कृष्ण–III की पूजा करते थे।[122]

अंग राज्य का नामकरण उनके अंग नामक एक राजा के आधार पर पड़ा था। ऐतरेय ब्राह्मण[123] में अंग–वैरोचन का नाम अभिषिक्त शासकों की सूची में शामिल बताया गया है। रामायण से ज्ञात होता है कि कामदेव मदनरुद्र के कोप भाजन से बचने के लिए भाग कर इस देश में आये थे तथा यहाँ पर अपना शरीर छोड़कर अनंग हो गये थे।[124] आनव राज्य, जिसका केंद्र अंग था, पाँच राज्यों में विभक्त था जिसका नामकरण राजा बलि के पाँच पुत्रों के आधार पर हुआ था। पार्जिटर के अनुसार आनवों का अधिकार संपूर्ण पूर्वी बिहार, बंगाल, और उड़ीसा पर था, जिसमें अंग, वंग, पुण्ड्र, सुह्म और कलिंग के राज्य सम्मिलित थे।[125] किन्तु पार्जिटर के कथन का समर्थन किसी अन्य प्रामाणिक स्रोत से नहीं होता है। सुमंगलविलासिनी[126] के अनुसार अंग के राजकुमार अत्यंत सुन्दर थे तथा अनके निवास स्थान को अंग कहा जाता था।

अंगों के अधिकार क्षेत्र में संभवतः मुंगेर सहित वर्तमान भागलपुर जनपद के भू–भाग सम्मिलित थे।[127] अंग के अन्तर्गत भागलपुर के समीपवर्ती क्षेत्र सम्मिलित थे।[128] अंगों की राजधानी का नाम पहले मालिनी था। कालान्तर में लोमपाद के प्रपौत्र चंपा नामक राजा के सम्मान में इसे चंपा या चंपावती कहा जाने लगा था।[129] चंपानगरी का निर्माण महागोविन्द ने कराया था।[130] बुद्ध के काल में यह एक वृहत नगर के रूप में विकसित था।[131] जैनग्रंथ उवासगदसाओ[132] के अनुसार महावीर के एक शिष्य सुधर्मन् के काल में चंपा में पुण्णभद्द चैत्य नामक एक देवस्थान था। महावीर ने चंपा में तीन बार चातुर्मास्य व्यतीत किया था।[133] चंपा में ही जैन धर्म के बारहवें तीर्थकर वासुपूज्य का जन्म एवं मृत्यु हुई थी।[134] यह जैनधर्म का एक प्रसिद्ध केन्द्र था। चंपा के किसी ब्राह्मण ने पाटलिपुत्र नरेश बिंदुसार को सुभद्रांगी नामक एक कन्या दी थी।[135] महाभारत[136] में चंपापुरी या चंपा मालिनी को एक तीर्थस्थल कहा गया है। ह्वेनसांग ने चंपा को चेन–पो कहा है। यह भागलपुर के समीप ही स्थित थी। चंपा नदी अंग और मगध के मध्य की विभाजक रेखा थी।[137] दशकुमारचरितम् के अनुसार चंपा में दुष्टों का बाहुल्य था।[138] अंगदेश में चंपा नगर के बाहर गंगा के तट पर मरीचि नाम एक महर्षि का निवास था।[139] अंग में ईरण पर्वत सम्मिलित था, जहाँ से युद्ध में भाग लेने वाले हाथी प्राप्त होते थे।[140] रामायण के अनुसार सीता की खोज हेतु सुग्रीव ने अपने अनुगामी वानरों को पूर्व दिशा में स्थित देशों में भेजा था, जिसमें अंग भी सम्मिलित था।[141]

अंग राज्य में लगभग 80,000 गाँव सम्मिलित थे, जो संभवतः अतिरंजित प्रतीत होता है।[142] ऋग्वेद के प्रसिद्ध ऋषि औरव अंग देश के निवासी थे।[143] अंग में एक विशिष्ट स्थानीय लिपि प्रचलित थी।[144] कपिल नामक किसी ब्राह्मण युवक ने अंग राज द्वारा अधिकृत संपत्ति का वर्णन किया है।[145] प्राचीन अंग के अन्तर्गत ऋष्यश्रृंग का तपोवन, कर्णगढ़ या कर्ण का दुर्ग, जह्नु–आश्रम और मुंगेर संम्मिलित थे।[146] महाभारत में अंग और भंग को एक ही विषय के अंतर्गत बताया गया है।[147] बुद्धकाल में अंगराज कतिपय सुविख्यात विधर्मी शिक्षकों का कार्यक्षेत्र था।[148] अंग राज्य में आपन और मड्डियनगर जैसे अनेक नगर सम्मिलित थे।[149] अंगों के अस्सपुर नामक एक अन्य नगर का उल्लेख मिलता है जहाँ पर बुद्ध गये थे।[150]

बुद्धकाल में अंग–मगध में अनेक स्नातक संस्थाएँ थी, जो राजा प्रसेनजित और बिंबिसार द्वारा प्रदत्त राजकीय भूदानों के माध्यम से चलायी जाती थी। महागोविंद सुतंत के अनुसार महागोविन्द ने इस तरह के सात विद्यालयों की स्थापना अपने काल के सात प्रमुख राज्यों में की थी जिसमें उसकी राजधानी चंपा सहित अंग भी संम्मिलित था।[151] अंग जनों में स्त्री–बच्चों के विक्रय एवं रोगियों के परित्याग की परंपरा प्रचलित थी।[152] दशरथ के अश्वमेध में अंग देश का राजा आमन्त्रित था।[153] अंग–नरेश रोमपाद के आग्रह पर अपनी पत्नी शान्ता समेत ऋष्यश्रृंग, रोमपाद के मित्र राजा दशरथ का अश्वमेध संपन्न करने हेतु अयोध्या आये थे।[154] दुर्योधन ने कर्ण को अंग का शासक नियुक्त किया था।[155] दुर्योधन के पौण्डरीक यज्ञ के अवसर पर अंग देश का उल्लेख कर्ण की दिग्विजय के सन्दर्भ में किया गया था।[156] बुद्ध के महाभिनिष्क्रमण और महावीर के कैवल्य प्राप्ति के समय सेणिय विंबिसार अंग–मगध का शासक था। मगध–नरेश भातिय के शासन काल में उसके पुत्र बिंबिसार ने अंग पर उसके राज्यपाल के रूप में शासन किया था।[157] संपूर्ण जैन विवरणों में कुणिक अजातशत्रु को अंग का राजा कहा गया है जबकि तथ्यों के अनुसार वह केवल अंग का राज्यपाल था, जो मगध का एक भाग था।[158]

कालांतर में अंग को मगध में समाहित कर लिया गया था। चंपेय जातक में अंग और मगध नामक दो पड़ोसी राज्यों के संघर्ष का वर्णन है।[159] विनय महावग्ग से ज्ञात होता है कि अंग बिंबिसार के अधिकार में था।[160] पालि बौद्ध साहित्य से हमें अंगों के धार्मिक जीवन के बारे में कुछ जानकारी प्राप्त होती है।[161] अंग की राजधानी चंपा के भिक्षु विनय के नियमों के प्रतिकूल आचरण करते थे।[162] अंग एवं मगध के निवासियों ने गया क्षेत्र के जटिलों द्वारा उरूवेल कस्सप के नेतृत्व में संपन्न किये जाने वाले वार्षिक यज्ञों में गहन रुचि प्रदर्शित की थी।[163]

कर्णाट

कर्णाट राज्य का उल्लेख विजयसेन (1096–1159 ई0) के देवापाढ़ा प्रस्तर अभिलेख[164] में किया गया है। अभिलेख में उल्लिखित सूचना के अनुसार राजा सांमतसेन ने कर्णाट के लुटेरों को पराजित कर खदेड़ दिया था।[165]

कर्णाट देश का उल्लेख मुख्य रूप से तमिल अभिजात ग्रंथों में प्राप्त होता है।[166] भागवत पुराण में भी कर्णाट का उल्लेख प्राप्त होता है।[167] इसे एक विशाल देश कहा जाता था। यहाँ के लोग कन्नड़ भाषा बोलते थे। कर्णाट नरेश नाममात्र के लिए विजयनगर की अधीनता स्वीकार करते थे।[168]

उत्तर भारत के ब्राह्मणों को दक्षिण में तुर्कों तथा कर्णाट देशों में जाने से मना किया जाता था।[169] पार्जिटर ने काल्डवेल की द्रविड़ भाषा व्याकरण के आधार पर कर्णाट नाम को द्रविड़ भाषा के दो शब्दों से निर्मित बताया है जिसका तात्पर्य काला देश होता है।[170] महाभारत और भागवत पुराण में कर्णाट को कर्णाटक नाम से उल्लिखित किया गया है। मार्कण्डेय पुराण एवं वृहत्संहिता में भी कर्णाट का वर्णन प्राप्त होता है। कर्णाट के विषय में ऐतिहासिक साक्ष्य 327 ई0 पू0 के उपरान्त सिकन्दर के आक्रमण के समय से प्राप्त होते हैं। तत्पश्चात लगभग द्वितीय शताब्दी ई0 तक कर्णाट पर सातवाहनों का अधिकार रहा था। उनके पश्चात संपूर्ण कर्णाट कई भागों में विभाजित हो गया जिसमें उत्तर–पूर्वी भाग पर पल्लवों तथा उत्तर–पश्चिमी भाग पर कदम्बों ने शासन किया। कर्णाट के कुछ भागों पर दूसरी शताब्दी ई0 के अन्तिम काल में इक्ष्वाकुवंश के दो गंग राजाओं ने शासन किया था। इस वंश के दूसरे शासक माधव ने 497 ई0 में कर्णाट के अन्य भागों पर भी अधिकार कर लिया। इसके सातवें शासक दुर्विनीत ने पल्लव राजाओं से कर्णाट के कुछ भाग छीन लिये तथा आठवें शासक श्रीपुरूष ने पल्लवों को हराकर उत्तर–पूर्वी कर्णाट को अपने अधीन कर लिया। चालुक्य नरेश पुलकेशिन–II के काल (लगभग सातवीं शताब्दी ई0 के प्रथम भाग) में कर्णाट का विस्तार बादामी तक हो गया था। कश्मीर नरेश ललितादित्य मुक्तापीड के मध्य भारत पर आक्रमण के समय कर्णाट पर महारानी रट्टा का शासन था।[171] आठवीं शताब्दी ई0 में राष्ट्रकूट शासक ध्रुव या धारावर्ष ने पल्लवों द्वारा शासित कर्णाट क्षेत्र से कर वसूल किया था। 1004 ई0 में चोलशासक राजेन्द्र चोल ने कर्णाट के दक्षिण–पूर्वी भाग पर अधिकार कर लिया था।[172] 973–997 ई0 तक कर्णाट पर चालुक्य तैल–II का अधिकार रहा था। 1008–14 ई0 तक दक्षिण के सोमवंशी शासकों ने इसे अपने अधीन रखा था। 1126–48 ई0 तक उत्तर कालीन चालुक्य सम्राट सोमेश्वर–II ने इस पर शासन किया। बारहवीं–तेरहवीं शताब्दी में कर्णाट के विक्षिप्त भागों पर होयसलों एवं यादवों ने शासन स्थापित कर लिया। इस काल के अभिलेखों में कर्णाट को कर्णाटक कहा जाने लगा था।[173]

प्राचीन कर्णाट क्षेत्र संभवतः मैसूर के आस–पास रामनद से लेकर श्रीरंगपट्टम तक विस्तृत था।

कण्टकवर्तनि प्रदेश

इस प्रान्त का उल्लेख अनन्तवर्मन् चोडगंग के विशाखापत्तनम् ताम्रपत्र अभिलेख[174] (1118 ई0) में किया गया है। अभिलेख से प्राप्त सूचना के अनुसार वीरसिंह ने अपने विभिन्न पुत्रों

को अलग–अलग प्रांतों का अधिपति नियुक्त किया था। इसी क्रम में उसने अपने एक पुत्र वज्रहस्त को कण्टकवर्तनि प्रदेश का शासन सौंपा। इस प्रकार अपने पुत्रों को विभिन्न क्षेत्रों का शासक बनाकर उसने लगभग 36 वर्षों तक कलिंग से शासन किया था।[175] उपयुक्त साक्ष्यों के अभाव में कण्टकवर्तनि–प्रदेश का उचित अभिज्ञान स्पष्ट नहीं किया जा सका है। डी.सी. सरकार भी इस प्रदेश की पहचान स्पष्ट नहीं कर सके हैं।[176]

कलिंग

इस प्रान्त का उल्लेख लक्ष्मणसेन (1179–1206 ई0) के माधाई नगर ताम्रपत्र अभिलेख[177] में किया गया है। अभिलेख से प्राप्त सूचना के अनुसार राजा लक्ष्मण सेन ने गौड़ों की राजधानी को घेरकर कलिंग पर आक्रमण किया था।[178]

कलिंग का वर्णन पाणिनि की अष्टाध्यायी[179] तथा पतंजलि के महाभाष्य[180] में प्राप्त होता है। गुणार्णव के पुत्र देवेन्द्रवर्मन के त्रिकलिंग अभिलेख (गंगसंवत् 192) में भी इसका उल्लेख मिलता है।[181] अनंतवर्मन् के गंगसंवत् 358 के तेक्कलि अभिपत्रों[182] तथा गंग देवेन्द्रवर्मन् के इंडियन म्युजियम प्रस्तर अभिपत्रों[183] में कलिंग का उल्लेख किया गया है। रैंडल के अनुसार कलिंग नरेश, राजा लक्ष्मणसेन को प्रत्येक प्रतिपदा तिथि को स्त्रियों के रूप में कर देता था।[184] राजा लक्ष्मणसेन के देवपाढ़ा प्रस्तर अभिलेख के अनुसार विजयसेन ने गौड़, कामरूप और कलिंग के राजाओं को पराजित किया था।[185] कल्चुरि कर्ण (1100–10 ई0) के रत्नगिरि ताम्रपत्र अभिलेख के अनुसार जनमेजय का पुत्र और उत्तराधिकारी पुरन्ज गौड़, डाहल, वंग और कलिंग राजाओं से भयग्रस्त था।[186] अनंतवर्मन् चोडगंग के विशाखापत्तनम ताम्रपत्र अभिलख[187] (1118 ई0) में वीरसिंह के पुत्रों द्वारा कलिंग पर अधिकार प्राप्त करने का उल्लेख मिलता है। भोज (836–85 ई0) के ग्वालियर प्रस्तर अभिलेख[188] के अनुसार नागभट्ट–II ने आन्ध्र, सिन्धु, विदर्भ और कलिंग के शासकों को अपने अधीन कर लिया था।[189] कलिंग के प्रथम शिलालेख के आधार पर कलिंग एक राज कुमार द्वारा प्रशासित था जिसका मुख्यालय तोसलि या तोसल अथवा समापा था।[190] हाथीगुम्फा अभिलेख से ज्ञात होता है कि कलिंग नरेश खारवेल, अंग–मगध से अपना सिंहासन वापस लाया था।[191] उसने मगध के शासक बहसति मित्र को अपनी अधीनता स्वीकार करने के लिये बाध्य किया था। खारवेल ने झंझावातों से ध्वस्त कलिंग नगर की इमारतों, दीवारों और फाटकों का जीर्णोद्धार कराया, इसिताल नामक जलाशय के बाँधों को ऊँचा कराया तथा विनष्ट उद्यानों आदि का पुनरूद्धार कराया था। उसके निजी अभिलेख में राजा खारवेल को कलिंगाधिपति तथा उसकी मुख्य रानी के अभिलेख में उसे 'कलिंग चक्कवती' कहा गया है। हाथीगुम्फा अभिलेख से ज्ञात होता है कि उसके शासन काल में कलिंग की राजधानी कलिंगनगरी थी जो निश्चय ही गंजाम जिले में वंशधरा के तट पर स्थित मुखलिंगम और उसके निकटवर्ती अवशेषों से समीकृत की गयी है। खारवेल के शासनकाल में कलिंग की वास्तविक राजधानी के रूप में 'खिबीर' का उल्लेख मिलता है।[192] हस्तिवर्मन् के नरसिंहपल्ली तथा इन्द्रवर्मन् के

सांतबोम्मालि अभिपत्रों के अनुसार कलिंगनगर को शिकाकोल के समीप मुखलिंगम अथवा वंशधरा नदी के मुहाने पर स्थित वर्तमान कलिंगपट्म से समीकृत किया जाता है।[193] कतिपय विद्वानों के मतानुसार मुखलिंगम एक तीर्थस्थल है जो गंजाम जिले में परलकिमेडि से 20 मील दूर स्थित है।[194] फ्लीट ने इसे कलिंगपट्म से समीकृत किया है।[195] कलिंग पूर्वी समुद्र तट पर महानदी और गोदावरी नदियों के मध्य स्थित एक प्रसिद्ध देश था।[196] लांगुलिया नदी के निकट स्थित पिथुदक, पिथुडग अथवा पिथुण्ड कलिंग राज्य के अन्तर्गत समुद्रतट पर स्थित था। प्राचीन कलिंग राज्य में वर्तमान उड़ीसा के अन्तर्गत वैतरणी के दक्षिण में स्थित, और विजगापट्टम तक के समुद्रतटीय क्षेत्र संभवतः सम्मिलित थे।[197] अमरकंटक पर्वतमाला पश्चिमी भाग के रूप में कलिंग में सम्मिलित थी।[198] सुदाव से प्राप्त दो पूर्वी गंग दान–ताम्रपत्रों[199] में कलिंगनगर का उल्लेख करते हुये कामरूप को प्राचीन कलिंग में स्थित बताया गया है। मत्स्यपुराण में जलेश्वर का वर्णन है जो कलिंग की अमरकंटक पहाड़ी पर स्थित एक तीर्थ है।[200] भागवतपुराण में इसका और इसके निवासियों का वर्णन मिलता है।[201] वृहत्संहिता में भी इसका उल्लेख प्राप्त होता है।[202] कलिंग स्वतः एक भौगालिक इकाई था तथा प्राचीन काल से ही इसका संचालन पृथक शासकों द्वारा होता था। कलिंग की एक राजधानी दंतपुरनगर थी।[203] इसके अतिरिक्त गंजाम जिले में कलिंग की अन्य राजधानियाँ स्थित थी।[204]

महाशिवगुप्त ययाति के सोनपुर दानपत्र में गौड़नरेश लक्ष्मणसेन द्वारा शासित कलिंग, कंगोद, उत्कल और कोसल का उल्लेख प्राप्त होता है।[205] सातवीं शदी ई0 के एहोल अभिलेख से ज्ञात होता है कि चालुक्य शासक पुलकेशिन–II ने कलिंग को पराजित कर पिष्टपुर के दुर्ग को अपने अधीन कर लिया था।[206] एक नेपाली अभिलेख में हर्ष को ओड्र, गौड़, और अन्य देशों के साथ कलिंग का शासक कहा गया है।[207] कल्चुरि शासक कर्ण की रानी अल्हणदेवी के भेड़ाघाट अभिलेख में भी कलिंग का वर्णन प्राप्त होता है जिसके अनुसार लक्ष्मीकर्ण की वीरता के सम्मुख वंग और कलिंग काँपते थे। कलिंग के प्राचीन गंग शासकों में हस्तिवर्मन्[209] इन्द्रवर्मन्[210], देवेन्द्रवर्मन्[211] आदि स्वयं को कलिंगेश्वर कहते थे। इन्होंने कलिंग नगर के अपने जयस्कंधावार से अपने दानपत्र जारी किये थे।[212]

पाँचवीं शती ई0 के लगभग माठरवंशी किसी कलिंग नरेश वाशिष्ठीपुत्र शक्तिवर्मन् का एक अभिलेख प्राप्त हुआ है जिसमें उसने पिष्ठपुर या पिठपुरम से कलिंग विषय में स्थित राकलुव नामक एक ग्राम के दान का उल्लेख किया है।[213] पाँचवी शती ई0 के ही प्रसिद्ध कोमार्टी दानपत्र में चन्द्रवर्मन् नामक श्री महाराज को कलिंगाधिपति कहा गया है।[214] संभवतः कलिंग नरेश उमावर्मन् और विशाखवर्मन् इसी वंश से संबंधित थे। पूर्वी चालुक्य शासक भीम–I के एक दानपत्र में कलिंग में स्थित देवराष्ट्र प्रान्त के एलमन्चि नामक ग्राम का उल्लेख है।[215] रत्नदेव–III के खरोद अभिलेख से ज्ञात होता है कि कोकल्ल का कनिष्ठ पुत्र कलिंग का शासक था।[216]

खरोद अभिलेख में उल्लेख मिलता है कि कलिंगराज तुम्माण भी का स्वामी बन गया। इस तुम्माण की पहचान कतिपय विद्वानों ने बिलासपुर जिले में तुमान से की है।[217]

अमोद अभिपत्रों से ज्ञात होता है कि कलिंग नरेश ने उत्कल नरेश को पराजित कर गांगेयदेव के राजकोष को समृद्ध किया था।[218] एलोरा अभिलेख के 23वें श्लोक तथा इन्द्र–III के बेगुम्रा अभिपत्रों के अनुसार दंतिदुर्ग ने काँची, कोशल, मालवा, लाट आदि देशों के साथ ही कलिंग के शासक को भी पराजित किया था।[219] गोविन्द–III ने नर्मदा नदी तक अभियान कर कलिंग तथा मालवा, कोशल, वेंगी, डाहल और ओड्र आदि देशों को विजित कर लिया था।[220]

प्रसिद्ध चीनी यात्री सातवीं शती ई0 में कलिंग आया था। उसके अनुसार इस देश की परिधि 5000 ली थी। यहाँ विशाल जनसंख्या निवास करती थी। जलवायु गर्म थी। कृर्षि में प्रचुरता से अन्न तथा फल–फूल उत्पन्न किये जाते थे। जंगलों की भी यहाँ बहुतायत थी। कलिंग के निवासी उग्र एवं प्रचंड तथा अधिकांशतः असभ्य थे। ह्वेनसांग के अनुसार यहां पर कतिपय संघाराम एवं देवमंदिर भी निर्मित थे।[221] महावस्तु के अनुसार महात्मा बुद्ध के अविर्भाव के युगों पूर्व से ही स्थित दंतपुर कलिंग की राजधानी थी।[222] दंतपुर में संभवतः कृष्ण ने कलिंगों का विनाश किया था।[223] प्लिनी द्वारा उल्लिखित कलिंगों की राजधानी दंदगुल या दंदगुड थी। इससे प्रकट होता है कि उसका मूल स्वरूप दंतपुर न होकर दंतकुर था।[224] कौटिल्य के अनुसार अंग एवं कलिंग के हाथी श्रेष्ठ होते थे।[225] दशकुमार चरितम में मंत्रगुप्त के कलिंग जाने का वर्णन है। कलिंगनगर से कुछ ही दूर स्थित एक श्मशान के निकट एक घने जंगल में किसी पहाड़ी पर वह बैठा था। यहीं पर कलिंग नरेश की पुत्री कनकलेखा भी बुलवायी गयी थी।[226] आन्ध्र की राजधानी से आने वाले एक ब्राह्मण ने कनकलेखा के पिता कलिंग नरेश कर्दन के विषय में एक कथा सुनायी थी।[227] कालिदास ने कलिंग नरेश को महेंद्राधिपति भी कहा है।[228] कालिदास के अनुसार कलिंग का विस्तार गोदावरी तक था। कलिंग युद्ध में हुए भयंकर नरसंहार को देखकर अशोक ने बौद्ध धर्म स्वीकार कर लिया तथा युद्ध विजय के स्थान पर धम्मविजय की घोषणा की थी।

कश्मीर

इस राज्य का उल्लेख यशोवर्मन् (725–53 ई0) के नालंदा प्रस्तर अभिलेख[229] तथा विनायक पाल कालीन धंग के खजुराहों प्रस्तर अभिलेख[230] (954 ई0) में किया गया है। प्रथम अभिलेख के अनुसार यशोवर्मन् को कश्मीर नरेश ललितादित्य मुक्तापीड से पराजय का सामना करना पड़ा था।[231] धंग के खजुराहों अभिलेख से ज्ञात होता है कि यशोवर्मन् ने कश्मीर, गौड़, कोसल आदि के विरुद्ध सैनिक सफलता प्राप्त की थी।[232]

वभिन्न भारतीय साहित्यिक स्रोतों से हमें कश्मीर के विषय में पर्याप्त जानकारी मिलती है। पाणिनि[233] तथा पंतजलि[234] ने कश्मीर का उल्लेख किया है। कश्मीर का वर्णन

योगिनीतंत्र[235] में भी प्राप्त होता है। एक देश के रूप में इसका उल्लेख वृहत्संहिता[236] में किया गया है। कश्मीर का उल्लेख भूगोलवेत्ता टॉलेमी ने कस्पेरिया नाम से किया है जिसका वर्णन वीरपुरूषदत्त के नागार्जुनीकोण्ड अभिलेखों में किया गया है।[237] दिव्यावदान[238] में इसे एक रमणीक क्षेत्र के रूप में उल्लिखित किया गया है। अवदानशतक[239] तथा बोधिसत्वादान कल्पलता[240] के अन्तर्गत कश्मीर को केवल नागों द्वारा निवसित कहा गया है। स्रग्धरास्तोत्रम् का प्रतिपादन करने वाला कश्मीर निवासी एक बौद्ध भिक्षु था। मध्यन्तिक नामक किसी भिक्षु को उसके आध्यात्मिक गुरू आनंद द्वारा कश्मीर में धर्म प्रचार हेतु भेजा गया था।[241] कौटिल्य कृत अर्थशास्त्र के अनुसार कश्मीर से हीरा (वज्र) प्राप्त किया जाता था।[242]

इस राज्य का विस्तार 7,000 ली था तथा चारों ओर से यह उच्च पर्वतों से घिरा हुआ था। इसकी राजधानी की पश्चिमी सीमा पर वितस्ता नदी प्रवाहित होती थी। यहाँ की भूमि अत्यंत उर्वर थी जिसके कारण यहाँ खाद्यानों फल एवं पुष्पों की प्रचुरता के साथ–साथ बहुमूल्य जड़ी–बूटियाँ प्राप्त होती थी। इसकी जलवायु शीतल एवं शुष्क थी। यहाँ के निवासी सुन्दर तथा विद्यानुरागी होते थे। नागरिकों में नास्तिक और आस्तिक दोनों ही थे। यहाँ स्तूपों एवं संघारामों के भी साक्ष्य मिलते है।[243] छठी शताब्दी ई0 पू0 में कश्मीर गंधार जनपद के अन्तर्गत सम्मिलित था। तृतीय बौद्ध संगति के उपरांत मोग्गलिपुत्ततिस्स बौद्ध धर्म के प्रचारार्थ कश्मीर गये थे। सम्राट अशोक के समय कश्मीर मौर्य साम्राज्य का अंग था।[244]

कश्मीर हिन्दु धर्म का एक प्रमुख केन्द्र था। यहाँ के अनेक मंदिरों में मार्तण्ड एवं पायेच, उल्लेखनीय हैं। मार्तण्ड को सूर्य मंदिर भी कहा जाता है। यह पाकिस्तान के इस्लामाबाद से लगभग 3 मील पूर्व में कश्मीर के अत्यंत रमणीक स्थल में एक ढाल पर स्थित है। इस विशाल एवं प्रसिद्ध मंदिर का निर्माण आठवीं शती ई0 में कश्मीर के शासक ललितादित्य ने कराया था। पायेच का मंदिर नौनाग्रि करेवा के नीचे, श्रीनगर से 19 मील दूर तथा झेलम नदी के बाँयें तट पर लगभग छः मील दूर स्थित है। यह मंदिर अपनी सहज भव्यता एवं निर्माण की दृष्टि से कश्मीर का सर्वश्रेष्ठ मंदिर है। कश्मीर शैव मत के एक पृथक् संप्रदाय का केन्द्र था जिसका दर्शन शंकर द्वारा प्रतिपादित अद्वैत दर्शन के समतुल्य था।[245] कश्मीर मुख्य रूप से पंजाब प्रान्त के उत्तर में स्थित है।

कामरूप

कामरूप का उल्लेख श्रीचन्द्र (925 – 75 ई0) के पश्चिमभाग ताम्रपत्र अभिलेख[246] में हुआ है। अभिलेख से प्राप्त सूचना के अनुसार राजा श्रीचन्द्र की सेना ने उत्तरापथ को अपने अधीन कर कामरूप पर आक्रमण किया जो लौहित्य नदी घाटी में स्थित था।[247]

कामरूप का अधिकांश भाग मैदानी है जिसके निचले क्षेत्रों में लौहित्य नदी (ब्रह्मपुत्र) पूर्व से पश्चिम की ओर सतत् प्रवाहमान है। नदी के दक्षिण की ओर यह मैदानी क्षेत्र पहाड़ियों द्वारा कई भागों में विखंडित हो जाता है।[248] कामरूप राज्य उत्तर में भूटान, पूर्व

में दरंग और नवगॉव जनपदों से, दक्षिण में खासी पहाड़ियों और पश्चिम में गोलपारा से घिरा है। इसमें मंणिपुर, जैन्तिया, कछार, पश्चिमी असम क्षेत्र और मैमन सिंह (बांग्लादेश) तथा सिलहट (बांग्लादेश) के कतिपय भू–भाग सम्मिलित थे।[249] इसके वर्तमान जनपदों का विस्तार गोलपारा से लेकर गौहाटी तक था।[250] कामरूप के प्राचीन राज्य का विस्तार सामान्यतः वर्तमान असम राज्य की तुलना में अधिक था और पश्चिम में करतोया नदी तक फैला हुआ था। योगिनीतंत्र के अनुसार कामरूप राज्य के अन्तर्गत रंगपुर (बांग्लादेश) और कूचबिहार सहित समस्त ब्रह्मपुत्र घाटी क्षेत्र सम्मिलित था।[251] कामरूप राज्य की परिधि 10,000 ली तथा इसकी राजधानी का विस्तार 30 ली था।[252]

इलाहाबाद स्तंभलेख में कामरूप का उल्लेख समतट (बंगाल का समुद्रतट), डवाक (आसाम में स्थित डबोक), नेपाल तथा कर्तपुर (कुमायूं में स्थित कतुरिया राज्य) के साथ समुद्रगुप्त के सामाज्य के सीमान्त राज्यों की कोटि में किया गया है।[253] प्रशस्ति से ज्ञात होता है कि कामरूप नरेश समुद्रगुप्त की अधीनता स्वीकार कर उसे कर दिया करता था।[254] अपसद अभिलेख में कामरूप के शासक सुस्थितवर्मन् का उल्लेख मिलता है जिसे उत्तरगुप्त शासक महासेन गुप्त ने ब्रह्मपुत्र नदी के तट पर पराजित किया था और जिसके कारण उसका यशगान नदी के दोनों तटों पर होता था।[255] कामरूप की राजधानी प्राग्ज्योतिषपुर थी।[256]

प्राग्ज्योतिष को कामरूप का मुख्य नगर कहा जाता था। हेमचन्द्र के अनुसार प्राग्ज्योतिष कामरूप का ही एक अन्य नाम था।[257] प्राग्ज्योतिष का अर्थ उस नगरी से लगाया जाता है जो पहले (प्राक) ज्योतिष का मुख्य केन्द्र थी। शाकद्वीपी ब्राह्मणों के कामरूप में जाकर बस जाने से उसका नामकरण प्राग्ज्योतिष हो गया। कालिकापुराण[258] में प्राग्ज्योतिष को नरक के अधीन एक सुन्दर नगर बताया गया है। विदेह–नरेश इसे इन्द्र के सौध या सदन (अलकापुरी) के सदृश मानता था।[259] रामायण और महाभारत दोनों में ही इसका उल्लेख किया गया है। महाभारत में प्राग्ज्योतिष की सीमा पर किरात एवं चीन देश को स्थित कहा गया है।[260] यहाँ के राजा भगदत्त ने महाभारत के युद्ध में भाग लिया था तथा उसकी सेना में चीनी सैनिक भी सम्मिलित थे।[261] वराहमिहिर ने प्राग्ज्योतिष की गणना पूर्वी देशों की श्रेणी में की है।[262] राजशेखर की काव्यमीमांसा के अनुसार ताम्रलिप्ति, पुण्ड्र तथा प्राग्ज्योतिष पूर्व के देशों की श्रेणी में आते थे।[263]

योगिनीतंत्र[264] में प्राग्ज्योतिष का वर्णन मिलता है। इसमें कामरूप देश (उत्तर बंगाल) और संभवतः उत्तर–बिहार का एक वृहद् भाग सम्मिलित प्रतीत होता है। वैद्यदेव के कमौली दानपत्र के आधार पर ज्ञात होता है कि प्राग्ज्योतिष एक वृहत्तर प्रशासकीय मंडल था जिसमें कामरूप भी सम्मिलित था। एडवर्ड गैट का विचार है कि प्राग्ज्योतिष आधुनिक गौहाटी नगर का प्रतिरूप है।[265] कतिपय विद्वानों के अनुसार प्राचीन प्राग्ज्योतिषपुर के स्थान पर ही वर्तमान गौहाटी नगर का विकास हुआ है।[266] गोहाटी दानपत्र के अनुसार प्राग्ज्योतिष के शासक इन्द्रपाल को महाराज की उपाधि प्रदान की गयी थी।[267] राजा लक्ष्मणसेन के

इंडिया आफिस अभिपत्र के अनुसार लक्ष्मणसेन की पगधूलि लेकर प्राग्ज्योतिष के शासक ने कतिपय अभिचार कृत्यों का संपादन किया था।[268] दोनों ही महाकाव्यों में इसे एक विख्यात नगर बताया गया है। रत्नपाल के बड़ागाँव दानपत्र के अनुसार प्राग्ज्योतिषपुर ब्रह्मपुत्र (लौहित्य) नदी द्वारा सुशोभित एक अभेद्य नगर था।[269] महाभारत के अनुसार यह एक म्लेच्छ राज्य था।[270] इसी ग्रंथ में अन्यत्र इसे एक असुर राज्य के रूप में वर्णित किया गया है।[271] हर्षचरित के अनुसार प्राग्ज्योतिष के राजकुमार ने हर्ष के पास भाष्करद्युति नामक एक दूत भेजा था।[272] कालिकापुराण[273] में प्राग्ज्योतिष की राजधानी को कामाख्या या गौहाटी से समीकृत किया गया है।[274] यह नगर कामाख्या देवी के मंदिर के लिये प्रसिद्ध तथा शाक्त संप्रदाय की श्रद्धा का केन्द्र था।

इस नगर का उल्लेख वनमालवर्मन् (835 – 60 ई0) के पर्वतीया ताम्रपत्र अभिलेख[275] तथा नारायणपाल (855–910 ई0) के भागलपुर ताम्रपत्र अभिलेख[276] में हुआ है। प्रथम अभिलेख से प्राप्त सूचना के अनुसार भगदत्त ने एक अभियान में प्राग्ज्योतिष पर अधिकार कर लिया था तथा उसका भाई भाग कर जंगल चला गया।[277] नारायणपाल के भागलपुर ताम्रपत्र के अनुसार देवपाल के शासनकाल में वाक्पाल के पुत्र जयपाल ने प्राग्ज्योतिष पर अधिकार कर लिया था।[278] विभिन्न अन्य अभिलेखों में भी प्राग्ज्योतिष का वर्णन किया गया है।

ह्वेनसांग और कामरूप नरेश भास्करवर्मन् के बीच हुए संवाद के अनुसार इस नगर में एक चीनी गीत लोकप्रिय था।[279] वैद्यदेव को कामरूप का शासक बताया जाता है।[280] उसके कमौली दानपत्र में प्रदत्त ग्राम को कामरूप मंडल एवं प्राग्ज्योतिष भुक्ति में स्थित कहा गया है।[281] ग्यारहवीं शती ई0 के सिलिमपुर अभिलेख से ज्ञात होता है कि कामरूप नरेश जयपाल ने वरेंद्री के किसी ब्राह्मण को स्वर्णमुद्राएँ प्रदान की थी।[282] देवपाढ़ा एवं माधाईनगर से प्राप्त ताम्रपत्रों के अनुसार विजयसेन एवं लक्ष्मणसेन ने कामरूप को विजित किया था। भोजवर्मन् के बेलाव ताम्रपत्र के अनुसार राजा वज्रवर्मन् ने कामरूप–नरेश को शक्तिहीन कर दिया था।[283] राजा लक्ष्मणसेन के इंडिया–आफिस अभिपत्रों में कामरूप का उल्लेख कलिंग, काली आदि के साथ किया गया है।[284] कामरूप को प्राग्ज्योतिष नाम से भी जाना जाता है। हेमचन्द्र कृत अभिधानचिन्तामणि[285] में कामरूप का द्वितीय नाम प्राग्ज्योतिष बताया गया है। किन्तु कालिदास के अनुसार कामरूप और प्राग्ज्योतिष दो पृथक राष्ट्र थे।[286]

बांग्लादेश के सिलहट जिले के पंचखंड परगने के अन्तर्गत् निधानपुर (भाष्करवर्मन् के निधानपुर दानपत्र को नाधनपुर दानपत्र भी कहते हैं) नामक गाँव से 1912 में तीन ताम्रपत्र प्राप्त हुए थे।[287] ये अभिपत्र कामरूप के शासक भास्करवर्मन् द्वारा उसके कर्णसुवर्ण स्थित विजयशिविर से ब्राह्मणों को प्रदत्त भूमिदान के अंश है।[288] प्रसिद्ध चीनी यात्री ह्वेनसांग के अनुसार कामरूप को चीनी लोग किया–मो–लिउ–पो कहते थे। यह पुण्ड्रवर्धन के पूर्व में 900 ली (150 मील) आगे स्थित था। यह एक नम जलवायु का क्षेत्र था जहाँ फसलें बहुतायत से होती थी। यहाँ के निवासी ईमानदार तथा विद्यानुरागी होते थे। वे कद में छोटे तथा

साँवले रंग के थे। कामरूप के निवासियों का बौद्धधर्म में अनुराग नहीं था। ह्वेनसांग को यहाँ अशोककालीन कोई भी स्मारक प्राप्त नहीं हुआ था। कतिपय विद्वानों की धारणा है कि कुछ कालों तक महायान बौद्धधर्म का एक अति विकृत रूप कामरूप में प्रचलित था।[289] यहाँ पर अनेकों देवमंदिर तथा विभिन्न मतों के समर्थक निवास करते थे। यहाँ का शासक बौद्ध न होते हुए भी बौद्ध भिक्षुओं का उचित सम्मान करता था।

संभवतः उत्तर–पूर्व में कामरूप न केवल स्वतंत्र था वरन् अशोक के धर्म प्रचार की परिधि से बाहर भी बना रहा।[290] एक लम्बे समय तक यहाँ ब्राह्मणों का वर्चस्व बना रहा। यद्यपि कामरूप गुप्तवंशीय सम्राटों को कर देता था तथापि अपने आंतरिक प्रशासन में यह स्वतंत्र था। हर्षकालीन कामरूप शासक भास्करवर्मन् उसका मित्र और सहयोगी था। पालवंशीय शासक धर्मपाल के पुत्र एवं उत्तराधिकारी देवपाल द्वारा कामरूप को जीतने का उल्लेख प्राप्त होता है। रामचरित् के अनुसार रामपाल ने भी इस पर विजय प्राप्त की थी। कुछ पाल शासकों के शासन काल में कामरूप उनके साम्राज्य में सम्मिलित था। चन्द्रनरेश बालचन्द्र के पुत्र विमलचन्द्र ने कामरूप पर शासन किया था। कामरूप पर बार–बार गौड़ शासकों ने अपना अधिकार स्थापित किया था। तेरहवीं शती ई0 के प्रारंम्भ में कामरूप अहोम शासक के अधीन हो गया था।[291] ह्वेनसांग के अनुसार कामरूप के पूर्व में स्थित पर्वतमालाओं को पार करना दुष्कर था। इनमें विच्छू और सर्पों आदि का भय बना रहता था। कामरूप के दक्षिण–पूर्वी भाग में हाथी बहुतायत से पाये जाते थे जो युद्ध आदि के लिये अति लाभप्रद थे।[292]

काशी

इस प्रान्त का उल्लेख लक्ष्मणसेन (1179–1206 ई0) के माधाई नगर ताम्रपत्र अभिलेख[293] में हुआ है। अभिलेख से प्राप्त सूचना के अनुसार राजा लक्ष्मणसेन ने काशी के शासक को पराजित किया था।[294]

भारतदेश के अत्यंत पवित्र तीर्थ स्थल के रूप में काशी प्राचीन काल से ही प्रसिद्ध है।[295] अंगुत्तर निकाय के अन्तर्गत वर्णित बुद्धकालीन सोलह महाजनपदों में काशी भी सम्मिलित था।[296] पाणिनिकृत अष्टाध्यायी[297] तथा पंतजलि के महाभाष्य[298] में भी काशी का उल्लेख प्राप्त होता है। स्कन्दपुराण[299] तथा योगिनीतंत्र[300] में काशी का उल्लेख एक पुण्य नगर के रूप में किया गया है। एक नगर के रूप में इसका उल्लेख भागवत पुराण[301] में भी प्राप्त होता है। प्राचीन काशी राज्य के एक महत्वपूर्ण नगर वाराणसी का उल्लेख ल्यूडर्स की तालिका[302] में प्राप्त होता है। जैन ग्रंथ उवासगदसाओ में इसे जियसत्तु के राज्य में सम्मिलित तथा कम्पिल्लपुर, पलासपुर एवं आलमी की भाँति एक महत्वपूर्ण नगर बताया गया है। विभिन्न कालों में यह सुरून्धन, सुदस्सन, ब्रह्मवढ्ढन, पप्फवती, रम्म एवं मोलिनी नामों से प्रसिद्ध था।[304] गोविन्दचन्द्र के कमौली दानपत्र में काशी का उल्लेख एक पुण्य नगर

के रूप में किया गया है।[305] मार्कण्डेय पुराण[306] के अनुसार राजा हरिश्चन्द्र, रानी शैव्या एवं अपने पुत्र के साथ यहाँ आये थे।

काशी जनपद के उत्तर में कोसल, पूर्व मे मगध तथा पश्चिम में वत्स के मध्य स्थित था।[307] यह एक अत्यंत संपन्न जनपद था।[308] विभिन्न वैदिक साहित्य एवं पुराणों में काशी का उल्लेख अनेक बार किया है।[309] महाभारत[310] में भी इस राज्य का वर्णन प्राप्त होता है। महाभारत के उद्योग पर्व में काशी–नरेश दिवोदास के पुत्र प्रतर्दन का उल्लेख प्राप्त होता है। हरिवंश पुराण में काशी–नरेश दिवोदास के जीवन चरित्र का एक अन्य विवरण प्राप्त होता है।[311] महाभारत तथा पुराणों के अन्तर्गत काशी के विभिन्न राजाओं से संबंधित कहानियों का उल्लेख किया गया है।[312] महाभारत के उद्योगपर्व से प्राप्त एक उल्लेख के अनुसार कृष्ण ने कई बार काशी को जलाया था। जैन अनुश्रुतियों के अनुसार तीर्थंकर पार्श्वनाथ का जन्म काशी राज्य में ही हुआ था।[313] काशी जैन धर्म के प्रवर्तक महावीर स्वामी और उनके शिष्यों से भी संबंधित थी।[314] हिन्दू और जैन साहित्य में वर्णित काशी के विषय में बौद्ध साहित्य मुख्यतः जातकों से विस्तृत जानकारी प्राप्त होती है।[315]

बौद्धकाल में काशी का एक राजनीतिक शक्ति के रूप में पतन हो गया तथा इसका विलय कोसल राज्य में कर लिया गया था। काशी नरेश महाकोसल ने मगध नरेश बिंबिसार के साथ अपनी पुत्री कोसलदेवी के विवाह के अवसर पर काशी ग्राम, जिसकी वार्षिक आय एक लाख मुद्रा थी, मगधराज को प्रदत्त किया था।[316] कालान्तर में मगध नरेश अजातशत्रु ने काशी राज्य को सदा के लिये मगध साम्राज्य में समाहित कर लिया।[317] काशी का प्रशासन सुदृढ़ होने के पश्चात भी यह पूर्णतः अपराध मुक्त न थी।[318] यहाँ का शासन न्यायोचित ढंग से तथा विधि पूर्वक किया जाता था तथा मंत्रिगण कर्तव्यनिष्ठ और ईमानदार थे। यहाँ के शासक अपनी कमियों के प्रति सदैव सजग रहते थे।[319] कोसल नरेश प्रसेनजित ने अपने सगे भाई को काशी का शासक नियुक्त किया था।[320] महागोविन्द–सुत्त के अनुसार धृतराष्ट्र (धतरट्ठ) काशी का प्रथम शासक था। जातकों में काशी के अनेक शासकों का उल्लेख प्राप्त होता है।[321] काशी के राम नामक किसी राजा का उल्लेख मिलता है, जो कुष्ठरोग से ग्रसित था।[322] यह कोलिय जाति का आदि पुरूष था।

काशी जनपद की राजधानी वाराणसी थी जिसकी गणना बुद्धकालीन भारत के छह प्रसिद्ध महानगरों में की जाती थी। गुत्तिल जातक में इसे संपूर्ण जंबुद्वीप का सर्वश्रेष्ठ नगर कहा गया है। बुद्धकाल में काशी जनपद और उसकी राजधानी वाराणसी सुन्दर और बहुमूल्य वस्त्रों हेतु प्रसिद्ध थे। संयुक्त–निकाय के वत्थसुत्त के अनुसार सभी बने हुये वस्त्रों में काशी का बना वस्त्र श्रेष्ठ होता है।[323] महायदान–सुत्त में किसी उपमा का प्रयोग करते हुए भगवान के काशी में निर्मित सुन्दर बस्त्र का उल्लेख किया गया है।[324] बहुमूल्य वस्त्रों के अतिरिक्त काशी चन्दन हेतु भी प्रसिद्ध था। जातक[325] तथा अंगुत्तर–निकाय[326] में 'कासि विलेपन' और 'कासि चन्दन' का उल्लेख मिलता है।

काशी जनपद के एक वासमग्राम नामक गाँव का उल्लेख मिलता है जहाँ कश्यपगोत्रीय एक भिक्षु आश्रम बनाकर रहता था तथा वह आगन्तुक भिक्षुओं की सेवा में तल्लीन रहता था। एक बार कतिपय आगन्तुकों ने इस भिक्षु को उत्क्षेपण दण्ड दिया जिसे भगवान बुद्ध ने अनुचित बताया था।[327] महाधम्मपाल जातक मे काशी के धम्मपाल का उल्लेख प्राप्त होता है।[328] काशी एक प्रसिद्ध धार्मिक नगरी होने के साथ ही शिक्षा और व्यापार का भी प्रसिद्ध केन्द्र थी जहाँ से विभिन्न व्यापारिक मार्ग देश के अनेक भागों तक जाते थे।

कीर भुक्ति

इस भुक्ति का उल्लेख धर्मपाल (775–812 ई0) के खालीमपुर ताम्रपत्र अभिलेख[329] में हुआ है। अभिलेख में कीर का उल्लेख उन राज्यों की श्रेणी में किया गया है जिनके राजा कान्यकुब्ज (कन्नौज) के शासक चक्रायुध को मान्यता प्रदान करने के लिये पालनरेश धर्ममाल द्वारा आयोजित दरबार में सम्मिलित हुये थे। इस दरबार में कीर के अतिरिक्त मद्र, कुरू, मत्स्य, अवन्ति, यदु, यवन, गंधार आदि के शासकों ने भाग लिया था। इस अवसर पर धर्मपाल ने परमसौगत परमभट्टारक महाराजाधिराज जैसी उपाधियां धारण की थी।[330]

कीलहार्न ने कीर राज्य को पूर्वोत्तर भारत में स्थित बताया है।[331] चन्देल यशोवर्मन् के खजुराहो अभिलेख से सूचना मिलती है कि भोटराज ने कीर राज्य के शासक को बैकुण्ठ की एक प्रतिमा प्रदान की थी।[332] कर्ण के रीवां से प्राप्त शिलालेख में कीर का उल्लेख किया गया है जो बैजनाथ के निकट काँगड़ा की घाटी में स्थित था।[333] कीलहार्न के अनुसार पालनरेश धर्मपाल ने 'कीरदेश' को हराया था और कीर नरेश उसे सम्मान देने के लिए स्वयं कन्नौज की सभा में प्रस्तुत हुआ था।[334] नरवर्मन् के नागपुर म्यूजियम अभिलेख के अनुसार लक्ष्मदेव (लक्ष्मीधर) ने सरस्वती नदी के तट पर कीर प्रमुख को परास्त किया था।[335]

कुटुक्कक देश

इसका उल्लेख विष्णुगुप्तकालीन मँगराव प्रस्तर अभिलेख[336] में किया गया है। अभिलेख से प्राप्त सूचना के अनुसार अंगार ग्राम में स्थित सुभद्रेश्वर मंदिर में निरन्तर दीप प्रज्ज्वलित करने हेतु दान आदि करने वाला अविमुक्तजा नामक व्यक्ति कुटुक्कदेश का निवासी था। वह एक शैव उपासक था जिसने विभिन्न शैवतीर्थों का भ्रमण किया और अल्पकाल के लिये चुन्दस्कीलातपोवन से सम्बद्ध बाग में ठहरा था।[337]

कुटुक्क देश की पहचान करना कठिन है। अल्तेकर का विचार है कि कुटुक्क शब्द गलत उच्चारित है वरन् यह गया क्षेत्र में पहाड़ी के निकट स्थित कुक्कुटपादगिरी है।[338]चक्रवर्ती ने अपने संपादकीय लेख में कुटुक्क देश को भागवतपुराण[339] में वर्णित गडग बताया है जो धारवाड जिले में स्थित था।[340]

कुरु

इस राज्य का उल्लेख धर्मपाल (775–812 ई0) के खालीमपुर ताम्रपत्र अभिलेख[341] में हुआ है। अभिलेख से प्राप्त सूचना के अनुसार पाल शासक धर्मपाल द्वारा चक्रायुध के राज्याभिषेक के अवसर पर आयोजित दरबार में मत्स्य, कीर, पंचाल, यवन, मद्र अदि राज्यों के साथ कुरु राज्य के प्रमुख भी सम्मिलित हुए थे।[342]

कुरु का उल्लेख बुद्धकालीन जंबुद्वीप के सोलह महाजनपदों की श्रेणी में किया गया है।[343] एक उल्लेख के अनुसार कुरु नामक एक जनपद था जहां के राजा कुरू नाम से पुकारे जाते थे।[344] प्राचीन साहित्य में उत्तर एवं दक्षिण नामक दो कुरू राज्यों का उल्लेख मिलता है। महात्मा बुद्ध ने कुरूओं के प्रति कतिपय उपदेश कम्मासधम्म नामक एक कुरू नगर में दिये थे। थेर रठ्ठपाल नामक एक कुरु विद्वान भद्र का कोसल नरेश के साथ वाद–विवाद हुआ था।[345] कुरूओं की उत्पत्ति के सम्बन्ध में उल्लेख मिलता है कि मांधाता नामक एक चक्रवर्ती सम्राट ने पूर्व विदेह, अपरगोयान् तथा उत्तर–कुरु देशों को विजित किया था। उत्तर कुरू से वापस आते समय वहां के निवासी बहुसंख्या में मांधाता का अनुगमन करते हुए जंबुद्वीप में आकर जिस स्थान पर बसे, कालान्तर में वह कुरू राष्ट्र के नाम से प्रसिद्ध हुआ।[346] बुद्ध के धार्मिक प्रवचनों से प्रभावित होकर कुरू राज्य के अधिकांश निवासियों ने बौद्धधर्म स्वीकार कर लिया था।[347]

प्राचीन कुरू राष्ट्र में कुरूक्षेत्र अथवा थानेश्वर सम्मिलत था। यह राज्य तीन भागों में विभक्त था कुरुक्षेत्र, कुरु देश तथा कुरु जांगल।[348] कुरू राष्ट्र में सोनपत, अमीन, करनाल और पानीपत सम्मिलित थे। सम्भवतः इसमें दिल्ली और मेरठ के भू–भाग भी सम्मिलित थे। यह उत्तर में सरस्वती तथा दक्षिण में दृषद्वती नदियों के मध्य स्थित था।[349] कुरुप्रदेश का विस्तार 300 लीग तथा इसकी राजधानी इन्द्रप्रस्थ सात लीग विस्तृत थी।[350] कुरुओं के कुरु जांगल नामक जंगली प्रदेश का विस्तार काम्यक वन तक था। गंगा–यमुना के मध्यवर्ती भू–भाग को मुख्यतः एक पुण्य क्षेत्र माना जाता था क्योंकि इसकी सीमान्तर्गत पवित्र दृषद्वती, सरस्वती एंव आपया नामक नदियां प्रवाहित होती थी।[351] भगवद गीता में कुरुदेश को धर्मक्षेत्र कहा गया है। स्कंदपुराण में इसे एक पवित्र स्थल बताया गया है।[352] कुरु देश अथवा दिल्ली प्रदेश कौरव व पाण्डवों का युद्धक्षेत्र था जिसमें भारत के अधिकांश राज्य एक या दूसरी ओर से सम्मिलित हुए थे।[353] धर्मशास्त्रकार मनु ने कुरु तथा संबंधित अन्य जनों के देश को ब्रह्मऋषियों का पवित्र देश कहा है जो ब्रह्मवर्त के तुरन्त बाद रखा जाता था।[354] रैप्सन के अनुसार कुरुदेश पूर्व में कुरुक्षेत्र की सीमा से भी आगे विस्तृत था। कुरु जन निश्चित रूप से दोआब के उत्तरी भाग या गंगा–यमुना के मध्यवर्ती क्षेत्र में निवास करते थे जिनके पड़ोस में पूर्व की ओर उत्तर पंचाल जन तथा दक्षिण में दक्षिण पंचाल जन रहते थे।[355] महाभारत[356] के अनुसार भी कुरु एक पवित्र नगर के रूप में प्रसिद्ध था। यहाँ की धूलि से लोगों के पाप मिट जाते थे। एक उल्लेख के अनुसार जो लोग सरस्वती के

दक्षिण में एवं दृषद्वती के उत्तर में, कुरुक्षेत्र में रहते थे वे मानों स्वर्ग में निवास करते थे।[357] सौरपुराण में कुरु राज्य का उल्लेख एक तीर्थ नगर के रूप में हुआ है। कुरु राज्य का उल्लेख पाणिनी की अष्टाध्यायी[358] तथा योगिनीतंत्र[359] में भी हुआ है। तैत्तिरीय आरण्यक[360] के अनुसार कुरुक्षेत्र के दक्षिण में खाण्डव, उत्तर में तूंर्ध तथा पश्चिम में परीणः स्थित थे। महाभारत कुरुओं के साथ ही कुरुक्षेत्र की भूमि में भी विकसित हुआ था[361] बोधिसत्वावदान कल्पलता[362] के अनुसार हस्तिनापुर कुरुओं की राजधानी थी।

कोसल

इस राज्य का उल्लेख युवराज–II (980–95 ई0) के बिल्हारी प्रस्तर अभिलेख[363] तथा कर्ण (1100–10 ई0) के रत्नगिरी ताम्रपत्र अभिलेख[364] में हुआ है। प्रथम अभिलेख से प्राप्त सूचना के अनुसार मुग्धतुंग ने कोसल नरेश से पालि को छीन लिया था।[365] कर्ण के रत्नगिरी ताम्रपत्र के अनुसार ययाति ने कोसल और उत्कल देशों में अपना रज्य स्थापित किया था।[366]

कोसल का उल्लेख विभिन्न भारतीय साहित्यिक स्रोतों में प्राप्त होता है। यह छठी शताब्दी ई0 पू0 में वर्णित भारत के सोलह महाजनपदों में से एक था।[367] बौद्धकाल में कोसल एक महत्वपूर्ण जनपद के रूप में प्रसद्धि था। यह दो भागों में विभाजित था उत्तर–कोसल और दक्षिण–कोसल।[368] भगवान बुद्ध ने अपना अधिकांश समय कोसल की राजधानी श्रावस्ती में व्यतीत किया था। कोसल के एक 'साला' नामक ब्राह्मण ग्राम में उन्होंने अनेक उपदेश दिये तथा अनेक ब्राह्मण गृहस्थों ने उनके नवीन धर्म को स्वीकार कर लिया था।[369] एक अन्य उल्लेखानुसार वेनागपुर नामक ब्राह्मण–ग्राम के गृहस्थों ने भी बौद्धमत ग्रहण कर लिया था।[370] कोसल के बावरी नामक एक प्रसिद्ध अध्यापक ने अस्सक राज्य में गोदावरी नदी के तट पर एक आश्रम का निर्माण किया था। वह बुद्ध के कोसल प्रवास के समय किसी ब्राह्मण के साथ अपने विवाद को हल करने हेतु उनसे मिला था।[371] कोसल नरेशों ने विभिन्न पडोसी राजवंशों से वैवाहिक संबंध स्थापित किये थे। किसी कोसल राजकुमार द्वारा वाराणसी नरेश की एक पुत्री से विवाह करने का उल्लेख मिलता है।[372] प्रसेनजित के पिता कोसल नरेश महाकोसल ने अपनी पुत्री का विवाह अजातशत्रु के पिता मगध नरेश बिंबिसार से किया था।[373] प्रसेनजित और अजातशत्रु के मध्य एक भयंकर युद्ध हुआ था किन्तु दोनों ने आपस में समझौता कर लिया और कोसलराज प्रसेनजित ने अपनी पुत्री वजिरा का विवाह अजातशत्रु से कर दिया था तथा कोसल के अत्यंत समृद्ध काशी ग्राम को अजातशत्रु के ही अधिकार में रहने दिया गया।[374]

कोसल का वर्णन पाणिनि की अष्टाध्यायी[375] में किया गया है। एक देश के रूप में कोसल का उल्लेख भागवत पुराण[376] में भी प्राप्त होता है। कोसल को कुरू एवं पंचाल जनपदों के पूर्व तथा विदेह राज्य के पश्चिम में स्थित बताया गया है। सदानीरा (संभवतः बड़ी गंडक) नदी कोसल को विदेह से अलग करती थी।[377] दशकुमारचरितम[378] में कोसलराज कुसमुधन्वा का वर्णन मिलता है। कोसल निवासी सूर्यवंशी थे तथा सीधे इक्ष्वाकु के माध्यम

से मनु के वंश से संबंद्ध थे।[379] बौद्ध लोगों ने कोसल को इक्ष्वाकु से उत्पन्न कोसलवंशी राजकुमारों को देश कहा है।[380]

महाकाव्य काल में कोसल की स्थिति अधिक महत्वपूर्ण हो गयी। राम की वनवास कथा से इस काल में कोसल के विस्तार को निश्चित किया जा सकता है। राम के पश्चात विशाल कोसल साम्राज्य राम तथा उनके अन्य भाइयों के पुत्रों में विभाजित हो गया था। राम का ज्येष्ठ पुत्र कुश दक्षिण–कोसल का राजा बना। उसने विन्ध्यमाला में स्थित कुशस्थली को अयोध्या के स्थान पर अपनी राजधानी बनायी।[381] राम के अनुज पुत्र लव को उत्तर–कोसल का राज्य मिला जिसने श्रावस्ती को अपनी राजधानी बनायी। बौद्ध ग्रंथों के अन्तर्गत कोसल के नर–नारियों से संबंधित अनेक कथाओं का संकलन है जो प्रायः किसी न किसी रूप में कोसल राज प्रसेनजित से संबद्ध थी। कपिलवस्तु के शक्यों को कोसल नरेश प्रसेनजित के अधीन कहा गया है।[382] श्रावस्ती और साकेत कोसल की राजधानियां थी। बौद्धग्रंथों में अयोध्या को कोसल की सबसे प्राचीन राजधानी तथा तत्पश्चात साकेत को उसकी दूसरी राजधानी के रूप में वर्णित किया गया है। बौद्ध युग में अयोध्या का महत्व कम हो गया था।[383] श्रावस्ती में ही बुद्ध ने स्त्रियों को बौद्धसंघ में प्रवेश की अनुमति प्रदान की थी।[384] श्रावस्ती के व्यापारी अनाथपिंडक ने जेतवन का दान बुद्ध के निमित्त किया था जहाँ बुद्ध ने एक बार निवास किया था।[385] श्रावस्ती में विशाल संख्या में भिक्षु और भिक्षुणियाँ निवास करती थीं।[386]

योगवासिष्ठ महारामायण में कोसल की गणना पूर्व दिशा के देशों की श्रेणी में की गयी है जिन्हें पौरवों ने पराजित किया था। इस राज्य के पश्चिम में गोमती नदी, दक्षिण में सई नदी तथा उत्तर की ओर नेपाल की पहाड़ियाँ इसकी भौगोलिक सीमा का निर्धारण करती थी।[387] जातकों के अनुसार काशी नरेश मनोज ने कोसल राज्य को अपने अधीन कर लिया था। कालिदास के रघुवंश में उत्तर–कोसल की राजधानी अयोध्या का वर्णन मिलता है।[388] मार्कण्डेय पुराण में कोसल की गणना मध्यदेश में स्थित जनपदों के अन्तर्गत की गयी है।[389] संभवतः 11वीं शताब्दी तक गाहड़वालों ने कोसल पर अधिकार कर उसकी स्वतंत्र सत्ता समप्तकर दी थी।[390]

कंबोज

कंबोज राज्य का उल्लेख देवपाल (812–50 ई0) के नालन्दा ताम्रपत्र अभिलेख[391] में हुआ है। अभिलेख से प्राप्त सूचना के अनुसार पालशासक देवपाल अपने विजय अभियान में विन्ध्य से लेकर कंबोज तक गया और उसने हिमालय से लेकर रामसेतु तक के समस्त भू–भाग को अपने अधीन कर लिया था।[392]

महाभारत में कंबोज की भौगोलिक स्थिति को उत्तर में बताया गया है।[393] कंबोज का उल्लेख पाणिनि की अष्टाध्यायी[394] तथा पतंजलि के महाभाष्य[395] में भी मिलता है। कंबोज

राज्य का उल्लेख अशोक के पंचम शिलालेख में भी प्राप्त होता है।[396] भागवत पुराण[397] में एक देश के रूप में कंबोज का वर्णन किया गया है। ह्वेनसांग ने भी कंबोज देश का वर्णन किया है जहां के निवासी अशुद्ध, वैयक्तिक रूप में सरल तथा रूक्ष हिंसक प्रवृत्ति के होते थे।[398] कंबोज को बुद्ध कालीन सोलह महाजनपदों की श्रेणी में सम्मिलित किया गया था और इसे उत्तरापथ में स्थित बताया गया है।[399] यह देश अपने सुन्दर और वेगवान घोड़ों के लिए प्रसिद्ध था।[400]

कंबोजों को मोटे तौर पर पश्चिमोत्तर सीमांत प्रान्त के हजारा या राजौरी (प्राचीन राजपुर) जनपद के समीप स्थित बताया गया है। कुछ विद्वानों का मत है कि कंबोज संभवतः तिब्बत था। विंसेंट स्मिथ ने भी कंबोज को तिब्बत अथवा हिन्दुकश पर्वत के मध्य स्थित बताया है।[401] इलियट के अनुसार कंबोज एक अज्ञात कबीले से संबंधित था जो तिब्बत अथवा सीमांत क्षेत्रों में स्थित था।[402] कतिपय अन्य विद्वानों ने कंबोज को आधुनिक सिंध और गुजरात के निकट स्थित बताया है।[403] कंबोज को अन्यत्र राजपुर में स्थित कहा गया है। रघु ने कंबोजों को पराजित कर सुन्दर अश्व और मणिकंचन आदि बहुमूल्य उपहार प्राप्त किए थे। मैक्रिंडल के अनुसार कंबोज अफगानिस्तान में स्थित था। जिसे ह्वेनसांग ने काओ–फु(काम्बु) नाम से उल्लिखित किया है। प्रारंभिक अथवा उत्तरकालीन पालि ग्रंथों में कंबोज की राजधानी का वर्णन प्राप्त नहीं होता है। षोडस महाजनपदों की श्रेणी में कंबोज का वर्णन गंधार के साथ किया गया है, जो उसके निकट पश्चिमोत्तर भारत में स्थित था। थेरमहारक्षित ने अन्य स्थानों के साथ ही कंबोज में भी बौद्ध धर्म को स्थापित किया था।[404] रीज डेविड्स वर्तमान समय में समुद्र में विलीन द्वारका को कंबोज की राजधानी बताते हैं।

गौड़

इस राज्य का उल्लेख आदित्यसेन (660–75 ई0) के अफसद प्रस्तर अभिलेख[405], नारायणपाल कालीन बादाल प्रस्तर स्तम्भ अभिलेख[406] (885–910 ई0) तथा कलचुरि कर्ण के (1100–10 ई0) के रत्नगिरी ताम्रपत्र अभिलेख[407] में किया गया है। प्रथम अभिलेख से प्राप्त सूचना के अनुसार आदित्यसेन ने एक भव्य विष्णुमंदिर का निर्माण कराया था। उसकी माता ने एक धार्मिक विद्यालय तथा उसकी रानी के द्वारा एक कुंड का निर्माण कराया गया था। तत्पश्चात आदित्यसेन की कीर्ति को चिरस्थायी बनाने हेतु एक पारंपरिक पवित्र अनुष्ठान किया गया था। अभिलेख के अन्त में उसके निर्माता सूक्ष्मशिव को गौड़ देश का निवासी बताया गया है।[408] बादाल प्रस्तर अभिलेख के अनुसार गौड़नरेश देवपाल ने हूणों को पराजित कर द्रविडों (पल्लवों) एवं गुर्जरों (प्रतिहारों) के गर्व को चूर कर दिया था।[409] कर्ण के रत्नगिरी ताम्रपत्र से ज्ञात होता है कि जनमेजय का पुत्र और उत्तराधिकारी पुरन्जय अन्य शासकों के साथ ही गौड़ नरेश से भी भयभीत था।[410] सुव्रतवर्मन् (605–10 ई0) के नालंदा मुद्राभिलेख[411] के अनुसार मौखरिनरेश अवन्तिवर्मन् के पुत्र को मौखरि सिंहासन संभवतः गौड़ नरेश शशांक तथा मालवा नरेश देवगुप्त की सहायता से प्राप्त हुआ था।[412]

कतिपय विद्वानों का मत है कि गौड़ नाम की उत्पत्ति गुड या राब से हुई है क्योंकि प्राचीन काल में गौड़, गुड एवं राब का व्यापारिक केन्द्र था। गौड़ के प्राचीन भग्नावशेष आधुनिक माल्दह नगर के दक्षिण–पश्चिम में दस मील की दूरी पर स्थित है। यह गंगा एवं महानंदा नदियों के संगम पर स्थित एक प्राचीन नगर था।[413] विभिन्न हिन्दू तथा मुस्लिम शासकों के अधीन यह बंगाल की राजधानी थी। गौड़, देवपाल, महेन्द्रपाल, आदिसूर, बल्लालसेन तथा लगभग 16वीं शताब्दी ई0 के अन्त तक मुस्लिम शासकों की राजधानी थी। चौथी, पांचवीं एवं छठी शताब्दी ई0 में यह प्रसिद्ध गुप्त सम्राटों की राजधानी थी। इस काल तक पाल शासकों के अधीन प्राचीन गौड़ की राजधानी रामावती के बारे में कोई सूचना प्राप्त नहीं होती है। कालिन्दी नदी के निकट स्थित यह ध्वंसावशेष गौड़ के आधुनिक स्थल के उत्तर में कई मील दूर स्थित था।[414] राजा लक्ष्मणसेन द्वारा निर्मित लक्ष्मणावती, सेन एवं मुस्लिम शासकों के काल में गौड़ की उत्तरकालीन राजधानी थी। गौड़ के आधुनिक स्थल के समीप स्थित प्राचीन रामकेलि नामक स्थान पर चैतन्य देव के जाने का उल्लेख है। राजा बल्लालसेन ने गौड़ में एक किले का निर्माण कराया था जिसे बल्लालबाड़ी अथवा बल्लाल भीटा भी कहते थे। इस किले के भग्नावशेष शाहदुल्लापुर से प्राप्त होते हैं। इसके अतिरिक्त यहां पर गौड़ेश्वरी, जहरवासिनी और भगवान शिव आदि के मंदिर भी निर्मित हैं।[415] गौड़ के प्राचीन स्थल के समीप खालीमपुर नामक एक ग्राम से पाल शासक धर्मपाल का एक ताम्रपत्र प्राप्त हुआ है।[416]

गौड़ का प्रथम अभिलेखीय साक्ष्य 554 ई0 के हड़हा अभिलेख से प्राप्त होता है जिसके अनुसार मौखरिनरेश ईशानवर्मन् ने गौड़ देश पर विजय प्राप्त की थी।[417] गौड़ का वर्णन लक्ष्मणसेन के इंडिया आफिस अभिपत्र में भी किया गया है।[418] दिउली अभिपत्रों से ज्ञात है कि राष्ट्रकूट शासक कृष्ण–II ने गौड़ों को विनयशीलता का पाठ पढ़ाया था।[419] एक उल्लेख के अनुसार राष्ट्रकूट नरेश कृष्ण–III ने गौड़वासियों के दर्प को चूर कर दिया था।[420] अमोघवर्ष–I के (866 ई0) के सिरूर तथा नीलगुंड अभिलेखों में गौड़ के निवासियों का उल्लेख प्राप्त होता है। वैद्यदेव के कामरूप से प्राप्त ताम्रपत्र में गौड़ाधिपति का वर्णन किया गया है।[421] लक्ष्मणसेन के माधाईनगर ताम्रपत्र अभिलेख से ज्ञात होता है कि उसने अचानक गौड़ राज्य को अपने अधीन कर लिया था।[422] उक्त ताम्रपत्र से स्पष्ट होता है कि अपनी युवावस्था में लक्ष्मणसेन ने कलिंग की रमणियों के साथ विहार किया था। मालवों के नागपुर शिलालेख (1104–05 ई0) से ज्ञात होता है कि परमार शासक लक्ष्मणदेव ने गौड़नरेश को पराजित किया था।[423] हड़हा अभिलेख (554 ई0) में मदोद्धत शत्रुओं को समुद्रतट का निवासी (समुद्राश्रय) कहा गया है।[424] कतिपय विद्वानों ने इन मदोद्धत शत्रुओं की पहचान छठी शती0 ई0 में प्रायः विजयरत रहने वाले गौड़ों से की है। अमोघवर्ष के संजन दानपत्र के अनुसार राष्ट्रकूट नरेश ध्रुव ने गौड़ नरेश के राजछत्रों का अपहरण कर लिया था, जिस समय वह गंगा–यमुना के मध्यवर्ती क्षेत्र से भाग रहा था।[425] भाष्करवर्मन् के निधानपुर अभिपत्रों के अनुसार हर्षवर्धन और कामरूप नरेश भास्करवर्मन् के मध्य हुई संधि गौड़ों के लिये हितकर

नहीं थी। जब ये अभिपत्र जारी किये गये थे, उस समय कर्णसुवर्ण पर भास्करवर्मन् का अधिकार था जो गौड़ नरेश शशांक की राजधानी थी।[426] संभवतः गौड़ लोग अपनी स्वतंत्रता प्राप्ति हेतु प्रयासरत थे। गौड़नरेश शशांक की मृत्यु के पश्चात गौड़ राज्य का विभाजन थानेश्वर और कामरूप राज्यों के मध्य हो गया था। कालान्तर में कन्नौज नरेश यशोवर्मन् ने गौड़ राज्य को जीकर अपने साम्राज्य में सम्मिलित कर लिया। प्रारम्भिक काल में गौड़ राज्य बंगाल के निचले समुद्रतटवर्ती प्रदेशों तक ही सीमित था किन्तु शशांक के समय तक आते–आते यह सम्पूर्ण बंगाल व उड़ीसा के क्षेत्रों तक विस्तृत हो गया था।[427] जैन ग्रंथ आचारांगसूत्र[428] की टीका के अनुसार गौड़ राज्य अपने दुकूल हेतु प्रसिद्ध था। सातवीं शताब्दी ई0 में गौड़ राज्य अपनी जलसेना के लिए विख्यात था।[429]

गंधार

गंधार राज्य का उल्लेख धर्मपाल (775–812 ई0) के खालीमपुर अभिलेख[430] में किया गया है। अभिलेख के अनुसार राजा धर्मपाल द्वारा चक्रायुध के राज्याभिषेक के अवसर पर आयोजित दरबार में मद्र, कुरू, पंचाल, यदु, मत्स्य आदि राज्यों के साथ गंधार का शासक भी सम्मिलित हुआ था। गंधार राज्य ने धर्मपाल की अधीनता मानकर चक्रायुध को कन्नौज का शासक स्वीकार किया था।[431]

गंधार की गणना छठी शताब्दी ई0 पू0 में वर्णित जम्बुद्वीप के सोलह महाजनपदों के अन्तर्गत की जाती है।[432] गंधार का उल्लेख ल्यूडर्स की तालिका[433] तथा पाणिनि की अष्टाध्यायी[434] में किया है। पुराणों में भी इस राज्य का वर्णन मिलता है।[435] वीरपुरूषदत्त के नागार्जुनीकोंड अभिलेख में भी गंधार राज्य का उल्लेख किया गया है।[436] इसका वर्णन दारा–I (522–486 ई0 पू0) के बेहिस्तून अभिलेख में वर्णित देशों की सूची में मिलता है। उसके विशाल सूसा राजभवन अभिलेख में भी गंधार का उल्लेख है। संभवतः गंधार, पारसीक साम्राज्य का एक प्रांत था।[437] ऋग्वेद युग से ही गंधार जन अत्यंत प्रसिद्ध थे।[438]

इनका उल्लेख अशोक के पंचम शिलालेख में प्राप्त होता है जो पश्चिमोत्तर पंजाब और निकटस्थ प्रदेशों में बसे हुए थे। उक्त आधार पर गंधार जनपद सिन्धु नदी के दोनों तटों पर स्थित था।[439] युवान–च्वांग के अनुसार गंधार देश पूर्व से पश्चिम में 1000 ली तथा उत्तर से दक्षिण में 800 ली से अधिक विस्तृत था। उसके अनुसार यह देश खद्यान्नों तथा फल–फूल से समृद्ध था। गंधार में गन्ना और मिश्री का भी उत्पादन होता था। यहाँ की जलवायु गर्म तथा निवासी भीरू और कलाप्रेमी थे।[440] युवान–च्वांग के अनुसार यहां 1000 से भी अधिक बौद्ध विहार थे जो पूर्णतः नष्टप्रााय हो चुके थे। यहाँ 100 से अधिक देवमंदिर निर्मित थे। गंधार में अनेक संप्रदायों के अनुयायी निवास करते थे।[441]

गंधार की प्राचीनतम राजधानी पुष्करावती थी, जिसका निर्माण भरत के पुत्र पुष्कर ने कराया था।[442] इसकी एक अन्य प्राचीन राजधानी तक्षशिला थी जो सिंधु नदी के पूर्व में स्थित थी। कतिपय विद्वानों का विचार है कि गंधार राज्य के अन्तर्गत कश्मीर और तक्षशिला

भी संमिलित थे।[443] किन्तु जातकों से इसकी पुष्टि नहीं होती है।[444] इसके अन्तर्गत पश्चिमी पाकिस्तान के पेशावर तथा रावलपिंडी जनपद सम्मिलित थे।[445] पालि साहित्य में गंधार का प्रयोग प्रायः कश्मीर के साथ किया गया है।[446] गंधार में स्वात नदी से लेकर झेलम तक का भू–भाग अर्थात पश्चिमी पंजाब और पूर्वी अफगानिस्तान के भाग सम्मिलित थे।[447] मज्झिम निकाय की अट्ठकथा में गंधार को सीमान्त में स्थित जनपद कहा गया है।[448] बुद्धकाल में गंधार अपने कम्बलों और लाल ऊँनी दुशालों के लिए प्रसिद्ध था।[449] गंधार के गहरे–लाल और पाण्डुवर्ण वाले कम्बलों की काफी प्रशंसा की गयी है।[450] ऋगवेद[451] में गंधार की भेड़ों से प्राप्त सुन्दर ऊँन का वर्णन किया गया है। मज्झिम निकाय के धातुविभंग सुतन्त अट्ठकथा के अनुसार गंधार नरेश पक्कुसाति ने मगध नरेश बिंबिसार के पास आठ पंचरंगी बहुमूल्य दुशालों का उपहार भेजा था।[452] जातक[453] के अनुसार विदेह के साथ गंधार का व्यापारिक संपर्क था। प्रायः अंग, मगध, कोसल आदि से व्यापारी, व्यापार हेतु गंधार देश तक जाते थे। अशोक के काल में स्थविर मज्झन्तिक ने गंधार और कश्मीर में बौद्धधर्म का प्रचार किया था।[454] गंधार की राजधानी तक्षशिला व्यापार और शिक्षाकेन्द्र के रूप में प्रसिद्ध थी। कण्ह जातक के अनुसार वाराणसी के एक ब्राह्मण का पुत्र शिक्षा प्राप्ति हेतु तक्षशिला गया था। चीनी यात्री फाह्यान के अनुसार एक बार बोधिसत्व ने किसी प्राणी के लिए यहाँ अपना सिर काटकर बलिदान कर दिया था, अतः इसका नाम तक्षशिला पड़ गया।[455] उत्तरापथ में स्थित पोम्खरवती गंधार जनपद का एक विख्यात नगर और संभवतः प्राचीन राजधानी थी।[456]

बुद्ध के समय यह एक स्वतंत्र राज्य था। अपनी भौगोलिक स्थिति के कारण गंधार प्राचीन भारत का एक महत्वपूर्ण राज्य प्रतीत होता है जिसपर अनेक वंशों तथा जातियों ने विभिन्न कालन्तरों में शासन किया था। कुषाणों के शासनकाल में इसकी स्थिति अत्यन्त महत्वपूर्ण हो गयी थी।

चेदि

चेदि राज्य का उल्लेख विनायकपाल कालीन धंग के खजुराहो प्रस्तर अभिलेख[457] (954 ई0) में किया गया है। अभिलेख से प्राप्त सूचना के अनुसार यशोवर्मन् ने अन्य राज्यों के साथ चेदि के विरूद्ध भी सैनिक सफलता प्राप्त की थी।[458]

चेदि राज्य पालि साहित्य में वर्णित बुद्धकालीन जंबुद्वीप के सोलह महाजनपदों में से एक था।[459] महावस्तु में भी चेदि (चेति) को सोलह वृहद महाजनपदों के अन्तर्गत रखा गया है।[460] महाभारत के कर्णपर्व के अन्तर्गत विभिन्न जनपदों में निवास करने वाले जनों की जातीय विशेषताओं का रोचक प्रसंग प्राप्त होता है, जो अपने नामों के आधार पर रखे गये विशिष्ट जनपदों में बसी हुई थी। इनमें अन्य जनों के साथ चेदि का भी उल्लेख मिलता है।[461] पाणिनि की अष्टाध्यायी[462] में चेदि राज्य का उल्लेख प्राप्त होता है। महाभारत के अनुसार चेदियों की श्रेष्ठ एवं सुन्दर राजधानी पर वसु पौरव ने अधिकार कर लिया था।[463] यहाँ उसकी राजधानी के रूप में शुक्तिमती नदी के तट पर स्थित शुक्तिमती का उल्लेख

मिलता है। पौरव ने पूर्व में मगध से लेकर पश्चिमोत्तर में निश्चित रूप से मत्स्य देश तक अपना अधिकार विस्तृत कर लिया था। संभवतः महाभारत युग में प्रसिद्ध चेदि नरेश शिशुपाल की शक्ति में काफी विस्तार हो गया था जो समस्त पाण्डवों समेत कृष्ण की हत्या करना चाहता था किन्तु कृष्ण के द्वारा उसका वध कर दिया गया था। युधिष्ठिर ने उसके पुत्र को चेदि का शासक बनाया था।[464]

प्राचीन चेदि राज्य यमुना के समीप स्थित था जो मोटे तौर पर वर्तमान बुंदेलखण्ड तथा निकटवर्ती क्षेत्रों से समीकृत किया जाता है। यह कुरू जनपद के पड़ोस में स्थित था। चेदि की राजधानी सोत्थिवती को संभवतः महाभारत में वर्णित शुक्तिमती नगरी से समीकृत जा सकता है।[465] जातक[466] में भी सोत्थिवती को इसकी राजधानी बताया गया है। सहजाति और त्रिपुरी, चेदि राज्य के अन्तर्गत स्थित अन्य महत्वपूर्ण नगर थे।[467] डी0 आर0 भंडारकर के अनुसार चेत या चेतिया (चेदि) स्थूल रूप में वर्तमान बुंदेलखण्ड से समीकृत किया जाता है।[468] रैप्सन के अनुसार चेदि राज्य को मध्य प्रदेश के उत्तरी भाग से समीकृत किया जाना चाहिए।[469] पार्जिटर ने इसे यमुना के दक्षिण में स्थित कहा है।[470] कतिपय विद्वानों के अनुसार चेदि के अन्तर्गत बुंदेलखंड का दक्षिणी भाग तथा जबलपुर के उत्तरी भाग भी शामिल थे। इसे त्रिपुरी नाम से भी जाना जाता था।[471]

चेदि राज्य बौद्ध धर्म के एक महान केन्द्र के रूप में प्रसिद्ध था।[472] महात्मा बुद्ध अपने धर्म के प्रचार हेतु चेदि राज्य गये थे।[473] चेदियों के मध्य रहते हुए ही अनुरुद्ध ने अर्हत पद प्राप्त किया था।[474] वेस्सन्तर जातक से ज्ञात होता है कि चेत, या चेदि राज्य राजा वेस्सन्तर के जन्मस्थल जेतुत्तरनगर से तीस योजन की दूरी पर स्थित था।[475] पूर्व–वैदिक काल में चेदि शासक निश्चय ही अत्यन्त शक्तिशाली था क्योंकि ऋगवेद[476] में इसके द्वारा अपने एक यज्ञ में ब्रह्मा के पद को सुशोभित करने वाले किसी पुरोहित को दान स्वरूप दास के रूप में दस राजाओं को प्रदत्त करने का उल्लेख है। चेदि नरेश कशु निश्चय ही ऋग्वैदिक कालीन एक प्रभावशाली व्यक्तित्व का स्वामी रहा होगा क्योंकि उसे अनेक नरेशों को अपने अधीन करने वाला बताया गया था।[477]

जापिला

इसका उल्लेख प्रतापधवल के ताराचण्डी प्रस्तर अभिलेख[478] (1169 ई0) में किया गया है। अभिलेख से प्राप्त सूचना के अनुसार जापिला के महानायक प्रतापधवल ने अपने पुत्रों, पौत्रों तथा अन्य संबंधियों को संबोधित कर घोषणा की थी कि स्वर्णहल अथवा सुवर्णहल के ब्राह्मणों ने कलहंडि और बड़यिला ग्रामों के संबंध में गाधिनगर (कान्यकुब्ज) के शासक विजयचन्द्र के किसी अधिकारी द्वारा अनुचित तरीके से दानपात्र प्राप्त कर लिया था।[479] जापिला की पहचान सोन के तट पर स्थित ठेहरी से लगभग 25 मील दूर स्थित वर्तमान जपला अथवा जपला–दिनार से की जाती है।[480]

डाहल

इसका उल्लेख कर्ण(1100–10 ई0) के रत्नगिरि ताम्रपत्र अभिलेख[481] में किया गया है। अभिलेख में उल्लिखित सूचना के अनुसार जनमेजय के पुत्र और उत्तराधिकारी पुरन्जय को गौड़, कलिग, वंग और डाहल के राजाओं से भय व्याप्त था।[482]

डाहल की पहचान आधुनिक बुंदेलखंड क्षेत्र से की जाती है।[483] डाहल का उल्लेख महाराज संखोब के ताम्रपत्र अभिलेख में 'दवाला' नाम से किया गया है। डाहल (डभाला) को आटविक राज्यों की श्रेणी में सम्मिलित किया जाता था।[484] जिसमें जबलपुर से सम्बद्ध आटविक राज्य भी शामिल थे। अल्बरूनी ने 1030 ई0 में गांगेयदेव को डाहल या चेदि का शासक बताया।[485] अपने नर्मदा तट के अभियान में गोविन्द–III ने कलिंग, मालवा, कोसल, वेंगी आदि देशों के साथ डाहल पर भी विजय प्राप्त की थी।[486]

त्रिकलिंग

इस राज्य का उल्लेख अनंतवर्मन् चोडगंग के विशाखापत्तनम ताम्रपत्र अभिलेख[487] (1118 ई0) में किया गया है। अभिलेख में त्रिकलिंग का उल्लेख करते हुए वज्रहस्त को वहाँ का स्वामी कहा गया है।[488]

त्रिकलिंग का उल्लेख गंगनरेश इन्द्रवर्मन् के जिरजिंगी अभिपत्रों में किया गया है।[489] त्रिकलिंग के अन्तर्गत प्राचीन काल में कलिंग, तोसल और उत्कल सम्मिलित थे जबकि कतिपय विद्वानों के अनुसार इसमें उड्र(मुख्य उडीसा), कंगोद और कलिंग शामिल थे।[490] इतिहासकार रामदास का विचार है कि त्रिकलिंग में कलिंग एवं दक्षिणी–कोसल के मध्यवर्ती पठारी भाग अथवा वर्तमान छत्तीसगढ़ सम्मिलित थे।[491] कुंभी ताम्रपत्र[492] में उल्लिखित त्रिकलिंग में प्लिनी के अनुसार कलिंगों द्वारा निवसित भू–भाग, तक्को–कलिंग और गंगारिडीज–कलिंगाई सम्मिलित थे।[493] कनिंघम का विचार है कि त्रिकलिंग राज्य में कृष्णा नदी के तट पर स्थित धनकटक अथवा अमरावती, आन्ध्र या वारंगल और कलिंग या राजमहेन्द्री के तीन राज्य सम्मिलित थे।[494] गोदावरी जिले के अन्तर्गत त्रिकलिंग राज्य पर एक वर्ष तक विक्रमादित्य ने शासन किया था।[495] कुछ विद्वानों का विचार है कि त्रिकलिंग का पर्याय उस पठारी भाग या कलिंग से है जो मुख्य कलिंग एवं दक्षिण कोशल के मध्य स्थित था। दक्षिण कोशल के शासकों को त्रिकलिंग नरेश कहा जाता था। त्रिकलिंग राज्य उत्तर में गंगा नदी से लेकर दक्षिण में गोदावरी नदी तक विस्तृत था।[496]

तीरभुक्ति

इस भुक्ति का उल्लेख जीवितगुप्त के कटरा ताम्रपत्र अभिलेख[497] में किया गया है। अभिलेख से प्राप्त सूचना के अनुसार महाराज जीवितगुप्त ने तारा में स्थित अपने विजय शिविर से

विभिन्न उपाधियां धारण कर तीन ग्रामों के दान की सूचना उल्लिखित करायी थी। उक्त ग्राम तीरभुक्ति के अन्तर्गत चामुण्डा विषय में स्थित थे।[498]

तीरभुक्ति का उल्लेख महान गुप्त सम्राटों के अभिलेखों में भी प्राप्त होता है। परम्परा के अनुसार तीरभुक्ति का अर्थ उस भूमि से है जिसमें तीन महान यज्ञाग्नियां सम्पादित की गयी थी।[499] मुख्यतः भुक्ति को वर्तमान में प्रान्त के समकक्ष रखा जा सकता है। भुक्ति का प्रशासन गवर्नर के माध्यम से किया जाता था जिसकी नियुक्ति शासक स्वयं करता था। गुप्त तथा गुप्तोत्तर काल में इस अधिकारी को उपरिक कहा जाता था। तीरभुक्ति उत्तर में हिमालय पर्वत, दक्षिण में गंगा, पश्चिम में गंडक तथा पूर्व में कोसी नदी से घिरा हुआ था। वर्तमान समय में इसकी पहचान तिरहुत से की जाती है जिसमें चंपारन, मुजफ्फरपुर और दरभंगा के आधुनिक जनपदों के अतिरिक्त नेपाल की तराई भी सम्मिलित थे।[500] कनिंघम का विचार है कि तीरभुक्ति में छोटी गंडक और बागमती नदियों के भू–भाग भी सम्मिलित थे।[501]

त्रियोजनसतिके[502] के आधार पर ज्ञात होता है कि विदेह का द्वितीय नाम तीरभुक्ति (तिरहुत) था जिसका अर्थ दो बडी नदियों के तटों(तीर) के मध्य स्थित प्रदेश अथवा भुक्ति होता है। यहाँ तीरभुक्ति को बड़ी गंडक तथा बागमती नदी के तट पर स्थित बताया गया है।[503]

दण्ड भुक्ति

इस भुक्ति का उल्लेख शशांक (600–25 ई0) के मिदनापुर ताम्रपत्र अभिलेख[504] में किया गया है। अभिलेख से प्राप्त सूचना के आधार पर ज्ञात होता हे कि गौड़ नरेश शशांक का महाप्रतिहार शुकीर्ति दण्डभुक्ति का शासक था। दण्डभुक्ति को पश्चिम बंगाल के मिदनापुर जिले में दण्टन के आस–पास स्थित माना जाता है।[505] दण्डभुक्ति का उल्लेख नयपालदेव के इर्दा दानपत्र अभिलेख में भी प्राप्त होता है।[506]

संभवतः दण्डभुक्ति मूलरूप से दण्डनाम नामक एक ग्राम से विश्रुत था जो किसी भुक्ति का मुख्यालय था। इस नाम की उत्पत्ति के संबंध में कोई जानकारी प्राप्त नहीं हो सकी है। मुख्यरूप से एक भुक्ति होने के उपरान्त भी दण्डभुक्ति, वर्धमान भुक्ति का एक मण्डल था। वर्धमान भुक्ति को उत्तरी राढ में स्थित बताया जाता है।[507] दण्डभुक्ति जिसे अन्यत्र दण्डभुत्ति भी कहा जाता था एक प्रदेश का नाम है जहाँ के बाग में मधुमक्खियां बहुतायत से पायी जाती थी।[508]

नगर भुक्ति या श्रीनगर भुक्ति

इस भुक्ति या प्रान्त का उल्लेख जीवितगुप्त–II (700–10 ई0) के देव वरणार्क प्रस्तर अभिलेख[509] तथा देवपाल (812–50 ई0) के नालन्दा ताम्रपत्र अभिलेख[510] में किया गया है। प्रथम अभिलेख के अनुसार जीवितगुप्त–II ने अपने अधिकारियों को देववरणार्क के मंदिर

हेतु वालवी विषय के वरूणिका नामक ग्राम को दान करने की सूचना दी थी जो इसी नगर भुक्ति के अन्तर्गत स्थित था।[511] देवपाल के नालन्दा ताम्रपत्र के अनुसार उसने सुवर्णद्वीप के शैलेन्द्रवंशी शासक बालपुत्रदेव के आग्रह पर नालन्दा के बौद्ध विहार के निमित्त कतिपय ग्रामों का दान किया था जो राजगृह विषय में स्थित थे। अभिलेख के अनुसार राजगृह विषय, श्रीनगर भुक्ति का एक भाग था।[512] नगर भुक्ति का वर्णन पाल शासक धर्मपालदेव के नालंदा अभिपत्र में भी प्राप्त होता है जिसे आधुनिक पटना से समीकृत किया जाता है।[513] इसे एक मण्डल के रूप में जाना जाता था जिसमें पटना व शाहाबाद के जिले सम्मिलित थे। देवपाल के नालन्दा ताम्रपत्र के अनुसार नगर भुक्ति में राजगृह और गया विषय भी सम्मिलित थे।[514] देवपाल के मुंगेर दानपत्र[515] में श्रीनगर भुक्ति का उल्लेख किया गया है। चार्ल्स विल्किंसन ने इसे बिहार राज्य के वर्तमान पटना जिले से समीकृत किया है।[516] श्रीनगर भुक्ति की पहचान निश्चित तौर पर वर्तमान पटना से की जाती है। इसमें राजगीर (राजगृह) और गया जनपद के कुछ भाग शामिल थे। श्रीनगर संपूर्ण पाटलिपुत्र क्षेत्र का एक मुख्य भाग था।[517]

पांचाल

इस राज्य का उल्लेख धर्मपाल (775–812 ई0) के खालीमपुर ताम्रपत्र अभिलेख[518] में किया गया है। अभिलेख से प्राप्त सूचना के अनुसार पांचाल नरेश ने पालशासक धर्मपाल द्वारा पाटलिपुत्र में आयोजित दरबार में अनुष्ठानिक स्नान की परंपरा का संचालन किया था। इस अवसर पर धर्मपाल ने स्वयं को विभिन्न उपाधियों से विभूषित किया था।[519]

पांचाल का उल्लेख पालि साहित्य में वर्णित जंबुद्वीप के सोलह महाजनपदों के अन्तर्गत किया गया है।[520] पांचाल दो भागों, उत्तर और दक्षिण में विभाजित था जिनकी सीमारेखा भागीरथी नदी द्वारा निर्धारित थी। वैदिक साहित्य में पांचाल तथा उसके पश्चिमी भागों का वर्णन किया गया है।[521] बौद्ध साहित्य में उत्तरी पांचाल की राजधानी हस्तिनापुर बतायी गयी है जबकि कुम्भकार जातक के अनुसार इसकी राजधानी काम्पिल्य (कम्पिल्ल नगर) थी।[522] महाभारत में उत्तरी पांचाल की राजधानी के रूप में अहिच्छत्र का उल्लेख मिलता है।[523] अहिच्छत्र को वर्तमान बरेली जनपद के रामनगर कस्बे से समीकृत किया जाता है। दक्षिणी पांचाल की राजधानी कांम्पिल की पहचान उत्तर प्रदेश के फर्रुखाबाद जनपद के अन्तर्गत वर्तमान कांम्पिल से की जाती है। किसी समय उत्तर पांचाल, कुरु महाजनपद का एक भाग था।[524] जिसकी राजधानी हस्तिनापुर थी और कभी यह काम्पिल्य राष्ट्र में सम्मिलित होता था।[525] कभी कांम्पिल नरेशों का दरबार उत्तर–पांचाल में लगता था तो कभी उत्तरी पांचाल के शासक काम्पिल्य में अपना दरबार आयोजित करते थे।[526]

पांचाल राज्य मुख्य रूप से दिल्ली से लेकर पश्चिम और उत्तर में हिमालय की तराई क्षेत्र से चंबल नदी तक तक विस्तृत था। इसके अन्तर्गत वर्तमान बदायूँ, फर्रुखाबाद, रूहेलखंड तथा मध्यवर्ती दो–आब के समीपवर्ती जनपद सम्मिलित थे जो पूर्व में गोमती एवं दक्षिण में चंबल नदी से घिरा हुआ भू–भाग था।[527] उत्तरी पांचाल में गंगा के पूर्वी तथा अवध

के पश्चिमोत्तर में स्थित उत्तर प्रदेश के भू–भाग तथा दक्षिणी पांचाल के अन्तर्गत कुरू तथा शूरसेनों के राज्य के पूर्व तथा दक्षिण–पूर्व में स्थित गंगा–यमुना के मध्यवर्ती प्रदेश सम्मिलित थे।[528] पांचाल नाम की उत्पत्ति इस क्षेत्र के पांच की संख्या से विशेष संबंधों के कारण हुई जिसका उल्लेख पुराणों में किया गया है।[529]

उत्तर वैदिक साहित्य एवं ब्राह्मणों में प्रायः पांचालों का उल्लेख किया गया है।[530] उपनिषदों एवं परवर्ती ग्रंथों में पांचाल के ब्राह्मणों द्वारा दार्शनिक एवं भाषा विज्ञान संबंधी परिसंवादों में भाग लेने का उल्लेख मिलता है।[531] वैदिक ग्रंथों में पांचाल देश के शासकों का उल्लेख किया गया है।[532] पाणिनि ने भी अपनी अष्टाध्यायी में पांञ्चालक का वर्णन किया है।[533] पतंजलि ने एक जनपद के रूप में पांचाल का उल्लेख किया है।[534] बुद्ध काल में पांचाल उत्तर भारत का एक महत्वपूर्ण एवं शक्तिशाली राष्ट्र था।[535] जैन साहित्य में पांचाल तथा उसके राजकुमारों का उल्लेख मिलता है।[536] अशोक के उपरांत पांचाल पर युनानियों का आक्रमण हुआ था। हर्ष के पश्चात इसका पतन प्रारम्भ हो गया। किन्तु आठवी शती ई0 के पश्चात भोज एवं उसके उत्तराधिकारी के शासनान्तर्गत पांचाल का एक महत्वूपर्ण शक्ति के रूप में विस्तार बिहार से सिंध तक हो गया था।[537] बारहवीं शती ई0 में गाहड़वालों के अधीन एक महत्वपूर्ण शक्ति के रूप में पुनः पांचालों का उत्कर्ष स्थापित हुआ।

पुण्ड्रवर्धन भुक्ति

इस भुक्ति का उल्लेख धर्मपाल (775–812 ई0) के खालीमपुर ताम्रपत्र अभिलेख[538] में किया गया है। अभिलेख से ज्ञात होता है कि पालशासक धर्मपाल ने अपने महासामंताधिपति के आग्रह पर दत्तक युवराज त्रिभुवनपाल के माध्यम से व्याघ्रतटी मण्डल के कतिपय ग्रामों का दान नन्न–नारायण के मंदिर हेतु किया था। अभिलेख के अनुसार व्याघ्रतटी मण्डल, पुण्ड्रववर्धन भुक्ति का एक भाग था।[539] पुण्ड्रवर्धन भुक्ति का उल्लेख विश्वरूपसेन (1206–22 ई0) के मदनपाढ़ा ताम्रपत्र अभिलेख में भी किया गया है।[540] इसके अनुसार विक्रमपुरभाग, वंग के पुण्ड्रवर्धन भुक्ति के अन्तर्गत स्थित था।[541]

पुण्ड्रवर्धन भुक्ति के अन्तर्गत आधुनिक समस्त बंगाल को सम्मिलित माना जाता है। धर्मपाल के खालीमपुर दानपत्र, देवपाल के नालंदा अभिलेख तथा राजा लक्ष्मणसेन के अनुलिया ताम्रपत्र में उल्लिखित व्याघ्रतटी (बागड़ी नामक एक ग्राम से समीकृत) को कालिदास कृत रघुविजय के आधार पर पुण्ड्रवर्धन भुक्ति के संभागों में शामिल माना जा सकता है।[542] दशकुमार चरितम[543] के अनुसार विशालवर्मा ने पुण्ड्रवर्धन पर आक्रमण किया था। यह उत्तरी बंगाल का एक वृहद भू–भाग था जो 443 ई0 से लेकर 543 ई0 तक गुप्तों के अधिकार में रहा। यहाँ पर गुप्त सम्राटों के अधीन सामंतों के रूप में उपरिक महाराजों ने क्रमबद्ध रूप से शासन किया था।[544] वर्तमान बोगरा नगर से लगभग सात मील उत्तर में प्राचीन महास्थान अथवा महास्थानगढ़ के अवशेष प्राप्त हुये हैं। कनिंघम ने इसका अभिज्ञान पुण्ड्रवर्धन भुक्ति के प्राचीन नगर से किया है। कारतोया नदी जो वर्तमान में भी महास्थान

के टीले के अवशेषों को प्रक्षालित कर प्रवाहित होती है, पुण्ड्रवर्धन को असम के प्राग्ज्योतिष या कामरूप से अलग करती है।[545]

पुण्ड्रवर्धन भुक्ति को विभिन्न प्राचीन जातियों से संबंधित बताया जाता है। महाभारत[546] में विभिन्न स्थलों पर वर्णित पौण्ड्र अथवा पौण्ड्रकों को और कभी वंगों और किरातों को पुण्ड्रवर्धन भुक्ति से संबंधित बतलाया गया है। अन्यत्र इसका उड्रों, उत्कलों मेंकलों, कलिंगों एंव आन्ध्रों से संबंद्ध होने का उल्लेख मिलता है।[547] भानुगुप्त कालीन (533–34 ई0) दमोदरपुर ताम्रपत्र अभिलेख के आधार पर ज्ञात होता हे कि अयोध्या के किसी कुलपुत्र ने पुण्ड्रवर्धन भुक्ति के अन्तर्गत कोटिवर्ष के स्थानीय प्रशासक स्वयंभुदेव से आग्रह किया था कि उसे परंपरानुसार एक ताम्रपत्र के द्वारा कतिपय वंजरभूमि के हस्तांतरण की अनुमति प्रदत्त की जाय।[548] ह्वेनसांग ने पुण्ड्रवर्धन का वर्णन पुन–न–फ–टन–न नाम से किया है। पार्जिटर के मतानुसार किसी समय पौण्ड्रों के अधीन वर्तमान संथाल परगना, वीरभूम तथा हजारीबाग के उत्तरी भू–भाग भी सम्मिलित थे। पुण्ड्रवर्धन को मिलाने हेतु मध्य देश की पूर्वी सीमा का विस्तार पूर्व की ओर आगे बढ़ा दिया गया था।[549] प्राचीनकाल में वरेन्द्र जो कि मौटे तौर पर उत्तरी बंगाल से समीकृत किया जाता है, पुण्ड्रवर्धन भुक्ति में शामिल था।[550]

पुण्ड्रवर्धन भुक्ति का उल्लेख महीपाल प्रथम के बानगढ़ दानपत्र विग्रहपाल–III के आमगचिया दानपत्र तथा मदनपाल के मनहली दानपत्र जैसे पाल कालीन अभिलेखों में भी प्राप्त होता है। सेन अभिलेखों में पुण्ड्रवर्धन भुक्ति का वर्णन विजयसेन के बैरकपुर दानपत्र, लक्ष्मणसेन के अनुलिया, तर्पणदीघ, माधाईनगर तथा सुन्दरवन ताम्रपत्रों के अतिरिक्त केशवसेन के एडिलपुर ताम्रपत्र में भी किया गया है। पौण्ड्रभुक्ति, पुण्ड्रवर्धन भुक्ति का ही संक्षिप्त रूप है जिसका उल्लेख श्रीचन्द्रदेव के रामपालकालीन ताम्रपत्राभिलेख, भोजवर्मन् के बेलाव ताम्रपत्र तथा श्रीचन्द्र के धुल्ल अभिपत्र में मिलता है।[551] पौण्ड्रवर्धन का उल्लेख राष्ट्रकूट शासक गोविन्द–IV के सांगली अभिपत्र में हुआ है। विजयसेन के देवपाढ़ा अभिलेख से ज्ञात होता है कि वरेन्द्र में पुण्ड्रवर्धन का एक विस्तृत भू–भाग सम्मिलित था।[552]

पालशासकों के काल में (लगभग 730–1060 ई0 तक) पुण्ड्रवर्धन भुक्ति के अन्तर्गत एक विस्तृत क्षेत्र सम्मिलित था। सेन राजाओं के समय इसकी सीमा और अधिक विस्तृत हो गयी थी। इन राजवंशों के अधीन पुण्ड्रवर्धन भुक्ति में कोटिवर्ष विषय (वर्तमान दिनाजपुर), व्याघ्रतटी मंडल (माल्दह), खाडिविषय (सुन्दरवन तथा वर्तमान चौबीस परगना), वरेन्द्री (स्थूल रूप से राजशाही, बोगरा, रंगपुर और दिनाजपुर जनपद) तथा वंग (पूर्वी बंगाल, वर्तमान ढ़ाका मंडल) जैसे वृहद उपमंडलों को सम्मिलित किया गया था।[553] इसके अन्तर्गत वरेन्द्री और गौड़ के सम्मिलित होने की पुष्टि ग्यारहवीं शताब्दी ई0 के पुरूषोत्तमकोष के एक लेख 'पुण्ड्राः स्यूर वरेन्द्री गौड़ निवृत्ति' से भी होती है जिसके अनुसार पुण्ड्रदेश में वरेन्द्री और गौड़ सम्मिलित थे। संध्याकरनदी के रामचरितम में उल्लिखित है कि पुण्ड्रवर्धन भुक्ति वरेन्द्री का मुकुटमणि या सर्वश्रेष्ठ आभूषण था।[554] पुण्ड्रवर्धन भुक्ति गौड़ साम्राज्य का वृहत्तम प्रान्त था। दामोदरपुर से प्राप्त एक अभिपत्र में इसका विस्तार उत्तर में हिमालय से लेकर दक्षिण

में सुन्दर वन क्षेत्र में स्थित खाडिविषय तक बताया गया है। विश्वरूपसेन के मदनपाढ़ा अभिपत्र में इसकी पूर्वी सीमा का विस्तार समुद्रतट तक बताया गया है। मेहेर ताम्रपत्र[555] (तेरहवीं शताब्दी ई0) के आधार पर ज्ञात होता है कि पुण्ड्रवर्धन के अन्तर्गत टिप्परा का एक भाग भी सम्मिलित था। मौर्य काल में पुण्ड्रवर्धन के किसी महामात्र का उल्लेख प्राप्त होता है, किन्तु इसके बारे में कोई स्पष्ट साक्ष्य नहीं मिलता है।[556] डी0 आर0 भंडारकर का विचार है कि महास्थान अभिलेखकालीन संवंगीयों की राजधानी पुण्ड्रनगर थी जिसे वंगियों का नहीं बल्कि पुण्ड्रों का मुख्यालय कहा जाता था। स्पष्टतः पुण्ड्रों के आधार पर ही इसे पुण्ड्रनगर कहा जाता था।[557]

प्रसिद्ध चीनी यात्री ह्वेनसांग (सातवीं शती ई0) ने पुण्ड्रवर्धन भुक्ति का भ्रमण किया था। उसके विवरणों के आधार पर इसका विस्तार 4000 ली0 से अधिक था तथा इसकी राजधानी 30 ली से अधिक विस्तृत थी।[558] बारहवीं शताब्दी ई0 के तीस के दशक में बंगाल के उत्तरकालीन सेन शासकों द्वारा अपनी राजधानी पहले राजशाही जनपद के अन्तर्गत देवपाढ़ा और कालांतर में गौड में हस्तांतरित कर लिये जाने पर पुण्ड्रवर्धन भुक्ति का महत्व समाप्त हो गया। कालांतर में तेरहवीं शती ई0 के अंतिम समय तथा चौदहवीं शती ई0 के प्रारंभिक काल में मुसलमानों ने यहां अपना राज्य स्थापित कर लिया था।[559]

पेण्ठाम भुक्ति

इस भुक्ति का उल्लेख तीवर (580–95 ई0) के राजिम ताम्रपत्र अभिलेख[560] में किया गया है। अभिलेख से प्राप्त सूचना के अनुसार कोसल नरेश महाराज तीवरदेव ने पिम्परिपद्रक नामक एक ग्राम का दान किया था। उक्त ग्राम को पेण्ठाम भुक्ति का एक अंग कहा गया है।[561] इस भुक्ति का वर्तमान भौगोलिक अभिज्ञान करना अभी तक संभव नहीं हो सका है।[562]

मगध

इस राज्य का उल्लेख यशोवर्मन् (725–53 ई0) के नालंदा प्रस्तर अभिलेख[563] में हुआ। अभिलेख से प्राप्त सूचना के अनुसार राजा यशोवर्मन् ने मगध के गौडवंशी शासक को पराजित कर मार डाला था।[564] तिब्बती बौद्ध भूगोल के अनुसार मगध प्राची में स्थित न होकर मध्यदेश में था जिसमें पटना और गया जिले सम्मिलत थे। कुछ विद्वानों के अनुसार यह अंग के पश्चिम में स्थित था जिसे चंपा नदी अंग से पृथक करती थी।[565] मुख्य रूप से मगध की पहचान बिहार के वर्तमान पटना और गया जनपदों से की जाती है। इसका उल्लेख समस्त प्रकार के रत्नों से युक्त एक सुन्दर क्षेत्र के रूप में किया गया है।[566] मगध का उल्लेख बुद्धकालीन जंबूद्वीप के सोलह महाजनपदों के अन्तर्गत किया गया है।[567] जैनग्रंथ भगवती सूत्र के अन्तर्गत भी सोलह महाजनपदों की सूची मिलती है जिसमें मगह नाम से मगध का वर्णन मिलता है।[568] वैदिक, ब्राह्मण और सूत्र युगों में मगध को आर्य एवं ब्राह्मण

संस्कृति के क्षेत्र से बाहर माना जाता था, संभवतः इसी कारण ब्राह्मण ग्रंथों के लेखकों ने इसकी उपेक्षा की थी किन्तु बौद्धों के पवित्र क्षेत्र के रूप में मगध सदैव मध्य देश के अन्तर्गत सम्मिलित माना जाता था।[569] मगध की सर्वप्राचीन राजधानी गिरिव्रज या प्राचीन राजगृह थी। इसके अन्य नाम वसुमती[570] बार्हद्रथपुरी[571] वराह, वृषभ, ऋषिगिरी, चौत्यक[572] बिंबिसारपुरी[573] और कुशाग्रपुर[574] मिलते हैं। ऋग्वेद में कीकट नामक एक क्षेत्र का वर्णन प्राप्त होता है जो मगध की सीमा के अन्तर्गत स्थित था।[575]

पाणिनी ने अपनी अष्टाध्यायी[576] तथा पतंजलि ने अपने महाभाष्य[577] में मगध का उल्लेख किया है। दशकुमारचरितम[578] के अनुसार मगध नरेश ने युद्ध में मालव नरेश को पराजित कर बंदी बना लिया, किन्तु उदारतापूर्वक उसके राज्य को वापस कर दिया था। मगध के राजकुल की स्त्रियों को सुरक्षित रूप से विध्याटवी में शत्रुओं के लिए दुर्गम किसी स्थान पर रखा जाता था।[579] कालिदास के अनुसार राजा दिलीप ने मगध राजकुल से संबंधित किसी सुदक्षिणा नामक राजकुमारी से विधि सम्मत विवाह किया था।[580]

अशोक के भाब्रू शिलालेख[581] तथा भागवतपुराण[582] में मगध का उल्लेख किया गया है। हाथीगुम्फा अभिलेख के आधार पर स्पष्ट होता है कि जिस समय अंग–मगध का शासक वृहस्पति मित्र था, कलिंग नरेश खारवेल ने गोरथगिरी को नष्ट कर मगध की ओर प्रस्थान किया और उसकी प्राचीन राजधानी राजगृह को परिपीड़ित किया था।[583] स्कन्दगुप्त की मृत्यु के पश्चात भी मगध का साम्राज्य अस्तित्व में था जहाँ पुरूगुप्त, नरसिंहगुप्त, कुमारगुप्त और बुधगुप्त ने शासन किया था। इसके उपरांत सम्राट परंपरा ग्यारह गुप्तवंशी राजकुमारों के अधीन चली गयी। दामोदरपुर अभिपत्रों, सारनाथ के अभिलेखों, बुद्धगुप्त के एरण अभिलेख और 518 ई0 के परिव्राजक महाराज संक्षोंभ के बेतुल अभिपत्रों से ज्ञात होता है कि गुप्तों का सार्वभौमिक शासन पांचवीं शती के उत्तरार्द्ध एवं छठी शती ई0 तक सतत् चलता रहा था।[584] अपसद एवं देववरनार्क अभिलेखों के अनुसार आदित्सेन और उसके उत्तराधिकारी मगध तथा मध्यदेश पर वास्तविक अधिकार करने वाले उत्तर भारत के एकमात्र शासक थे।[585] लगभग 8वीं शताब्दी ई0 के प्रारम्भ में मगध के सिंहासन पर गौड़वंशी शासक गोपाल ने अधिकार कर लिया था, जिसकी पुष्टि पाल अभिलेखों से होती है। शक्तिवर्मन् के रघोली अभिपत्रों के अनुसार कलिंगराज शक्तिवर्मन् मगध राजवंश से संबंधित था। महाशिवगुप्त के शासनकाल के सिरपुर शिलालेख के अनुसार महाशिवगुप्त की माता वासला को सूर्यवर्मन् नामक मगध नरेश की पुत्री कहा गया है।[587] मंगलेश के महाकूट अभिलेख के अनुसार कीतिवर्मन्–I ने मगध सहित विभिन्न नगरों के शासकों पर विजय प्राप्त की थी।[588] राजा जयदेव के काठमांडू से प्राप्त अभिलेख में मगध नरेश आदित्यसेन की पौत्री का उल्लेख मिलता है।[589]

महामण्डलेश्वर चामुण्ड–II के ऐहोल अभिलेख के अनुसार मगध, गुर्जर, आंध्र, द्रविड तथा नेपाल के नरेश राजा चामुण्डराज का यशगान करते थे।[590] अमोघवर्ष प्रथम कालीन सिरपुर अभिलेख में कहा गया है कि मगध, वंग, अंग, मालव और वेंगी के राजा अतिशय धवल (अमोघवर्ष–I) की उपासना करते थे। इस तथ्य की पुष्टि अमोघवर्ष–I के नीलगुंड अभिलेख

से भी होती है, जिसमें कहा गया है कि शत्रु राजाओं के मुकुट अतिशय धवल के चरणों की वंदना करते थे।[591] कवि गंगाधर के गोविन्दपुर शिलालेख के अनुसार मगध के श्रीमान् राजा (श्रीमगधेश्वर) ने उसे व्यास की संज्ञा प्रदान की थी।[592] अब्लुर अभिलेख से ज्ञात होता है कि कल्चुरि नरेश बिज्जन (बिज्जल) ने आंध्र, गुर्जर, वंग, कलिंग, चोल, लाट् आदि समेत मगध को भी विजित कर लिया था।[593]

संभवतः मगध में एक पृथक वर्णमाला का प्रचलन था जिसमें बोधिसत्व ने दक्षता प्राप्त की थी।[594] बिंबिसार के समय मगध में 80000 गाँव सम्मिलित थे।[595] मगध के कतिपय ग्रामों में सेनानी ग्राम[596] (मगध का एक प्रमुख ग्राम) तथा भारद्वाज सहित ब्राह्मणों द्वारा निवसित एकनाला ग्राम[597] को बुद्ध ने कालांतर में बौद्ध धर्म में दीक्षित कर दिया था।[598] मगध बौद्ध धर्म का एक प्रसिद्ध केन्द्र था जहाँ सारिपुत्र और मोग्गलायन को बुद्ध ने अपने धर्म में दीक्षित कर लिया था।[599] अशोक द्वारा धर्मप्रचारार्थ विभिन्न स्थानों को भेजे गये प्रायः सभी प्रचारक मगध के निवासी थे।[600] बिंबिसार के शासनकाल में मगध की प्राचीन राजधानी राजगृह जलकर राख हो गयी तब उसने नव–राज गृह नामक एक नवीन राजधानी निर्मित करायी थी।[601] ह्वेनसांग के अनुसार कुशाग्रपुर या कुशागारपुर (सम्भवतः प्राचीन मगध नरेश कुशाग्र के नाम पर लक्षित) के आग में नष्ट हो जाने पर राजा बिंबिसार ने श्मशान में जाकर नवीन राजगृह नगर का निर्माण कराया था।[602] मगध की राजधानी में बौद्धधर्म की एक संगीति आयोजित की गयी थी।[603] अशोक के समय मगध की राजधानी पाटलिपुत्र के चार पुर द्वारों से उसे 4000 कहापण की दैनिक आय होती थी।[604] प्राचीन बौद्धयुग में मगध एक प्रसिद्ध व्यापारिक एवं राजनीतिक केन्द्र था, जहाँ उत्तर भारत के समस्त भागों से लोग व्यापार और वाणिज्य के निमित्त आते थे।[605] राजा बिंबिसार का राजवैद्य जीवक मगध का ही निवासी था।[606] बिंबिसार और उसके उत्तराधिकारी अजातशत्रु के काल में मगध की इतनी उन्नति हुई कि सदियों पश्चात अशोक के कलिंग युद्ध तक वास्तव में मगध का इतिहास ही उत्तर भारत का इतिहास है। मगध ने वैवाहिक तथा अन्य प्रकार की संधियों के माध्यम से न केवल पड़ोसी राज्यों से वरन् गंधार राज्य से मित्रता स्थापित कर अपना विस्तार किया।

मत्स्य

मत्स्य राज्य का उल्लेख धर्मपाल (775–812 ई0) के खालीमपुर ताम्रपत्र अभिलेख[607] तथा भोज–I (836–85 ई0) के ग्वालियर प्रस्तर अभिलेख[608] में किया गया है। प्रथम अभिलेख से प्राप्त सूचना के अनुसार पालशासक धर्मपाल द्वारा आयोजित दरबार में चक्रयुध को कन्नौज के शासक के रूप में अन्य देशों के साथ मत्स्य नरेश ने भी अपनी मान्यता प्रदान की थी।[609] भोज–I के ग्वालियर प्रस्तर अभिलेख से ज्ञात होता है कि प्रतिहार शासक नागभट्ट–II ने मत्स्य के पहाड़ी दुर्ग पर आधिपत्य स्थापित कर लिया था।[610]

पालि ग्रन्थ अंगुत्तर निकाय के अनुसार मत्स्य बुद्धकालीन जंबुद्वीप के सोलह महाजनपदों में से एक था।[611] महावस्तु[612] में वर्णित सोलह वृहत महाजनपदों की श्रेणी में भी

मत्स्य का उल्लेख मिलता है। मार्कण्डेय पुराण[613] के अनुसार मत्स्य, काशी, कोशल, पुलिन्द, समक आदि देशों के साथ मध्य देश में सम्मिलित था। इसके अन्तर्गत राजस्थान का वर्तमान जयपुर क्षेत्र सम्मिलित था। इसमें भरतपुर के एक भाग सहित आधुनिक अलवर का समस्त भू–भाग समाविष्ट था। मनुसंहिता से ज्ञात होता है कि मत्स्य ब्रह्मर्षि देश का एक भाग था जिसमें पटियाला का पूर्वी भाग दिल्ली, अलवर, राजस्थान के समीपवर्ती क्षेत्र, गंगा–यमुना के मध्यवर्ती क्षेत्र एवं उत्तर प्रदेश के मथुरा जनपद सम्मिलित थे।[614] ऋग्वेद के अनुसार मत्स्य राज्य इन्द्रप्रस्थ के दक्षिण अथवा दक्षिण–पश्चिम में और शूरसेन राज्य के दक्षिण में स्थित था।[615] मत्स्य नरेश विराट की राजधानी होने के कारण मत्स्य की राजधानी का नाम भी विराट नगर या वैराट था।[616] महाभारत[617] के अनुसार विराट नगर को मत्स्यनगर भी कहा जाता था जो पांडवों के सहयोगी राजा विराट की राजधानी थी। कनिंघम ने भी वैराट या विराट को मत्स्यदेश में सम्मिलित कहा है।[618] कालांतर में मत्स्य को विराट या वैराट कहा जाने लगा था।[619] मत्स्य देश में ही पाण्डवों ने अपने अज्ञातवास का निर्धारित एक वर्ष व्यतीत किया था जिसके पश्चात उन्होंने स्वयं को प्रकट किया तथा अर्जुन के पुत्र अभिमन्यु एवं विराट की पुत्री उत्तरा का विवाह सम्पन्न हुआ था।[620] राजा विराट तथा त्रिगर्तों के मध्य हुए एक युद्ध का उल्लेख मिलता है जिसमें राजा विराट को बन्दी बना लिया गया था परन्तु बाद में भीम ने उन्हें मुक्त कराया था।[621]

सातवीं शती ई0 में भारत आने वाले प्रसिद्ध चीनी यात्री ह्वेनसांग के अनुसार वैराट राज्य की परिधि 3000 ली अथवा 500मील थी। यहां उत्तम किस्म की भेंड़ें तथा बैल प्राप्त होते थे। किन्तु फल–फूल का अभाव था। राजधानी वैराट की परिधि 14 या 15 मील थी। यहां के निवासी साहसी एवं निर्भीक होते थे तथा राजा युद्ध में अपनी वीरता और साहस हेतु प्रसिद्ध था।[622] यहाँ की भूमि प्रायः अच्छी थी तथा इमली के सुन्दर वृक्षों की बहुतायत थी। प्राचीन वैराट नगर अनेक शाताब्दियों तक निर्जन रहा जो संभवतः मुगल सम्राट अकबर के शासन काल में पुनः आबाद हुआ था। यह लगभग एक मील लम्बे एवं आधे मील चौड़े खण्डहरों के एक टीले पर बसा हुआ था। वर्तमान वैराट नगर तलहटी की निचली वनस्पति विहीन पहाड़ियों से घिरी हुई एक वृत्ताकार घाटी के मध्य स्थित और हमेशा से ताबें की खानों के लिए प्रसिद्ध रहा हैं। इसे दिल्ली से 105 मील दक्षिण–पश्चिम तथा जयपुर से 41मील उत्तर में स्थित बताया जाता है।[623]

अपनी स्वतंत्रता के युग में मत्स्य राज्य का संविधान संभवतः राजतंत्रात्मक था। संभवतः किसी समय इसे पड़ोस के चेदि राज्य में और अन्ततः सदा के लिए मगध साम्राज्य में समाहित कर लिया गया था।[624] जातकों[625] में मत्स्यराज्य का उल्लेख पांचाल, सूरसेन, मद्र और केकय के साथ मिलता है। विधुरपंडित जातक में मत्स्यों के समक्ष कुरू नरेश धनंजय और पुष्णक यक्ख के मध्य हुए द्यूत क्रीडा का उल्लेख मिलता है। इस आधार पर बी0 सी0 लाहा ने मत प्रकट किया है कि मत्स्यों ने कुरू तथा शूरसेनों के साथ एक संघ बना लिया था।[626] पालि त्रिपिटकों तथा उसकी अट्ठकथाओं में मत्स्य राज्य के किसी नगर का कोई

विशेष उल्लेख नहीं प्राप्त होता है। बुद्ध के जीवनकाल में भी इस राज्य का कोई विशेष महत्व स्पष्ट नहीं होता है।[627]

मद्र

मद्र राज्य का वर्णन धर्मपाल (775–812 ई0) के खालीमपुर अभिलेख में किया गया है।[628] मद्र का उल्लेख करते हुए अभिलेख में कहा गया है कि पालशासक धर्मपाल की अधीनता में कन्नौज नरेश चक्रायुध को मान्यता प्रदान करने के लिये आयोजित दरबार में यदु, यवन, कीर, अवन्ति आदि राज्यों के साथ मद्र नरेश भी सम्मिलित हुआ था।[629]

बुद्धकाल में मद्र उत्तरापथ का एक महत्वपूर्ण राज्य था। वैदिक साहित्य में भी इसे एक महत्वपूर्ण राष्ट्र के रूप में उल्लिखित किया गया है। मद्र के निवासियों का उल्लेख ऐतरेय ब्राह्मण[630] में किया गया है। वृहदारण्यक उपनिषद[631] के अनुसार उद्दालक आरूणि ने इसी राज्य में शिक्षार्जन किया था। पालि साहित्य में मद्र का उल्लेख करते हुए इसे सुन्दर स्त्रियों के लिए प्रसिद्ध बताया गया है। अजातशत्रु के पिता मगधराज बिंबिसार ने मद्र राजकुमारी खेमा से विवाह किया था। कलिंगबोधि जातक में कलिंग के एक राजकुमार द्वारा किसी मद्र राजकुमारी से विवाह करने का वर्णन है। छदन्त जातक में वाराणसी के किसी राजकुमार और मद्र राजकुमारी के विवाह का उल्लेख मिलता है। वेस्सन्तर जातक के अनुसार शिवि नरेश वेस्सन्तर की महिषि माद्री भी मद्र देश की कन्या थी। कोसल और कुरु राजकुमारों ने मद्र राजकुमारियों से विवाह किया था। संभवतः उक्त आधार पर ही बुद्धघोष ने मद्रदेश को स्त्रियों का आगार बताया है।[632]

मद्र राज्य मध्य पंजाब में रावी और चिनाब नदियों के बीच स्यालकोट के निकटवर्ती क्षेत्रों में स्थित था।[633] इसकी राजधानी सागल या साकल[634] थी जिसकी पहचान वर्तमान स्यालकोट से की जाती है।[635] शाकल एक महत्वपूर्ण व्यापारिक केन्द्र था।[636] यवन शासक मिनांडर ने शाकल को अपनी राजधानी बनाया। एरियन ने शाकल को संगल नाम से वर्णित किया है जबकि टॉलेमी ने इसे यूथुमेदिया कहा है। जातक में मद्र और उसकी राजधानी शाकल का उल्लेख मिलता है। यह एक पहाड़ी पर स्थित सुन्दर प्रदेश था जहाँ सैकड़ों धर्मशालाएं निर्मित थी।[637] ह्वेनसांग के अनुसार प्राचीन शाकल (शे–की–लो) लगभग 20 ली विस्तृत था। यहाँ स्थित एक बिहार में हीनयान संप्रदाय के लगभग 100 भिक्षु निवास करते थे। बिहार के पश्चिमोत्तर में अशोक द्वारा निर्मित लगभग 200 फीट ऊँचा एक स्तूप था।[638] मद्र के निवासी वैदिक युगीन एक प्राचीन क्षत्रिय जाति के वंशज थे। मद्रगण योद्धाओं का एक निगम था। ई0 पू0 में मद्र राजधानी शाकल पर सिकन्दर महान ने अधिकार कर लिया था। कालान्तर में युनानी शासक मिनांडर का अधिकार शाकल पर स्थापित हो गया था जिसने बौद्ध धर्म ग्रहण कर लिया। संभवतः उसके पूर्व ही शाकल में बौद्धधर्म स्थापित हो चुका था।[639]

मालव

मालव राज्य का वर्णन सुब्रतवर्मन् (605–10 ई0) के नालंदा खंडित (अपूर्ण) मुद्रा अभिलेख[640], भोज–I के ग्वालियर प्रस्तर अभिलेख[641] तथा विनायकपाल कालीन धंग के खजुराहो प्रस्तर अभिलेख में किया गया है।[642] प्रथम अभिलेख से प्राप्त सूचना के अनुसार सम्भवतः सुब्रतर्मन् (अवन्तिवर्मन का पुत्र) को गौड़ नरेश शशांक तथा मालव नरेश देवगुप्त ने मौखरि सिंहासन प्राप्त करने में सहायता दी थी।[643] भोज–I के ग्वालियर प्रस्तर अभिलेख के अनुसार नागभट्ट–II ने मालव के गिरिदुर्ग को अपने अधीन कर लिया था।[644] धंग के खजुराहो प्रस्तर अभिलेख से ज्ञात होता है कि यशोवर्मन् ने मालव राज्य के विरूद्ध सैनिक सफलता प्राप्त की थी।[645]

मालव राज्य का स्पष्ट निर्धारण कठिन प्रतीत होता है किन्तु सिकन्दर कालीन मालव जन को पंजाब में स्थित बताया गया है। स्मिथ के अनुसार मालवों का अधिकार झेलम व चिनाब नदियों के संगम से आगे स्थित भू–भाग पर था जिसके अन्तर्गत वर्तमान पाकिस्तान के झंग एवं मांटगोमरी जिले सम्मिलित थे।[646] मैक्रिंडिल के अनुसार मालवों का अधिकार अधिक विस्तृत क्षेत्र पर था जिसमें रावी तथा चिनाब के वर्तमान दो–आब क्षेत्र और सिन्धु एवं चिनाब के संगम तक के भू–भाग सम्मिलित थे जिन्हें वर्तमान मुल्तान एवं मांटगोमरी जिले के कुछ भागों से समीकृत किया जा सकता है।[647] कतिपय विद्वानों के अनुसार मालव जन ऊपरी रावी की घाटी में स्थित थें। हर्ष के मधुवन एवं बांसखेड़ा अभिलेखों में वर्णित महासेन गुप्त एंव देवगुप्त के मालव राज्य का अभिज्ञान संभवतः पूर्वी मालव से किया जा सकता है जो प्रयाग एवं भिलसा के मध्य स्थित था।[648] स्पष्टतः मालव देश से उज्जयिनी एवं भिलसा (वर्तमान मालवा) के निकटवर्ती क्षेत्रों का बोध होता है।

कालान्तर के अनेक अभिलेखों, गुर्जर प्रतिहारों के सागरतल अभिलेख तथा गोविन्द–III के पैठन अभिपत्र आदि में भी मालवों का उल्लेख प्राप्त होता है। शक क्षत्रप नहपान के दामाद उषवदात्त के नासिक गुहालेख के अनुसार जयपुर के निकटवर्ती नगर क्षेत्र पर मालवों का अधिकार था।[649] मालव देश का वर्णन जयसिंहदेवकालीन तेवर प्रस्तर अभिलेख (चेदि संवत 929) में भी किया गया है।[650] विक्रमादित्य–VI के किसी दण्डनायक अनन्तपाल ने हिमालय क्षेत्र तक स्थित सप्त–मालव राज्यों को विजित कर लिया था।[651] इलाहाबाद स्तम्भ लेख में उल्लिखित मालवों ने जयपुर के दक्षिण पूर्वी भाग में स्थित वगरचाल नामक एक प्रांत पर अपना अधिकार कर लिया था। सम्भवतः उनका अधिकार क्षेत्र दक्षिण पूर्वी राजस्थान में मेवाड़ एवं कोटा तथा इसके निकट मध्य प्रदेश के कतिपय भागों तक था।[652] परबल के पथरी स्तंभ लेख के अनुसार नवीं शती ई0 के पूर्वार्द्ध में मालव में किसी राष्ट्रकूट वंश के अस्तित्व का उल्लेख मिलता है।[653]

ह्वेनसांग ने मालव राज्य की परिधि 600 ली बतायी है। यहाँ की भूमि उर्वर थी जहां पर अनन्त झाड़ियाँ एवं वृक्ष तथा नाना प्रकार के फल–फूल बहुतायत से मिलते थे। यहाँ के

निवासी विलक्षण प्रतिभा सम्पन्न तथा गुणवान थे। यहाँ पर अनेक संघाराम तथा देवमंदिर भी निर्मित थे।[654]

मिथिला

इसका उल्लेख विनायकपाल कालीन धंग के खजुराहो प्रस्तर अभिलेख[655] (954 ई0) में किया गया है। अभिलेख के अनुसार यशोवर्मन् ने मिथिला, मालव, गौड़ आदि राज्यों के विरूद्ध सैनिक सफलताएं प्राप्त की थी[656]

रामायण[657] तथा महाभारत[658] के अनुसार मिथिला एक देश और राजधानी दोनों का ही नाम था। मिथिला को नेपाल की सीमा पर स्थित वर्तमान जनकपुर नामक एक लघु कस्बे से समीकृत किया जाता है। इसके उत्तर में मुजफ्फरपुर और दरभंगा जनपद स्थित थे।[659] मिथिला विदेह राज्य की राजधानी थी जिसे तीर भुक्ति (वर्तमान तिरहुत) से समीकृत करते हैं।[660] रीज डेविड्स के अनुसार मिथिला, वैशाली से लगभग 35 मील पश्चिमोत्तर में स्थित थी। इसका विस्तार सात लीग तथा विदेह राज्य का विस्तार 300 लीग था।[661] मिथिला, अंग की राजधानी चंपा से 60 योजन दूर स्थित थी।[662] विदेहनरेश जनक के शासन काल में ऋषि विश्वामित्र को अयोध्या से मिथिला पहुंचने में चार दिन लगे थे जबकि मार्ग में उन्होंने केवल एक रात्रि विशाला में विश्राम किया था।[663] विदेह का नामकरण विदेह–माधव के आधार पर पड़ा जिसने शतपथ ब्राह्मण[664] के अनुसार यहाँ अपना उपनिवेश स्थापित किया था। भविष्य पुराण से ज्ञात होता है कि निमि के पुत्र मिथि ने मिथिला के इस सुन्दर नगर की स्थापना की थी। इस नगर का संस्थापक होने के कारण उन्हें जनक कहा जाने लगा था।[665] दीघनिकाय[666] के महोगोविंदसुतांत के अनुसार विदेह को एक राज्य के रूप में सीमांकित किया गया था जिसकी राजधानी गोविन्द द्वारा निर्मित मिथिला नगरी थी। विष्णुपुराण[667] में मिथिला नाम की व्युत्पत्ति के संबंध में एक काल्पनिक विवरण प्राप्त होता है जिसके अनुसार इन्द्र के यज्ञ का अनुष्ठान करने के उपरांत वशिष्ठ राजा निमि के यज्ञ संपादन हेतु मिथिला गये थे। वहाँ जाकर उन्होंने देखा कि यज्ञ कार्य संपन्न करने के लिए गौतम को नियुक्त किया जा चुका थां। राजा को सोता हुआ पाकर उन्होंने राजा को शरीर रहित होने का शाप दिया। जागने पर राजा ने भी वशिष्ठ को नष्ट हो जाने का शाप दिया, क्योंकि उन्होंने एक सोते हुए राजा को अभिशप्त किया था। ऋषियों द्वारा राजा के शरीर का मंथन करने के उपरांत एक शिशु उत्पन्न हुआ जो मिथि नाम से कालांतर में प्रसिद्ध हुआ तथा वहाँ के नरेशों को मैथिल कहा गया।[668]

जातक[669] के अनुसार मथिला के चार प्रवेश द्वारों में प्रत्येक पर एक बाजार था। मिथिला के बाजारों में हाथी, घोडों, रथों, बैंलों, भेडों और इसी प्रकार के अन्य पशुधनों के साथ ही सोने, चांदी मुक्ता मणियों एवं अन्य मूल्यवान वस्तुओं की बहुतायत थी।[670] यह एक खुशहाल नगर था। यहाँ की सभी रानियाँ राजसी वस्त्रों एवं मुकुटों से अलंकृत रहती थी।[671] मिथिला गंगा नदी के उत्तरी तट पर स्थित एक उर्वर नगर था।[672] यह लंबी प्राचीरों

से घिरा हुआ एक शान्त नगर था।[673] रामायण में मिथिला को एक सुन्दर एवं स्वच्छ नगर बताया गया है जिसके निकट एक प्राचीन एवं निर्जन जंगल था।[674] यहाँ के निवासी स्वस्थ्य एंव नित्य उत्सवों में भाग लेने वाले थे।[675] मिथिला की गणना विविध सूर्यवंशी राजवंशों द्वारा निरंतर शासित उन्नीस नगरों में की जाती है।[676] मिथिला में एक मंदिर था जहाँ पर महागिरी अध्यापक रहते थे।[677]

विदेह नरेशों में बहुविवाह की प्रथा प्रचलित थी।[678] मिथिला के राजाओं में राजा जनक का नाम सर्वाधिक महत्वपूर्ण था जिसने मिथिला में अपना यज्ञ संपादित किया था।[679] वह अयोध्या नरेश दशरथ का मित्र था। वह एक अत्यंत सुसंस्कृत एवं दृढ़ निश्चय वाला व्यक्ति था।[680] शिव के धर्नुभंग का प्रतिशोध लेने हेतु परशुराम मिथिला आये थे और राम से पराजित हुए थे।[681] जैन ग्रंथ निरयावलिय सुत्त के अनुसार विदेहजन चेटक को अपना शासक मानते थे।[682] राजा पुष्पदेव मिथिला का शासक था। जिसके चन्द्र और सूर्य नामक दो धर्मात्मा पुत्र थे।[683] अपनी दानी प्रवृत्ति हेतु प्रसिद्ध मिथिला नरेश विजितावी को उसके राज्य से निर्वासित कर दिया गया था।[684] अपनी दिग्विजयों के क्रम में कर्ण ने मिथिला को विजित कर लिया था।[685] मिथिला नरेश साधिन ने अनेक वर्षों तक सुख और न्यायपरायणता से इस नगर पर राज्य किया था।[686] मिथिला में ज्येष्ठाधिकार का नियम प्रचलित था।[687] पालवंशी शासक रामपाल ने कैवर्त–अपहर्ता को पराजित कर मिथिला को विजित किया था।[688]

मिथिला जैन तीर्थकर महावीर स्वामी एवं बौद्ध धर्म प्रवर्तक गौतम बुद्ध के चरणों से पवित्र हुई थी। अपने सिर के एक पके हुए बाल को देखकर मिथिला नरेश मरवादेव को संसार की नश्वरता का अनुभव हुआ और कालांतर में वह सन्यासी हो गया तथा एक श्रेष्ठ आध्यात्मिक अंर्तदृष्टि प्राप्त कर ली थी।[689] मिथिला के साधिन नामक एक धार्मिक राजा ने पंचमहाव्रतों का पालन और निर्धारित उपवास दिवसों के व्रतों का अनुपालन किया था।[690] भागवतपुराण[691] में मिथिलावासियों को सामान्यतः आत्मा–विषयक ज्ञान में निपुण बताया गया है। मिथिला के शासक सुसंस्कृत व्यक्तित्व के धनी थे। राजा जनक ब्राह्मण युग के एक महान राजर्षि तथा श्रेष्ठ यज्ञकर्ता एवं संस्कृत तथा दर्शन के महान संरक्षक थे।[692]

बौद्धकाल में मिथिला के शासक सुमित्र ने धम्म के अभ्यास में अपना ध्यान केन्द्रित किया था।[693] मिथिला नरेश विदेह को धर्मोपदेश देने हेतु चार ऋषि थे।[694] पिंगुत्तर नामक मिथिला का एक युवक तक्षशिला गया और एक प्रसिद्ध शिक्षक से उसने शीघ्र ही अपनी शिक्षा पूर्ण कर ली थी।[695] ब्रह्मायु नामक मिथिला का एक ब्राह्मण इतिहास, व्याकरण तथा किंकर्तव्यमीमांसा में पूर्णरूपेण निपुण तथा एक महापुरूष के समस्त लक्षणों से युक्त था।[696]

मिथिला पंच भारत में से एक थी। बंगाल की सभ्यता, मुख्यतः तर्कशास्त्र की नवीन विद्या जिसके निमित्त नादिया के विद्यालयों को संपूर्ण भरत में प्रसिद्धि मिली थी, मिथिला से आयी थी।[697] भारत पर मुस्लिमों का अधिकार हो जाने के उपरांत गंगेश ने भारतीय तर्कशास्त्र की नवीन शाखा की स्थापना मिथिला में की थी तथा मिथिला से ही यह मत बंगाल के नवद्वीप में प्रचलित हुआ था।[698]

यवभूमि

इसका उल्लेख देवपाल (812–50 ई0) के नालन्दा ताम्रपत्र अभिलेख[699] में हुआ है। अभिलेख के अनुसार पाल शासक देवपाल अपने विजय अभियान में विन्ध्य से लेकर कंबोज तक गया तथा उसने हिमालय से रामसेतु और वरुण के निवास से लेकर लक्ष्मी (बंगाल की खाड़ी से लेकर अरब सागर) तक के क्षेत्रों पर अपना अधिकार स्थापित कर लिया था। इसी क्रम में वीर वैरिमाथन का उल्लेख मिलता है जो यवभूमि का शासक तथा शैलेन्द्रवंश का आभूषण था।[700]

यवभूमि की पहचान यवद्वीप से की जाती है। इसी नाम से इस क्षेत्र का उल्लेख रामायण तथा कथासरित्सागर जैसे संस्कृत ग्रंथों में प्राप्त होता है। वर्तमान समय में यवभूमि को जावा से समीकृत किया जाता है।[701] यहाँ नवीं शताब्दी ई0 में शैलेन्द्रवंशी शासकों का अधिकार स्थापित हो चुका था।[702] महानिद्देश[703] में भारत के योन तथा परमयोन देशों के साथ व्यापारिक संबंधों का उल्लेख किया गया है। इसके अनुसार पूर्व में आराकान, सुवर्णभूमि (दक्षिणी वर्मा), वेसुंग, वेरापथ, तक्कोल, तमिल, तंबपण्णि और यवभूमि अथवा जावा आदि देशों के साथ समुद्री मार्ग द्वारा व्यापार का प्रचलन था।[704]

राढ़

इसका उल्लेख हरिवर्मन् (1090–1110 ई0) के अमात्य भवदेव के भुवनेश्वर प्रस्तर अभिलेख[705] में हुआ है। अभिलेख से प्राप्त सूचना के अनुसार उसने राढ़ में एक तालाब खुदवाया था।[706]

भोजवर्मन् के बेलाव और बल्लालसेन के नैहटि ताम्रपत्रों में उत्तर–राढ़ का उल्लेख है जो वर्धमान भुक्ति से सम्बद्ध था। कतिपय विद्वानों का विचार है कि गण्डरादित्यदेव के कोल्हापुर ताम्रपत्र[707] तथा गंग शासक देवेन्द्रवर्मन् के इंडियन म्यूजियम अभिपत्र[708] में वर्णित उत्तरी–राढ़ बंगाल का एक भाग है जिसमें मुर्शिदाबाद जनपद के कुछ भाग भी सम्मिलित थे। राजेन्द्रचोल के तिरूमलई शिलालेख में उत्तर–राढ और दक्षिण–राढ़ का उल्लेख दो पृथक जनपदों के रूप में हुआ है। राढ़ प्रान्त में हुगली, हाबडा, वर्दवान और बाकुडा जनपद तथा मिदनापुर जिले के अधिकांश भू–भाग सम्मिलित प्रतीत होते हैं।[709]

आचारांगसूत्र में राढ़ का वर्णन एक दुर्गम देश के रूप में किया गया है जिसके दो उपमंडलों में सुम्भभूमि को संभवतः संस्कृत के सुहच से और वज्जभूमि को वर्तमान मिदनापुर जिले से समीकृत किया जाता है इस ग्रंथ में राढ़ के निवासियों को कठोर तथा साधारणतया ऋषियों के प्रति विद्वेष भाव रखने वाला बताया गया है। एक उल्लेख में कहा गया है कि जैसे ही ऋषिगण उनके गावों की सीमा पर पहुंचते थे, राढ़वासी उनके पीछे कुत्ते दौडा दिया करते थे।[710] राढ़ के गोपालक ऋषियों से व्यवहारिक मजाक किया करते थे जिनके उपद्रवों से उन्हें निपटना पड़ता था।[711]

लाट

इसका उल्लेख युवराज–II (980–95 ई0) के बिल्हारी प्रस्तर अभिलेख[712] में प्राप्त होता है। अभिलेख से ज्ञात होता है कि मुग्धतुंग का संघर्ष लाट, गौड़, कोसल आदि देशों से हुआ था।[713]

लाट उत्तरी कोंकण एवं गुजरात का प्राचीन नाम था। कर्ण के रीवां शिलालेख में लाट का वर्णन किया गया जिसे साधारणतया केन्द्रीय एवं दक्षिणी गुजरात से समीकृत किया जाता है।[714] कतिपय विद्वानों की धारणा है कि लाट माही एवं निचली ताप्ती नदियों के मध्य स्थित खानदेश समेत दक्षिण गुजरात का द्योतक था।[715] कुछ अन्य उसे माही एवं किम नदियों के मध्य स्थित बताते हैं। इसमें वर्तमान सूरत, भड़ौच, खेड़ा, जनपदों तथा बड़ौदा के कुछ भू–भाग भी सम्मिलित थे।[716] व्युह्लर का विचार है कि लाट, माही तथा किम नदियों के मध्य स्थित केन्द्रीय गुजरात है जिसका प्रमुख नगर भड़ौच था।[717] पालि गंथों में वर्णित लाल रट्ठ (लाट राष्ट्र) का समीकरण गुजरात के प्राचीन लाट राज्य से स्थापित किया जाता है, जिसकी राजधानी सिंहपुर (सीहपुर) थी।[718]

लाटदेश का प्रथम वर्णन संभवतः टॉलेमी के विवरणों में मिलता है जिसके अनुसार लारिके, इंडो–सीथिया के पूर्व में समुद्रतट पर स्थित था।[719] बंधुवर्मन् के मंदसोर अभिलेख में लाट का उल्लेख किया गया है। प्रतिहार शासक कक्कुक के घटियाला अभिलेख से ज्ञात होता है कि उसने लाट देश में अतिशय कीर्ति अर्जित की थी।[720] सिंहली पालिवृत्तों के अन्तर्गत लाल देश का वर्णन राजकुमार विजय के नेतृत्व में लंका में आर्यों के प्रथम देशांतर के संदर्भ में किया गया है। उक्त लाल को गुजरात में लाट अथवा लाड तथा बंगाल में स्थित राढ़ दोनों से ही समीकृत करने का प्रयास किया गया है तथा दोनों देश लंका में आर्यसंस्कृति के प्रसार में बराबर भागीदार हैं। गुप्तों के काल में लाट देश को लाट विषय में स्थित एक प्रशासकीय इकाई के रूप में गिना जाता था। बहुत संभव है कि लाट देश गुर्जर एंव राष्ट्रकूट अभिलेखों में वर्णित लाटेश्वर ही हो। बड़ौदा ताम्रपत्र[721] में वर्णित एलपुर को लाटेश्वर की राजधानी बताया गया है। अणहिलवाडपाटन (961 ई0) के चालुक्यों की अधीनता में शनैः–शनैः लाट नाम के स्थान पर गुर्जर–भूमि संज्ञा का प्रयोग किया जाने लगा। लॉसेन ने टॉलेमी द्वारा वर्णित लारिके को संस्कृत शब्द राष्ट्रक के प्राकृत रूप लाटिक से समीकृत किया है जो सरलता से लाट का समानार्थी हो जाता है, परन्तु राष्ट्रिक एवं लाटिक का समीकरण स्वीकृत नहीं है।[722]

लंका

लंका राज्य का उल्लेख महानामन् के बोधगया अभिलेख[723] (587 ई0) में किया गया है। अभिलेख के आधार पर ज्ञात होता है कि महाकश्यप (महाकस्सप) के अनेक शिष्य भ्रमण करते हुए लंका तक गये थे।[724]

लंका को दक्षिणी समुद्री तट पर स्थित बताया गया है। योगवासिष्ठ महारामायण में लंका को दक्षिण स्थित देशों की सूची में उल्लिखित किया गया है। इस ग्रंथ मे इस देश को राक्षसों द्वारा रक्षित तथा उनका निवास स्थान बताया गया है।[725] राजावलीकथा में भी लंका को राक्षसों द्वारा रक्षित कहा गया है। इसी संदर्भ में महाभारत में भी लंका का वर्णन प्राप्त होता है। योगवासिष्ठ महारामायण में लंकावासियों द्वारा अनेक युद्धों में भाग लेने का उल्लेख किया गया है। रामायण में राक्षसों की दुष्ट प्रकृति का वर्णन करते हुए उन्हें लंका का निवासी बताया गया है।[726] लंका का विस्तृत वर्णन वाल्मीकि द्वारा रचित रामायण में प्राप्त होता है जहां लंका को एक सशक्त तथा समृद्धशाली राज्य के रूप में वर्णित किया गया है। रामायण में विरोध, दानव तथा राक्षस नाम से राक्षसों के तीन वर्गों का उल्लेख मिलता है।[727] आख्यानों में कहा गया है कि ब्रह्मा से उत्पन्न जिन लोगों ने रक्षा करने की जिम्मेदारी ली उन्हें ही राक्षस कहा गया था।[728] कतिपय सन्दर्भों को छोड़कर रामायण में राक्षसों को सामान्य मनुष्यों की तरह व्यवहार करने वाला बताया गया है। ग्रिफिथ के विचार में राक्षस नाम ऐतिहासिक महत्व नहीं रखता वरन् रामायण का ऐसा उल्लेख उनके घृणास्पद कार्यों तथा आर्यों का विरोधी होने का प्रमाण है। उन्हें वर्तमान दक्षिण भारतीयों की तरह ही कहा गया है।[729] रामायण में अपने धर्म से विमुख होने वाले लोगों को राक्षस कहा गया है जो दक्षिण भारतीय क्षेत्रों तथा लंका में जा बसे थे। एक उल्लेख में इन राक्षसों को मछुवारों की संतान कहा गया है।[730] जान फ्रेशर ने लंका के आरंभिक जनों को आर्यों से पूर्ववर्ती काले रंग वाले द्रविडों की सन्तान बताया है। इन्हीं मूल द्रविड–दस्यु अर्थात राक्षसों ने लंका की रक्षा की थी।[731]

ह्वेनसांग की जीवनी के अनुसार काँचीपुर से समुद्रीमार्ग द्वारा लंका पहुचने में तीन दिन लग जाते थे।[732] लंका में दुर्भिक्ष पड़ने के कारण वहां से लगभग 300 बौद्ध भिक्षु काँची आये थे जहाँ वह उनसे मिला था। ह्वेनसांग लंका जाकर योगशास्त्र का विशद अध्ययन करना चाहता था किन्तु उन भिक्षुओं से मिलने के पश्चात उसने वहाँ जाने का विचार छोड दिया।[733]

आचार्य बद्धघोष द्वारा प्राचीन सिंहली अट्ठकथाओं के पालि या मागधी अनुवाद हेतु लंका जाने का उल्लेख मिलता है। प्राग्बुद्धकालीन लंका का ऐतिहासिक ग्रंथ दीपवंस और कालान्तर में रचित महावंस का मूल–विषय इन्हीं प्राचीन सिंहली अट्ठकथाओं पर आधारित है।[734] मौर्य सम्राट अशोक के काल में लंका एक प्रसिद्ध द्वीप था जहां उसने अपने पुत्र महेन्द्र और पुत्री संघमित्रा को धर्म प्रचारार्थ भेजा था। ऐसा प्रतीत होता है कि भारतीयों का लंका में आवागमन बुद्ध के परिनिर्वाण अथवा उसके कुछ समय उपरान्त अशोक से कुछ समय पूर्व ही हुआ था। जातकों में इसे ताम्रपर्णी कहा गया है जिससे बुद्धकाल में भी भारत का व्यापारिक संपर्क था। स्थलीय मार्ग न होने के कारण यह व्यापारिक संबंध समुद्री मार्ग से ही स्थापित हुआ था।[735] दीपवंश[736] तथा महावंश के तथागतागमन शीर्षक के पहले परिच्छेद में बुद्ध के तीन बार लंका जाने का वर्णन प्राप्त होता है। इसके अनुसार वे प्रथम बार पौष

माह में पूर्णिमा के दिन, बुद्धत्व प्राप्त करने के नवें माह में लंका गये थे। द्वितीय बार बुद्धत्व प्राप्ति के पन्द्रहवें वर्ष में चैत्र मास की पूर्णिमा तिथि को तथा इसके तीन वर्ष उपरान्त 500 भिक्षुओं के साथ वैसाख मास की द्वितीया तिथि को वे लंका गये थे।[737] तीसरी बार वे कल्याणी भी गये थे। लंका की अपनी तीसरी यात्रा के पश्चात भगवान बुद्ध लौटकर जेतवन विहार आये थे अधिकांश विद्वान इस विवरण को काल्पनिक मानते हैं। उरूवेला में जिस बोधि वृक्ष के नीचे भगवान बुद्ध को ज्ञान प्राप्त हुआ था, उसकी एक शाखा को अशोक की पुत्री संघमित्रा अपने साथ लंका ले गयी थी जहाँ लंका की राजधानी अनुराधपुर में उसका आरोपण किया गया था।[738] समन्तपासादिका[739] के अनुसार अशोक की पुत्री संघमित्रा लंका में जंबूकोलपट्टन (आधुनिक संबलतुरि) नामक बंदरगाह पर उतरी थी। महावंश के अनुसार द्वितीय शताब्दी ई0 पू0 में जब लंका के अनुराधपुर नगर में महास्तूप का शिलान्यास किया गया तो इसिपत्तन मिगदाय के भिक्षुसंघ को भी यहां आमंत्रित किया गया था और इसमें भाग लेने के लिए वहां से 12000 स्थविर लंका गये थे।[740] भारत के ताम्रलिप्ति से जहाज में सवार होकर यात्री लंका के जंबुकोलपट्टन बंदरगाह पर उतरते थे। इसकी पुष्टि दीपबंश[741] तथा महावंश[742] से होती है। महावंश के ग्यारहवें परिच्छेद में अशोक और लंका के राजा देवानांपिय तिस्स की भेंट और उपहारों के परस्पर आदान–प्रदान का उल्लेख है। इसी ग्रंथ में उल्लेख है कि लंका नरेश देवानांपिय तिस्स के अमात्य लंका के जंबुकोल बंदरगाह से नाव द्वारा सात दिन में ताम्रलिप्ति पहुँचे थे जहाँ से सात दिन में वे पाटलिपुत्र पहुँचे। इसी क्रम में उनकी वापसी का भी वर्णन किया गया है।[743] उत्तरकालीन 'दाठावंस' से ज्ञात होता है कि लंकानरेश कीर्तिश्री मेघवर्ण के शासन काल में बुद्ध की दन्त–धातु चतुर्थ शताब्दी ई0 में दन्तपुर से लंका के अनुराधपुर नगर ले जायी गयी थी जिसे आज भी कैण्डी के एक भव्य चैत्य में सुरक्षित बताया जाता है।[744]

वत्स

इस राज्य का उल्लेख भोज–I (836–50 ई0) के ग्वालियर प्रस्तर अभिलेख[745] में हुआ है। अभिलेख से प्राप्त सूचना के अनुसार प्रतिहार शासक नागभट्ट–II ने वत्स, आनर्त, तुरूष्क आदि के गिरिदुर्गों पर अधिकार कर लिया था।[746]

वत्स का उल्लेख बुद्धकालीन सोलह महाजनपदों की श्रेणी में किया गया है।[747] जैन ग्रंथ भगवती सूत्र में भी षोडस महाजनपदों का उल्लेख प्राप्त होता है जिसमें वत्स को वच्छ नाम से वर्णित किया गया है। वत्स की राजधानी कौशांबी को आधुनिक इलाहाबाद के समीप स्थित कोसम से समीकृत किया जाता है।[748] सुसुमारगिरि के भग्गों (भर्गों) को वत्स राज्य के अधीन बताया गया है। वत्सजन को काशी के किसी राजा का वंशज बताया गया है।[749] बौद्धकालीन वत्सराज उदयिन् को महात्माबुद्ध का प्रबल अनुयायी कहा जाता था। इस समय वत्स तथा अन्य राज्यों में शक्ति विस्तार हेतु प्रतिस्पर्धा चल रही थी। इसमें वत्स को भौगोलिक रूप से कमजोर स्थिति में माना जाता था। इसके एक ओर मगध और

अवन्ती तथा दूसरी ओर कोसल और अवन्ती जैसे सशक्त राज्य स्थित थे। वत्स को उक्त राज्यों के आक्रमणों का अनेक बार सामना करना पड़ा था। अपनी स्थिति को सुदृढ करने हेतु वत्सराज उदयिन् ने विभिन्नराजवंशों से वैवाहिक संबंध स्थापित किये थे।[750] उदेनवत्थु में वत्सराज उदयिन् तथा अवन्ती नरेश चण्डप्रद्योत की पुत्री वासवदत्ता के प्रेम विवाह का वर्णन प्राप्त होता है।

वत्स की राजधानी कौशाम्बी की गणना बुद्धकालीन भारत के छह महानगरों में की जाती थी। संयुक्त निकाय के पठम दारूक्खन्ध सुत्त में कौशाम्बी को गंगा नदी के तट पर स्थित बताया गया है। बी0 सी0 लाहा के अनुसार वत्स और कोसल राज्यों के मध्य यमुना नदी प्रवाहित होती थी।[751] यह मत उचित प्रतीत नहीं होता है क्योकि यमुना नदी वत्स और चेदि राज्यों के मध्य प्रवाहित होती थी। यमुना नदी वत्स के दक्षिण में बहती थी जो उसे चेदि राज्य से पृथक करती थी। वत्स के पश्चिम और उत्तर–पश्चिम में शूरसेन और पांचाल राज्य क्रमशः स्थित थे तथा पूर्व की ओर यह काशी जनपद से घिरा था।[752] संभवतः वत्स ने अपनी स्थिति को सुदृढ़ कर उत्तर–पश्चिम में पांचाल तथा दक्षिण में चेदि राज्य के कतिपय भागों पर अधिकार कर लिया था।[753]

एक पौराणिक परंपरा के अनुसार वत्स राजवंश की उत्पत्ति पुरू से मानी जाती है। वत्सराज उदयिन् को भी पुरू से संबंधित कहा जाता है और किसी समय इसकी राजधानी कुरूदेश के अन्तर्गत हस्तिनापुर थी।[754] सातवीं शताब्दी ई0 में चीनी यात्री वत्स की राजधानी कौशाम्बी गया था। उसके अनुसार यह राज्य 6000 ली विस्तृत था तथा इसकी राजधानी का विस्तार 30 ली था। यह एक गर्म जलवायु वाला देश था जहाँ धान और गन्ना बहुतायत से उपजाया जाता था।[755] वत्स को वत्सपट्टन भी कहा जाता था।

वल्ल

वल्ल का उल्लेख भोज–I के सामंत बाउक के जोधपुर प्रस्तर अभिलेख[756] (837 ई0) में किया गया है। अभिलेख के अनुसार चण्डुक के पुत्र शीलुक ने वल्ल और स्त्रवणी राज्यों के मध्य स्थायी सीमा निर्धारित की थी।[757]

वल्ल की वास्तविक स्थिति स्पष्ट नहीं की जा सकी है किन्तु उपरोक्त स्रोतों के आधार पर इसे वर्तमान राजस्थान या उसके समीपवर्ती क्षेत्रों में स्थित माना जा सकता है क्योंकि अभिलेख में वल्ल औ स्त्रवणी राज्य के मध्य सीमारेखा निर्धारित करने की बात कही गयी है। स्त्रवणी को राजस्थान की उत्तर–पश्चिमी सीमा पर कहीं स्थित बताया गया है।[758]

व्यापुर

इस प्रान्त का उल्लेख नरवर्मन् के नागपुर म्युजियम प्रस्तर अभिलेख[759] (1104 ई0) में किया गया है। व्यापुर का उल्लेख करते हुए अभिलेख में कहा गया है कि राजा लक्ष्मीधर

(लक्ष्मदेव) ने सूर्यग्रहण के अवसर पर इस प्रान्त के दो ग्रामों का दान किया था। ये दोनों ग्राम लक्ष्मीधर के अनुज और उत्तराधिकारी नरवर्मन्देव से मोखलपाटक के स्थान पर बदले में लिये गये थे।[760] उचित साक्ष्यों के अभाव में व्यापुर की स्थित स्पष्ट नहीं की जा सकी है।

विदर्भ

इस राज्य का उल्लेख भोज–I (836–50ई0) के ग्वालियर प्रस्तर अभिलेख[761] में किया गया है। अभिलेख से ज्ञात होता है कि नागभट्ट–II ने विदर्भ आदि अन्य राज्यों के संघों को अपने अधीन कर लिया था।[762]

विदर्भ को वर्तमान बरार से समीकृत किया जाता है।[763] इसे विंध्याचल के दक्षिण में स्थित बताया गया है। योगवासिष्ठ महारामायण में विदर्भ का उल्लेख दक्षिण–पूर्व के देशों की श्रेणी में किया गया है।[764] यह अति प्राचीन काल से ही दक्षिण के देशों में प्रमुख रहा है। एक पौराणिक अनुश्रुति के अनुसार किसी ऋषि के अभिशाप से इस देश में घास या दर्भ का उगना बंद हो गया जिसके कारण इस क्षेत्र को विदर्भ कहा जाने लगा।[765] संभवतः वरदा नदी (वर्धा) के समीप स्थित होने के कारण ही मुगलकाल में इसे विदर्भ नाम से जाना जाने लगा था। बरार अथवा बीदर नामों की उत्पत्ति भी विदर्भ से ही मानी जाती है।[786] कुंडिननगर तथा भोजकटपुर इसके प्राचीन मुख्य स्थलों में से थे। प्राचीन काल में वर्तमान मध्य–प्रदेश की राजधानी भोपाल तथा भिलसा एवं नर्मदा नदी के उत्तरी क्षेत्र विदर्भ राज्य में सम्मिलित थे।[767] महाभारत, पुराण, मालविकाग्निमित्रम, रघुवंशम, कामसूत्र तथा रामायण में विदर्भ राज्य का उल्लेख दक्षिण पूर्व के देशों की सूची में किया गया है।[768] मुगलकालीन इतिहासकार अबुल फजल ने आइने–अकबरी में विदर्भ को वरदातट नाम से उल्लिखित किया है।[769]

विदर्भ के निवासियों का वर्णन महाकवि दण्डिन के काव्यादर्श[770] में किया गया है। पुराणों में कहा गया है कि यहाँ के लोग पुलिन्दों, दण्डकों, विन्ध्यों तथा अन्य जनों के साथ दक्षिणापथ के निवासी थे।[771] वृहदारण्यकोपनिषद में विदर्भ–कौडिन्य नामक किसी ऋषि का उल्लेख है जो सम्भतः विदर्भ के निवासी रहे होंगें। भवभूति का जन्मस्थान भी विदर्भ ही था।[772] विदर्भ राज्य में भोज राजवंश का एक रत्न पुष्यवर्मन् निवास करता था जो साक्षात गुण का अंशावतार था। उसे बुद्धिमानों का संरक्षक, भृत्यों को प्रभावित करने वाला, संबंधियों को सुख तथा शत्रुओं को संताप प्रदान करने वाला कहा गया है। वह मनुष्यों के जीवन को योग्य कर्मों से समृद्ध बनाता था।[773] पतंजलि के महाभाष्य[774] में वैदर्भ (विदर्भ) का वर्णन किया गया है। योगिनीतंत्र[775] में भी विदर्भ का उल्लेख मिलता है। विदर्भ का उल्लेख एक देश के रूप में भागवतपुराण[776] में किया गया है। महाभारत के अनुसार विदर्भ राजा नल की रानी दमयंती का राज्य था।[777]

कालीदास के मालविकाग्निमित्रम[778] के अनुसार विदर्भ में एक नवीन राज्य की स्थापना के साथ ही शुंगवंश की स्थापना हुई थी। अग्निमित्र के आमात्य ने उक्त राज्य की स्थापना को अचिराधिष्ठित तथा इसकी तुलना एक नये आरोपित वृक्ष से की है। विदर्भ नरेश को

मौर्य मंत्री का संबंधी तथा शुंगों का स्वाभाविक शत्रु कहा गया है।[779] मौर्य सम्राट वृहद्रथ के समय यज्ञसेन को विदर्भ का राज्यपाल नियुक्त किया गया था। कालांतर में यज्ञसेन ने अपनी स्वतंत्र सत्ता स्थापित कर ली थी। शुंगनरेश अग्निमित्र ने वीरसेन को विदर्भ पर आक्रमण करने का आदेश दिया था। जिसमें यज्ञसेन परास्त हुआ तथा विदर्भ राज्य को यज्ञसेन और माधवसेन में बाँटकर वरदा नदी को दोनों राज्यों की सीमा रेखा निर्धारित किया गया था।[780] नासिक गुहालेख के अनुसार गौतमी बलश्री के पुत्र गौतमीपुत्र सातकर्णि ने विदर्भ पर अधिकार कर लिया था।[781] कालान्तर में विदर्भ पर संभवतः शकों का अधिकार भी स्थापित हो गया था क्योंकि शक शासक नहपान के दामाद उषवदात्त का अधिकार सम्पूर्ण महाराष्ट्र पर कहा गया है।[782] बाद में विदर्भ पर वाकाटकों ने अधिकार कर लिया था।[783] कुमारगुप्त–VI (लगभग छठी शताब्दी ई0) के शासनकाल में विदर्भ से संबंधित शूलिकों या चालुक्यों का उदय हुआ।[784] विदर्भ से संभवतः इसी राजनैतिक संबंध के कारण विक्रमादित्य–VI ने (1077 ई0 में) गुर्जर प्रतिहारों से विदर्भ को जीत लिया था, जिसकी पुष्टि उसके अभिलेखों से भी होती है।[785]

वेंगी

वेंगी का उल्लेख अनंतवर्मन् चोडगंग के विशाखापत्तनम ताम्रपत्र अभिलेख[786] (1118 ई0) में हुआ है। अभिलेख से प्राप्त सूचना के अनुसार विजयादित्य–VII की वृद्धावस्था में वेंगी समुद्र में विलीन होने लगी थी। राजराज ने एक लम्बे समय तक पश्चिमी क्षेत्र में उसे समृद्ध बनाये रखा था।[787]

वीर राजेन्द्रदेव के चरला अभिपत्र (शक संवत 991) में वेंगी राज्य का उल्लेख मिलता है जिसपर राजा वल्लभ–वल्लभ ने पुनर्विजय प्राप्त की थी।[788] नन्दिवर्मन्–II के पेद्दवेगी से प्राप्त अभिपत्रों से ज्ञात होता है कि वेंगी नरेश हस्तिवर्मन्, शालंकायन वंश से संबंधित था। कुलोतुंग–I के 1087 ई0 के टेकी अभिपत्रों के अनुसार उसका पुत्र वीरचोड वेंगी का उपराजा (राज्यपाल) था। कुलोतुंग के पुत्रों ने बारी–बारी से उपराजाओं के रूप में वेंगी पर शासन किया था।[789] सोमेश्वर के कुरूस्पल शिलालेख से ज्ञात होता है कि वीरचोल को उसके पिता द्वारा वेंगी प्रदेश का राज्यपाल नियुक्त किया था।

वेंगी को वेंगीपुर भी कहा जाता था। इसे पेद्दवेगी से समीकृत किया जाता है, जो गोदावरी जनपद के अन्तर्गत एल्लोर के निकट स्थित एक गाँव है।[790] यह गोदावरी एवं कृष्णा नदियों के मध्य स्थित है। वेंगी की सीमा उत्तर में महेन्द्र पर्वतमाला तथा दक्षिण में वेल्लोर जिले के अन्तर्गत मन्नेरू थी।[791] वेंगी(वेंगीपुर) की गणना दक्षिण भारत के प्रमुख नगरों में की जाती है।[792]

वंग

वंग राज्य का उल्लेख भेज–I (836–85 ई0) के ग्वालियर प्रस्तर अभिलेख[793], हरिवर्मन् (1090–1110 ई0) के अमात्य भवदेव के भुवनेश्वर प्रस्तर अभिलेख[794], विश्वरूपसेन (1096–1159ई0) के मदनपाढ़ा ताम्रपत्र अभिलेख[795] तथा कर्ण (1100–10 ई0) के रत्नगिरी ताम्रपत्र अभिलेख[796] में किया गया है। प्रथम अभिलेख के अनुसार प्रतिहार नरेश नागभट्ट–II ने वंगनरेश को पराजित किया था।[797] भवदेव के भुवनेश्वर प्रस्तर अभिलेख से ज्ञात होता है कि स्फूर्ति का पुत्र आदिदेव वंगनरेश का युद्ध व शान्ति मंत्री था।[798] मदनपाढ़ा ताम्रपत्र अभिलेख में कहा गया है कि विक्रमापुर–भाग, वंग राज्य के अन्तर्गत स्थित था।[799] कर्ण के रत्नगिरि ताम्रपत्र के अनुसार जनमेजय का पुत्र और उत्तराधिकारी पुरन्जय, गौड़, डाहल, कलिंग और वंग राजाओं से भयभीत था।[800]

वंग, बंगाल का प्राचीन नाम है। डाउसन की क्लासिकल डिक्शनरी के अनुसार प्राचीन काल में भागीरथी के उत्तर में स्थित क्षेत्र का नाम वंग था, जिसके अन्तर्गत जैसोर तथा कृष्णा नगर के जिले भी सम्मिलित थे।[801] प्रथम ज्ञात अभिलेखीय साक्ष्यों में वीरपुरूषदत्त के नागार्जुनीकोण्ड अभिलेख में वंग देश का उल्लेख प्राप्त होता है, जिसे डी0 सी0 सरकार ने बंगाल के पूर्वी तथा दक्षिणी भाग से समीकृत किया है।[802] टॉलेमी ने इसे गंगरीदेई क्षेत्र कहा है।[803] ग्यारहवीं शती ई0 में उत्कीर्ण राजेन्द्र चोल के तिरूमलई शिलालेख और चेदि कर्णदेव के गोहरवा अभिपत्र में वंग को बंगाल देशम कहा गया है, जिसे तेरहवीं शती ई0 में बंगाल और मुस्लिम युग में बंगला कहा जाने लगा था। तिरूमलई अभिलेख में वंग को न केवल दक्षिण राढ़ से वरन् उत्तर राढ़ से भी पृथक कहा गया है। सिंहली साहित्य में भी वंग की यही स्थिति बतायी गयी है, जिसके अनुसार लाल्ह वंगदेश और कलिंग के मध्य स्थित था।[804]

वंग का सर्वप्रथम अभिलेखीय उल्लेख संभवतः मेहरौली के लौह स्तंभ लेख में प्राप्त होता है।[805] यहां चन्द्र नामक किसी शक्ति सम्पन्न शासक ने वंग देश के युद्ध में अपने शत्रुओं के संगठन को छिन्न–भिन्न कर दिया और युद्ध करते हुए उसने सिंधु के सात मुहानों को पार कर वाल्हीकों पर विजय प्राप्त की थी। मुख्य बंगाल से समीकृत करते हुये वंग का उल्लेख ऐतरेय आरण्यक[806] तथा बौधायन के धर्मसूत्र[807] में किया गया है। पाणिनि ने अपनी अष्टाध्यायी[808] में इसका वर्णन किया है। भागवत पुराण[809] तथा काव्यमीमांसा[810] में वंग का एक देश के रूप में वर्णन प्राप्त होता है। योगिनीतंत्र[811] में भी वंग का उल्लेख मिलता है। वंग देशों का वर्णन महाकूट स्तंभ लेख में मिलता है जिसके अनुसार छठी शती ई0 में चालुक्य नरेश कीर्तिवर्मन् ने त्रिकलिंग (वंग, अंग तथा मगध) के राजाओं पर विजय प्राप्त की थी।[812] पृथ्वीसेन के पीठापुरम अभिपत्र (1108 ई0) में वंग नरेश को राजा मल्ल द्वारा पराजित कहा गया है। वैद्यदेव के कामरूप ताम्रपत्र में वंग का उल्लेख करते हुए उसे दक्षिण वंग का विजेता बताया गया है।[813] श्रीचन्द्रदेव के रामपाल अभिपत्र[814] के अनुसार किसी चन्द्रवंश ने समतट समेत संपूर्ण वंग को विजित कर लिया था। लक्ष्मी कर्ण के गोहरवा दानपत्र[815]

के अनुसार लक्ष्मणराज ने वंग, लाट, गुर्जर, पांड्य और काश्मीर के शासकों को पराजित किया था। अल्हणदेवी के भेंड़ाघाट अभिलेख के अनुसार गांगेयदेव के पुत्र एवं उत्तराधिकारी चालुक्य शासक कर्ण ने वंग अथवा पूर्वी बंगाल के शासक को पराजित किया था।[816] उत्तरी बंगाल पर किसी बंगाल नरेश की सेना ने आक्रमण कर सोमपुर विहार (वर्तमान पहाड़पुर) में स्थित बौद्ध आचार्य करूणाश्रीमित्र के घर को आग लगा दी थी जिसमें जलकर उसकी मृत्यु हो गयी थी।[817]

कालिदास ने अपने उल्लेखों में वंगवासियों को अच्छा नाविक बताया है।[818] रामायण, महाभारत एवं जैन ग्रंथों में वंगों का उल्लेख विभिन्न संदर्भों के अन्तर्गत किया गया है।[819] रमेशचन्द्र मजूमदार के अनुसार मिलिंदपन्हों की रचनाकाल तक बौद्धग्रंथों में भी वंग का स्पष्ट उल्लेख प्राप्त होने लगता है।[820] कौटिल्य के अर्थशास्त्र से पता चलता है कि वंग देश से उत्कृष्ट प्रकार का तंतु प्राप्त होता था।[821] फ्रांसिस के अनुसार भौगोलिक विस्तार में वंग गंगा के पूर्वी डेल्टा क्षेत्र तक विस्तृत था। महाभारत युग से लेकर प्रथम शताब्दी तक वंग की स्थिति एक स्वतंत्र तथा संप्रभु राज्य की थी, जिसके अन्तर्गत पार्जिटर के अनुसार वर्तमान मुर्शिदाबाद, नादिया, जैसोर, राजशाही के कुछ भाग, पन्ना तथा फरीदपुर जिले सम्मिलित थे।[822]

समतट

इस राज्य का उल्लेख नारायणपाल (855–910 ई0) के भागलपुर ताम्रपत्र अभिलेख[823] तथा श्रीचन्द्र (925–75 ई0) के पश्चिमभाग ताम्रपत्र अभिलेख[824] में हुआ है। प्रथम अभिलेख से प्राप्त सूचना के अनुसार अभिलेख भट्टगुरू की देख–रेख में शुभदास के पुत्र महादास (मघदास) द्वारा उत्कीर्ण कराया गया था जो समतट देश में उत्पन्न हुआ था।[825] द्वितीय अभिलेख के अनुसार पूर्णचन्द्र के पुत्र परमसौगत, परमेश्वर, परमभटटारक महाराजाधिराज त्रैलोक्यचन्द्र की सेना ने समतट को विजित किया था।[826]

समतट का उल्लेख इलाहाबद स्तम्भलेख में कामरूप, डवाक, नेपाल, कर्तृपुर के साथ समुद्रगुप्त के साम्राज्य के प्रत्यंत राज्यों की श्रेणी में किया गया है।[827] यह पूर्वोत्तर भारत के सीमान्त राज्यों से सर्वाधिक महत्वपूर्ण तथा समुद्रगुप्त का करद था।[828] यहाँ की नदियों के दोनों तटों के समान होने के कारण इसका नाम समतट पड़ा था।[829] यह वंग के वृहत्तर उपमण्डलों में एक था। कतिपय विद्वानों के अनुसार यह वंग से पृथक था जो पूर्व में मेघना, दक्षिण में समुद्र और उत्तर में गंगा के प्राचीन प्रवाह (बूढ़ी गंगा) के मध्य स्थित था। इसका उल्लेख वृहत्संहिता[830] में किया गया है जो गंगा और ब्रह्मपुत्र के डेल्टा से समीकृत है। अभिलेखीय स्रोतों के अनुसार इसमें त्रिपुरा, नोआखाली, सिलहट[831] (बंगलादेश) जनपद तथा संभवतः बरीसाल जिले के कुछ अंश सम्मिलित थे। कोमिल्ला से 12 मील पश्चिम में स्थित कर्मांत (वर्तमान बडकाम्ता) प्रायः समतट की राजधानी मानी जाती है।[832]

समतट का उल्लेख महीपाल–I के बघौरा अभिलेख, विजयसेन के बैरकपुर दानपत्र, वीर्येन्द्रभद्र के बोधगया अभिलेख तथा असरफपुर ताम्रपत्र में भी किया गया है।[833] दामोदरदेव के मेहरग्राम ताम्रपत्र (बरूआ और चक्रवर्ती द्वारा संपादित) के आधार पर पुण्ड्रवर्धन भुक्ति के अन्तर्गत समतट मण्डल की स्थिति स्पष्ट होती है। ताम्रपत्र में परणयी जिले और वैसग्राम उपमंडल का वर्णन प्राप्त होता है जिसके अन्तर्गत कोमिल्ला जनपद की वर्तमान चॉदपुर तहसील में स्थिर मेहरग्राम भी सम्मिलत था।[834]

ह्वेनसांग (640 ई0) के भ्रमण के समय समतट राज्य अत्यंत महत्वपूर्ण स्थिति में था। उसने समतट को दोनों ओर समान ऊँचाई वाले समतल और चौरस तटों वाली नदियों का देश कहा है। इसकी परिधि लगभग 3000 ली थी। यहाँ की जलवायु सम थी जहाँ फल–फूल, धान्य आदि बहुतायत से उत्पन्न होता था। समतट निवासी कद मे छोटे, श्याम वर्ण वाले तथा अध्यवसायी थे।[835] यहाँ अनेक बौद्ध विहार और हिन्दू मंदिर स्थित थे। कुछ संख्या में जैन उपासक भी यहाँ बसे हुए थे और शेंगची के भ्रमण–काल में यहाँ खड्गवंश का अधिकार था।[836] संभवतः चन्द्रवंश का अधिकार संपूर्ण वंग के साथ समतट पर भी था। ग्यारहवीं शती ई0 के प्रारंभ में चन्द्रवंशी शासकों को पराजित कर वर्मन्वंश ने समतट पर अपना अधिकार स्थापित कर लिया। इसी शताब्दी के अन्त में समतट पर सेनवंश का शासन स्थापित हो गया था।[837]

स्त्रवणी

इसका उल्लेख भोज–I के सामन्त बाउक के जोधपुर प्रस्तर अभिलेख[838] (837 ई0) में किया गया है। अभिलेख के अनुसार यशोवर्मन् के पुत्र शीलुक ने स्त्रवणी और वल्ल राज्य के मध्य एक स्थायी सीमा का निर्धारण किया था।[839]

स्त्रवणी की पहचान संभवतः प्रतिहार सामंत बाउक के घटीयाला अभिलेख में प्रयुक्त टमनी अथवा तमनी से की जा सकती है। किन्तु इस स्त्रवणी या टमनी की स्थिति अभी तक स्पष्ट नहीं की जा सकी है।[840] संभवतः इसकी पहचान नवीं शताब्दी ई0 में अरब भूगोलवेत्ताओं द्वारा वर्णित तबन राज्य से की जा सकती है। विभिन्न संदर्भों में इन दोनों राज्यों के तुलनात्मक अध्ययनों के आधार पर इसे राजस्थान की उत्तरी सीमा पर पंजाब प्रान्त के एक भाग में स्थित माना जा सकता है।[841]

सुवर्णद्वीप

इसका अल्लेख देवपाल (812–50 ई0) के नालन्दा ताम्रपत्र अभिलेख[842] में मिलता है। अभिलेख से प्राप्त सूचना के अनुसार सुवर्णद्वीप के शैलेन्द्रवंशी शासक बालपुत्रदेव ने पालनरेश देवपाल की आज्ञा प्राप्त कर नालन्दा में एक बौद्धमठ का निर्माण कराया था।[843]

सुवर्णद्वीप की पहचान वर्तमान सुमात्रा से की जाती है। संस्कृत ग्रन्थों, रामयण एवं कथा सरित्सागर में इसका उल्लेख प्राप्त होता है।[844] नवीं शताब्दी ई0 में यहॉ शैलेन्द्रवंशी

शासकों का ही अधिकार था। विस्तृत अर्थ में सुवर्णद्वीप का समीकरण हिन्द–चीन से किया जाता है किन्तु मुख्य रूप से इसका तात्पर्य उस देश से है जो बंगाल की खाड़ी के उत्तर–पूर्वी क्षेत्रों में फैला हुआ था। इसे उत्तरी वर्मा कहा जाता है।[845] सुवर्णद्वीप या सुवर्णभूमि का उल्लेख महाजनक जातक और संख जातक में मिलता है जहाँ चम्पा और वाराणसी के व्यापारी अपना सामान लेकर जाते थे। ये व्यापारी गंगा नदी पारकर ताम्रलिप्ति पहुँचते थे और फिर सुवर्ण भूमि के लिए प्रस्थान करते थे।[846] सुसन्धि जातक में उल्लेख है कि भरूकच्छ के व्यापारी अपने सामानों के विक्रय हेतु सुवर्ण भुमि तक जाते थे।[847] महानिद्देस[848] में कहा गया है कि प्रारम्भिक काल में समुद्री मार्ग द्वारा भारत का व्यापारिक सम्पर्क अराकान, सुवर्ण भूमि, यव–जावा आदि देशों से था। बुद्धकाल में चम्पा के व्यापारियों द्वारा सुवर्णभूमि जाने का उल्लेख प्राप्त होता है।[849]

संदर्भ :

1. कीलहार्न, एपि0 इं0, IV पृ0 243 और आगे।
2. सरकार, डी0 सी0, से0 इं0, II, पृ0 63.
3. ब्रह्मांडपुराण, IV, 40.91
4. दृ0 लाहा, प्रा0 भा0 का ऐ0 भू0, पृ0 507–08.
5. कथासरित्सागर, अ0, 19.
6. ल्यूडर्स की तालिका, सं0 172, 173, 210, 212 आदि।
7. वही, सं0 965.
8. बरूआ, अशोक एंड हिज इंसक्रिप्शंस, अ0 3.
9. महाभारत, वनपर्व, II, 89, 8354.
10. महाभारत, विराट पर्व, IV, 1–12.
11. सॉग्स ऑफ द ब्रेशेदरेन, पृ0 107, रि0 1.
12. बुद्धिस्ट इंडिया, पृ0 28.
13. थेरगाथा कामेंट्री, 39, 261–264; संयुक्त, III, 9.
14. महाभारत, II, 31, 10.
15. रैप्सन, ऐंश्यंट इंडिया, पृ0 175.
16. दीपवंश, 57.
17. दृ0 लाहा, वही, पृ0 509.
18. सॉग्स ऑफ द ब्रेशेदरेन, पृ0 107, सं0 1.
19. महाभारत, V, 19–24.
20. मत्स्य पुराण, अ0, 43.
21. पार्जिटर, ऐ0 इं0 हि0 ट्रे0, पृ0 102, 267.
22. विष्णुपुराण, IV, 12; अग्निपुराण, अ0 275.
23. महाभारत, IV, 14.

24. अष्टाध्यायी, IV, 1.76.
25. महाभाष्य, 4.1.1, पृ0 36.
26. भागवतपुराण, X, 45, 31; X 58–30; XI, 23.6, 23,31.
27. स्कन्दपुराण, अ0 I, 19–23.
28. योगिनीतंत्र, 2.2.119.
29. दृ0 लाहा, वही, पृ0 510.
30. अंगुत्तर निकाय, IV, 252, 256, 261.
31. इलियट, हिन्दूज्म एंड बुद्धिज्म, I, 282.
32. स्टीवेंसन, द हार्ट ऑफ जैनिज्म, पृ0 33.
33. इलियट, वही, II, 227.
34. स्मिथ, अशोका, पृ0 235.
35. दृ0 लाहा, वही, पृ0 514.
36. पेरिप्लस ऑफ द एरिथ्रियन सी, खण्ड, 48.
37. रैप्सन, ऐश्यंट इंडिया, पृ0 175.
38. बील, बुद्धिस्ट रिकार्डस ऑफ द वेस्टर्न वर्ल्ड, II, पृ0 270–271.
39. बनर्जी, आर0 डी0, प्राचीन मुद्रा, पृ0 108.
40. ब्राउन, क्वायंस ऑफ इंडिया, पृ0 87.
41. वही, पृ0 20.
42. ब्यूहलर, एपि0 इं0, IV, पृ0 210 आगे।
43. सरकार, डी0 सी0, से0 इं0, II, पृ0 22.
44. महाभारत, आदि पर्व, अ0, 140; तु0 रैप्सन, ऐ0 इं0, पृ0 167.
45. वेदिक इंडेक्स, I, 469.
46. महाभास्य, कीलहार्न संस्करण, II, पृ0 233.
47. कनिंघम, ऐ0 ज्यॉ0 इं0, पृ0 413, 1924.
48. दृ0 लाहा, बी0 सी0, प्रा0 भा0 का ऐ0 भू0, पृ0 108.
49. वही।
50. स्मिथ, अ0 हि0 इं0, पृ0 391–392.
51. वाटर्स ऑन युवान–च्वांग, पृ0 331.
52. कनिंघम, ऐ0 ज्यॉ0 इं0, मजूमदार, एन0 एन0 संस्करण, पृ0 412.
53. मैक्रिंडिल, ऐंश्यंट इंडिया ऐज डिस्क्राइब्ड बाई टॉलेमी, पृ0 133.
54. महाभारत, आदिपर्व, अ0 168.
55. एपि0 इं0, II, पृ0 432.
56. हरिवंश पुराण, अ0, XX, पृ0 74–75.
57. विविधतीर्थकल्प, पृ0 14.
58. दृ0 लाहा, वही, पृ0 109.
59. मैंक्रिंडल, वही, पृ0 134.

60. मजूमदार, आर0 सी0, एपि0 इं0, XVII, पृ0 107 और आगे।
61. सरकार, डी0 सी0, से0 इं0, II, पृ0 242.
62. बाम्बे गजेटिअर, I, 1.6.
63. स्कन्दपुराण, I, पृ0 5–6.
64. लाहा, इंडोलॉजिकल स्टडीज, I, पृ0 52–53.
65. सरकार, डी0 सी0, से0 इं0, पृ0 172; दृ0, राय, यू0 एन0, प्रा0 भा0 में नगर तथा नगर जीवन, पृ0 193.
66. फ्लीट, का0 इं0 इं0, II, पृ0 276 और आगे।
67. सरकार, डी0 सी0, से0 इं0, II, पृ0 56.
68. फ्लीट, वही, पृ0 275.
69. सरकार, डी0 सी0, एपि0 इं0, XXXVII, पृ0 289 और आगे।
70. सरकार, डी0 सी0, से0 इं0, II, पृ0 92.
71. दृ0 उपाध्याय, भरत सिंह, बुद्धकालीन भारतीय भूगोल, पृ0 496.
72. स्कन्दपुराण, अ0, VI, 27.
73. रघुवंश, IV, 38.
74. स्कन्दपुराण, अ0, VI, 2.3.
75. ब्रह्मांड पुराण, II, 16.42; III, 7.358.
76. दृ0 लाहा, प्रा0 भा0 का ऐ0 भू0, पृ0 32
77. महावस्तु, III, पृ0 303.
78. अट्ठकथा, I, पृ0 48.
79. लाहा, इंडिया ऐज डिस्क्राइब्ड इन अर्ली टेक्स्ट्स ऑफ बुद्धिज्म एंड जैनिज्म, पृ0 109.
80. अट्ठकथा, I, पृ0 207.
81. दृ0 उपाध्याय, वही, पृ0 497.
82. हुल्त्स, इं0 एंटि0, XV, पृ0 30 और आगे(दृ0 लाहा, वही।
83. कीलहार्न, एपि0 इं0, II, 161 और आगे।
84. दृ0 लाहा, वही।
85. वाटर्स ऑन युवान–च्वांग्स ट्रेवेल्स इन इंडिया, II, पृ0 193, कनिंघम, ऐं0 ज्या0 इ0, पृ0 584.
86. वाटर्स ऑन युवान–च्वांग्स ट्रेवेल्स इन इंडिया, II, पृ0 194–95.
87. राजगुरू, एस0 एन0, इंसक्रिप्शंस ऑफ उड़ीसा, IV, पृ0 253 और आगे।
88. सरकार, डी0 सी0, से0 इं0. II, पृ0 156.
89. एपि0 इं0, IX, पृ0 286.
90. दृ0 लाहा, बी0 सी0, प्रा0 भा0 का ऐ0 भू0, पृ0 328.
91. एपि0 इं0, V, 3, 6, XXIII, पृ0 202.
92. एपि0 इं0 XXIII, पृ0 2–3.
93. एपि0 इं0, XV, पृ0 2–3.
94. इंडियन कल्चर, पृ0 130–131.

95. दृ0 लाहा, वही।
96. कीलहार्न, एपि0 इं0, I, पृ0 254.
97. सरकार, डी0 सी0, से0 इं0, II, पृ0 322.
98. दृ0 लाहा, वही, पृ0 98.
99. वृहत्संहिता, XIV, 6.
100. योगिनीतंत्र, 2.9.214 और आगे।
101. महाभारत, वनपर्व, L, 1988, भीष्मपर्व IX, 365.
102. अवदान, II, 358.
103. ब्रह्मपुराण, 28, 29, 42.
104. एपि0 इं0, XXV, भाग, IV, पृ0 159.
105. बील, बुद्धिस्ट रिकार्डस ऑफ द वेस्टर्न वर्ल्ड, II, 204.
106. कीलहार्न, एपि0 इं0, II, पृ0 182 और आगे।
107. कोनो, एस0, एपि0 इं0, IX, पृ0 323 और आगे।
108. सरकार, डी0 सी0, से0, इं0, II, पृ0 392.
109. वही, पृ0 293.
110. अंगुत्तर निकाय, I, पृ0 213, लाहा, बी0 सी0, इंडिया ऐज डिस्क्राइब्ड इन अर्ली टेक्स्ट्स ऑफ बुद्धिज्म एंड जैनिज्म, पृ0 19.
111. योगिनीतंत्र, 2,2,119.
112. अथर्ववेद, V, 22.14.
113. जे0 आर0 ए0 एस0, 1913, 155 और आगे; जे0 ए0 एस0 बी0, 1914 पृ0 317 और आगे।
114. अष्टाध्यायी, VI, I, 170, II, 4.62.
115. महाभारत, I, 104.
116. अल्टिंडिशेज लेबेन, 35; हिम्स ऑफ द अथर्ववेद, 446, 449.
117. जे0 आर0 ए0 एस0, 1908, पृ0 852.
118. वै0 हि0 इं0, I, पृ0 534.
119. मजूमदार, एन0 जी0, इंसक्रिप्शंस ऑफ बंगाल, III, पृ0 15 और आगे।
120. दृ0 लाहा, बी0 सी0, प्रा0 भा0 का ऐ0 भू0, पृ0 343.
121. एपि0 इं0, VI, पृ0 103.
122. एपि0 इं0, V, पृ0 193.
123. ऐतरेय ब्राह्मण, VIII, 22.
124. रामायण, 47, 14.
125. ऐ0 इं0 हि0 ट्रे0, पृ0 293.
126. सुमंगल विलासिनी, I, पृ0 279.
127. लाहा, बी0 सी0, इंडिया ऐज डिस्क्राइबड इन अर्ली टेक्स्ट्स ऑफ बुद्धिज्म एंड जैनिज्म, पृ050.
128. एपि0 इं0, XXIV, भाग, III, जुलाई, 1937.
129. हरिवंश, XXXIV, 1966–1700; महाभारत, शांतिपर्व, 34–35
130. दीघनिकाय, II, पृ0 235.

131. वही, पृ0 146.
132. उवासगदसाओ, हर्नले संस्करण, पृ0 2 टि0।
133. स्टीवेंसन, हार्ट ऑफ जैनिज्म, पृ0 41.
134. शाह, सी0 जे0, जैनिज्म इन नार्थ इंडिया, पृ0 26, पा0 टि0 5.
135. मित्र, आर0 एल, नेपालीज बुद्धिस्ट लिटरेचर, पृ0 8.
136. महाभारत, वनपर्व, अ0, 85.
137. जातक, IV, 454.
138. दशकुमारचरितम्, मदनमोहन तर्कालंकार संस्करण, अ0, I, पृ0 3, 6, अ0, II, पृ0 7,11,12.
139. दशकुमारचरितम्, पृ0 59.
140. वाटर्स, ऑन युवान–च्वांग, II, पृ0 181–82.
141. रामायण, 652, 22–23.
142. विनयपिटक, I, पृ0 179.
143. ऋग्वेद, X,138; पार्जिटर, ऐं0 इं0 हि0 ट्रे0, पृ0 132.
144. ललितविस्तर, 125–26.
145. राकहिल, लाइफ ऑफ द बुद्धा, पृ0 129.
146. दृ0 लाहा, वही, पृ0 346.
147. महाभारत, 44.9.
148. मज्झिमनिकाय, II, पृ0 2.
149. धम्मपद–कामेंट्री, I, 384 और आगे।
150. मज्झिमनिकाय, I, 281 और आगे।
151. दीघनिकाय I, 114.
152. महाभारत VIII, 45, 14–16, 28, 34.
153. रामायण, 27, 25.
154. रामायण, 24, 10–31.
155. महाभारत, वंगवासी संस्करण, पृ0 140.
156. वही, 8–9, 513.
157. दृ0 लाहा, वही, पृ0 349.
158. निरयावलीसूत्र.
159. जातक, फौसवॉल, IV, 454–55.
160. सै0 बु0 इं0, XVII, पृ0 1.
161. विनय, I, 312–15, 179 और आगे; दीघ0, I, 11–26.
162. विनयपिटक, I, पृ0 315 और आगे।
163. विनय, I, पृ0 27 और आगे।
164. कीलहार्न एपि0 इं0, I, पृ0 307 और आगे।
165. सरकार, डी0 सी, से0 इं0, II, पृ0 115.
166. सा0 इं0 इं0, I, पृ0 69–70, 82 आदि।

167. भागवतपुराण V, 6, 7.
168. दृ0 लाहा, प्रा0 भा0 का ऐ0 भू0, पृ0 271.
169. सरकार, डी0 सी0, स्टडीज इन द ज्यॉ0 ऐ0 मे0 इं0, पृ0 114.
170. पार्जिटर, मा0 पु0, 363.
171. मजुमदार एंड पुसाल्कर, स्ट्रगल फार इम्पायर, III, पृ0 134, 149.
172. दृ0 सिन्हा, यू0 एन0, योग महा0 का रचना काल, पृ0 113.
173. वही।
174. सीवेल, आर्क0 सं0 सा0 इं0, II, पृ0 33, नं0 19 फ्लीट, जे0 एफ0, इं0 एंटि0, XVIII, पृ0166 और आगे।
175. सरकार, डी0 सी0, से0 इं0, पृ0 165.
176. वही, पृ0 174, टि0 49.
177. मजुमदार, एन0 जी0, इंसक्रिप्शंस ऑफ बंगाल, III, पृ0 109 और आगे।
178. सरकार, डी0 सी0, से0 इं0, II, पृ0 124.
179. अष्टाध्यायी, IV,1.170.
180. महाभाष्य, 3,2,2 पृ0 19
181. दृ0 लाहा, बी0 सी0, प्रा0 भा0 का ऐ0 भू0, पृ0 264.
182. एपि0 इं0, XXVI, पृ0 174 और आगे।
183. एपि0 इं0, XXXIII, भाग II.
184. एपि0 इं0, XXVI, भाग I, पृ0 11 पा0 टि0 4.
185. एपि0 इं0, I, पृ0 307 और आगे।
186. मित्रा, देवेला, एपि0 इं0, XXXIII, पृ0 263–68.
187. इं0 एंटि0, XVIII, पृ0 166 और आगे।
188. मजुमदार, आर0 सी0, एपि0 इं0, XVIII, पृ0 107 और आगे।
189. सरकार, डी0 सी0, से0, इं0, पृ0 242.
190. लाहा, ज्यॉग्रेफी ऑफ अर्ली बुद्धिज्म, पृ0 64. पा0 टि0.
191. बरूआ, ओल्ड ब्राह्मी इंसक्रिप्शंस, पृ0 272–73.
192. दृ0 लाहा, बी0 सी0, प्रा0 भा0 का ऐ0 भू0, पृ0 265.
193. एपि0 इं0, IV, पृ0 187.
194. एपि0 इं0, XXIII, भाग II, 1935, पृ0 76.
195. इं0 एंटि0, XVI, पृ0 132.
196. ज0 उ0 प्र0 हि0 मो0, XV, भाग II, पृ0 34.
197. महाभारत, III, 114–4.
198. महाभारत, वनपर्व, XIV, 10096–10107; कनिंघम, ऐं0 ज्यॉ0 इं0, पृ0 734–35.
199. एपि0 इं0, XXVI, भाग II, पृ0 63.
200. मत्स्य पुराण, 186, 15–38, 187, 3–52.
201. भागवतपुराण, IX, 23.5; X, 61,29,37.

202. वृहत्संहिता, XIV, 8.
203. एपि0 इं0. XIV.
204. एपि0 इं0, IV, पृ0 187.
205. दृ0 लाहा, वही, पृ0 266.
206. एपि0 इं0, VI, पृ0 4.
207. ज0 रा0 ए0 सो0, 1898, पृ0 384–85.
208. एपि0 इं0, II, पृ0 11.
209. एपि0 इं0, XXIII, पृ0 65.
210. एपि0 इं0, XXV, पृ0 195.
211. एपि0 इं0, XXVI, पृ0 63.
212. एपि0 इं0, XXVI, पृ0 67
213. एपि0 इं0, XII, पृ0 1 और आगे।
214. सीवेल, हिस्टोरिकल इंसक्रिप्शंस ऑफ सदर्न इंडिया, पृ0 18.
215. दृ0 लाहा, वही, पृ0 267.
216. एपि0 इं0, XXI, पृ0 159.
217. इं0, एंटि0, LII, पृ0 267 और आगे।
218. एपि0 इं0, VI, पृ0 276.
219. एपि0 इं0, IX, पृ0 24 और आगे।
220. एपि0 इं0, XXIII, भाग VIII, पृ0 297.
221. बील, बुद्धिस्ट रिकार्डस ऑफ वेस्टर्न वर्ल्ड, II, पृ0 209–10.
222. महावस्तु, III, पृ0 361.
223. महाभारत, उद्योगपर्व, XLVII,1883.
224. कनिंघम, ऐं0 ज्यॉ0 इं0, पृ0 735.
225. अर्थशास्त्र, पृ0 50.
226. दशकुमारचरितम्, पृ0 167–68.
227. वही, पृ0 172.
228. रघुवंश, IV, 43; VI, 54
229. शास्त्री, एच0, एपि0 इं0 XX, पृ0 43 और आगे।
230. कालीहार्न, एपि0 इं0, I, पृ0 124 और आगे।
231. सरकार, डी0 सी0, से0 इं0, II, पृ0 229.
232. वही, पृ0 258.
233. अष्टाध्यायी, 4.2.133.
234. पतंजलि, 3,2,2, पृ0 188–89; 1,1,8 पृ0 276.
235. योगिनीतंत्र, 1.3; 2.1, पृ0 77.
236. वृहत्संहिता, XIV, 2.9.
237. दृ0 लाहा, बी0 सी0, प्रा0 भा0 का ऐ0 भू0, पृ0 164.

238. दिव्यावदान, पृ0 67.
239. अवदानशतक, पृ0 67.
240. बोधिसत्वादान कल्पलता, 7वां पल्लव।
241. लाहा, बी0 सी0 ज्यॉग्रेफिकल ऐसेज पृ0 4–5.
242. दृ0 लाहा, वही।
243. बील, बुद्धिस्ट रिकार्डस ऑफ द वेस्टर्न वर्ल्ड–I, पृ0 148 और आगे।
244. वाटर्स, ऑन युवान–च्वांग–I, पृ0 267–71.
245. लाहा, बी0 सी0, हॉली प्लेसेज ऑफ इंडिया, पृ0 30–31.
246. सरकार, डी0 सी0, से0 इं0, एपि0 इं0, XXXVII, पृ0 289 और आगे।
247. सरकार, डी0 सी0, से0 इं0, एपि0 इं0 II, पृ0 32.
248. एलेन, बी0 सी0, असम डिस्ट्रिक्ट गजेटियर्स, भाग IV, अ0 I, कामरूप।
249. दृ0 लाहा, बी0 सी0, प्रा0 भा0 का ऐ0 भू0 पृ0 380.
250. लॉसेन, इं0 ऐटि0, I, 87; II, 973.
251. योगिनीतंत्र, 1.11,60.61, 1.12, 68य इंपीरियल गजेटियर्स ऑफ इंडिया, XIV, पृ0 331.
252. दृ0 राय, यू0 एन, प्रा0 भा0 में नगर तथा नगरजीवन, पृ0 184.
253. वही, पृ0 183–84.
254. फ्लीट, का0 इं0 इं0, III, पृ0 6–8.
255. वही, पृ0 184.
256. कालिकापुराण, अ0, 38.
257. अभिधान चिंतामणि, 4,22.
258. कालिकापुराण, अ0, 40.73.
259. वही, अ0, 38.152.
260. महाभारत, सभापर्व, 25,1002.
261. महाभारत, उद्योगपर्व, 18,584.
262. वृहत्संहिता, 14,16.
263. काव्यमीमांसा, अ0, 17.
264. योगिनीतंत्र, 1.12, पृ0 65.
265. द्रृ0 लाहा, प्रा0 भा0 का ऐ0 भू0, पृ0 423.
266. वाटर्स, 196.
267. दृ0 लाहा, वही, 423.–24.
268. एपि0 इं0, XXVI.
269. एपि0 इं0, XII, पृ0 37 और आगे।
270. महाभारत, कर्णपर्ण, V, 104–05, सभापर्व, XXV, 1000 और आगे।
271. महाभारत, वनपर्व, XII, 488.
272. दृ0 लाहा, वही, पृ0 424.
273. कालिकापुराण, अ0 XXXVIII.

274. जे0 आर0 ए0 एस0, 1900, पृ0 25.
275. चौधरी, पी0 डी0 एवं सरकार, डी0 सी0, एपि0 इं0, XXIX, पृ0 145–59.
276. हुल्त्स, इं0 एटि0, XV, पृ0 30 और आगे।
277. सरकार, डी0 सी0, से0 इं0, पृ0 16.
278. वही, पृ0 80.
279. बागची, इंडिया एंड चाइना, पृ0 18.
280. एपि0 इं0 II, पृ0 355.
281. एपि0 इं0, II, पृ0 348.
282. एपि0 इं0, XIII, पृ0 292, 295.
283. मजूमदार, इंसक्रिप्शंस ऑफ बंगाल, III, पृ0 15 और आगे।
284. एपि0 इं0, XXVI, भाग–1.
285. अभिधानचिंतामणि, 4.22.
286. रघुवंश IV, 83.84.
287. द्र0 कत्रे एवं गोडे, ए वाल्यूम ऑफ ईस्टर्न एंड इंडियन स्टडीज प्रजेंटेड टु एफ0 डब्ल्यू0 टामस, पृ0 85 और आगे।
288. द्र0 लाहा, वही, पृ0 381.
289. बरूआ, अ0 हि0 ऑफ कामरूप, पृ0 304.
290. स्मिथ, अशोक, तृतीय संस्करण, पृ0 81, अ0 हि0 इं0, 1924, सं0 302.
291. द्र0 लाहा, वही, पृ0 382.
292. वाटर्स, 2, 186.
293. मजुमदार, एन0 जी0, इंसक्रिप्शंस ऑफ बंगाल, III, पृ0 109 और आगे।
294. सरकार, डी0 सी0, से0 इं0, II, पृ0 124.
295. सौरपुराण, IV, श्लोक 5, कालिकापुराण, 51, 53, 58, 35 तु0 महाभारत, 84,78.
296. अंगुत्तर निकाय, I, 213, IV, 252, 256, 260.
297. अष्टाध्यायी, 4.2.116.
298. महाभाष्य, 2.1.1, पृ0 32
299. स्कन्दपुराण, अ0, I, 19–23.
300. योगिनीतंत्र, 1.2; 2.4.
301. भागवतपुराण, IX, 22,23; X, 57.32; 66.10.
302. ल्यूडर्स तालिका, सं0 925.
303. उवासगद्साओ, पृ0 84–85, 90, 95, 105, 160, 163.
304. जातक, Vए पृ0 15, 199, चरियापिटक, पृ0 7.
305. एपि0 इं0, XXVI, भाग–II पृ0 71, इं0 एटि0, XV, पृ0 8, पा0 टि0 46.
306. मा0 पु0, वंगवासी संस्करण, पृ0 34.
307. वै0 हि0 इं0, I, पृ0 316.
308. अगुत्तर, I, 213य दीर्घनिकाय, II, पृ0 75.

309. सांख्यायन श्रौतसूत्र, XVI, 29.5; वृहदारण्यक उपनिषद, III, 8.2 शतपथ ब्राह्मण, XIII, 549.
310. महाभारत, उद्योगपर्व, अ0 117, पृ0 746.
311. वायुपुराण, अ0 392; ब्रह्मपुराण, अ0 13.75.
312. महाभारत, आदिपर्व, 95–105, द्रोणपर्व, 22,38; वायुपुराण, अ0 92.
313. दृ0 लाहा, प्रा0 भा0 का ऐ0 भू0, पृ0 162.
314. लाहा, महावीर, हिज लाइफ एंड टीचिंग्स, I, उवासगदसाओ, भाग II, पृ0 90–98.
315. अगुत्तर निकाय I, 213, दीघनिकाय, II, 146. जातक, I, 262 और आगे।
316. जातक, II, 237; IV, 342 और आगे।
317. संयुक्त निकाय, I, 82–85.
318. धम्मपद कामेंट्री, I, 20य जातक, II, 387–88.
319. जातक II, 1–5.
320. दृ0 उपाध्याय, भरतसिंह, बुद्धकालीन भारतीय भूगोल, 348–49.
321. वही, पृ0 364.
322. सुमंगलविलासिनी, I, पृ0 228–29.
323. संयुक्त निकाय, (हिन्दी अनु0) II, 64.
324. दृ0 उपाध्याय, वही, पृ0 368.
325. जातक, I, पृ0 355.
326. अंगुत्तर निकाय, III, पृ0 391.
327. विनयपिटक, (हिन्दी अनु0) पृ0 298–300.
328. जातक, IV, पृ0 50 (पालि टेक्स्ट्स सो0 सं0)।
329. कीलहार्न, एपि0 इं0, IV, पृ0 243 और आगे।
330. सरकार, डी0 सी0, से0 इं0, II, पृ0 63.
331. एपि0 इं0, IV, पृ0 243, 246.
332. एपि0 इं0, I, पृ0 122.
333. एपि0 इं0, XXIV, भाग III पृ0 110
334. एपि0 इं0, IV, पृ0 243.
335. कीलहार्न, एपि0 इं0, II, पृ0 182 और आगे।
336. अल्तेकर, एपि0 इं0, XXVI, पृ0 241–46 बनर्जी, पी0 जे0 बी0 आर0 ए0, XXX, 1944, पृ0 199–202.
337. थपल्याल, के0 के0, इंस्क्रिप्शंस ऑफ मौखरीज, लेटर गुप्ताज, पुष्पभूतिज एंड यशोवर्मन् ऑफ कन्नौज, पृ0 169.
338. अल्तेकर, एपि0 इं0, XXVI, पृ0 244.
339. भागवतपुराण, खंड, 3, अ0 6.
340. अल्तेकर, वही।
341. कीलहार्न, एपि0 इं0, IV. पृ0 243 और आगे।
342. सरकार, डी0 सी0, से0 इं0, IV, पृ0 63.

343. अंगुत्तर निकाय, I, पृ0 213; IV, 252, 256, 260.
344. प्रपंचसूदनी, I, 25.
345. मज्झिम निकाय, II, 65 और आगे।
346. पपंचसूदनी, I, 225–26.
347. अंगुत्तरनिकाय, V, 29–32; संयुक्तनिकाय, II, 92–93, 107 और आगे।
348. महाभारत, आदिपर्व, IX, 4337–40.
349. दृ0 लाहा, बी0 सी0, प्रा0 भा0 का ऐ0 भू0, प्रस्ता0, पृ0 85.
350. जातक, संख्या, 537.
351. ऐतरेय ब्राह्मण, VII, 30, शतपथ ब्राह्मण, IV 1.15.13.
352. स्कंदपुराण, अ0, I, 19–23.
353. ज0 आर0 ए0 एस0, 1908, पृ0 309 और आगे।
354. मनुसंहिता, II, 17–19
355. ऐंश्ययंट इंडिया, पृ0 165.
356. महाभारत, 83, 1–8; 203–208.
357. दृ0 लाहा, वही, पृ0 171.
358. अष्टाध्यायी, 4.1.172, 176; 4–2–130.
359. योगिनीतंत्र, 2.1; 2.7,8.
360. तैत्तिरीय आरण्यक, VI, 1.1.
361. महाभारत, III, 83–4; 9.15.
362. बोधिसत्वादान कल्पलता, तृतीय पल्लव, 116; 64वॉ पल्लव, पृ0 9.
363. कीलहार्न, एपि0 इं0, I, पृ0 254 और आगे।
364. मित्रा, देवला, एपि0 इं0, XXXIII, पृ0 263–68.
365. सरकार, डी0 सी0, से0 इं0, II, पृ0 156.
366. वही, पृ0 156.
367. अंगुत्तर निकाय, I, पृ0 213; तु0 विष्णुपुराण, अ0, 4, अंश, 4.
368. मित्र, आर0 एल0, ने0 बु0 लि0, पृ0 20.
369. मज्झिम निकाय, III, पृ0 290 और आगे।
370. अंगुत्तर, I, पृ0 180 और आगे।
371. सुत्तनिपात, 190–192.
372. जातक, III, पृ0 211–213.
373. जातक, II, 237, IV, 342 और आगे।
374. संयुक्त, I, 82–85; जातक, IV, पृ0 342 और आगे।
375. अष्टाध्यायी, 4.1.171.
376. भागवतपुराण, IX. 10.29; IX. 11, 22; X, 2.3; X. 58.52; XII.12.24.
377. वै0 हि0 इं0, I पृ0 308, रैप्सन, ऐश्यंट इंडिया, पृ0 164; तु0 शतपथ ब्राह्मण, 1.4.11.
378. दशकुमारचरितम्, पृ0 195.

379. दृ0 लाहा, प्रा0 भा0 का ऐ0 भू0, पृ0 168.
380. सुमंगलविलासिनी, I, पृ0 239.
381. वायुपुराण, 88, 198.
382. डॉयलाग्स ऑफ द बुद्ध, III, पृ0 80.
383. बुद्धिस्ट इंडिया, पृ0 34.
384. मज्झिम, III, पृ0 270 और आगे।
385. महावस्तु, III, 101.
386. धम्मपद कामेंट्री, II, पृ0 260 और आगे, थेरगाथा, पृ0 2,124.
387. रायचौधरी, एच0 सी0, प्रा0 भा0 का रा0 इ0, पृ0 68, 71, 86, 89, 96.
388. रघुवंश, 13.62.
389. मार्कण्डेय पुराण, 57. 32–35.
390. दृ0 सिन्हा, यू0 एन0, योग महा0 का रचना–काल, पृ0 89.
391. शास्त्री, एच0, एपि0 इं0, XVII, पृ0 318 और आगे।
392. सरकार, डी0 सी0, से0 इं0, II, पृ0 71.
393. महाभारत, भीष्मपर्व, अ0 9.
394. अष्टाध्यायी, 4.1.175.
385. महाभाष्य, I, 1.1, पृ0 317; 4.1.175.
396. बरूआ बी0 एम0, आशोक एंड हिज इंसक्रिप्शंस, पृ0 92–94.
397. भागवतपुराण, 35; X.75, 12; X. 82 . 13.
398. वाटर्स, ऑन युवान–च्वांग, I, पृ0 284 और आगे।
399. दृ0 लाहा, बी0 सी0, प्रा0 भा0 का ऐ0 भू0, प्रस्ता0, पृ 70.
400. सुमंगलविलासिनी, I, पृ0 1.21.
401. दृ0 लाहा, वही, पृ0 151.
402. महाभारत, VII, 4–5, कर्णपर्व
403. दृ0 लाहा, वही।
404. सासनवंस, 49.
405. फ्लीट, का0 इं0 इं0, III, 200 आगे, सरकार, डी.सी., एपि0 इं0, XXXVII, पृ0 183 और आगे।
406. कीलहार्न, एपि0 इं0, II, पृ0 161 और आगे।
407. मित्रा, देबला, एपि0 इं0, XXXIII, पृ0 263–68.
408. थपल्याल, के0 के0., इंसक्रिप्शंस ऑफ मौखरीज, लेटर गुप्ताज, पुष्पभूतिज एंड यशोवर्मन् ऑफ कन्नौजय से0 इं0, II, पृ0 87.
409. सरकार, डी0 सी0, से0 इं0 IIए पृ0 87.
410. वही, पृ0 156.
411. घोष, ए0, एपि0 इं0, XXIV, पृ0 285.
412. वही, पृ0, 215.
413. दृ0 लाहा, बी0 सी0, प्रा0 भा0 का ऐ0 भू0, पृ0 365.

414. वही।
415. वही।
416. एपि0 इं0, IVए पृ0 243 और आगे।
417. एपि0 इं0, XIV, पृ0 110 और आगे।
418. एपि0 इं0, XXVI, भाग, I.
419. एपि0 इं0, V, पृ0 190.
420. एपि0 इं0, IV, पृ0 287.
421. एपि0 इं0, II, पृ0 348.
422. बनर्जी, आर0 डी0, जे0 ए0 एस0 बी0, 1909, पृ. 467 और आगे(मजूमदार, एन0 जी0, इ0 ब0, III, पृ0 109 और आगे।
423. तु0, एपि0 इं0, II, पृ0 193.
424. एपि0 इं0, XIV, पृ0 110 और आगे।
425. एपि0 इं0, XVIII, पृ0 244.
426. एपि0 इं0, XVII, पृ0 60 और आगे।
427. दृ0 सिन्हा, यू0 एन0, योग0 महा0 का रचनाकाल, पृ0 61–62.
428. आचारांगसूत्र, II, 361 अ.
429. दृ0 सिन्हा, वही, पृ0 61.
430. खालीमपुर अभिलेख, कीलहार्न, एपि0 इं0, IV, पृ0 243 और आगे।
431. सरकार, डी0 सी0, से0 इं0, II, पृ0 63.
432. अंगुत्तर निकाय, I, पृ 213.
433. ल्यूडर्स की तालिका, सं0 1345.
434. अष्टाध्यायी 4.1.169
435. मत्स्य पुराण, 114.41; वायुपुराण, 45.116.
436. दृ0 लाहा, बी0 सी0, प्रा0 भा0 का ऐ0 भू0, पृ0 130.
437. ऐंश्यंट पर्सियन लेक्सिकन एंड द टेक्स्ट्स ऑफ अखेमेनियन इंसक्रिप्शंस, टोमेन, एच0 सी0, बैंडरविल्ट ओरियंटल, सीरीज, भाग, VIण
438. ऋग्वेद, I, 126.7.
439. रायचौधरी, पो0 हि0 एं0 इं0, चतुर्थ संस्करण, पृ0 50.
440. वाटर्स, ऑन युवान–च्वांग., I, 198–99.
441. वही, I, 202.
442. विष्णुपुराण, विल्सन संस्करण, भाग, IV, अ0 4.
443. रायचौधरी, पो0 हि0 ए0 इं0, चतुर्थ संस्करण, पृ0 124.
444. दृ0 जातक, III, 365.
445. महावंस, गाइनर अनुदित, पृ0 82, टि0 2.
446. मिलिन्दपञ्हों, पृ0 321, बम्बई विश्वविद्यालय संस्करण।
447. दृ0 उपाध्याय, भरत सिंह, बुद्धकालीन भारतीय भूगोल, पृ0 450–51

448. प्रपंचसूदनी, II, पृ0 982.
449. परमत्थजोतिका, II, पृ0 487.
450. जातक, VI, पृ0 500–01.
451. ऋग्वेद, 1.126.7.
452. दृ0 उपाध्याय, भरतसिंह, बुद्धकालीन भारतीय भूगोल, पृ0 452.
453. जातक, III, पृ0 365
454. महावंस, 12.9–26, हिन्दी अनुवाद ।
455. गाइल्स, ट्रेवेल्स ऑफ फाह्यान, पृ0 12.
456. दृ0 उपाध्याय, वही, पृ0 455.
457. कीलहार्न, एपि0 इं0, I, पृ0 124 और आगे।
458. सरकार, डी0 सी0, से0 इं0, II, पृ0 258.
459. अंगुत्तर निकाय, I, पृ0 213; IV, 252, 256, 260.
460. महावस्तु, I, पृ0 34.
161. दृ0 लाहा, बी0 सी0, प्रा0 भा0 का ऐ0 भू0, प्रस्ता0, पृ0 71.
462. अष्टाध्यायी 4.2.116.
463. दत्त, एम0 एन0, महाभारत, पृ0 83.
464. दृ0 लाहा, वही, पृ0 522.
465. महाभारत, III, 20, 50 और XXV, 83, 2.
466. जातक, सं0 422.
467. अंगुत्तर निकाय, III, 355.
468. कार्माइकेल लेक्चर्स, 1918, पृ0 52; तु0 कैंब्रिज हिस्ट्री ऑफ इंडिया, पृ0 84.
469. ऐंश्यंट इंडिया, पृ0 162.
470. ऐं0 इं0 हि0 ट्रे0, 272.
471. डे, एन. एल., ज्यॉ0 डिक्श0, 14.
472. अंगुत्तर, III, 355–56; V, 41 और आगे।
473. दीघ II, 200, 201, 203.
474. अंगुत्तर, VI, 228 और आगे।
475. जातक, VI, पृ0 514–15.
476. ऋग्वेद, VIII, 5, 37, 39.
477. दृ0 लाहा, वही, पृ0 521.
478. सरकार, डी0 सी0, एपि0 इं0, XXXIV, पृ0 23 और आगे।
479. सरकार, डी0 सी0, से0 इं0, II, पृ0 54.
480. वही।
481. मित्रा, देबला, एपि0 इं0, XXXIII, पृ0 263–68य राजगुरू, एस0 एन0 इंसक्रिप्शंस ऑफ उड़ीसा, IV, पृ0 253 और आगे।
482. सरकार, डी0 सी0, से0 इं0, II, पृ0 156.

483. का0 इं0 इं0, IIIण
484. एपि0 इं0, VIII, पृ0 284–287.
485. सचाऊ, ट्रांसलेशन ऑफ अल्बरूनीज इंडिया, I, पृ0 202; एपि0 इं0,II, पृ0 302.
486. एपि0 इं0, XXIII, भाग, VIII, पृ0 297.
487. फ्लीट, इ0 एंटि0, XVIII, पृ0 166 और आगे।
488. सरकार, डी0 सी0, से0 इं0, II, पृ0 165.
489. एपि0 इं0, XXV, भाग, VI, अप्रैल, 1940, पृ0 286
490. जे0 बी0 ओ0 आर0 एस0, XIV, पृ0 145.
491. जर्नल ऑफ द आंध्र हिस्टॉरिकल रिसर्च सोसायटी, I.
492. जे0 ए0 एस0 बी0, 1839.
492. कनिंघम, एं0 ज्यॉ0 इं0, पृ0 519.
494. कनिंघम, एं0 ज्यॉ0 इं0, 1924, पृ0 5913; मैक्रिडिल, टॉलेमी, पृ0 233.
495. सा0 इं0 इं0, I, पृ0 46.
496. जर्नल ऑफ आन्, एपि0 इं0, XXXV, पृ0 125 आगे।
497. सरकार, डी0 सी0, एपि0 इं0, XXXVए पृ0 125 आगे।
498. थपल्याल, के0 के0, इंसक्रिप्शंस ऑफ मौखरीज, लेटर गुप्ताज, पुष्पभूतिज एंड यशोवर्मन् ऑफ कन्नौज, पृ0 175.
499. देवी पुराण, अ0 64.
500. दृ0 लाहा, बी0 सी0, प्रा0 भा0 का ऐ0 पू0, पृ0 441.
501. आर्क0 स0 इं0, रिपोर्ट्स, XVI; ओ 'मैल्ली', बंगाल डिस्ट्रिक्ट गजेटियर्स, दरभंगा, पृ0157–58; बंगाल डिस्ट्रिक्ट गजेटियर्स, पृ0 159–60. मुजफ्फरपुर।
502. जातक, IV, 386.
503. दृ0 राय0, यू0. एन0, प्रा0 भा0 में नगर तथा नगर जीवन, पृ0 179.
504. मजूमदार, आर0 सी0, जे0 आर0 ए0 एस0 बी0, लेटर्स, XI, पृ0 9.
505. सरकार, डी0 सी0; से0 इं0, II, पृ0 24
506. दृ0 लाहा, बी0 सी0, प्रा0 भा0 का ऐ0 भू0, पृ0 362.
507. एपि0 इं0 XXIV, भाग, I, 1937, जनवरी, पृ0 46–47.
508. हुल्त्स, सा0 इं0 इं0, 0, पृ0 99.
509. इन्द्राजी, भगवानलाल, आर्क0 स0 इं0, XVI, पृ0 68–73 और आगे; फ्लीट, का0 इं0 इं0, III, पृ0 215 आगे।
510. शास्त्री, एच0, एपि0 इं0, XVII, पृ0 318 और आगे।
511. सरकार, डी0 सी0, से0 इं0, II, पृ0 50.
512. सरकार, डी0 सी0, से0 इं0, II, पृ0 71.
513. एपि0 इं0, XXIII, भाग, VII, पृ0 291.
514. दृ0 लाहा, बी0 सी0, प्रा0 भा0 का ऐ0 भू0, पृ0 402.
515. कीलहार्न, इं0 एंटि0, XXI पृ0 256; 1.31.

516. दृ0 लाहा, वही, पृ0 437.
517. एपि0 इं0, XVII, पृ0 317.
518. कीलहर्न, एपि0 इं0, IV, पृ0 243 और आगे; मैत्रेय, ए0 के0, गौड़लेखमाला, पृ0 1 और आगे।
519. सरकार, डी0 सी0, से0 इं0, II, पृ0 63.
520. अंगुत्तर निकाय, I, पृ0 213; IV, 252, 256, 260.
521. वैदिक इंडेक्स, I, 469.
522. कावेल, जातक, III, पृ0 230.
523. महाभारत, 138, 73–74.
524. जातक, संख्या, 505.
525. वही, 323, 513, 520.
526. जातक, संख्या, 408; पो0 हि0 एं0 इं0, पृ0 85.
527. कनिंघम, एं0 ज्यॉ0, पृ0 360; दृ0 लाहा, बी. सी., प्रा0 भा0 का ऐ0 भू0, पृ0 86, 194.
528. रैप्सन, ऐंश्यंट इंडिया, पृ0 167.
529. भागवत पुराण, 9–21; विष्णुपुराण, अ0, 19, अंक 4; वायुपुराण पृ0 99; अग्निपुराण, 278.
530. काठक संहिता, XXX. 2; बाजसनेयी संहिता, XI.3, 3; गोपथ ब्राह्मण, I, 2.9; शतपथ ब्राह्मण, XIII, 5.4.7.
531. वृहदारण्यक उपनिषद्, VI. 1.1; छान्दोग्य उपनिषद V. 3.1; I, 8, 12; सांख्यायन श्रौतसूत्र, XII, 13–6.
532. ऐतरेय ब्राह्मण, VIII, 23, 23; शतपथ ब्राह्मण, सै0 बु0 इं0, XLIV, पृ0 400.
533. अष्टाध्यायी, 7, 3, 13.
534. महाभाष्य, 1.2.2 पृ0 512; 1, 1, 1, पृ0 37.
535. अंगुत्तर निकाय, I, 213; IV. 252, 256, 260.
536. उत्तराध्ययन सूत्र, जैन सूत्राज II, पृ0 60,61,87 आदि।
537. दृ0 लाहा, वही, पृ0 195.
538. कीलहार्न, एपि0 इं0, IV, पृ0 243 और आगे; मैत्रेय, ए0 के0 गौड़लेखमाला, पृ0 1, और आगे।
539. सरकार, डी0 सी0, से0 इं0, II, पृ0 64.
540. सरकार, डी0 सी0, एपि0 इं0, XXXIII, पृ0 315 और आगे।
541. सरकार डी0 सी0, से0 इं0 II, पृ0 131.
542. दृ0 लाहा, बी0 सी0, प्रा0 भा0 का ऐ0 भू0, पृ0 413.
543. दशकुमारचरितम्, पृ0 111.
544. रायचौधरी, पो0 हि0 ऐ0 इं0, चतुर्थ संस्करण, पृ0 456–57.
545. दृ0 लाहा, वही, पृ0 415.
546. सभापर्व, XIII, 584.
547. महाभारत वनपर्व, LI, 1988; भीष्मपर्व X, 365 द्रोणपर्व IV 122.
548. दृ0 लाहा, वही, पृ0 413
549. दिव्यावदान, पृ0 21–22

550. दृ0 लाहा वही।
551. दृ0 मजुमदार, एन0 जी0, इंसक्रिप्शंस ऑफ बंगाल, II, पृ0 2,15.
552. दृ0 लाहा, वही0 पृ0 414.
553. दृ0 लाहा, वही।
554. कविप्रशस्ति, V.1.
555. हिस्ट्री ऑफ बंगाल, I, पृ0 24; एपि0 इं0, XV, पृ0 301—15
556. एपि0 इं0, XXI, पृ0 85.
557. एपि0 इं0, XXI, पृ0 91.
558. दृ0 लाहा, वही, पृ0 415.
559. वही।
560. फ्लीट, का0 इं0 इं0, III, पृ0 294—96
561. सरकार, डी0 सी0, से0 इं0, II, पृ0 307
562. फ्लीट, वही।
563. शास्त्री, एच0, एपि0 इं0, XX, पृ0 43 आगे।
564. सरकार, डी0 सी0, से0 इं0, II, पृ0 229.
565. दृ0 लाहा, बी0 सी0, प्रा0 भा0 का ऐ0 भू0, पृ0 390.
566. दिव्यावदान, 425.
567. अंगुत्तर निकाय, I, पृ0 213 IV, 252, 256, 260.
568. दृ0 लाहा, बी0 सी0, प्रा0 भा0 का ऐ0 भू0, पृ0 70—71.
569. वही, पृ0 74.
570. रामायण, I, 3.2, 7.
571. महाभारत, II, 24—44.
572. पो0 हि0 ऐ0 इं0, पृ0 70.
573. लाहा, बी0 सी0, द लाइफ एंड वर्क ऑफ द बुद्धघोष, पृ0 87 टि0।
574. बील, द लाइफ ऑफ युवान—च्वांग, पृ0 113.
575. भागवतपुराण, I, 3, 24.
576. अष्टाध्यायी, 4.1.170.
577. महाभाष्य, 1.1.2. पृ0 56.
578. विल्सन, एच0 एच0, संस्करण, पृ0 3 और आगे।
579. वही, पृ0 6.
580. रघुवंश, सर्ग, I, श्लोक 31.
581. दृ0 लाहा, बी0 सी0, प्रा0 भा0 का ऐ0 भू0, पृ0 390.
582. भागवतपुराण, IX, 22,45; X.2,2; X.52,14. आदि।
583. एपि0 इं0, X, संभावित सं0 1345; तु0, एक्टा0 ओरियंटेलिया, 265; बरूआ, ओल्ड इंस्क्रिप्शंस इन द उदयगिरी एंड खंडगिरि केव्स, पृ0 17.
584. दृ0 लाहा, वही, पृ0 391.

585. वही।
586. एपि0 इं0, XII, पृ0 2 और आगे।
587. एपि0 इं0, XI, पृ0 184 और आगे।
588. इं0 ऐटि0, XII, पृ0 14 और आगे।
589. दृ0 लाहा, वही, पृ0 392.
590. इं0 एंटि0, IX, पृ0 96 और आगे।
591. दृ0 लाहा, वही।
592. एपि0 इं0, II, पृ0 330 और आगे।
593. एपि0 इं0, V, पृ0 237 और आगे।
594. ललितविस्तर, 125—126.
595. विनयपिटक, I, 29; IV, 116—117.
596. मज्झिम, I, 166—67.
597. संयुक्त निकाय, I, 172—73.
598. वही, IV, 251—260.
599. कथावत्थु, I, 89.
600. धम्मपद, कामेंट्री, II, 439—40.
601. दृ0 लाहा, वही, प्रस्ता0, पृ0 75.
602. पार्जिटर, ए0 इं0 हि0 ट्रे0, पृ0 149.
603. चुल्लवग्ग, 11वॉ खन्दक।
604. समन्तपसादिका, I, पृ0 52.
605. दृ0 लाहा, वही, पृ0 76.
606. विनय टेक्स्ट्स, सै0 बु0 इं0, II, 174.
607. कीलहार्न, एपि0 इं0, IV, पृ0 243 और आगे, मैत्रेय, ए0 के0, गौड़लेखमाला, पृ0 1 और आगे।
608. मजूमदार, आर0 सी0, एपि0 इं0 XVIII, पृ0 107 और आगे।
609. सरकार, डी0 सी0, से0 इं0, II, पृ0 63.
610. सरकार, डी0 सी0, से0 इं0 II, पृ0 242.
611. अगुत्तर निकाय, I, पृ0 213, IV, 252, 256, 261.
612. महावस्तु, I, पृ0. 34.
613. मार्कण्डेय पुराण, अ0, 57, 32—35.
614. मनुसंहिता, II, 19—20य तु0, रैप्सन, ऐ0 इं0, पृ0 5—51.
615. ऋग्वेद, VII, 18, 6य तु0 गोपथ ब्राह्मण I, 2,9 विब्लियोथेका इंडिका सीरीज, पृ0 30, मित्र, आर0 एल0 संस्करण।
616. दृ0 लाहा, बी0 सी0, प्रा0 भा0 का ऐ0 भू, पृ0 86.
617. महाभारत, IV, 13.1.
618. कनिंघम, रिपोर्ट आ0 स0 इं0, भाग XX, पृ0 2.
619. दृ0 लाहा, वही, पृ0 535.

620. महाभारत, अ0, LXXII.
621. दत्त, एम0 एन0, महाभारत, विराटपर्व, अ0 XXII, XXXI.
622. कनिंघम, ऐ0 ज्यॉ0 इं0, पृ0 393, 395.
623. दृ0 लाहा, बी0 सी0, प्रा0 भा0 का ऐ0 भू0, पृ0 535.
624. रायचौधरी, पो0 हि0 ऐ0 इं0, पंचम सं0, पृ0 413; बनर्जी, आर0 डी0, बांगलार इतिहास, पृ0158.
625. जातक, VI, पृ0 280.
626. लाहा, इंडिया ऐज डिस्क्राइब्ड इन अर्ली टेक्स्ट्स ऑफ बुद्धिज्म एंड जैनिज्म, पृ0 99.
627. दृ0 उपाध्याय, भरतसिंह, बुद्धकालीन भारतीय भूगोल, पृ0 436–37.
628. कीलहार्न, एपि0 इं0, IV, पृ0 243 और आगे।
629. सरकार, डी0 सी0, से0 इं0, II, पृ0 63
630. ऐतरेय ब्राह्मण, 8.14.3.
631. वृहदारण्यक उपनिषद 3.6.1.
632. थेरगाथा अट्ठकथा, II, पृ0 142.
633. दृ0 लाहा, बी0 सी0, प्रा0 भा0 का ऐ0 भू0, पृ0 177
634. महाभारत, II, 1196; VIII, 2033.
635. कनिंघम, ऐ0 ज्यॉ0 इं0, पृ0 686.
636. मिलिन्दपञ्हों, ट्रेक्नर सं0, पृ0 1–2.
637. जातक, IV, पृ0 230; VI, पृ0 280.
638. बील, रेकार्ड्स ऑफ द वेस्टर्न वर्ल्ड, I, पृ0 166 और आगे।
639. दृ0 डेविड्स, रीज, सॉग्स ऑफ द सिस्टर्स, पृ0 48; सॉग्स ऑफ द बेडेरेन पृ0 359.
340. घोष, ए0, एपि0 इं0, XXIV, पृ0 285.
341. मजूमदार, आर0 सी0, एपि0 इं0, XVIII, पृ0 107 और आगे।
342. कीलहार्न, एपि0 इं0, I, पृ0 124 और आगे।
643. सरकार, डी0 सी0, से0 इं0, II, 215.
644. वही, पृ0 242.
645. वही, पृ0 258.
646. ज0 रा0 ए0 सो0, 1903, पृ0 631.
647. इनवेजन्स ऑफ इंडिया, अपेंडिक्स, टि0 357.
648. दृ0 लाहा, बी0 सी0, प्रा0 भा0 का ऐ0 भू0, पृ0 537.
649. एपि0 इं0, VII, पृ0 44.
650. एपि0 इं0, II, पृ0 18–19.
651. एपि0 इं0, V, पृ0 229.
652. इं0 ऐटि0, 1891, पृ0 404.
653. एपि0 इं0, IX, पृ0 248
654. बील, बुद्धिस्ट रिकार्ड्स ऑफ द वेस्टर्न वर्ल्ड, II, 260 और आगे।

655. कीलहार्न, एपि0 इं0, I, पृ0 124 और आगे।
656. सरकार, डी0 सी0, से0 इं0, II, पृ0 258.
657. आदिकांड, XLIX, 9—16.
658. शांतिपर्व, CCCXXVII, 12233—8.
658. लाहा, ज्यॉग्रेफी ऑफ अर्ली बुद्धिज्म, पृ0 31; कनिंघम, आर्क0 सर्वे रि0, XVI, 34.
660. महाभारत, वनपर्व, 254; तु0 महावस्तु, II, पृ0 172, दिव्यावदान, पृ0 424.
661. जातक, II, 365.
662. जातक, VI, पृ0 32
663. रामायण, वंगवासी संस्करण 1—3.
664. ब्राह्मण I, IV. 1.
665. तु0 भागवतपुराण, IX, 13.13
666. दीघनिकाय, II, पृ0 235.
667. विष्णुपुराण, 338 और आगे।
668. वायुपुराण, 89.6; ब्रह्मांडपुराण, III, 64.6.24
669. जातक, VI, पृ0 330.
670. बील, रोमांटिक लीजेंड ऑफ शाक्य बुद्ध, पृ0 30.
671. जातक. VI, 46 और आगे; तु0 महाभारत, I, 206, 6—9.
672. रामायण, ग्रिफिथ द्वारा अनुदित, XXXII, पृ0 51.
673. वही, अ0 LXVI, पृ0 89.
674. वही, अ0 XLVIII, पृ0 68.
675. महाभारत, वनपर्व 206, 6—9.
676. वंसत्थपकासिनी, I, पृ0 130.
677. लाहा, पांचालाज एंड देयर कैपिटल अहिच्छत्र, मे0 आर्क0 स0 इं0, नं0 67, पृ0 11.
678. जातक, IV, 316 और आगे।
679. महाभारत, वनपर्व, अ0, 132, 134 आदि।
680. रामायण, ग्रिफिथ द्वारा अनुदित, अ0 XII, पृ0 23, 95.
681. कीथ, संस्कृत ड्रामा, पृ0 245.
682. जैन सूत्राज, I, पृ0 13.
683. बोधि सत्वावदान कल्पलता, 83वां पल्लव, पृ0 9.
684. महावस्तु, III, पृ0 41.
685. महाभारत, वनपर्व, 254.
686. जातक, IV, पृ0 355 और आगे।
687. जातक, VI, पृ0 30 और आगे।
688. दृ0 लाहा, बी0 सी0, प्रा0 भा0 का ऐ0 भू0, पृ0 400.
689. जातक, I, पृ0 137—38.
690. जातक, IV, पृ0 355 और आगे।

691. भागवत पुराण, IX, 13, 27.
692. आश्वालायन, श्रौतसूत्र, X, 3,14.
693. बील, रोमांटिक, लीजेंड ऑफ द शाक्य बुद्ध, पृ0 30.
694. जातक, VI, 333.
695. जातक, VI, 347 और आगे।
696. मज्झिम, II, पृ0 133–34.
697. स्मिथ, विसेंट, अर्ली हिस्ट्री ऑफ इंडिया, चतुर्थ संस्करण, पृ0 353, पा0 टि0 2.
698. द्र0 लाहा, इंडोलॉजिकल स्टडीज, III, लाहा, ट्राइब्स इन ऐंश्यंट इंडिया, अ0ए XLII.
699. शास्त्री, एच0, एपि0 इं0, XVII, पृ0 318 और आगे।
700. सरकार, डी0 सी0, से0 इं0, II, पृ0 71.
701. एपि0 इं0, XVII, पृ0 312.
702. वही, पृ0 313.
703. महानिद्देस, पृ0 154–155, 415.
704. द्र0 उपाध्याय, भरतसिंह, बुद्धकालीन, भारतीय भूगोल, पृ0 544.
705. कीलहार्न, एपि0 इं0, VI, पृ0 203 आगे; मजूमदार, एन0 जी0, इं0 बं0, III, पृ0 32 और आगे।
706. सरकार डी0 सी0, से0 इं0, II, पृ0 105.
707. एपि0 इं0, XXIII, भाग II.
708. एपि0 इं0, XXIII, भाग, II, अप्रैल, 1935, पृ0 76.
709. द्र0 लाहा, बी0 सी0, प्रा0 भा0 का ऐ0 भू0, पृ0 425.
710. आचारांगसूत्र 1,8,3–4.
711. आचारांगसूत्र, 18,3–10; तुलनीय मज्झिम, I, 79.
712. कीलहार्न, एपि0 इं0, I, पृ0 254 और आगे; मिराशी, का0 इं0 इं0, IV, पृ0 204 और आगे।
713. सरकार, डी0 सी0, से0 इं0, II, पृ0 322.
714. एपि0 इं0, XXIV, भाग, II, 1937, पृ0 110.
715. इंपार्टेंट इंसक्रिप्शंस फ्राम द बड़ौदा स्टेट, I, पृ0 29.
716. डे, एन0 एन0, ज्यॉ0 डिक्श0, पृ0 114.
716. द्र0 लाहा, बी0 सी0, प्रा0 भा0 का ऐ0 भू0, पृ0 479.
718. दीपवंस, पृ0 54; महावंस पृ0 60.
719. मैक्रिंडिल, टॉलेमीज, ऐंश्यंट इंडिया, पृ0 38, 152–153.
720. एपि0 इं0, IX, 278–80.
721. बडौदा ताम्रपत्र श्लोक, 11.
722. लाहा, बी0 सी0, इंडोलॉजिकल स्टडीज, भाग I, पृ0 27; लाहा, ट्राइब्स इन ऐंश्यंट इंडिया, पृ0 351–53.
723. फ्लीट, का0 इं0 इं0, III, पृ0 276 और आगे।
724. सरकार, डी0 सी0, से0 इं0, II, पृ0 56.
725. सिन्हा, यू0 एन0, योग0 महा0 का रचनाकाल, पृ0 115–16.

726. मजुमदार एंड पुसाल्कर, द हिस्ट्री एंड कल्चर ऑफ इंडियन पीपुल, I, पृ0 294, 317–319.
727. व्यास, एस0 एन0, इंडिया इन द रामायण एज, दिल्ली, 1988, पृ0 27.
728. विष्णु पुराण, 1.5.43; मार्कण्डेय पुराण, 48.20; वायुपुराण, पूर्व 9.27.
729. व्यास, एस0 एन0, वही, पृ0 13, 28.
730. वही, पृ0 43.
731. वही।
732. बील, द लाइफ ऑफ ह्वेनसांग, पृ0 133.
733. वाटर्स, 2, 227य द्र0 राय, यू0 एन0, प्राचीन भारत में नगर तथा नगर जीवन, पृ0 219.
734. द्र0 उपाध्याय, भरतसिंह, बुद्धकालीन भारतीय भूगोल, पृ0 38.
735. द्र0 उपाध्याय, भरतसिंह, बुद्धकालीन भारतीय भूगोल, पृ0 61.
736. दीपवंश 4.45; 2.1.
737. द्र0 उपाध्याय, वही, पृ0 88–89.
738. वही, पृ0 211–212.
739. समन्तपासादिका, I, पृ0 90.
740. महावंश, 29.31, हिन्दी अनुवाद।
741. दीपवंश, पृ0 28.
742. महावंश, 11.23–24; 11.38–39; 19[06] हिन्दी अनुवाद।
743. द्र0 उपाध्याय, वही, पृ0 468.
744. वही, पृ0 494.
745. शास्त्री एच0, आर्क0 सं0 इं0, 1903–04, पृ0 277 और आगे; मजुमदार, आर0 सी0, एपि0 इं0, XVIII, पृ0 107 और आगे।
746. सरकार, डी0 सी0, से0 इं0, II, पृ0 242.
747. महावस्तु, I, पृ0 34.
748. द्र0 लाहा, बी0 सी0, प्रा0 भा0 का ऐ0 भू0, पृ0 168–69.
749. बौद्धकालीन, वत्सराज, हरिवंश, 29–73.
750. द्र0 उपाध्याय, भरतसिंह, बुद्धकालीन भारतीय भूगोल, पृ0 265–66.
751. लाहा, वी0 सी0, इंडिया ऐज डिस्क्राइब्ड इन अर्ली टैक्स्ट्स ऑफ बुद्धिज्म एंड जैनिज्म, पृ023.
752. द्र0 उपाध्याय, वही, पृ0 265.
753. द्र0 सांकृत्यायन, राहुल, मज्झिम निकाय, (हिन्दी अनुवाद), पृ0 झ0 (प्राक्कथन)।
754. द्र0 लाहा, वही।
755. वाटर्स, ऑन युवान–च्वांग, I, 365–66.
756. मुंशी, देवीप्रसाद, जे0 आर0 ए0 एस0, 1894 पृ0 और आगे; मजुमदार, आर0 सी0, एपि0 इं0, XVIII, पृ0 95 और आगे।
757. सरकार, डी0 सी0, से0 इं0, II, 236.
758. एपि0 इं0, XVIII, पृ0 94–95.

759. शास्त्री, बी0 जी0, जे0 बी0 बी0 आर0 ए0 एस0, I, पृ0 259 और आगे; कीलहार्न, एपि0 इं0, II, 182 और आगे।
760. सरकार, डी0 सी0, से0 इं0 II, पृ0 392.
761. शास्त्री, एच0, आर्क0 स0 इं0, 1903–04, पृ0 277 और आगे।
762. सरकार, डी0 सी0, से0 इं0, II, पृ0 242.
763. दृ0 लाहा, बी0 सी0, प्रा0 भा0 का ऐ0 भू0, पृ0 568.
764. योग0 महा0, 3.36.27.
765. दृ0 सिन्हा, यू0 एन0, योग0 महा0 का रचनाकाल, पृ0 76.
766. डे0, एन0 एल0, ज्यां0 डिक्श0 ऐ0 एंड मे0 इं0 दिल्ली, 1922, पृ0 34.
767. सरकार, डी0 सी0, स्टडीज इन ज्यॉग्रेफी ऐंश्यंट एंड मेडिक्ल इंडिया, पृ0 39 और टि0, 97, 259–262; पार्जिटर, मार्कण्डेय पुराण, 14.3, 57.47, 119.14.
768. महाभारत, वनपर्व, 73.1 तथा 5.157, 15–6; मिश्रा, एस0 एन0, ऐंश्यंट इंडियन रिपब्लिक्स, पृ0104, 105; हरिवंशपुराण, विष्णुपर्व, 60.32; विष्णुपुराण, 4.4.1; राय, एच0 सी0, द डायनेस्टिक हिस्ट्री ऑफ नार्दन इंडिया, II, पृ0 743, टि0 2.
769. दृ0 सिन्हा, वही, पृ0 76.
770. काव्यादर्श, I, 40.
771. मत्स्यपुराण, 114, 46–48, वायुपुराण, 45, 126; मार्कण्डेय पुराण, 57. 45–48.
772. दृ0 सिन्हा, यू0 एन0, योग0 महा0 का रचनाकाल, पृ0 77.
773. दशकुमारचरितम्, पृ0 180.
774. महाभाष्य, I, 4.1, पृ0 634.
775. योगिनीतंत्र 2.4.
776. भागवतपुराण, IV, 28, 28; IX, 20,34; X, 52, 21, 41; X, 84, 55.
777. दृ0 लाहा, वही, पृ0 569.
778. मालविकाग्निमित्रम्, V, अंक 20.
779. रायचौधरी, एच0 सी0, पा0 हि0 ऐ0 इं0, चतुर्थ संस्करण, पृ0 309.
780. मालविकाग्निमित्रम्, अय्यर, एस0 एस0, द्वारा संपादित, पृ0 14 और आगे।
781. रायचौधरी, पो0 हि0 ऐं0 इं0, चतुर्थ संस्करण, 309 और आगे(लाहा,बी0 सी0 इंडोलॉजिकल स्टडीज, I, पृ0 50.
782. मिश्रा, एस0 एन0, ऐंश्यंट इंडियन रिपब्लिक्स, पृ0 104, 105.
783. सरकार, डी0 सी0, स्टडीज इन ज्यॉग्रेफी ऑफ ऐंश्यंट एंड मेडिवल इंडिया, पृ0 186.
784. वराहमिहिर, वृहत्संहिता, 9.15,21,14.8,10.7,16.35य लामा तारानाथ, इं0 एंटि0, IV, पृ0 364 और आगे।
785. मजूमदार एंड पुसाल्कर, द स्ट्रगल फार इम्पायर, पृ0 25,29,32.
786. फ्लीट, जे0 एफ0, इं0 एंटि0, XVIII, पृ0 166 और आगे।
787. सरकार, डी0 सी0, सें0 इं0, II, पृ0 165.
788. एपि0 इं0, XXV, भाग, VI, अप्रैल, 1940.

789. दृ0 लाहा, बी0 सी0, प्रा0 भा0 का ऐ0 भू0, पृ0 337.
790. एपि0 इं0, XXV, भाग, I, जनवरी, 1939, पृ0 45य एपि0, इं0, IX, पृ0 58.
791. एपि0 इं0, VI, 346; आयंगर, एस0 के0, ऐंश्यंट इंडिया, पृ0 145.
792. डा0 राय, यू0 एन, प्रा0 भा0 में नगर तथा नगर जीवन पृ0 52–53.
793. मजूमदार, आर0 सी0, एपि0 इं0, XVIII, पृ0 107 और आगे।
794. मजूमदार, एन0 जी0, इंसक्रिप्शंस ऑफ बंगाल, III, पृ0 32 और आगे।
795. कीलहार्न, एपि0 इं0, I, पृ 307 और आगे।
796. मित्रा, देबला, एपि0 इं0, XXXIII, पृ0 263–68.
797. सरकार, डी0 सी0, से0 इं0, II, पृ0 242.
798. वही, पृ0 105.
799. वही, पृ0 115.
800. वही, पृ0 156.
801. लाहा, बी0 सी0, द वंगाज।
802. सरकार, डी0 सी0, सें0 इं0, दिल्ली, 1991
803. मजूमदार, आर0 सी0, द हिस्ट्री ऑफ बंगाल, पटना, 1971, पृ0 2
804. द्र0 लाहा, बी0 सी0, प्रा0 भा0 का ऐ0 भू0, पृ0 448
805. का0 इं0 इं0 III, पृ0 141 और आगे।
806. ऐतरेय आरण्यक, II, 1.1; तु0 कीथ, ऐतरेय आरण्यक, 200.
807. धर्मसूत्र I, 1.14.
808. अष्टाध्यायी 4.1.70.
809. भागवतपुराण IX, 23, 5.
810. काव्यमीमांसा अ0, 3.
811. योगिनीतंत्र 2.2, 119.
812. एपि0 इं0 V.
813. एपि0 इं0, II, पृ0 335.
814. एपि0 इं0, XII, पृ0 136.
815. एपि0 इं0, XI, पृ0 142.
816. एपि0 इं0, XXIV, भाग, III, जुलाई 1937.
817. एपि0 इं0, XXI, पृ0 97–131.
818. कालिदास, रघुवंशम, 4.36.
819. वाल्मीकि, रामायण, अयोध्याकांड, 10.37; महाभारत, सभापर्व, 30.23; इं0 एंटि0, 1891, पृ0375.
820. मजूमदार, आर0 सी0, द हिस्ट्री ऑफ बंगाल, पटना, पृ0 10.
821. अर्थशास्त्र, अ0 32–33.
822. डे0, एन0 एल0, ज्यॉ0 डिक्श0, पृ0 22.
823. हुल्त्स, इं0 ऐं0, XV, पृ0 30 और आगे(मैत्रेय, ए0 के0, गौड़लेखमाला, पृ0 56 और आगे।
824. सरकार, डी0 सी0, एपि0 इं0, XXXVII, पृ0 289 और आगे।

825. सरकार, डी0 सी0, से0 इं0, I, पृ0 80.
826. सरकार, डी0 सी0, से0 इं0, II, पृ0 92.
827. का0 इं0 इं0, II, पृ0 6–8.
828. का0 इं0 इं0, III, नं0 1.
829. कनिंघम, ऐं0 ज्यॉ0 इं0, मजूमदार, एस0 एन, संस्करण, पृ0 729.
830. वृहत्संहिता, अ0, XIV.
831. जे0 ए0 एस0 बी0, 1915, पृ0 17–18.
831. डे0, एन0 एल0, ज्यॉ0 डिक्श0, पृ0 175; जे0 ए0 एस0 बी0, 1914 पृ0 87, भट्टसालि, स्कल्पचर्स इन द ढाका म्युजियम, पृ0 6.
833. मजूमदार, एन0 जी0, इं0 बं0, III; दृ0 लाहा, बी0 सी0, प्र0 भा0 का ऐ0 भू0, पृ0 431.
834. वही।
835. बील, बुद्धिस्ट रिकार्ड्स ऑफ द वेस्टर्न वर्ल्ड, II, 199.
836. मे0 आर्क0 सं0 बं0, I, नं0 6.
837. दृ0 लाहा, वही, पृ0 431–32.
838. मजूमदार, आर0 सी0, एपि0 इं0, XVIII, पृ0 95 और आगे।
839. सरकार, डी0 सी0, से0 इं0, II, पृ0 236.
840. एपि0 इं0, XVIII, पृ0 94.
841. वही, पृ0 94–95.
842. शास्त्री , एच0, एपि0 इं0, XVII, पृ0 318 और आगे।
843. सरकार, डी0 सी0, से0 इं0, II, पृ0 71.
844. एपि0 इं0, XVII, पृ0 312.
845. वही।
846. उपाध्याय, भरतसिंह, बुद्धकालीन भारतीय भूगोल, पृ0 543.
847. सुसन्धि जातक, III, पृ0 188.
848. महानिद्देस, पृ0 154–155, 415.
849. जातक, III, पृ0 64.

अध्याय 5

नगर

प्रस्तुत अध्याय में नगरों का वर्णन किया गया है, किन्तु अध्ययन की सुविधा हेतु विषय, आहार, पुर, मण्डल, पत्तला तथा भोग आदि को भी इसी अध्याय के अन्तर्गत समाहित किया गया है। इनके विषय में संक्षिप्त परिचय देना यहाँ समीचीन होगाः

विषय

प्राचीन स्रोतों में विषय शब्द का उल्लेख जनपद या जिले के सन्दर्भ में किया गया है। यथा गया विषय, राजगृह विषय, चन्द्रपुर विषय आदि। विषय को एक प्राशासनिक इकाई के रूप में उल्लिखित किया जाता था, जिसके अन्तर्गत विभिन्न ग्राम समाहित होते थे।

आहार

आहार शब्द का उचित अभिज्ञान स्पष्ट नहीं है। फ्लीट के अनुसार यह एक क्षेत्रीय सन्दर्भ में प्रयुक्त तकनीकी शब्द है जिसका कोई निश्चित अर्थ नहीं है। कभी–कभी आहार को विषय (जनपद) का समानार्थी माना जाता है।[1] अभिलेखों में खेटक–आहार आदि का उल्लेख मिलता है।

नगर

नगरों का उल्लेख प्राचीन भारतीय स्रोतों में राज्य के आर्थिक और राजनीतिक केन्द्रों के रूप में किया गया है। कतिपय नगर राजधानी के रूप में भी प्रसिद्ध रहे हैं, जिन्हें विभिन्न

कालों में राजनीतिक प्रतिष्ठा प्राप्त हुई थी। तैत्तिरीय संहिता में नगर शब्द का उल्लेख पुर के अर्थ में किया गया है।[2] कोई भी कस्बा जिसकी जनसंख्या एक लाख या उससे अधिक हो, नगर कहा जाता था।[3] प्राचीन काल के नगर एवं कस्बों में भेद करना अतयंत कठिन है। नगर शब्द की उत्पत्ति निश्चित नहीं है। इसकी व्युत्पत्ति संभवतः नगर अथवा अगार से हुई प्रतीत होती है जो अनार्य उत्पत्ति की ओर संकेत करता है।[4] संस्कृत तथा पालिग्रंथों में नगर शब्द का प्रयोग प्रायः शहर के सन्दर्भ में किया गया है।[5] नगर प्रायः कस्बों से वृहत होते थे किन्तु उनमें कार्यों के आधार पर कोई भेद नहीं किया जा सकता है।[6]

पुर

पुर शब्द का प्रयोग भी नगरों के सन्दर्भ में अथवा नगरों के किसी संरक्षित या दुर्गीकृत भाग के रूप में होता था। पुर का अर्थ तैत्तिरीय संहिता[7] ऐतरेय ब्राह्मण[8] तथा शतपथ ब्राह्मण[9] में प्राप्त होता है। मिशेल के मतानुसार उपरोक्त स्रोतों में पुर का उल्लेख प्राकार एवं परिखा से घिरे हुए नगर के सन्दर्भ में किया गया है।[10] अमरकोश में पुर, पुरी, नगरी आदि को नगर अथवा कस्बों के पर्यायवाची के रूप में प्रयुक्त किया गया है।[11] इसके अनुसार पुर वह स्थान है जहाँ पर्याप्त संख्या में कारीगर निवास करते हैं तथा जहाँ व्यापारियों तथा अन्य लोगों के साथ व्यापारिक आदान–प्रदान किया जाता है। प्रारंभिक वैदिक साहित्य में पुर का उल्लेख किले, तथा मजबूत प्राचीर के रूप में किया गया है जिसका नगरीय महत्व होना आवाश्यक नहीं था।[12]

मण्डल

मण्डल शब्द का प्रयोग किसी राज्य के प्रशासनिक विभाजन के क्रम में किया जाता था। राज्य को प्रायः विभिन्न मण्डलों में विभाजित कर उसे किसी अधिकारी के अधीन कर दिया जाता था। मण्डल को पुनः विभिन्न विषयों अथवा जनपदों में वर्गीकृत किया जाता था। प्रशासनिक विभाजक की यह प्रणाली वर्तमान समय में भी लागू है।

पत्तला

पत्तला शब्द प्रशासनिक व्यवस्था के किस क्रम में प्रयुक्त किया जाता था, यह उचित रूप से स्पष्ट नहीं है किन्तु ऐसा प्रतीत होता है कि यह आधुनिक तहसील के समतुल्य रहा होगा। अभिलेखों में कठेहली–पत्तला, हलदोय–पत्तला आदि का उल्लेख किया गया है।

संभवतः पत्तला किसी क्षेत्रीय तकनीकी शब्द के रूप में प्रयुक्त किया गया होगा। कभी–कभी पत्तला को जनपद के रूप में भी प्रयुक्त किया जाता था। गोविन्द चन्द्र गाहड़वाल के बसाही ताम्रपत्र अभिलेख में जीयावनी–पत्तला को जनपद के सन्दर्भ में प्रयुक्त किया गया है।[13]

पत्तन

पत्तन वह नगर है जहाँ राजा और उसके अन्य अधिकारी निवास करते है।[14] पत्तन शब्द की उत्पत्ति निश्चित नहीं है। कालिदास ने पत्तन शब्द को नगर के अर्थ में प्रयुक्त किया है।[15]

अट्ठावीस-खण्ड

इसका उल्लेख कर्ण (1100–10 ई0) के रत्नगिरि ताम्रपत्र अभिलेख[16] में हुआ है। अभिलेख से प्राप्त सूचना के अनुसार राजा कर्णदेव ने अट्ठावीस–खण्ड के कोणा नामक ग्राम का दान किया था। अभिलेख में अट्ठावीस–खण्ड को उत्तर–तोसलि प्रान्त के अन्तर्गत स्थित बताया गया है।[17]

यह संभवतः 28 ग्रामों का एक उपमण्डल था। यह किसी परगने का एक भाग प्रतीत होता है किन्तु उक्त परगने का नाम अभी तक ज्ञात नहीं किया जा सका है। संभवतः इसकी पहचान पुरी जनपद के कोणार्क क्षेत्र में स्थित परगना अठेसी से की जा सकती है।[18] पी. आचार्य ने अट्ठावीस–खण्ड को नक्शा संख्या 73/एल/4 में वर्तमान अट्ठासपुर से समीकृत किया है।[19]

अनर्घवल्ली

इस मण्डल का उल्लेख कल्चुरि रत्न–II के ताम्रपत्र अभिलेख[20] (1128 ई0) में किया गया है। इस मण्डल का उल्लेख करते हुए अभिलेख में कहा गया है कि राजा रत्नदेव–II ने चन्द्रग्रहण के बारे में सही भविष्यवाणी करने वाले ज्योतिषी पद्मनाभ को प्रसन्न होकर चिंचातलाई नामक एक ग्राम का दान किया था जो इसी अनर्घवल्ली मण्डल में स्थित बताया गया है।[21]

अनर्घवल्ली की पहचान विलासपुर जनपद की आधुनिक जाजगीर तहसील से की जाती है।[22]

अयोध्या

इस नगर का उल्लेख चन्द्रदेव के चन्द्रावती ताम्रपत्र अभिलेख[23] में किया गया है। अभिलेख के अनुसार महाराजाधिराज चन्द्रादित्यदेव ने अयोध्या में सरयू और घर्घरा के संगम पर स्थित स्वर्गद्वारतीर्थ में स्नान किया था।[24]

अयोध्या भारत के अतिप्राचीन और महत्वपूर्ण नगरों में से एक है। कतिपय विद्वानों का विचार है कि साकेत और अयोध्या एक ही नगर हैं। किन्तु रीज डेविड्स दोनों को एक स्वीकार नहीं करते हैं। उनके अनुसार पालिग्रंथों में अयोध्या और साकेत दो भिन्न नगरों

के निमित्त प्रयुक्त हुये हैं। अतः दोनों नाम एक दूसरे का पर्यायवाची नहीं हो सकते हैं।[25] यह नगर हिन्दू धर्म में वर्णित सात तीर्थ नगरियों में से एक है। इसे अयुधा अथवा अयोज्जा भी कहा जाता है।[26] अयोध्या में ही जैन धर्म के प्रथम और चतुर्थ तीर्थांकरों का जन्म हुआ था।[27] फाह्यान ने अपने यात्रा वृतांत में इस नगर को शा–चे तथा प्रसिद्ध भूगोलवृत्ता टॉलेमी ने इसे सोगेड नाम से वर्णित किया है।[28] आवश्यक निर्युक्ति[29] में अयोध्या को इक्ष्वाकु भूमि कहा गया है। अन्यत्र इसे कोसल तथा रामपुरी नाम से उल्लिखित किया गया है।[30] भागवतपुराण[31] में अयोध्या को एक नगर के रूप में वर्णित किया गया है। स्कन्दपुराण में इस नगर को मत्स्याकार बताया गया है।[32] ब्राह्मण साहित्य में इसे एक गाँव के रूप में उल्लिखित किया गया है।[33] रामायण में अयोध्या को सरयू नदी के तट पर स्थित एक महत्वपूर्ण नगर कहा गया है।[34] इस सुन्दर नगर को देखकर ऐसा प्रतीत होता है जैसे स्वयं मनु ने इसे अपने हाथों से निर्मित किया था।[35] यह नगर एक गहरी खाई से सुरक्षित था। इसके चारों ओर एक ऊँची चहारदीवारी तथा सालवृक्ष लगे हुये थे। नगर के भीतर बनी प्रमुख सड़कें लम्बी–चौड़ी तथा सुन्दर दिखती थी। प्रतिदिन सड़कों पर जल छिड़काव कर पुष्प बिखेरे जाते थे।[36] इस नगर के भवन बहुमंजिले तथा अतिसुन्दर थे जिनमें कपाट तथा तोरणद्वार बने हुये थे। भवनों के शिखर पर मंगलध्वज लगाने की परंपरा थी। नगर में विभिन्न कलाकार, सामन्त, सूत, मागध और शिल्पियों का निवास था। विभिन्न देशों से व्यापारी गण यहाँ आया करते थे।[37] इस नगर के योद्धा शब्द वेधी बाण चलाने की कला में निपुण थे।[38] रामायण के अनुसार अयोध्या में अपनी प्रजा के साथ निवास करते हुए राजा दशरथ ऐसे प्रतीत होते थे जैसे स्वर्गलोक में देवाताओं के साथ इन्द्रदेव।[39] रामायण में अयोध्या को एक समृद्ध नगर कहा गया है। इस नगर में कम्बोज से आयातित घोड़े तथा बलवान हाथी पाये जाते थे।[40] महाभारत में इस नगर को शुभलक्षणों से युक्त कहा गया है। यह धरती पर एक अतिसुन्दर स्थान था।[41] अयोध्या का समाज वर्णव्यवस्था पर आधारित था जहाँ ब्राह्मण, क्षत्रिय, वैश्य और शूद्रों को अपने–अपने धर्म और दायित्वों का निर्वहन करना पड़ता था।[42]

स्कन्दपुराण के अनुसार अयोध्या का विस्तार पूर्व से पश्चिम में एक योजन तथा सरयू से दक्षिण और तमसा से उत्तर में भी एक योजन था।[43] गुप्त सम्राट समुद्रगुप्त के गया ताम्रपत्र अभिलेख में अयोध्या को घर्घरा (सरयू) के तट पर स्थित बताया गया है जो वर्तमान फैजाबाद रेलवे स्टेशन से आठ मील की दूरी पर स्थित है।[44] जैन ग्रंथों में अयोध्या का विस्तार तेरह योजन लंबा और नौ योजन चौड़ा बताया गया है।[45] प्रसिद्ध इतिहासकार अल्बरुनी के अनुसार यह नगर कन्नौज से लगभग 150 मील दक्षिण पूर्व में स्थित था।[46] बौद्धकाल मे अयोध्या दक्षिण–कोसल की राजधानी थी। पुष्यमित्र शुंग का राज्य विस्तार अयोध्या तक था। यहाँ से प्राप्त उसके एक वंशज के अभिलेख में उसे दो अश्वमेध यज्ञ करने वाला कहा गया है।[47] चीनी यात्री फाह्यान (पाँचवीं शताब्दी ई0) के अनुसार अयोध्या में ब्रह्मणों और बौद्धों में आपसी मतभेद थे। यहाँ एक स्तूप निर्मित था जहाँ चार बौद्ध टहलते और विराजते थे।[48] ह्वेनसांग भी अपने भारत–भ्रमण में 600 ली से अधिक की अनुमानित

दूरी तय कर दक्षिण में गंगा को पार कर अयोध्या पहुँचा था। उसने इसे आयुधा कहा है। जहाँ की जलवायु स्वास्थ्य–प्रद तथा अनाज की पैदावार खूब होती थी। यहाँ के निवासी कर्मठ, सदाचारी तथा व्यवहारिक ज्ञान में पारंगत थे। उसके अनुसार यहाँ के 100 से अधिक बौद्ध विहारों में महायान और हीनयान संप्रदाय के 3000 से भी अधिक भिक्षु निवास करते थे। यहाँ पर लगभग दस देवमंदिर भी बने हुये थे। नगर के दक्षिणी आम्रवन में एक प्राचीन विहार स्थित था जहाँ असंग ने शिक्षा ग्रहण कर बाद में अध्यापन भी किया था। असंग की मृत्यु के उपरान्त बसुबंधु ने महायान धर्म का प्रचार–प्रसार कर कई भाष्यों की रचना की तथा अयोध्या में ही उनकी मृत्यु हो गयी थी।[49]

जैन एवं बौद्ध ग्रंथों में अयोध्या को महत्वपूर्ण स्थान प्राप्त है।[50] इक्ष्वाकुओं में अयोध्या पर प्रायः ज्येष्ठाधिकार के नियम का प्रचलन था।[51] अयोध्या के कई शासकों को अति प्रसिद्धि प्राप्त हुई है।[52] अयोध्या नरेशों को वशिष्ठगोत्रीय कहा गया है जिनके पुरोहित ऋषि वसिष्ठ थे।[53] राजा युवनाश्व तथा विशेषरूप से उसके पुत्र मान्धाता के काल में अयोध्या की प्रतिष्ठा में अत्यंत वृद्धि हुई।[54] कालान्तर में अयोध्या का पतन प्रारंभ हुआ और राजा जहनु के शासन काल में इसका स्थान कान्यकुब्ज (कन्नौज) ने ले लिया। कालान्तर में हैहयों ने अयोध्या पर अधिकार कर लिया। उसके उपरान्त विदेशी जातियों ने वहाँ अपना निवास बना लिया।[55] राजा भगीरथ एवं अम्बरीष नाभागि के शासन काल में पुनः अयोध्या का उत्थान हुआ।[56] अयोध्या में राजा दशरथ ने अश्वमेध यज्ञ किया था जिसमें पूर्वी तथा दक्षिणी देशों के अतिरिक्त सुदूर पंजाब के राजा भी आमंत्रित थे। पार्जिटर के अनुसार उस समय अयोध्या और वशिष्ठों का सुसंस्कृत ब्राह्मण क्षेत्र से कोई भी संबंध स्थापित नहीं हुआ था।[57] नन्दों ने अपना एक स्कंधावार अयोध्या में स्थापित किया था।[58] पालिसाहित्य में यहाँ के कतिपय राजाओं का वर्णन प्राप्त होता है।[59] अयोध्या से विशाल संख्या में प्राचीन मुद्रायें प्राप्त हुई हैं।[60]

कालान्तर में अयोध्या का वर्णन एक धार्मिक केन्द्र के रूप में प्राप्त होता है। इसकी धार्मिक महत्ता का कारण राम के जीवन से इसका संबंधित होना था।[61] यहाँ पर प्रायः यज्ञों का अनुष्ठान होता रहता था।[62] नरसिंहपुराण तथा स्कन्दपुराण में उल्लिखित है कि अयोध्या में सरयू के तट पर स्थित पवित्र घाटों पर स्नान हेतु विशाल संख्या में लोग एकत्रित हुआ करते थे। प्रसिद्ध कवि विल्हण सरयू के पवित्र जल में स्नान करने हेतु अयोध्या आया था।[63]

आनंदपुर

इस नगर का वर्णन शीलादित्य–VI ध्रुवभट्ट के अलीना ताम्रपत्र अभिलेख[64] में किया गया है। अभिलेख के अनुसार राजा शीलादित्य–VI ध्रुवभट्ट ने आनन्दपुर निवासी भाट आखण्डलमित्र को कतिपय क्रियाओं के संपादन हेतु महिलबली नामक ग्राम का दान किया था।[65]

आनन्दपुर का एक नाम वडनगर भी था। इसे नागर भी कहा जाता है जो गुजरात के नागर ब्राह्मणों का मूल स्थान था। राजा कुमारपाल ने इसके चारों ओर एक प्राकार का

निर्माण करवाया था।[66] इसकी पहचान वर्तमान आनंद पुर से की जाती है जो कि गुजरात के कैरा या खेड़ा से लगभग 21 मील दूर दक्षिण–पश्चिम में स्थित आनंद–तालुका का मुख्य कस्बा है।[67] एक अन्य मत के अनुसार यह वर्तमान वडनगर से समीकृत किया जा सकता है।[68]

आम्रषण्डिका-मण्डल

इसका उल्लेख धर्मपाल (775–812 ई0) के खलीमपुर ताम्रपत्र अभिलेख[69] में हुआ है। अभिलेख से प्राप्त सूचना के अनुसार पालनरेश धर्मपाल ने अपने महासामंताधिपति नारयणवर्मन् के निवेदन पर दूतक युवराज त्रिभुवन पाल के द्वारा स्थालीक्कट विषय के गोपिप्पली ग्राम को भगवान नन्न–नारायण के मंदिर के निमित्त दान किया था। उक्त ग्राम को अभिलेख में आम्रपण्डिका मण्डल का ही एक भाग बतलाया गया है।[70]

आम्रषण्डिका मण्डल की उचित पहचान संभव नहीं हो सकी है। संभवतः यह पश्चिम बंगाल में माल्दा जनपद तथा समीपवर्ती क्षेत्रों से समीकृत किया जा सकता है।

उज्जैनी (उज्जयिनी)

इस नगर का उल्लेख महेन्द्रपाल–II के प्रतापगढ़ प्रस्तर अभिलेख[71] में हुआ है। अभिलेख से प्राप्त सूचना के अनुसार महेन्द्रपाल–II के उज्जैनी के महासांमत और दण्डनायक माधव ने चाह्मान इन्द्रराज के आग्रह पर धर्परपद्रक नामक एक ग्राम का दान किया था।[72]

उज्जैनी भारत की प्राचीन धार्मिक नगरी है जिसका उल्लेख विभिन्न साहित्यिक स्रोतों में प्राप्त होता है। पतंजलि ने महाभाष्य[73] में इस पवित्र नगर का उल्लेख किया है। इसका वर्णन योगिनीतंत्र[74] में भी हुआ है। उज्जैनी का उल्लेख अशोक के उड़ीसा से प्राप्त द्वितीय पृथक शिलालेख में मिलता है।[75] प्राचीन काल में उज्जैनी पश्चिमी मालवा की राजधानी थी जिसे चर्मण्वती (चंबल) की एक सहायक नदी शिप्रा के तट पर अब स्थित बताया गया है। यह मध्य–प्रदेश के अन्तर्गत वर्तमान उज्जैनी से समीकृत की जाती है।[76] दीपवंश[77] के अनुसार उज्जैनी का निर्माण अच्चुतगामी ने करवाया था। ह्वेनसांग के अनुसार इस नगर की परिधि 6000 ली थी। यहाँ पर कई संघाराम निर्मित थे जो अधिकांश नष्टप्राय हैं। उज्जैनी में बौद्ध धर्म के हीनयान और महायान संप्रदाय के लगभग 300 भिक्षु अध्ययनरत रहते थे। यहाँ का राजा ब्राह्मण था तथा बौद्ध धर्म के सिद्धांतों पर विश्वास नहीं करता था।[78] लगभग चौथी शती ई0 में कालिदास के नाटकों का अभिनय उज्जैनी के प्रान्ताधिपति की राज्य सभा में किया जाता था।[79] उज्जैनी नगर से ही ज्योतिष के विद्वान अपने अक्षांशों की गणना करते थे।[80] पेरीप्लस ऑफ द एरिथ्रिअन सी[81] में इस नगर को ओजीनी कहा गया है जहाँ से प्रत्येक सामाग्री स्थानीय उपयोग हेतु बैरीगाजा (भृगुकच्छ) भेजी जाती थी। उज्जैनी व्यापार का एक महत्वपूर्ण केन्द्र था जो न्यूनतम तीन प्रसिद्ध व्यापारिक मार्गों के सम्मिलन बिन्दु

पर स्थित था।[82] उज्जैनी को अवन्ति (मालवा) का सर्वप्रथम नगर होने के कारण अवन्ति,[83] अवन्तिपुरी[84] तथा अवन्तिका[85] भी कहा जाता था। इसके विशाला[86] पद्मावती, भोगवती एवं हिरण्यवती[87] जैसे अन्य नाम भी मिलते है।[88]

उज्जैनी का उत्कर्ष सर्वप्रथम महाजनपद काल में प्रारंभ हुआ जब यह अवन्ति के प्रद्योतवंश की राजधानी बनी। बुद्धकाल में यहाँ का शक्तिशाली शासक चण्डप्रद्योत था जिसने वत्सराज उदयन को उज्जैनी में बन्दी बनाया था।[89] मेघदूत में उदयन के द्वारा प्रद्योत की पुत्री वासवदत्ता को उज्जैनी भगाने का उल्लेख मिलता है।[90] चण्डप्रद्योत के काल में उज्जैनी एक विशिष्ट सांस्कृतिक केन्द्र के रूप में विकसित हुई। जातक ग्रंथों में कहा गया है कि उज्जैनी और वाराणसी में व्यापारिक एवं सांस्कृतिक प्रतिस्पर्धा विद्यमान थी।[91] बिन्दुसार ने अशोक को उज्जैनी का गर्वनर नियुक्त किया था। यहीं पर महेन्द्र और संघमित्रा का जन्म हुआ था।[92] अशोक के अभिलेख में कहा गया है कि उसने एक राजकुमार को यहाँ का राज्यपाल बनाया था।[93] परम्परा के अनुसार उज्जैनी प्रथम शताब्दी ई0 पू0 के लगभग विक्रमादित्य की राजधानी थी। कालिदास के अनुसार उज्जैनी स्वर्ग का एक कान्तियुक्त खण्ड था जहाँ देवता भी स्वर्ग छोड़कर आनंद प्राप्त करने के लिये आते है।[94] मेघदूत में उज्जैनी के बाजारों का वर्णन मिलता है जहाँ रत्न, शंख, मणि, मयूख तथा अन्य मूल्यवान वस्तुयें विक्रय हेतु सजी रहती थी।[95]

प्रथम शताब्दी ई0 के अन्त से लेकर चौथी शताब्दी ई0 तक उज्जैनी शकों की राजधानी रही।[96] रुद्रदामन्–I के शक–संवत् 72 के जूनागढ़ अभिलेख से प्राप्त सूचना के अनुसार उज्जैनी राज्य में पूर्वी एवं पश्चिमी मालवा, माहिष्मती, आनर्त, सुराष्ट्र, भृगुकच्छ, श्वभ्र, सिन्धु, सौवीर, कुकुर, अपरांत एवं निषाद आदि जनपद सम्मिलित थे।[97] शकों के शासनकाल में उज्जैनी से विशेष प्रकार के रजत सिक्के जारी किये गये थे। कठियावाड़ विजय के पश्चात् चन्द्रगुप्त विक्रमादित्य ने भी उनका अनुसरण किया।[98] पाँचवी शताब्दी के प्रारंभिक काल में चन्द्रगुप्त विक्रमादित्य ने शकों को परास्त कर उज्जैनी को गुप्त साम्राज्य में समाहित कर लिया। कुछ विद्वानों ने शूद्रक की रचना मृच्छकटिकम को गुप्तकालीन मानकर इसके आधार पर उज्जैनी की समृद्धि का उल्लेख किया है। उनके अनुसार इस नगर में अनेक विहार, विश्रामालय, देवालय, सरोवर, कूप आदि विद्यमान थे जिससे यह नगर आति शोभायमान प्रतीत होता था।[99] मगध के शासक बिंबिसार के उज्जैनी की एक नगरवधु पदमावती से एक पुत्र उत्पन्न हुआ था।[100] जैनों के चौबीसवें तीर्थंकर महावीर स्वामी ने उज्जैनी में तपस्या की थी। चतुर्थ शती ई0 पू0 में उज्जैनी पर मगध का अधिकार स्थापित हो गया।[101] दशकुमारचरितम[102] में उल्लेख मिलता है कि पुष्पोद्भव ने एक व्यापारी के चन्द्रपाल नामक पुत्र से मित्रता स्थापित कर इस नगर में प्रवेश किया और अपने माता–पिता को भी यहाँ ले आया था। उज्जैनी के निकट से दो ताम्रपत्र प्राप्त हुए हैं जिन पर अंकित अभिलेख में महानायक की पत्नी आसिनी के आग्रह पर वाक्रपतिराज द्वारा उज्जैनी में भट्टेश्वरी देवी के निमित्त सेंबलपुर नामक एक ग्राम के दान का उल्लेख है।[103]

कथासरित्सागर में उज्जैनी को धरती का आभूषण कहा गया है जो अमृत के फेन के समान धवल भवनों (प्रासादों) के अनुपम सौन्दर्य द्वारा अमरावती को भी लज्जित करता था।[104] काव्यमीमांसा के अनुसार उज्जैनी नरेश चन्द्रगुप्त विक्रमादित्य ने अपने अन्तःपुर में केवल संस्कृत भाषा के ही प्रयोग की आज्ञा दे रखी थी।[105] ऐसा माना जाता है कि उज्जैनी से शकों को पराजित करने के पश्चात् चन्द्रगुप्त विक्रमादित्य ने इसे अपनी द्वितीय राजधानी बना ली थी। संभवतः इसी आधार पर भारतीय परंपराओं में उसे उज्जैनी के साथ विशेष रूप से संबद्ध किया जाता है। विक्रमादित्य से अपनी उत्पत्ति मानने वाले कनाड़ी जनपद के कतिपय सामंत इस नरेश को उज्जयिनीपुर अधीश्वर तथा पाटलिपुत्र. पुरवर अधीश्वर कहते थे।[106] यहाँ उज्जैनी पुरवर शब्द का अर्थ है कि उज्जैनी विक्रमादित्य के काल में भारत का एक श्रेष्ठ नगर रहा होगा।

वाणभट्ट ने कादंबरी में उज्जैनी का वर्णन एक समृद्ध नगर के रूप में किया है, जिसके अनुसार शिप्रा नदी के तट पर स्थित यह नगर तीनों लोकों में सर्वश्रेष्ठ था।[107] इस नगर के चारों ओर एक गहरी खाई तथा एक ऊँची चहारदीवारी थी। नगर के भीतर निर्मित चित्रशालाओं में सुर, असुर, सिद्ध, गंधर्व एवं विद्याधरों के चित्र बने हुये थे।[108] ह्वेनसांग के अनुसार इस नगर के भीतर अनेकों मंदिर निर्मित थे।[109] कालान्तर में उज्जयिनी का वर्णन विभिन्न ग्रंथों में मिलता है।

अल्बरुनी ने अपनी यात्रा विवरण में उज्जयिनी नगर का उल्लेख किया है। उसके अनुसार यह नगर धारा से सात फरसाख (एक दूरीसूचक माप) पूर्व में स्थित था।[110] इस नगर में सड़कों के दोनों ओर प्रासादों का निर्माण किया गया था जिससे यह नगर अत्यंत सुंदर प्रतीत होता है। यहाँ के नागरिक गीत–वाद्य तथा गोष्ठी आदि के माध्यम से अपना मनोरंजन किया करते थे। यहाँ के सरोवरों में हंस, कारंडव, चक्रवाक, सारस, एवं बलाक आदि नानाप्रकार के पक्षी तथा विभिन्न प्रकार के पुष्प शोभायमान थे।[111] इस नगर की बालाएँ रूप, श्रृंगार आदि से युक्त नृत्य एवं गीत आदि में निपुण तथा कला एवं आलाप में परम दक्ष थी।[112]

प्राचीन भारतीय ताम्र–मुद्राओं में उज्जयिनी कि मुद्राओं का अपना विशिष्ट स्थान है। उज्जयिनी से तीसरी शती ई0 पू0 से प्रथम शती ई0 पू0 के मध्य की आहत एवं ढली हुई मुद्रायें प्राप्त होती हैं। यहाँ उत्खनन में दूसरी शती ई0 पू0 से दूसरी शती ई0 के मध्य की मुद्राएँ एवं मृण पदक प्राप्त हुए हैं। यहाँ से कतिपय प्राचीन मृत्पात्र मिले हैं। लगभग दूसरी शती ई0 पू0 की एक प्रस्तर–मंजूषा भी उज्जयिनी से प्राप्त हुई हैं।[113] उज्जैनी में महाकाल का एक मंदिर निर्मित था।[114] यहाँ स्थित महाकाल का मंदिर भारत के अति प्रसिद्ध बारह शैव मंदिरों में से एक था। यह लिंगायत संप्रदाय का एक प्रवित्र तीर्थस्थान माना जाता था।[115]

उज्जयिनी धर्म के महान् केन्द्र के रूप में प्राचीन काल से ही प्रसिद्ध था। यह हिन्दुओं की सात मोक्षदायिनी नगरियों में से एक थी। मुख्यतः यहाँ शिव के महाकाल रूप की पूजा

प्रसिद्ध थी। लोगों का मानना था कि सर्व कार्यों को संपन्न करने वाले त्रिलोचन महाकाल शिव इस नगर की रक्षा करते हैं।[116] उज्जयिनी में शिवकुण्ड नामक एक जलकुण्ड था। इसमें स्नानकर कर लोग अपने समस्त पापों से मुक्त हो जाते थे।[117] उज्जयिनी एक प्रसिद्ध बौद्धिक तथा सांस्कृतिक केन्द्र भी था। राजशेखर कृत काव्यमीमांसा में यहाँ की एक विद्वानमंडली का वर्णन है जो प्रसिद्ध रचनाकारों के कृतियों की परीक्षा करती थी। इस मंडली ने राजशेखर के अनुसार कालिदास, भर्तृमेष्ठ, भारवि, अमरु, हरिश्चन्द्र तथा चन्द्रगुप्त आदि के ग्रंथों की परीक्षा ली थी। भारतीय अनुश्रुतियों में उज्जयिनी नरेश विक्रमादित्य की सभा में विद्यमान नवरत्नों के नाम प्राप्त होते है। जिसमें धन्वन्तरि, कलिदास, वराहमिहिर, क्षपणक, अमरसिंह, शंकु, वेतालभट्ट, घटकर्पर तथा वररूचि सम्मिलित थे।[119]

उपरोक्त विवरणों से ज्ञात होता है कि उज्जयिनी प्राचीन भारत के महत्वपूर्ण राजनीतिक–सांस्कृतिक नगरों में से एक थी जो विभिन्न कालक्रमों में अनेक राजवंशो की शक्ति का केन्द्र रही थी।

उर्तिविषय

इस का उल्लेख शत्रुभञ्ज (11वीं शताब्दी ई0) के केशरी ताम्रपत्र अभिलेख[120] में हुआ है। अभिलेख से प्राप्त सूचना के अनुसार महामंडलाधिपति, महारजाधिराज परमेश्वर श्री शत्रुभंजदेव ने भट्टपुत्र–दण्डपाणि को स्यल्लामायि नामक ग्राम का दान किया था। जिसे उर्ति विषय के अन्तर्गत स्थित बताया गया है।[121]

उर्तिविषय वैतरणी नदी के उत्तरी तट पर खिचिंग के पश्चिमोत्तर में लगभग 12 मील दूर स्थित था।[122] वर्तमान समय में उर्तिविषय की पहचान उड़ीसा के क्योंझर जिले (जो पहले एक रियासत थी) में स्थित उर्ति नामक एक गाँव से की जाती है।[123]

उदुम्बर

इस का उल्लेख भोज–I के बरह ताम्रपत्र अभिलेख[124] (836 ई0) में किया गया है। इस अभिलेख से प्राप्त सूचना के अनुसार राजा भोज–I ने उदुम्बर जनपद के वलाक–अग्रहार में स्थित समस्त अधिकारियों को अग्रहार को दान किये जाने की सूचना प्रेषित की थी। अभिलेख में उदुम्बर जनपद को कालंजर मण्डल के अन्तर्गत स्थित बताया गया है जो कान्यकुब्ज प्रान्त का एक भाग था।[125] हीरानंद शास्त्री के अनुसार उदुम्बर की उचित पहचान करना संभव नहीं हो सका है।[126]

अंड़गदीया-विषय

इसका उल्लेख राजा हर्ष के बाँसखेड़ा ताम्रपत्र (628 ई0) में हुआ है।[127] अभिलेख में राजा द्वारा प्रत्यक्ष शासित क्षेत्रों में अड़गदीया–विषय के एक ग्राम मर्कटसागर के दान का उल्लेख है। अड़गदीया–विषय को अभिलेख में अहिछत्र भुक्ति के अन्तर्गत स्थित बताया गया है।[128]

अभिलेख में अड़गदीया–विषय को अहिछत्र भुक्ति में स्थित बताया गया है। इस आधार पर इस विषय को वर्तमान में उत्तर–प्रदेश के बरेली मण्डल के अन्तर्गत स्थित माना जा सकता है।

अंबवाड़ि-विषय

अंबवाड़ि का उल्लेख अनन्तवर्मन् चोडगंग के विशाखापत्तनम ताम्रपत्र अभिलेख[129] (1118 ई0) में किया गया है अभिलेख में उल्लिखित सूचना के अनुसार वीरसिंह ने अपने राज्य को अपने पाँच पुत्रों में बाँट दिया था। इस विभाजन के क्रम में उसने अपने एक पुत्र गुणार्णव को अंबवाड़ि–विषय का शासक नियुक्त किया था।[130] डी.सी. सरकार के अनुसार अंबवाड़ि–विषय की पहचान नहीं की जा सकी है।[131]

कटेरक विषय

इस विषय का उल्लेख जयवर्धन–II के रघोली तम्रपत्र अभिलेख[132] में हुआ है। अभिलेख से प्राप्त सूचना के अनुसार महाराजाधिराज, परमेश्वर जयवर्धन (जिसे "सकल विंध्यापति" भी कहा जाता था) ने अपने सहायकों और अपनी प्रजा को संबोधित करते हुये कटेरक–विषय के एक ग्राम को भगवान आदित्य–भट्टारक (सूर्य देव) के के निमित्त दान किया था।[133]

कटेरक–विषय की पहचान संभवतः कटंगी के पास स्थित वर्तमान कटेरा से की जा सकती है, जो रघोली से 60 मील पश्चिम में स्थित था।[134]

कठेहली पत्तला

इसका उल्लेख गहड़वालशासक चन्द्रदेव के चन्द्रवती ताम्रपत्र अभिलेख[135] (1092 ई0) में किया गया है। अभिलेख में कठेहली–पत्तला का उल्लेख करते हुए बताया गया है कि इसे पाँच सौ ब्राह्मणों के निमित्त दान किया गया था। अभिलेख में इसे कोल्लक नंदिवार पत्तला तथा गोमती, भागीरथी और वरुणा नदियों से परिवृत्त कहा गया है।[136]

कठेहली–पत्तला की पहचान उत्तर–प्रदेश राज्य में बनारस (वाराणसी) जिले के अन्तर्गत सबसे बड़े परगना कटेहिर से की जाती है। यह दक्षिण में अठगनवन, शिवपुर और जहलपुर, पूर्व में गंगानदी एवं चंदौली जिले के वरह परगना, पश्चिम में कोल–असलह तथा उत्तर में सुल्तानीपुर नामक छोटे परगना तथा गोमती नदी से घिरा है।[137]

कक्ष-विषय

इस विषय का उल्लेख नारायणपाल (855–910 ई0) के भागलपुर ताम्रपत्र अभिलेख[138] में हुआ है। अभिलेख से प्राप्त सूचना के अनुसार पालशासक विग्रहपाल के पुत्र नारायणपाल ने मुक्तिका नामक ग्राम के दान के सन्दर्भ में राजन, राजानक, राजपुत्र आदि उपाधियों से अपने

अधिकारियों (सामन्तों) को संबोधित किया था। मुक्तिका ग्राम को तीरभुक्ति के कक्ष–विषय का एक भाग बताया गया है। इस अवसर पर मंदिर की देख–रेख तथा पाशुपत संप्रदाय के उपासकों के लिये बिस्तर, चादरें और औषधियों आदि की आवश्यकतानुसार व्यवस्था करने का उल्लेख किया गया है।[139] अभिलेख में कक्ष–विषय को तीरभुक्ति के अन्तर्गत स्थित कहा गया है। इस आधार पर इसे आधुनिक बिहार प्रान्त के मुजफ्फरपुर मण्डल तथा उसके समीपवर्ती क्षेत्रों से समीकृत किया जा सकता है।

कार्तिकेयपुर

इस नगर का उल्लेख ललितशूर के पांडुकेश्वर ताम्रपत्र अभिलेख[140] (854 ई0) में किया गया है। अभिलेख में इस नगर का वर्णन करते हुए कहा गया है कि कार्तिकेयपुर नगर से परमभट्टारक महाराजाधिराज परमेश्वर ललितशूर ने अपने समस्त अधिकारियों, श्रेणीप्रमुखों, नियमित और अनियमित सैनिकों आदि को संबोधित करते हुए देन्दुवाक नामक व्यक्ति के अधिकार वाले भूमिखंड को जो कि कार्तिकेय विषय का एक भाग था, गरूड़ाग्राम के भट्ट–श्रीपुरूष को भगवान नारायण भट्टारक के निमित्त दान करने की सूचना दी थी।[141] कार्तिकेयपुर की पहचान अल्मोड़ा जिले के अन्तर्गत हजूर तहसील में स्थित दानपुर परगना के एक ग्राम बैजनाथ या वैद्यनाथ से की जाती है।[142] एटकिंसन के अनुसार पारंपरिक श्रोतों से ज्ञात होता है कि इस नगर का निर्माण कत्यूर घाटी के कत्यूरी राजा ने कुमाऊँ में पुराने नगर करवीरपुर के ध्वंसावशेषों पर कराया था। यह कहना कठिन है कि कार्तिकेयपुर क्षेत्रीय नाम कत्यूर का संस्कृत रूपांतरण है।[143] संभवतः इलाहाबाद स्तंभलेख में उल्लिखित कर्तृपर केवल इस नाम का संस्कृत रूपांतरण है।[144]

कान्यकुब्ज

इस नगर का उल्लेख धर्मपाल (775–812 ई0) के खालीमपुर ताम्रपत्र अभिलेख[145] में हुआ है। अभिलेख से प्राप्त सूचना के अनुसार गोपाल के पुत्र गौड़ नरेश धर्मपाल ने कान्यकुब्ज को अपने अधीन कर चक्रायुध को वहाँ का शासक बनाया था। धर्मपाल के इस कृत्य का समर्थन मत्स्य, कुरु, यदु अदि शासकों द्वारा भी किया गया जो उसके द्वारा आयोजित दरबार में सम्मिलित हुये थे। इसके पश्चात धर्मपाल ने परमसौगत परमेश्वर जैसी उपाधियों से स्वयं को विभूषित किया था।[146]

कान्यकुब्ज का उल्लेख विभिन्न प्राचीन साहित्य में प्राप्त होता है। इसे गाधिपुर, कुशस्थल तथा महोदय जैसे अन्य नामों से भी जाना जाता था।[147] इसकी पहचान वर्तमान उत्तर प्रदेश के कन्नौज जनपद से की जाती है। कन्नौज नरेश गोविंदचन्द्र के वि0 सं0 1184 में उत्कीर्ण कमौली अभिलेख में कशिका, गाधिपुर तथा कान्यकुब्ज का वर्णन मिलता है जिसे सामान्यतः कन्नौज से समीकृत किया जाता है।[148] यह भारत के प्राचीन नगरों में से एक था। रामायण के आधार पर ज्ञात होता है कि इस नगर की स्थापना कुश के पुत्र

कुशनाभ ने की थी।[149] इस नगर के कान्यकुब्ज नाम पड़ने की एक कथा रामायण में वर्णित है जिसके अनुसार घृताची नामक एक अप्सरा से कुशनाभ की सौ पुत्रियों उत्पन्न हुई।[150] समस्त कन्याएँ रूप, गुण, यौवन से परिपूर्ण तथा नृत्य–संगीत एवं वाद्य में पारंगत थी।[151] एक बार ये कन्याएँ विचरण करती हुई किसी उद्यान में गयी जहाँ उनकें यौवन पर आसक्त होकर पवन देव ने उनसे विवाह का प्रस्ताव किया, जिस पर कन्याओं ने उनका उपहास और तिरष्कार कर दिया। क्रुद्ध होकर पवन देव ने उन्हें शाप दिया जिससे उनके सम्पूर्ण गात्र टूट गये और उन्हें कूबड़ (कुब्जा) निकल आया।[152] कन्याओं के इस प्रकार कूबड़ निकल आने के कारण इस नगर का नाम कन्यकुब्ज पड़ गया।[153] रामशंकर त्रिपाठी उक्त कथा की सत्यता में विश्वास नहीं करते। उनके अनुसार इससे केवल इस नगर और इसके नाम की प्राचीनता ही सिद्ध होती है।[154] राजतरंगिणी[155] में इसे कान्यकुब्ज, तथा राजशेखर कृत काव्ययीमांसा[156] में कन्याकुब्ज नाम से उल्लिखित किया गया है। कान्यकुब्ज का सर्वप्रथम नाम महोदय था जो इसके महान उत्कर्ष की ओर इंगित करता है। गाधि के आधार पर इसका नाम गाधिपुर पड़ा जिसे पुराणों में एक प्रतापी शासक कहा गया है।[157] ह्वेनसांग ने इसे कुसुमपुर कहा है।[158] महाभारात में इस नगर का उल्लेख हुआ जहाँ पांडवों ने इसे कौरवों से मांगा था।[159] फाह्यान के अनुसार कान्यकुब्ज गंगा के किनारे स्थित था। यहाँ हीनयान संप्रदाय के दो संघाराम स्थित थे।[160] रामायण के बालकांड में कान्यकुब्ज को विश्वामित्र का जन्मस्थल कहा गया है।[161] महाभारत में विश्वामित्र के कान्यकुब्ज आगमन का वर्णन है।

भागवतपुराण[162] में इसे अजामिल के नगर के रूप में वर्णित किया गया है। वाणभट्ट ने कान्यकुब्ज की राज्यश्री का उल्लेख किया है जिसे कारागार में डाल दिया गया था।[163] संकास्य (संकाश्य) से श्रद्धेय थेर रेवत कान्यकुब्ज नगर आये थे।[164] कान्यकुब्ज नगर को पांचाल राज्य में स्थित कहा गया है।[165] ग्यारहवीं शदी के अन्त में गांगेयदेव के पुत्र कर्णदेव (1040–1070 ई0) ने कान्यकुब्ज पर अपना अधिकार स्थापित कर लिया था।[166] जाजल्लदेव के रत्नपुर अभिलेख से ज्ञात होता है कि जाजल्ल और चेदि शासक के मध्य हुई संधि का सम्मान कान्यकुब्ज का राजकुमार जेजाकभुक्ति भी करता था।[167] सुस्मितवर्मन् मौखरि के वंशज अवन्तिवर्मन् और ग्रहवर्मन् ने कान्यकुब्ज पर कुछ समय तक शासन किया था।[168] कान्यकुब्ज की प्राचीन राजधानी कुसुमपुर थी।[169]

ह्वेनसांग के समय हर्ष कान्यकुब्ज का शासक था। उसके अनुसार कान्यकुब्ज की परिधि लगभग 4,000 ली थी। इसके चारों ओर एक गहरी खाई तथा दृढ़ एवं ऊँचे बुर्ज (अट्टालक) निर्मित थे। यहाँ के निवासी सुखी तथा संतुष्ट थे। वे ईमानदार सदाचारी तथा आकर्षक थे तथा अलंकृत वस्त्रों का प्रयोग करते थे। उन्हें विद्या से विशेष अनुराग था। यहाँ की जलवायु भी सुहावनी थी। यहाँ हिन्दू तथा बौद्ध लगभग समान संख्या में निवास करते थे।[170] ह्वेनसांग के वर्णनों से ज्ञात होता है कि हर्ष ने गंगा नदी के तट पर अनेक बौद्ध विहार बनवाये थे। हर्ष से पूर्व कान्यकुब्ज पर मौखरियों का अधिकार था। लक्ष्मणपाल के बदायूँ स्तंभ लेख से ज्ञात होता है कि राष्ट्रकूट लोग कान्यकुब्ज के निकट रहते थे।[171]

ग्वालियर अभिलेख से ज्ञात होता है कि प्रतिहार शासक वत्सराज ने भाण्डिकुल को हराकर कान्यकुब्ज पर अपना अधिकार कर लिया था।[172]

कान्यकुब्ज से प्राप्त दो ताम्रपत्रों के आधार पर ज्ञात होता है कि यहाँ पर महाराजाधिराज महेन्द्रपाल ने अधिकार कर लिया था।[173] धंग ने कान्यकुब्ज के शासक को पराजित कर अपनी श्रेष्ठता सिद्ध की थी।[174] कान्यकुब्ज से गोविन्दचन्द्र गाहड़वाल के पाँच ताम्रपत्र अभिलेख प्राप्त हुये हैं।[175] कान्यकुब्ज के विहारों में भिक्षुओं और भिक्षुणियों की संख्या अधिक थी। यहाँ अनेक स्थलों पर ब्राह्मण मंदिर निर्मित थे।[176] हर्ष के शासनकाल में यहाँ बौद्ध धर्म की महायान भाखा की विशेषताओं का वर्णन और संकलन किया गया था। विभिन्न राजवंशों के राजनीतिक तथा सांस्कृतिक कार्य–कलापों का केन्द्र होने के कारण इसे 12वीं शादी तक उत्तर भारत का सर्वश्रेष्ठ नगर माना जाता था।[177] राजशेखर के अनुसार कान्यकुब्ज की महिलाओं की केशसज्जा, वेश–भूषा तथा भाषा आदि समस्त भारतवर्ष में सराहनीय मानी जाती थी।[178] अल्बरूनी ने इस नगर के विस्तार और वैभव की मुक्तकंठ से प्रशंसा की है।[179] उत्बी ने भी अपने यात्रा वृतांत में इस नगर की महत्ता का वर्णन किया।[180] हर्ष के काल में कान्यकुब्ज का राजदरबार विभिन्न विद्वानों का आश्रय था जिनमें वाणभट्ट प्रमुख एवं दरबारी कवि थे। हर्ष के उपरांत भी कान्यकुब्ज बौद्धिक गतिविधियों का केन्द्र बना रहा। आठवीं शती में कान्यकुब्ज नरेश यशोवर्मन् के दरबार में भवभूति और वाक्पति प्रमुख थे।[181] विक्रमांकदेवचरित के अनुसार कान्यकुब्ज में अनेक विद्वान पंडित रहते थे। विल्हण ने यहाँ के पंडितों से वाद–विवाद भी किया था।[182] कान्यकुब्ज के कवि अपनी उत्कृष्ट रचनाओं से लोगों को अमृतपान कराते थे।[183] वाक्पतिराज के गौड़वहों से स्पष्ट होता है कि इस नगर में काव्य–गोष्ठियाँ आयोजित होती थी।[184] ह्वेनसांग ने उल्लेख किया है कि यहाँ के नागरिक विद्या–व्यसनी थे।[185] राजतंरगिणी के आधार पर स्पष्ट होता है कि कान्यकुब्ज के निवासी ज्ञान में पारंगत थे।[186] उक्त श्रोतों के आधार पर स्पष्ट होता है कि इस नगर की सर्वप्रमुख विशेषता इसका बौद्धिक विकास था जो निरंतर गतिशील रहा।

कालंजर

कालंजर का उल्लेख भोज–I के बरह ताम्रपत्र अभिलेख (836 ई0) में किया गया है।[187] अभिलेख की सूचना के अनुसार भोज–I ने कालंजर मंडल के उदुम्बर जनपद में स्थित वलाक–आग्रहार के समस्त अधिकारियों को आग्रहार के दान के विषय में सूचित किया था। अभिलेख के कालंजर मंडल को कान्यकुब्ज प्रान्त का एक भाग बताया गया है।[188] कालंजर का उल्लेख विनायकपालकालीन धंग के खजुराहो प्रस्तर अभिलेख[189] (954 ई0) में भी हुआ है। इस अभिलेख से प्राप्त सूचना के अनुसार यशोवर्मन् ने कालंजर के पहाड़ी किले को अपने अधिकार में कर लिया था।[190]

कालंजर अपने अभेद्य दुर्ग के लिये प्रसिद्ध था जिसका निर्माण तृतीय शताब्दी ई0 में हुआ माना जाता है। यहाँ उत्तर भारत के राजनैतिक इतिहास में उतार–चढ़ाव लगभग

बारहवीं शताब्दी तक दिखलाई पड़ता है।[191] कालंजर, मालव और कालिन्दी (यमुना) नदियों के मध्य से लेकर चेदि राज्य तक विस्तृत था[192] कालंजर को वर्तमान भिलसा से समीकृत किया जाता है जो बेत्रवती या वेतवा नदी के तट पर स्थित है। इसे भगवान शिव का निवास स्थल भी कहा जाता है, जिसकी ऊँचाई इतनी अधिक थी कि दिवस के मध्य समय में सूर्य की किरणों को बढ़ने से अवरूद्ध कर देता था।[193]

कांतपुर-आवृत्ति

इसका उल्लेख लक्ष्मणसेन (1179–1206 ई0) के मधाई नगर ताम्रपत्र अभिलेख[194] में किया गया है। अभिलेख के अनुसार लक्ष्मणसेन ने अपने अधिकारियों को दापनिया–पाटक नामक एक ग्राम के दान के विषय में सूचित किया था। उक्त ग्राम कांतपुर–आवृत्ति जनपद के अन्तर्गत स्थित था। अभिलेख में कांतपुर–आवृत्ति को पुण्ड्रवर्धन भुक्ति में वारेन्द्री का एक भाग कहा गया है।[195]

कांतपुर–आवृत्ति की उचित पहचान नहीं की जा सकी है किन्तु उपरोक्त सूचनाओं के आधार पर इसे बंगाल के राजशाही जनपद तथा उसके समीपवर्ती क्षेत्रों से समीकृत किया जा सकता है।

कुण्डधानी विषय

इसका उल्लेख राजा हर्ष के मधुबन ताम्रपत्र अभिलेख[196] (631 ई0) में हुआ है।[196] अभिलेख से प्राप्त सूचना के अनुसार राजा हर्ष ने कपित्थिका में स्थित अपने विजयशिविर से सोमकुण्डिका नामक एक ग्राम के दान के विषय में अधिकारियों को सूचित किया था। उक्त सोमकुण्डिका ग्राम को इसी कुण्डधानी विषय के अन्तर्गत स्थित बताया गया है।[197]

कुण्डधानी विषय को श्रावस्ती भुक्ति के अन्तर्गत स्थित कहा गया है।[198] उपरोक्त वर्णनों के आधार पर कुण्डधानी विषय को उत्तर प्रदेश के श्रावस्ती जनपद तथा उसके समीपवर्ती क्षेत्रों से समीकृत किया जा सकता है।

कोलाहलपुर

इस नगर का उल्लेख अनन्तवर्मन् चोडगंग के विशाखापत्तनम् ताम्रपत्र अभिलेख (1118 ई0) में किया गया है।[199] अभिलेख में इस नगर का उल्लेख करते हुए कहा गया है कि प्रगल्भ के पुत्र कोलाहल ने गंगवाड़ि विषय के अन्तर्गत कोलाहलपुर नामक नगर का निर्माण कराया था। अभिलेख में उसके द्वारा भगवान हरि के एक मंदिर का निर्माण करवाये जाने की भी सूचना मिलती है।[200]

कोलाहलपुर की पहचान मैसूर (कर्नाटक) के अन्तर्गत वर्तमान कोलार नामक स्थान से की जाती है।[201]

खेटक-आहार

इस आहार का उल्लेख शीलादित्य–VI (766 ई0) 'ध्रुवभट्ट' के अलीना ताम्रपत्र अभिलेख[202] में किया गया है। अभिलेख में खेटक–आहार का उल्लेख करते हुए कहा गया है कि परमेश्वर महाराजाधिराज शीलादित्य–VI ध्रुवभट्ट ने कतिपय क्रियाओं के संपादन हेतु भाट् आखंडलमित्र को इस आहार के महिलबलि नामक एक ग्राम का दान किया था।[203]

खेटक–आहार की पहचान गुजरात के आधुनिक खेरा से की जाती है, परन्तु कतिपय विद्वान इसे कैरा से समीकृत करते हैं।[204] आहार एक क्षेत्रीय सन्दर्भ में प्रयुक्त तकनीकी शब्द है जिसका कोई निश्चित अर्थ नहीं निकाला जा सका है। कभी–कभी इसे विषय (जनपद) का समानार्थी माना जाता है।[205]

गया विषय

गया का उल्लेख देवपाल (812–50 ई0) के नालन्दा ताम्रपत्र अभिलेख[206] में किया गया है। अभिलेख से प्राप्त सूचना के अनुसार पालशासक देवपाल ने शैलेन्द्रवंशी शासक बालपुत्रदेव के आग्रह पर नालन्दा के बौद्धमठ के निमित्त कतिपय ग्रामों का दान किया था। इनमें से कुछ गाँव गया विषय के अन्तर्गत स्थित थे।[207]

गया विषय की पहचान वर्तमान विहार के गया जिले से की जाती है। गया में उत्तर की ओर आधुनिक साहबगंज शहर और दक्षिण की ओर प्राचीन गया नगर सम्मिलित थे।[208] गया का उल्लेख विभिन्न भारतीय साहित्यिक ग्रन्थों में प्राप्त होता है। महाभारत में इसे एक पुण्य नगर के रूप में वर्णित किया गया है।[209] योगिनीतंत्र के अलग–अलग सन्दर्भों में भी गया का उल्लेख मिलता है।[210] वायुपुराण[211] में गया के पवित्र स्थलों का उल्लेख मिलता है जिसमें अक्षयवट भी सम्मिलित था। वायुपुराण[212] में कहा गया है कि गया का नामकरण गय के आधार पर हुआ है जिन्होने यहाँ पर आकर यज्ञ किया था। गयातीर्थ को एक पुण्यस्थल कहा गया है जहाँ गयासूर ने तप किया था।[213] वायुपुराण[214] के अनुसार बह्मा ने गयासूर के सिर पर रखे हुए एक शिला–पट्ट पर एक धार्मिक यज्ञ सम्पन्न किया था। बुद्ध किसी समय गया में रूके थे तथा यक्ख सुचिलोभ उनसे मिला था।[215] बौद्ध–साहित्य में गया का उल्लेख एक ग्राम तथा एक तीर्थ के रूप में मिलता है।[216] वायुपुराण में गयापुरी के सन्दर्भ में गयामहात्म्य का उल्लेख है।[217] प्रसिद्ध चीनी यात्री फाह्यान (पाँचवी शताब्दी ई0) ने गया नगर का भ्रमण किया था। उसके अनुसार इस नगर के अन्दर चारों ओर शून्यता एवं निर्जनता थी।[218] ह्वेनसांग के अनुसार गया इस समय बहुत सुदृढ़ स्थिति में था। यहाँ पर जनसंख्या कम थी तथा ब्राह्मणों के एक हजार से अधिक परिवार रहते थे। नगर के दक्षिण–पश्चिम में 5–6 मील की दूरी पर गहरे नदकंदर एवं दुरारोह शिखरों वाला गया पर्वत स्थित था। इस पर्वत के शिखर पर मौर्य सम्राट अशोक ने 100 फीट से भी अधिक ऊँचे एक पाषाण–स्तूप का निर्माण करवाया था। इसके दक्षिण–पूर्व में कश्यप की नगरी में भी एक स्तूप था।[219]

गया को बोधगया भी कहा जाता है क्योंकि यहीं पर भगवान बुद्ध ने ज्ञान (बोधि) प्राप्त किया था। यह अतिप्राचीन काल से ही हिन्दुओं तथा बौद्धों की श्रद्धा का केन्द्र स्थल रहा है।[220] पालि–साहित्य में वर्णित गया तीर्थ का वर्तमान विष्णुपाद मंदिर के समीपवर्ती भू–भागों से समीकृत किया जा सकता है, जो बुद्ध गया से लगभग सात मील की दूरी पर फल्गु नदी के बायें तट पर स्थित है।[221] बुद्धत्व–प्राप्ति के पश्चात् अपनी प्रथम यात्रा में बुद्ध बोधगया तथा उरुवेला से गया होते हुये वाराणसी गये थे।[222] अंगुत्तर निकाय के गया–सुत्त का उपदेश भी गया में ही दिया गया था।[223] भगवान बुद्ध के जीवनकाल में वाराणसी से गया होता हुआ एक मार्ग राजगृह तक जाता था।[224] अश्वघोष ने नैरंजना नदी के तट पर स्थित आश्रम में श्रेयार्थी गौतम बोधिसत्व के आने की बात कहते हुये गया नगरी को राजर्षि गय से संबद्ध किया है।[225] प्रसिद्ध मौर्य सम्राट अशोक ने गया की यात्रा की तथा यहाँ पर एक स्तूप निर्मित करवाया था जिसका उल्लेख चीनी यात्री फाह्यान तथा ह्वेनसांग ने किया है। गया में सिंहलराज मेघवर्ण द्वारा भी एक संघाराम बनवाये जाने का उल्लेख प्राप्त होता है। इत्सिंग भी इस संघाराम की सूचना देता है।

हिन्दू परंपरा के अनुसार गया में पितरों का श्राद्ध करना एक महत्वपूर्ण अनुष्ठान है। गरुड़ पुराण[226] के अनुसार गया में श्राद्ध करने से पापी व्यक्ति ब्रह्महत्या, सुरापान, स्तेय आदि कठोर पापों से मुक्त हो जाता है।[227]

गरला विषय

इस विषय का उल्लेख श्रीचन्द्र (925–75 ई0) के पश्चिमभाग ताम्रपत्र अभिलेख[228] में किया गया है। गरला का वर्णन करते हुये अभिलेख में कहा गया है कि राजा श्रीचन्द्र ने अपने अधिकारियों को पुण्ड्रवर्धनमुक्ति के अन्तर्गत श्रीहट्ट मण्डल के विभिन्न विषयों से कतिपय भू–क्षेत्र के दान की सूचना दी थी। इनमें विभिन्न नदियों से घिरे हुये गरला–विषय के भी कई भू–क्षेत्र सम्मिलित थे।[229]

गरला विषय की उचित पहचान नहीं की जा सकी है किन्तु उपरोक्त विवरणों के आधार पर बांग्लादेश के वर्तमान सिलहट जनपद तथा उसके समीपवर्ती क्षेत्रों में इसकी स्थिति संभवतः निर्धारित की जा सकती है।

गाधिपुर

इस नगर का उल्लेख चन्द्रदेव (1092 ई0) के चन्द्रवती ताम्रपत्र अभिलेख[230] में किया गया है। अभिलेख से प्राप्त सूचना के अनुसार यशोविग्रह के पुत्र चन्द्रदेव ने इस नगर (गाधिपुर) को जीता था।[231]

गाधिपुर को कान्यकुब्ज का ही एक अन्य नाम माना जाता है। इसकी पहचान उत्तर प्रदेश के कन्नौज जनपद से की जाती है। यह प्रचीन भारत का एक प्रसिद्ध नगर था।[232] गांधिपुर के विषय में विस्तृत विवरण के लिये देखिए इसी अध्याय के अन्तर्गत कान्यकुब्ज।

गुप्तीनाटन

इसका उल्लेख श्रीधारणरात (665–75 ई0) के कैलान ताम्रपत्र अभिलेख[233] में किया गया है। अभिलेख के अनुसार श्री धारणरात के शासनकाल के आठवें वर्ष में राजा द्वारा 25 पाटक भूमि के बौद्धों के निमित्त दान का आदेश देवपर्वत (समतट की राजधानी) में नियुक्त कुमारामात्यों द्वारा गुप्तीनाटन और पटलायिका विषयों के विषय पतियों तथा उनके अधिकरियों को प्रेषित किया गया।[234]

गुप्तीनाटन विषय की उचित पहचान करना संभव नहीं हो सका है किन्तु इसे उक्त आधार पर वर्तमान बांग्लादेश के कोमिल्ला जनपद या उसके निकट स्थित माना जा सकता है।

गोपगिरि

गोपगिरि का उल्लेख विनायकपालकालीन धंग के खजुराहो प्रस्तर अभिलेख[235] में किया गया है। अभिलेख से प्राप्त सूचना के अनुसार यशोवर्मन् के पुत्र राजा धंग ने जिस भू–भाग पर शासन किया था वह एक ओर गोपगिरि से घिरा हुआ था। गोपगिरि की पहचान आधुनिक ग्वालियर से की जाती है।[236] मध्यकाल में यह अपने सुदृढ़ किले (दुर्ग) के लिये प्रसिद्ध था। ग्वालियर राजपूत राजनैतिक गतिविधियों का केन्द्र था।

ग्वालियर आधुनिक मध्य प्रदेश प्रान्त के उत्तरी भाग में मध्य रेलवे के दिल्ली–मुम्बई रेल मार्ग पर झाँसी से लगभग 105 किलोमीटर उत्तर तथा आगरा से लगभग 118 किलोमीटर दक्षिण में स्थित है। इस नगर के मध्य भाग में एक ऊँची एवं विस्तृत पहाड़ी पर ग्वालियर का दुर्ग स्थित है। दुर्ग तथा उसके समीपवर्ती क्षेत्र को ग्वालियर नाम से जाना जाता है और संभवतः यह नगर का प्राचीनतम भाग है।[237] विभिन्न अभिलेखों तथा साहित्यिक स्रोतों के आधार पर ज्ञात होता है कि ग्वालियर दुर्ग की पहाड़ी को प्राचीन काल में गोप नाम से जाता था। भोजदेव के ग्वालियर अभिलेख (876 ई0) में इसे गोपगिरि कहा गया है।[238] हुल्त्स का विचार है कि ग्वालियर नाम की उत्पत्ति प्राचीन गोपलिखीर शब्द से हुई है जिसका प्रयोग ग्वालियर अभिलेख[239] (वि0 सं0–1161) में हुआ है। कनिंघम का विचार है कि ग्वालियर की स्थापना कुन्तलपुरी या कुटवार के शासक सूरजसेन नामक किसी कछवाहा सामंत प्रमुख द्वारा की गयी थी।[240]

ग्वालियर तथा उसके समीपवर्ती क्षेत्रों से इसके पुरावशेष प्राप्त होते हैं। पुरातात्विक शोधों से स्पष्ट होता है कि यहाँ पाषाण कलीन सभ्यता विकसित हो चुकी थी। इसके

आस–पास के क्षेत्रों (पनिहर, नोन की घाटी तथा मोरार की घाटी आदि स्थलों) से मध्य पुरापाषाण कालीन उपकरण पर्याप्त संख्या में प्राप्त हुए हैं।[241] छठी शताब्दी ई0 पू0 में ग्वालियर क्षेत्र शूरसेन जनपद के अन्तर्गत आता था। कालान्तर में ग्वालियर क्षेत्र भी मगध की साम्राज्वादी शक्ति के अधीन समाहित हो गया। तीसरी शताब्दी ई0 पू0 में ग्वालियर तथा उसके निकटस्थ क्षेत्र मौर्य शासकों के अधीन थे। तत्पश्चात् शुंगों ने इस क्षेत्र पर अधिकार कर लिया।[242] उपलब्ध प्रमाणों के आधार पर ज्ञात होता है कि प्रथम शताब्दी के आरंभिक काल में ग्वालियर तथा निकटस्थ क्षेत्रों में नाग राजाओं का शासन स्थापित हो गया था।[243] ग्वालियर पर कुछ काल तक कुषाणों का भी अधिकार रहा था। ग्वालियर तथा निकटस्थ क्षेत्रों पर समुद्रगुप्त से लेकर बुधगुप्त (लगभग 500 ई0) तक गुप्त शासकों ने प्रत्यक्ष रूप से शासन किया। छठी शताब्दी ई0 के पूर्वाद्ध में किसी समय हूणों ने भी ग्वालियर पर अधिकार स्थापित कर लिया था। हूण नरेश मिहिरकुल के शासन के 15वें वर्ष के ग्वालियर दुर्ग पर स्थित सूर्य मन्दिर से प्राप्त अभिलेख में मातृकुल के मातृदास के पुत्र मातृचेट नामक व्यक्ति द्वारा अनेक धातुओं से सुशोभित गोप पर्वत पर एक सूर्य मंदिर के निर्माण का उल्लेख है।[244] 532 ई0 तक जब यशोधर्मन् अपनी उन्नति के चरम पर था, उस समय ग्वालियर आदि क्षेत्रों पर भी उसका प्रत्यक्ष शासन था।[245] सातवीं शताब्दी में हर्ष तथा उसके पश्चात् मौखरि शासकों ने ग्वालियर क्षेत्र पर शासन स्थापित कर लिया था।[246] आठवीं शताब्दी ई0 के पूर्वार्द्ध में कन्नौज नरेश यशोवर्मन् के साम्राज्य में ग्वालियर तथा उसके कुछ दक्षिणी भाग स्पष्टतः सम्मिलित थे।[247] बप्पभट्टिसूरिचरित तथा प्रबन्धकोश से स्पष्ट होता है कि यशोवर्मन् की मृत्यु के उपरान्त उसकी महिषी यशोदेवी से उत्पन्न पुत्र आम ने ग्वालियर में दरबार किया था, किन्तु प्रभावकचरित के अनुसार उसने कन्नौज से ही शासन किया था।[248] प्रबंधकोश में गोपगिरि या गोपालगिरि (ग्वालियर) को आम्र के नगर के रूप में उल्लिखित किया गया है।[249]

आठवीं–नवीं शताब्दी में ग्वालियर गुर्जर–प्रतिहारों के अधीन हो गया। ग्वालियर दुर्ग से मिहिरभोजकालीन दो अभिलेख प्राप्त हुए हैं, जिनमें एक अभिलेख 875 ई0 तथा दूसरा 876 ई0 का है। गुर्जर–प्रतिहारों के पश्चात् चन्देलों के अधीन ग्वालियर में कच्छपघातों ने शासन करना आरंभ किया था। ग्वालियर दुर्ग में स्थित सास–बहू मंदिर से प्राप्त अभिलेख से वज्रदामन के पश्चात् मंगलराज, कीर्तिराज, मूलदेव आदि अन्य कच्छपघात वंशीय शासकों का उल्लेख मिलता है।[250] 1195–96 ई0 में मुहम्मद गोरी के आक्रमण के समय ग्वालियर दुर्ग सुलक्षणपाल के अधीन था। 1857 में प्रथम स्वतंत्रता संग्राम के समय ग्वालियर दुर्ग पर स्वतंत्रता सेनानियों ने अधिकर लिया था, किन्तु 19 जून, 1858 ई0 में जनरल ह्यूरोज ने पुनः इसे अधिकृत कर लिया, जो कि स्वतंत्रता प्राप्ति तक इस दुर्ग पर शासन करते रहे।[251] वर्तमान में ग्वालियर दुर्ग भारतीय पुरातत्व सर्वेक्षण विभाग के संरक्षण में भारतीय पुरातत्व सम्पदा की निधि के रूप में संरक्षित है।

गंगवाड़ि-विषय

इसका उल्लेख अनन्तवर्मन् चोडगंग के विशाखापत्तनम् अभिलेख[252] (1118 ई0) में किया गया है। अभिलेख से प्राप्त सूचना के अनुसार प्रगल्भ के पुत्र कोलाहल ने गंगवाड़ि–विषय के अन्तर्गत कोलाहलपुर नामक एक नगर की स्थापना की थी। अभिलेख में कहा गया है कि उसने एक मंदिर का निर्माण भी करवाया था।[253]

गंगवाड़ि प्राचीन काल मे दक्षिण भारत की परिसीमा में स्थित एक जैन राज्य था। इसका नामकरण गंगवंशीय राजाओं द्वारा इस स्थान का महत्वपूर्ण उपयोग किये जाने के कारण पड़ा।[254] यह गंगों के राज्य का एक महत्वपूर्ण भाग था जिसके अन्तर्गत वर्तमान मैसूर (कर्नाटक) प्रदेश का एक विशाल भाग सम्मिलित था। गंगवाड़ि की राजधानी कुवलाल थी, जिसका नाम कालान्तर में बदलकर कोवलाल और फिर कोलाल कर दिया गया था। यह मैसूर के पूर्वी भाग और पालार नदी के पश्चिमी भाग में स्थित वर्तमान कोलार है।[255] गंगवाड़ि क्षेत्र की प्रमुख नदी कावेरी थी, जिसका इस क्षेत्र के विकास में अत्यंत योगदान रहा है।[256]

चण्पका

इसका उल्लेख विदग्ध (11वीं शताब्दी ई0) के सुंगल ताम्रपत्र अभिलेख[257] में हुआ है। अभिलेख के अनुसार विदग्धदेव ने चण्पका स्थित निवास से अपने अधिकारियों को तावस्क जिले के सुमंगल ग्राम का कुछ भाग अग्रहार के रूप में दान करने की सूचना दी थी। चण्पका को वर्तमान में चंबा से समीकृत किया जाता है। यह हिमांचल प्रदेश में स्थित चंबा जिला है।[258]

चन्द्रपुर विषय

इसका उल्लेख श्रीचन्द्र (925–75 ई0) के पश्चिमभाग ताम्रपत्र अभिलेख[259] में हुआ है। अभिलेख से ज्ञात होता है कि राजा श्रीचन्द्र ने अपने अधिकरियों को पुण्ड्रवर्धन भुक्ति के श्रीहट्ट मण्डल के विभिन्न विषयों से कतिपय भू–क्षेत्रों के दान की सूचना दी थी। इनमें से कुछ क्षेत्र चन्द्रपुर विषय के अन्तर्गत स्थित थे।[260]

चन्द्रपुर विषय की पहचान आधुनिक चाँदपुर से की जाती है जो सिवानी के दक्षिण में तथा वेन–गंगा नदी के पश्चिम की ओर स्थित है।[261] चन्द्रपुर में ही छोटी महानदी गंजाम जिले के उत्तर में स्थित पहाड़ियों से निकलकर बंगाल की खाड़ी में गिरती है।[262]

चामुण्डा विषय

इसका उल्लेख जीवितगुप्त के कटरा ताम्रपत्र अभिलेख[263] में किया गया है। इस अभिलेख से सूचना प्राप्त होती है कि हरीग्राम तथा दो अन्य ग्राम तीरभुक्ति के चामुण्डा विषय के अन्तर्गत तिस्तिहलपाटक के उत्तर–पूर्वी भाग में स्थित थे।[264]

चामुण्डा विषय तिस्थिल (तिस्तिहल) का उपमंडल था जिसकी पहचान करने में डी0 सी0 सरकार सफल नहीं हो सके हैं। संभवतः चामुण्डा विषय नामकरण समीप स्थित देवी चामुण्डा के एक मंदिर के आधार पर किया गया था।[265]

चित्रकूट

इसका उल्लेख कल्चुरिकर्ण के वाराणसी ताम्रपत्र अभिलेख[266] (1024 ई0) में हुआ है। अभिलेख से प्राप्त सूचना के अनुसार श्रीहर्ष की पहचान चन्देलशासक हर्ष से की जाती है।[267]

विभिन्न अभिलेखों में चित्रकूट का उल्लेख पर्वत और नगर के रूप में पृथक सन्दर्भों के अन्तर्गत किया गया है। रामायण में भी चित्रकूट का उल्लेख हुआ है जहाँ श्रीराम ने वनवासकाल के दौरान अपना निवास स्थान बनाया था। विभिन्न तीर्थस्थानों के अन्तर्गत चित्रकूट का वर्णन पद्मपुराण[268] में किया गया है। जैन भगवतीटीका[269] में इसका उल्लेख चित्रकूड नाम से किया है। कालिदास ने इसे किसी चट्टान या टीले को कौतुक में सिर से ठोकर मारने वाले किसी जंगली वृषभ की भॉति प्रतीत होने वाला बताया है। गढ़वा शिलालेख में चित्रकूट का उल्लेख हुआ है। भगवतपुराण[270] में चित्रकूट का वर्णन एक पर्वत के रूप में हुआ है। ललितविस्तर[271] में चित्रकूट का उल्लेख एक पहाड़ी के रूप में किया गया है। जातकों में इसे एक अति सुन्दर और पवित्र स्थल बताया गया है। इसे हिमालय क्षेत्र में स्थित बताया गया है जहाँ पर एक स्वर्णिम गुहा तथा प्राकृतिक झील स्थित थी। रघुवंश[272] में चित्रकूट को अपने झरनों तथा प्रपातों के लिये विख्यात स्थल के रूप में उल्लिखित किया गया है। चित्रकूट को भारद्वाज ऋषि के आश्रम से 20 मील की दूरी पर स्थित बताया गया है।[273] उत्तरचरितम[274] में चित्रकूट तक पहुँचने वाली कालिन्दी के तट पर स्थित सड़क का वर्णन है। अवदान[275] में इसको अस्पष्ट रूप से हिमवंत के निकट स्थित कहा गया है। महाभारत[276] में मंदाकिनी नदी और चित्रकूट पर्वत का वर्णन मिलता है। चित्रकूट, इलाहाबाद से लगभग 65 मील दक्षिण–पश्चिम में स्थित एक पहाड़ी है। यह प्रयाग के दक्षिण–पश्चिम में वर्तमान चित्रकूट रेलवे स्टेशन से लगभग 4 मील दूर स्थित है।

रामायण में कहा गया है कि राम ने पयिस्विनी (पसूनी) या मंदाकिनी के तट पर स्थित पहाड़ी पर निवास किया था। भारद्वाज आश्रम से वापस आते समय वे यमुना को पार करके चित्रकूट आये थे जो भारद्वाज आश्रम से तीन योजन दूर स्थित था। यह एक मनोहर पर्वत तथा उनके हंसों का निवास स्थल था जो यहाँ की स्वर्णगुफा में रहते थे। इनमें से कुछ स्वर्णिम तथा कुछ तीव्रगामी थे। धर्मानुकूल तथा अपनी प्रजा का हृदय जीतने वाले किसी राजा द्वारा यहाँ के लिये प्रस्थान का उल्लेख मिलता है।[278] कालिकापुराण[279] के अनुसार कज्जल नामक एक पर्वत चित्रकूट के पूर्व में स्थित था। चित्रकूट में प्रवाहित मालिनी तथा मंदाकिनी नामक दो नदियों का उल्लेख मिलता है जिसमें मंदाकिनी चित्रकूट पहाड़ी के उत्तर की ओर प्रावाहित होती थी। चित्रकूट के जंगल अपने विस्तार में कहीं भी पृथक नहीं प्रतीत होते थे। नीलवन इस पहाड़ी पर स्थित वन से मिला हुआ प्रतीत होता था।[280]

चित्रकूट को कामतानाथ गिरि से समीकृत किया जाता है। सामायन्तः इसका अभिज्ञान उत्तर प्रदेश के बाँदा जिले में स्थित कालंजर से लगभग 20 मील उत्तर–पूर्व में स्थित चित्रकूट नामक एक पर्वत से ही किया जाता है। महाभारत[281] में इसे कालंजर से संबद्ध कहा गया है। कीलहार्न चित्रकूट की पहचान बुन्देलखण्ड के एक प्रसिद्धस्थल के रूप में करते हैं जो कि चन्देलों द्वारा शासित था।[282]

जीयावनी-पत्तला

इसका उल्लेख मदनपाल के शासन काल में जारी गोविन्दचन्द्र के बसाही ताम्रपत्र अभिलेख[283] (1104 ई0) में हुआ है अभिलेख में उल्लिखित सूचना के अनुसार मदनपाल के पुत्र राजा गोविन्द्रचन्द्र ने जीयावनी–पत्तला के वसभी ग्राम को कल्पे अथवा कल्ये के पुत्र आल्हेक को दान किया था।[284] जीयावनी–पत्तला का उचित अभिज्ञान स्पष्ट नहीं हैं किन्तु यह एक जनपद था जिसके अन्तर्गत वसभी ग्राम स्थित था।[285] वसभी ग्राम की पहचान उत्तर प्रदेश के इटावा जिले में आधुनिक वसभी नामक गाँव से की गयी है जिसके आधार पर जीयावनी–पत्तला को इटावा और इसके आस–पास के क्षेत्रों में स्थित माना जा सकता है।

तारा

इस नगर का उल्लेख जीवितगुप्त के कटरा ताम्रपत्र अभिलेख[286] में किया गया है। जीवितगुप्त ने अभिलेख की शुरुआत सिद्धम तथा स्वस्ति नामक शब्दों से करवा कर इसे तारा में स्थित अपने विजयशिविर से जारी किया था। जीवितगुप्त को अभिलेख में रामगुप्त और रानी रामा भट्टारिका का पुत्र कहा गया है। अभिलेख से ज्ञात है कि जीवितगुप्त और उसके पिता ने परम् भट्टारक महाराजाधिराज और परमेश्वर जैसी उपाधियाँ धारण की थी जिससे उसके परममाहेश्वर अथवा शैव होने का संकेत मिलता है।[287] इस स्थान की भौगोलिक स्थिति स्पष्ट करना संभव नहीं हो सका है।[288]

तावस्क

तावस्क का उल्लेख विदग्ध (11वीं शताब्दी ई0) के सुंगल ताम्रपत्र अभिलेख[289] में हुआ है। अभिलेख में इसका उल्लेख करते हुए कहा गया है कि विदग्धदेव ने तावस्क जिले के सुमंगल नामक ग्राम के कुछ भू–भाग को अग्रहार के रूप में नन्दुक नामक व्यक्ति को दान करने की सूचना अपने अधिकारियों को दी थी।[290]

तावस्क की पहचान रावी तथा शाहों नदियों के दक्षिणी तटों के मध्य स्थित वर्तमान तौसा नामक ग्राम से की जा सकती है। यह चंबा कस्बे के निचले भाग में स्थित बताया जाता है।[291]

त्रिपुरी

इसका उल्लेख नरवर्मन् के नागपुर म्यूजियम प्रस्तर अभिलेख[292] (1104 ई0) में हुआ है। अभिलेख में प्राप्त सूचना के अनुसार राजा लक्ष्मणदेव ने एक अभियान में त्रिपुरी पर अधिकार कर लिया तथा कुछ समय तक गोदावरी के तट पर विश्राम किया था।[293]

त्रिपुरी का उल्लेख वृहत्संहिता[294] में एक नगर के रूप में किया गया है। चेदि संवत 866 के जाजल्लदेव के रत्नपुर शिलालेख में कोकल्ल नामक राजा के अट्ठारह पुत्रों में से एक द्वारा वहाँ शासन किये जाने का उल्लेख है।[295]

महाभारत में त्रिपुरी का उल्लेख करते हुये इसकी प्राचीनता का वर्णन किया गया है।[296] पुराणों तथा तीसरी शता0 ई0 की मुद्राओं में भी इसका उल्लेख प्राप्त होता है।[297] त्रिपुरी का वर्णन परिव्राजक महाराज के 518 ई0 के ताम्रपत्र लेख में भी प्राप्त होता है। नवीं शताब्दी ई0 में मध्य प्रदेश के कल्चुरि नरेश कोकल्लदेव ने इसे अपनी राजधनी नगर बनाया। कल्चुरियों के काल से बारहवीं शता0 के मध्यकाल तक त्रिपुरी की बहुमुखी उन्नति हुई। प्रसिद्ध विद्वान राजशेखर ने कुछ काल तक यहाँ निवास किया था।[298] कल्चुरिकर्ण (1041–73 ई0) के समय त्रिपुरी की प्रसिद्धि दूर–दूर तक फैल गयी थी। त्रिपुरी के भग्नावशेषों से अनेक मूर्तियाँ प्राप्त हुई है। जिसमें त्रिपुरेश्वर महादेव की मूर्ति प्रमुख है। कल्चुरियों के काल की त्रिपुरी से प्राप्त प्रतिमाओं में आभूषणों की बहुलता परिलक्षित होती है। त्रिपुरी से बहुसंख्यक ऐतिहासिक सामग्रियाँ प्राप्त हुई है। जिसमें प्रवचन की मुद्रा में स्थित महात्मा बुद्ध की कलापूर्ण मूर्ति उल्लेखनीय है। त्रिपुरी के समीप ही कर्णावती नदी के खंडहर प्राप्त हुए हैं।[299]

त्रिपुरी की पहचान मध्य प्रदेश राज्य के वर्तमान जबलपुर जनपद से छः मील दूर स्थित वर्तमान तीवर या तेवर नामक स्थान से की जाती है।[300]

दर्पपुर

इसका उल्लेख विष्णुसेन के अवन्ति से हस्ताक्षरित ताम्रपत्र अभिलेख[301] (592 ई0) में हुआ है। अभिलेख से प्राप्त सूचना के अनुसार अविन्त के सामन्त ने कार्तिक माह के कृष्णपक्ष की सातवीं तिथि को एक घोषणापत्र पर हस्ताक्षर कर दर्पपुर से अपने अधिकारियों को लोहाटक ग्राम के निवासी व्यापारिक समुदाय के निमित्त विष्णुभट्ट (विष्णुसेन) द्वारा प्रदत्त व्यवस्था पर अपनी सहमति प्रकट की थी।[302]

उपलब्ध स्रोतों के आधार पर कहा जाता है कि दर्पपुर संभवतः वर्तमान गुजरात–काठियावाड़ क्षेत्र में कहीं स्थित था। दुर्भाग्यवश इसकी संतोषजनक स्थिति निर्धारित नहीं की जा सकती है। एक अनुमान के अनुसार दर्पपुर आधुनिक भड़ौच से 38 मील उत्तर–पूर्व में स्थित वर्तमान डभोई (जिसे मध्यकाल में दर्पवती कहा जाता था) हो सकता है।[303]

दशपुर

दशपुर का उल्लेख महेन्द्रपाल–II के प्रतापगढ़ प्रस्तर अभिलेख[304] में हुआ है। अभिलेख से प्राप्त सूचना के अनुसार राजा महेंद्रपाल–II ने वटयक्षिणी देवी के निमित्त खर्परपद्रक नामक एक ग्राम का दान किया था जो कि घोन्टावर्षिका के निकट दशपुर के पश्चिमी पटक में स्थित था।[305]

दशपुर का उल्लेख वृहत्संहिता में एक नगर के रूप में हुआ है। पश्चिमी रेलवे की मालवा–राजस्थान शाखा पर स्थित यह एक प्रसिद्ध स्थल है। इसे मध्यप्रदेश के अन्तर्गत मंदसोर जनपद से समीकृत किया जाता है।[306] बाणभट्ट की कादम्बरी[307] के अनुसार दशपुर उज्जैनी के समीप मालवा में स्थित था।[308] बहुत संभवना है कि यह पश्चिम मालवा के अन्तर्गत स्थित था। प्राचीन दशपुर को शिप्रा की एक सहायक नदी सिवन के उत्तरी अथवा बायें तट पर स्थित बताया जाता है। बन्धुवर्मन् के मंदसोर अभिलेख में लाट एवं दशपुर का उल्लेख हुआ है।[309] कुमारगुप्त के अभिलेख में वर्णित दशपुर संभवतः मालवजनों अथवा पश्चिमी मालवों का एक प्रमुख नगर था।[310] कुमारगुप्त तथा वन्धुवर्मन् के मन्दसौर शिलालेख में दशपुर को एक नगर के रूप में वर्णित किया गया है।[311] मन्दसोर में सूर्यदेव के एक प्राचीन मंदिर का निर्माण गुप्त शासक कुमारगुप्त–I के शासनकाल में हुआ था। नरवर्मन् एवं उसके पुत्र विश्ववर्मन् यहाँ पर स्वतंत्र शासक थे। दशपुर आरंभिक गुप्त साम्राज्य का एक मुख्य प्रांत या भुक्ति था। प्रारंभिक सातवाहन शासकों ने निश्चयपूर्वक शकक्षत्रप नहपान से दशपुर के साथ ही नासिक, शूर्पारक, भृगुकच्छ आदि स्थान छीन लिये थे। नहपान के शासककाल में उसके दामाद उषवदात्त ने दशपुर में अनेक कल्याणकारी कार्यों को संपादित कर अशोक जैसी प्रसिद्धि पायी थी।[312] विदिशा और दशपुर दोनों पड़ोसी नगर समृद्धि में गुप्तशासन में उज्जैनी के समतुल्य थे। गुप्त सम्राटों के शासनकाल में मालव संवत् का प्रयोग दशपुर तक ही सीमित था। जैन ग्रंथ आवश्यकचूर्णी[313] से ज्ञात होता है कि दशपुर में कुछ व्यापारी रहते थे, और तब इसे इसी नाम से पुकारा जाता था। मंदसौर के राजा 58 ई0 पू0 में प्रारंभ होने वाले कृत संवत् का प्रयोग करते थे जिसे मालवों ने आगे जारी रखा था।

यशोधर्मन् के पाषण–स्तंभ लेख में मालवानरेश यशोधर्मन् द्वारा हूण आक्रमणकारी मिहिरकुल की पराजय का वर्णन है।[314] पाँचवी शताब्दी ई0 के मध्य में यहाँ हूणों ने अपना अधिकार स्थापित कर लिया था जो मालवा से भाग कर यहाँ आये थे। यशोधर्मन् को दशपुर नरेश भी कहा जाता है, जिसके राजकवि ने रेवा नदी से पारिपात्र पर्वत और अवर सिंधु क्षेत्र तक विस्तृत राज्य क्षेत्र का विशद् वर्णन कवित्वपूर्ण शैली में किया है।[315]

देवपर्वत

देवपर्वत का उल्लेख श्रीचन्द्र (925–75 ई0) के पश्चिमभाग ताम्रपत्र अभिलेख[316] में हुआ है। अभिलेख से प्राप्त सूचना के अनुसार परमसौगत परमेश्वर परमभट्टारक

महाराजाधिराज त्रैलोक्यचन्द्र की सेना ने समतट की विजय की थी जिसका प्रमुख नगर देवपर्वत था। यह नगर क्षीरोदा नदी और लालम्बी–वन के निकट स्थित बताया गया है जो अपनी औषधीय सम्पदा के लिये प्रसिद्ध था।[317] देवपर्वत प्राचीन समतट प्रान्त की राजधानी नगर था जिसे कोमिल्ला के निकट मैनामाटी पहाड़ी के दक्षिणी सिरे पर स्थित बताया गया है।[318]

धारा

इसका उल्लेख ईशानवर्मन् के जौनपुर प्रस्तर अभिलेख[319] में हुआ है। अभिलेख अत्यंत खण्डित अवस्था में प्राप्त होने के कारण इसके पाठ में अति कठिनाई का सामना करना पड़ा है। अभिलेख की चतुर्थ पंक्ति में ईशानवर्मन् का नाम मिलता है किन्तु ज्ञात करना कठिन है कि इसमें उल्लिखित सूचना ईशानवर्मन् से संबंधित है या उसके किसी वंशज से। इसी अभिलेख की छठी पंक्ति में धारा का वर्णन मिलता है। फ्लीट ने धारा को प्राचीन धार नगरी से समीकृत किया है। उनका विचार है कि संभवतः अभिलेख में धारा के शासक का उल्लेख किया गया है।[320] अभिलेख की 7वीं एवं 8वीं पंक्ति में आन्ध्र का भी उल्लेख प्राप्त होता है।[321]

नालन्दा

नालन्दा का उल्लेख देवपाल के नालन्दा ताम्रपत्र अभिलेख[322] (812 ई0), आदित्यसेन के शाहपुर प्रस्तर प्रतिमा अभिलेख[322] तथा यशोवर्मन् के नालन्दा प्रस्तर अभिलेख में किया गया है।[323] प्रथम अभिलेख से प्राप्त सूचना के अनुसार पालशासक देवपाल के शासनकाल में सुवर्णद्वीप के शैलेन्द्रवंशी शासक बालपुत्रदेव ने नालन्दा में एक बौद्ध विहार की स्थापना की थी।[324] द्वितीय अभिलेख में नालंदा का उल्लेख आदित्यसेन के राज्यकाल के 66वें वर्ष में मार्गशीर्ष, शुक्लपक्ष के 7वें दिवस में एक धार्मिक दान के संदर्भ में हुआ है। यह दान सालपक्ष बलाधिकृत के द्वारा अपने और अपने माता–पिता की यशवृद्धि हेतु किया गया था।[325] यशोवर्मन् के नालन्दा ताम्रपत्र के अनुसार नालन्दा में उच्च शिखरों वाला बुद्ध का एक मन्दिर स्थित था जिसे प्रसिद्ध गुप्त शासक बालादित्य ने निर्मित करवाया था। अभिलेख में नालन्दा स्थित चैत्यों और विहारों के असाधारण सौन्दर्य पर भी प्रकाश डाला गया है तथा इसे कला और धर्म तथा विद्वानों का प्रसिद्ध केन्द्र कहा गया है।[326]

नालन्दा प्राचीन मगध के राजगृह अंचल में स्थित था जो वर्तमान विहार राज्य के अन्तर्गत आता है। इसे आधुनिक पटना जिले के राजगीर से सात मील उत्तर–पश्चिम में बड़ागाँव से समीकृत किया जाता है।[327] नालन्दा नाम नालन्दा नामक एक 'मगर' से लिया गया है जो नालन्दा विहार के दक्षिण में स्थित एक आम्रकुंज के किसी ताल में रहता था।[328] ईसा पूर्व में किसी समय जु–लाई नामक एक शासक था जिसकी राजधानी नालंदा थी। राजा को उसकी सहृदयता और दानशीलता के कारण "न+अलं+दा" अथवा कभी दान से न तृप्त होने वाले की उपाधि से सम्मानित किया गया था, इसलिये इस विहार का नाम भी

नालन्दा पड़ गया।[329] बुद्ध के परिनिर्वाण के पश्चात् इस देश के एक राजा शक्रादित्य ने एक यान में आदर और त्रिरत्नों से श्रद्धासहित इस विहार का निर्माण कराया।[330] युवान–च्वांग भी जातक में वर्णित कथा को स्वीकार करता था। जिसके अनुसार नालन्दा का नाम न अलम–दा या दान से कभी न थकने वाले विरुद् के आधार पर पड़ा। बुद्ध को उक्त उपाधि पूर्वजन्म में प्रदान की गयी थी जब वे यहाँ के राजा थे।[331]

राजगृह (वर्तमान राजगीर) से नालन्दा एक योजन की दूरी पर स्थित है।[332] महावस्तु में यह दूरी केवल आधा योजन बतायी गयी है।[333] यहाँ इसे एक समृद्ध गाँव कहा गया है। राजगृह से नालन्दा तक एक सड़क थी जिसका अनुसरण बुद्ध ने अपनी यात्रा में किया था। एक उल्लेख के अनुसार गौतम को इस सड़क पर बैठे हुये देखा गया था।[334] नालन्दा प्रभावशाली, लोकयुक्त और बुद्ध के भक्तों से समृद्ध था। यहाँ पर कई सौ इमारतें थी। यहाँ पर एक हस्तियाम नामक उद्यान था।[335] नालन्दा विश्वविद्यालय से संबद्ध विशाल मंदिरों के अवशेष बड़ागाँव से प्राप्त हुये हैं। यहाँ से अनेक विशिष्ट वस्तुएँ प्राप्त हुई हैं, जैसे साधक बुद्ध की विशाल प्रतिमा, तपस्वी बुद्ध की एक देहदीर्घ प्रतिमा, तथा एक हिन्दू मंदिर में स्थित विभिन्न लघु प्रतिमाएँ, गरुड़ पर विराजमान चतुर्भुज विष्णु की प्रतिमा, कुर्सी पर आसीन बुद्ध की दो प्रतिमाएँ तथा बुद्धगया के महा–मंदिर जैसी शिल्प कला शैली में बना एक जैन मंदिर तथा अनेक जैन प्रतिमाएँ।[336] यहाँ से अनेक विहारों के अवशेष मिले हैं तथा नालन्दा अधिष्ठान की सरकारी मुहर की प्राप्ति विशेष उपलब्धि है।[337] बुद्ध के महाबोधि प्राप्ति के पश्चात् कुछ वर्षों में स्थापित अनेक बौद्ध–विहारों में नालंदा का भी नाम आता है।[338] सावत्थी से राजगृह जाने वाले व्यापारियों के लिये नालंदा एक पड़ाव था। पाँचवी शताब्दी ई0 में नरसिंहगुप्त ने नालंदा में 300 फीट से भी ऊँचा ईटों का एक मन्दिर बनवाया था।[340]

बुद्ध ने अपना अधिकांश समय नालंदा में पावारिक के आम्रवन में बिताया था।[341] यहीं पर सारिपुत्त उनके दर्शनार्थ आये और उनमें धर्म की परंपरा पर चर्चा हुई थी। यहीं पर धर्म के विषय में सारिपुत्त की जिज्ञासा को बुद्ध ने प्रवचन देकर शान्त किया था।[342] नालन्दा में ही मिले एक जैन से बुद्ध ने नाथपुत्त द्वारा बताये गये कर्मों की संख्या पूछा जिससे पापकर्मों का विनाश किया जा सकता था।[343] नालन्दा में बुद्ध के दर्शन हेतु आये उपालि नामक किसी गृहस्थ ने उनसे इस जीवन में अपनी मृत्यु का कारण जानना चाहा था।[344] बुद्ध ने उससे कहा था कि मनुष्य को भूमि की उर्वरता के अनुसार ही बीज बोना चाहिए।[345] बुद्ध ने अपने नालन्दा प्रवास के दौरान केवढ्ढ नामक एक तरुण गृहस्थ को देवताओं के तीन चमत्कार के विषय में बताया था।[346] नालन्दा में ही महावीर मक्खलि–गोसाल से मिले थे। छः वर्षों तक दोनों ने साथ रहकर तपस्या की किंतु बाद में गोसाल ने अलग होकर अपना पृथक धार्मिक संप्रदाय प्रचलित किया।[347] नालन्दा के उपकंठ में महावीर ने चौदह चातुर्मास्य व्यतीत किया तथा अधिकांशतः यही से धर्मप्रचार किया। नालन्दा में महावीर का एक मंदिर है।[348] विष्णुगुप्त की एक मृणमुहर नालंदा के विहार स्थल सं0 01 की खुदाई में प्राप्त हुई थी।[349] यहीं से दो मौखरि मुहरें भी प्राप्त हुई थी।[350] तिमालेख (नालंदा–वागीश्वरी

प्राषाण–प्रतिमा अभिलेख) में गोपालदेव के शासनकाल के प्रथम वर्ष में नालंदा में वागीश्वरी की मूर्ति की स्थापना का उल्लेख है।[351] देवपाल कालीन घोस्रवन अभिलेख[352] के अनुसार नगरहार के इन्द्रगुप्त के पुत्र वीरदेव को नालंदा का प्रशासन सौंपा गया था। बौद्ध संघों से संबंधित मुहरों में अधिकांशतः नालंदा महाविहार की है।[353]

बुद्ध के निर्वाण के पश्चात् शक्रादित्य, बुद्धगुप्त, तथागतगुप्त, बालादित्य एंव वज्र नामक पाँच राजाओं ने नालंदा में पाँच विहारों का निर्माण कराया था।[354] यहाँ पर एक प्रसिद्ध विश्वविद्यालय था जिसको 450 ई0 में राजकीय मान्यता प्राप्त हुई थी।[355] तिब्बती विवरणों के अनुसार इस विश्वविद्यालय का धर्मगञ्ज नामक एक समृद्ध पुस्तकालय था जिसके रत्नसागर, रत्नोदधि और रत्नरंञ्जक नामक तीन भव्य भवन थे।[356] काँचीपुर (कांजीवरम्) के धर्मपाल नामक व्यक्ति ने यहाँ शिक्षा प्राप्त की तथा अपनी योग्यता से कुलपति बन गया था।[357] इत्सिंग[358] (जो 671 ई0 में भारत के लिये चला था) ने नालन्दा में बौद्ध धर्म की शिक्षा ग्रहण की। उसके अनुसार नालन्दा विहार में भिक्षुओं की संख्या 3000 से अधिक थी। ह्वेनसांग भी कई वर्षों तक यहाँ विद्यार्थी रहा था। उसके अनुसार भारत के हजारों विद्यालयों में से कोई भी नालन्दा के समान न था। ह्वेनसांग के अनुसार यहाँ 1000 विद्यार्थी विवध विषयों का अध्ययन करते थे। इसके लिये 100 गावों का राजस्व प्रदत्त था। यहाँ विद्यार्थियों को निशुल्क शिक्षा मिलती थी। यह एक उच्च शिक्षा का प्रसिद्ध केन्द्र था। जिसके लिये कठिन प्रवेश परीक्षा का प्रावधान था।[359] यहाँ के विद्यार्थी सर्वत्र सम्मान के पात्र थे। नालन्दा विश्वविद्यालय निश्चित रूप से शिक्षा के उच्चतम् आदर्श का प्रारुप था।[360]

नालन्दा की प्रतिष्ठा और महत्व का वर्णन हिन्दू, बौद्ध और जैन साहित्य में प्राप्त होता है।

पटलायिका विषय

इसका उल्लेख श्रीधारणरात् (665–75 ई0) के कैलान ताम्रपत्र अभिलेख[361] में किया गया है। अभिलेख के अनुसार श्रीधारणरात् के शासनकाल के आठवें वर्ष में राजा द्वारा 25 पाटक भूमि के बौद्धों के निमित्त दान का आदेश देवपर्वत (समतट की राजधानी) में नियुक्त कुमारामात्यों द्वारा पटलायिका और गुप्तीनाटन विषयों के विषयपतियों तथा उनके अधिकरणों को प्रेषित किया गया।[362]

पटलायिका विषय की उचित पहचान करना संभव नहीं हो सका है। उपरोक्त सूचना के आधार पर इसे बंग्लादेश में कोमिल्ला जनपद के निकट कहीं स्थित माना जा सकता है।

प्रयाग

इस नगर का उल्लेख आदित्यसेन (660–75 ई0) के अपसद प्रस्तर अभिलेख[363] तथा कल्चुरि कर्ण के वाराणसी ताम्रपत्र अभिलेख[364] (1042 ई0) में किया गया है। प्रथम अभिलेख के

अनुसार कुमारगुप्त ने मौखरि नरेश ईशानवर्मन् को कई युद्धों में हराया और अपने अभियान में प्रयाग तक गया था जहाँ उसका पुष्पों से सम्मान किया गया। अभिलेख में कुमारगुप्त के पुत्र तथा उत्तराधिकारी दामोदर गुप्त को भी अपने शत्रुओं का विजेता कहा गया है।[365] द्वितीय अभिलेख में उल्लिखित सूचना के अनुसार गांगेय विक्रमादित्य ने प्रयाग में स्थित सैन्य–शिविर से अपने सहयोगियों को संबोधित कर सुसीग्राम के दान की सूचना दी थी।[366]

एक पवित्र तीर्थस्थल के रूप में प्रयाग का उल्लेख विभिन्न भारतीय साहित्य में किया गया है। महाभारत[367] के अनुसार यह संसार का सबसे पवित्र स्थल है। हरिवंश[368] के अनुसार महान् ऋषि–मुनियों ने प्रयाग की अत्यधिक प्रशंसा की है। योगिनीतंत्र[369] में भी प्रयाग का वर्णन मिलता है। कूर्मपुराण[370] तथा पद्मपुराण[371] में प्रयाग का एक पवित्र तीर्थस्थल के रूप में उल्लेख प्राप्त होता है। रामायण[372] के अनुसार राम, लक्ष्मण एवं सीता जब अयोध्या के पश्चात् गंगा–यमुना के संगम पर आये, तो उन्होंने इस पुण्यनगर से धुआँ उठते हुये देखा था।

भागवतपुराण[373] में एक क्षेत्र के रूप में प्रयाग का उल्लेख है। प्राचीन बौद्धग्रंथों में पयाग (प्रयाग) को गंगा के तट पर स्थित एक पवित्र तीर्थ या घाट कहा गया है।[374] प्रयाग में गंगा, यमुना एवं सरस्वती नदियों का संगम स्थल है।[375] हिन्दुओं के लिये इस संगम का बड़ा धार्मिक महत्व है। सौरपुराण[376] में गंगा–यमुना के प्रयाग में संगम का वर्णन है।[377] कालिदास के रघुवंश[378] में भी इस संगम का वर्णन मिलता है। इस संगम में स्नान कर व्यक्ति उच्चपद को प्राप्त करता है।[379] राम–लक्ष्मण और सीता ने गंगा–यमुना के संगम पर जल के दो प्रकार देखे हैं।[380] महाभारत के अनुसार समस्त देव मिल कर प्रयाग की वंदना करते हैं। यहाँ पर अत्यल्प दान से भी महान फल की प्राप्ति होती है। व्यक्ति यहाँ के पवित्र जल में स्नान कर अश्वमेध के फल को प्राप्त करता है तथा उसके पितरों का भी उद्धार होता है।[381] कूर्मपुराण में इसे देव भूमि के रूप में उल्लिखित किया गया है।[382]

प्रयाग नाम की उत्पत्ति 'यज' धातु से हुई है जिसका अर्थ होता है– 'यज्ञ करना'। महाभारत के अनुसार ब्रह्मा ने यहाँ पर यज्ञ किया था, अतः इसका नाम प्रयाग पड़ा।[383] ब्रह्मपुराण में उल्लिखित है कि सभी तीर्थों में सर्वश्रेष्ठ होने के कारण प्रयाग को तीर्थराज कहा जाता था।[384]

प्रारांभिक भारतीय सहित्य में प्रयाग की विस्तृत सीमाओं को प्रयाग–मंडल कहा गया है। मत्स्य पुराण के अनुसार प्रयाग की परिधि लगभग पाँच योजन थी।[385] कूर्मपुराण में भी प्रयाग–मण्डल की सीमा को पाँच योजन बताया गया है। चीनी यात्री ह्वेनसांग के समय प्रयाग क्षेत्र की परिधि 5000 ली और इसकी राजधानी की 20 ली से अधिक थी। उसने इस देश की जलवायु तथा निवासियों की अतिशय प्रशंसा की है, जो अधिकांश अबौद्ध थे।[386] प्रयाग के निवासी मृदुल तथा विनयशील स्वाभाव के थे। उन्हें विद्या से अनुराग था।[387] ब्रह्मपुराण[388] में प्रयाग पर शासन करने वाले कुरु, दुष्यंत तथा भरत नामक तीन राजाओं का

उल्लेख मिलता है। विक्रमोर्वशी के मुख्य नायक पुरुरवा को भी प्रयाग का शासक बताया गया है।[389] कालान्तर में प्रयाग चन्देलों के अधिकार में चला गया।

चंदेलशासक धंग ने प्रयाग जाकर अपने शरीर का उत्सर्ग किया था।[390] कमौली दानपत्र के अनुसार गाहड़वाल शासक जयचन्द्र ने प्रयाग स्थित वेणी में स्नान किया था।[391]

प्रयाग को वर्तमान इलहाबाद से समीकृत किया जाता है। चीनी लोग प्रयाग को 'पो–लो–ये– किया' कहते थे। यह गंगा तथा यमुना नदियों के संगम पर स्थित है। मुगल सम्राट अकबर द्वारा प्रयाग से 'दीन–ए–इलाही' संप्रदाय की स्थापना किये जाने के पश्चात् इसका नाम इलाहाबाद पड़ गया जो उत्तर प्रदेश के महत्वपूर्ण सांस्कृतिक नगरों में से एक है।

पाटलिपुत्र

इस नगर का उल्लेख धर्मपाल (775–812 ई0) के खालीमपुर ताम्रपत्र अभिलेख[392] में हुआ है। अभिलेख से प्राप्त सूचना के अनुसार पालशासक धर्मपाल ने कन्नौज में एक दरबार का आयोजन किया था। जिसमें उसने अपनी अधीनता में चक्रायुध को कान्यकुब्ज का शासक मनोनीत किया था। इस दरबार में मत्स्य, कुरु, मद्र आदि के प्रमुख भी सम्मिलित हुए तथा उन्होंने धर्मपाल का समर्थन किया था। धर्मपाल ने तत्पश्चात् परमसौगत परमेश्वर माहराजाधिराज जैसी उपाधियाँ भी धारण की थी। अभिलेख में बताया गया है कि धर्मपाल ने नारायणवर्मन् के आग्रह पर पाटलिपुत्र में स्थित अपने विजयस्कंधावार से शुभस्थली में नारायणवर्मन् द्वारा निर्मित स्थालीक्कट विषय के आम्रषंडिका मंडल के अन्तर्गत गोपिप्पली तथा महंताप्रकाश विषय के व्याघ्रतटी मंडल के अन्तर्गत क्रौंञ्चश्वभ्र, माढ़ाशाल्मली और पालितक नामक गाँवों के दान की घोषणा की।[393]

एक प्राचीन तथा महत्वपूर्ण नगर के रूप में पाटलिपुत्र का उल्लेख विभिन्न साहित्यिक स्रोतों में प्राप्त होता है। एक लंबे समय तक यह उत्तर भारत की राजनीतिक शक्ति का केन्द्र था। पाटलिपुत्र मगध की उत्तरकालीन राजधानी थी। जिसकी पहचान आधुनिक विहार की राजधानी पटना से की जाती है। इसके दो अन्य नाम कुसुमपुर और पुष्पपुर भी मिलते हैं। यह नगर गंगा व सोन नदियों के संगम पर स्थित था। युनानी इसे पोलिबोथा तथा चीनी यात्री पा–लिन–टु कहते थे।[394] पाटलिपुत्र के राजकीय उद्यान के अहाते में उगे पुष्पों की विशाल संख्या के कारण इसका प्राचीन संस्कृत नाम पुष्पपुर तथा कुसुमपुर था। प्रसिद्ध चीनी यात्री ह्वेनसांग ने इस नगर की उत्पत्ति के संबंध में एक का विवरण दिया है।[395] जैन परंपरा के अनुसार दर्शक के पुत्र राजा उदायिन ने पाटलिपुत्र का निर्माण कराया था। मगध से वैशाली जाते समय महात्मा बुद्ध ने आजातशत्रु के अमात्यों को इस नगर का मापन करते हुये पाया था।[396] मूलतः पाटलिपुत्र मगध में स्थित पाटलिपुत्र नामक एक गाँव था जो गंगा नदी के दूसरी तरफ कोटिग्राम के सामने स्थित था। यह मागधी गाँव राजगृह से वैशाली

तथा अन्य स्थानों को जाने वाले मुख्यपथ पर स्थित था। पाटलिपुत्र की नींव पाटलिग्राम के दुर्गीकरण से पड़ी थी।[397] मेगस्थनीज के अनुसार यह नगर 80 स्टेडिया लम्बा और 15 स्टेडिया चौड़ा था।[398] पाटिलपुत्र नगर के चार फाटक थे। जिनसे राजा अशोक को 4,00,000 कहापण की दैनिक आय होती थी।[399]

पाँचवी शती0 ई0 में आने वाले चीनी यात्री फाह्यान ने इस नगर की प्रतिष्ठा और समृद्धि का उल्लेख किया हैं उसके अनुसार इस नगर के मध्य में भव्य राजप्रासाद और महाकक्ष स्थित थे। यहाँ अशोक द्वारा निर्मित स्तूप के पार्श्व में एक हीनयान–विहार था। यहाँ के निवासी समृद्ध और सदाचारी थे।[400] ह्वेनसांग के अनुसार पाटलिपुत्र गंगा के दक्षिण में स्थित एक प्राचीन नगर था। उसके समय यह नगर निर्जन हो चुका था किन्तु अवशेष परिलक्षित होते थे।[401] महाकवि दण्डिन के अनुसार पाटलिपुत्र सभी नगरों में सर्वश्रेष्ठ तथा रत्नों से युक्त था।[402]

पाटिलपुत्र शिशुनागों, नंदो तथा महान मौर्य सम्राटों चन्द्रगुप्त और अशोक की राजधानी थी। कुछ विद्वानों का मत है कि समुद्रगुप्त की विजयों के पश्चात् गुप्तों ने इसे अपना सामान्य आवास नहीं बनाया।[403] सातवीं शती0 ई0 में उत्तर भारत के सम्राट हर्षवर्धन ने पाटलिपुत्र को पुनः स्थापित करने का कोई प्रयास नहीं किया।[404] गौड़शासक शशांक ने पाटलिपुत्र के बौद्ध स्मारकों और विहारों को नष्ट कर दिया था।[405] बंगाल के पालशासक धर्मपाल ने इसके गौरव को पुर्नस्थापित करने का प्रयास किया था।[406]

वाराणसी के एक प्रभावशाली गृहस्थ ब्राह्मण ने उदेन नामक एक बौद्ध भिक्षु के निमित्त पाटलिपुत्र में एक विहार का निर्माण कराया था।[407] भद्द नामक एक भिक्षु पाटलिपुत्र के निकट कुक्कुटाराम विहार में रहता था और उसने बुद्ध के प्रसिद्ध शिष्य आनंद के साथ संवाद किया था।[408] पाटिलपुत्र के राजा पाण्डु के बौद्ध धर्म में दीक्षित होने का उल्लेख मिलता है।[409] कतिपय जैन विद्वानों के मुखिया स्थूलभद्र ने महावीर के निर्वाण के लगभग 200 वर्षों बाद जैन–साहित्य का संकलन करने हेतु पाटलिपुत्र में एक संगीति का आयोजन किया था। जैनधर्म के तत्कालीन दूसरे प्रमुख विद्वान भद्रबाहु ने इसमें भाग लेने से मना कर दिया था।[410]

पाटिलपुत्र के कतिपय प्राचीन अवशेष प्राप्त हुये है जो अत्यंत महत्वपूर्ण हैं

यथा–

1. लोहनीपुर, बुलंदीबाग, महराजगंज से काष्ठ के स्तंभवलय, और मंगली सरोवर।
2. गोलकपुर से उपलब्ध पंचाहत मुद्रायें
3. दीदारगंज से उपलब्ध पंचाहत मुद्रायें
4. संभवतः शुंगकालीन जंगल के स्तंभ
5. कुषाण एवं गुप्त नरेशों की मुद्रायें
6. दारुखियादेवी एवं पारसिक युनानी शैली का स्तंभ शीर्ष

7. पूरब दरवाजा के समीप से प्राप्त मिट्टी की पूजा–गुटिका
8. फाह्यन कालीन हीनयान और माहयान विहारों के अवशेष, स्थूलभद्र तथा अन्य जैन मंदिर और छोटी व बड़ी पटनदेवी के मंदिर।[411]

प्राग्ज्योतिषपुर

इसका उल्लेख कामरुप (अध्याय प्रान्त/राज्य में) के अन्तर्गत किया गया है।

पीठिका

इस नगर का उल्लेख गाहड़वाल गाविन्द्रचन्द्र (1114–55 ई0) की रानी कुमार देवी के सारनाथ प्रस्तर अभिलेख[412] में किया गया है। यह अभिलेख बौद्ध आर्य–वसुधारा की उपसना के साथ प्रारंभ होता है। जिसमें वल्लभराज को पीठिका का अधिपति बताया गया है। पीठिका की पहचान वज्रासन पीठि या बोधगया से की जाती है।[413]

इसे पीठी भी कहा जाता था। यहाँ के एक शासक देवरक्षित का वर्णन अभिलेखों में प्राप्त होता है। पीठी या पीठिका, पीठा का समानार्थी शब्द है। अतः संभवतः पीठी की पहचान पीठापुरम से की जा सकती है। बारहवीं शदी के उत्तरार्द्ध में पूर्वी चालुक्यों की एक शाखा द्वारा पीठापुरम् से शासन करने का उल्लेख प्राप्त होता है। पूर्वकाल में इस नगर को चालुक्य पुलकेशिन्–II द्वारा विजित किया जा चुका था। पीठापुरम् के चालुक्य शासकों के बारे में कोई ऐतिहासिक सूचना प्राप्त नहीं होती है।[414] इस शाखा के पीठापुरम् में स्थापित हो जाने से यह स्थान पूर्वी चालुक्यों की वेंगी शाखा का महत्वपूर्ण राजनैतिक केन्द्र बन गया था। स्टेन कोनो का विचार है कि पीठि या पीठिका की पहचान उस पीठापुरम से करना संभव है जो कि बाम्बे प्रेसीडेंसी के आधुनिक गोदावरी जनपद में स्थित है।[415]

पोगार विषय

इस विषय का उल्लेख श्रीचन्द्र (925–75 ई0) के पश्चिमभाग ताम्रपत्र अभिलेख[416] में किया गया है। अभिलेख से प्राप्त सूचना के अनुसार राजा श्रीचन्द्र ने अपने अधिकारियों को संबोधित कर अलग–अलग विषयों के अन्तर्गत विभिन्न भू–क्षेत्रों के दान की सूचना दी थी। इनमें से कुछ क्षेत्र श्रीहट्ट मण्डल के पोगार विषय में स्थित थे। दान में प्रदत्त भू–क्षेत्र विभिन्न नदियों से घिरा हुआ था।[417]

पोगार विषय का उचित अभिज्ञान संभव नहीं हो सका है किन्तु उपरोक्त स्रोतों के आधार पर इसे बंगाल के सिलहट अथवा उसके समीपवर्ती क्षेत्रों के अन्तर्गत स्थित माना जा सकता है।

ब्रह्मपुर

इस नगर का उल्लेख द्युतिवर्मन् के तालेश्वर ताम्रपत्र अभिलेख[418] मे हुआ है। इस अभिलेख में उल्लिखित सूचना के अनुसार द्युतिवर्मन् ने ब्रह्मपुर नगर से अपने अधिकारियों को भगवान वीरणेश्वर के निमित्त किये गये दान की सूचना दी थी।[419]

यह स्थान मंदिरों के लिये प्रसिद्ध था। यहाँ पर तीन प्राचीन मंदिर प्राप्त हुए है, जिनमें से एक पत्थर से निर्मित है और यह भगवान शिव के एक अवतार मणिमहेश को समर्पित था। दूसरा मंदिर भगवान विष्णु के नरसिंहावतार तथा तीसरा जो कि काष्ठ निर्मित है, लक्ष्मण देवी को समर्पित किया गया है।[420] कनिंघम ने ब्रह्मपुर को विराटपत्तन का एक अन्य नाम बताया है। ब्रह्मपुर की जलवायु कुछ ठण्डी तथा वैराट के समान बतायी गयी है। ह्वेनसांग ने ब्रह्मपुर की परिधि 667 लीग बतायी है जिसके अन्तर्गत निश्चित रूप से अलकनन्दा एवं कर्णाली नदियों के मध्य का समस्त पहाड़ी भू–भाग भी सम्मिलित रहा होगा।[421] ह्वेनसांग के विवरण में ब्रह्मपुर को पो–लो–लिह–मो–पु–लो भी कहा गया है।[422]

ब्रह्मपुर पंजाब में चंबा राज्य (वर्तमान में चंबा या छंब हिमांचल प्रदेश में सम्मिलित है) का प्राचीन राजधानी नगर था।[423] ब्रह्मपुर में पाँच बौद्ध विहार थे तथा यहाँ कुछ बौद्ध भिक्षु भी निवास करते थे। कनिंघम ने ब्रह्मपुर को गढ़वाल और कुमाऊँ जिलों के अन्तर्गत स्थित बताया है जहाँ पर कतुर या कतुरिया राजा शासन करते थे जो समुद्रगुप्त की प्रयाग प्रशस्ति में उल्लिखित कर्तपुर से संबंधित थे।[424]

भट्उरिका

इसका उल्लेख कल्चुरि बुद्धराज के वडनेर ताम्रपत्र अभिलेख[425] (6080 ई0) में किया गया है। अभिलेख से ज्ञात होता है कि कल्चुरि बुद्धराज ने बटनगर–भोग के अन्तर्गत कोणियाणां नामक एक ग्राम बटनगर निवासी बोधस्वामिन् के निमित्त दान किया था। अभिलेख में वटनगर–भोग (उपमंडल) को इसी भट्उरिका के पड़ोस में स्थित बताया गया।[426] वाई0 आर0 गुप्ते के अनुसार भट्उरिका की पहचान संभवतः वडनेर से नौ मील दूर स्थित भाँट गाँव से की जाती है।[427]

मदप्रतीहार

इसका वर्णन गोविन्द्रचन्द्र के कमौली ताम्रपत्र अभिलेख[428] में किया गया है। अभिलेख के अनुसार गोविन्द्रचन्द्र ने अपने निवास स्थान मदप्रतिहार से चन्द्रग्रहण के अवसर पर एक ग्राम महासोणमौअ का दान जागूशर्मन् नामक पुरोहित को किया था।[429] मदप्रतिहार को अप्रतीहार भी कहा गया है। मदप्रतीहार या अप्रतीहार की सही पहचान उचित साक्ष्यों के अभाव में स्पष्ट रूप से नहीं की जा सकी है।[430]

महान्ता-प्रकाश विषय

इसका वर्णन धर्मपाल (775–812 ई0) के खालीमपुर ताम्रपत्र अभिलेख में किया गया है।[431] अभिलेख से प्राप्त सूचना के अनुसार पालशासक धर्मपाल ने अपने महासामन्ताधिपति नारायणवर्मन् के आग्रह पर दूतक युवराज त्रिभुवनपाल के माध्यम से क्रौञ्चश्वभ्र, माढ़ाशल्मली और पालितक ग्रामों का दान शुभस्थली स्थित नन्न–नारायण के मंदिर के निमित्त किया था। उक्त समस्त ग्राम इसी महान्ता–प्रकाश विषय के भाग थे।[432]

महन्ता–प्रकाश विषय पुण्ड्रवर्धन भुक्ति के अन्तर्गत स्थित था। इस आधार पर महन्ता–प्रकाश विषय को पश्चिम बंगाल में कहीं स्थित माना जा सकता है।

महोदय

इस नगर का उल्लेख नारायणपाल (855–910 ई0) के भागलपुर ताम्रपत्र अभिलेख[433] में हुआ है। अभिलेख से प्राप्त सूचना के अनुसार गोपाल के पुत्र और उत्तराधिकारी धर्मपाल ने इन्द्रायुध तथा अन्य राजाओं को अपने अधीन कर महोदय में एक भव्य दरबार आयोजित किया जिसमें उसने चक्रायुध को अपने अधीन महोदय का शासक नियुक्त किया। महोदय की पहचान कान्यकुब्ज (कन्नौज) से की जाती है।[434] महेन्द्रपाल–II के प्रतापगढ़ प्रस्तर अभिलेख (948 ई0) के अनुसार उसने अपनी राजधानी महोदय से खर्परपद्रक नामक एक ग्राम का दान किया था।[435] महोदय के कान्यकुब्ज, गाधिपुर आदि अन्य नाम भी मिलते हैं (विस्तृत विवरण के लिये इसी अध्याय के अन्तर्गत देखिए कान्यकुब्ज)।

मांडव्यपुर

मान्डव्यपुर का उल्लेख बाउक के जोधपुर प्रस्तर अभिलेख (837 ई0) में किया गया है। अभिलेख[436] में मांडव्यपुर का वर्णन करते हुये कहा गया है कि हरिश्चन्द्र की क्षत्रिय पत्नी भद्रा से चार पुत्र उत्पन्न हुये थे। इन्हें क्षत्रिय–प्रतिहार कहा गया। अभिलेख से प्राप्त सूचना के आधार पर इन्होंने मान्डव्यपुर के किले पर अधिकार कर लिया था।[437]

वर्तमान राजस्थान में स्थित मन्डौर नामक आधुनिक ग्राम का ही प्राचीन नाम मन्डोवर या मान्डव्यपुर था। यहाँ एक प्राचीन ऋषि मान्डव्य का आश्रम स्थित था जिनका उल्लेख शतपथ ब्राह्मण के दशम अध्याय के अन्त में तथा वृहदारण्यक उपनिषद के छठे अध्याय[438], महाभारत[439], पुराणों[440] तथा अल्बरुनी के विवरणों[441] में प्राप्त होता है। एक स्थानीय जनश्रुति के अनुसार इस स्थान का मान्डव्यपुर नाम रावण की महिषि मंदोदरी के नाम पर पड़ा और वह स्थान जहाँ पर रावण का मंदोदरी से विवाह हुआ मन्डौर में स्थित बताया जाता है।[442] शतावीं शदी के पश्चात् गुर्जर राजाओं ने मंडौर को अपनी राजधानी के रूप में विकसित किया।[443] यहाँ पर स्थित मांडव्य दुर्ग की गणना राजस्थान के प्रमुख दुर्गों में की जाती है। मन्डौर से प्राप्त एक शिलालेख में इस स्थान को मांडाव्याश्रम कहा गया है जिसके निकट

पुष्पशालिनी नामक एक नदी प्रवाहित होती थी इसे संभवतः नागोदरी नदी से समीकृत किया जा सकता है।[444]

छठी शताब्दी ई0 के मध्य में हरिश्चन्द्र ने गुर्जर प्रतिहार वंश की स्थापना की और उसी के चारों पुत्रों ने सर्वप्रथम मान्डव्यपुर के दुर्ग को संरक्षित करवाया था।[445] झांवरिया प्रस्तर दान पत्र से ज्ञात होता है कि 1162 ई0 में मांडव्यपुर पर महन्त गजसिंह का सेनापति जशधवल शासन कर रहा था।[446] भिनमन प्रस्तर अभिलेख के अनुसार महंत गजसिंह के वंशज जालौर की चाहमान शाखा के उदयसिंह ने 1262 से 1306 ई0 तक यहाँ शासन किया था।[447] इसके पूर्ववर्ती काल में नाडौल की चाह्मान शाखा के सहजपाल द्वारा बारहवीं शताब्दी के प्रारंभिक काल में यहाँ शासन करने का उल्लेख प्राप्त होता है।[448] 1154 ई0 में अल्लहनदेव अथवा केल्हन ने कुमारपाल चालुक्य की सहायता से मान्डव्यपुर पर अपना अधिकार स्थापित कर लिया था।[449] इस प्रकार छठी शताब्दी में जब गुर्जर–प्रतिहारों ने मान्डव्यपुर का दुर्गीकरण कर इसे अपनी राजधानी बनाया तब से अनेक शताब्दियों तक यहाँ अनेक वंशों के शासकों तथा सामन्तों ने शासन किया।[450]

मेडान्तक

इसका वर्णन बाउक के जोधपुर प्रस्तर अभिलेख[451] (837 ई0) में किया गया है। मेडान्तक का उल्लेख करते हुए अभिलेख में कहा गया है कि यह प्रतिहार शासक नागभट्ट की राजधानी थी।[452]

मेडान्तक की पहचान राजस्थान के जोधपुर जनपद से लगभग 70 मील उत्तर–पूर्व में स्थित वर्तमान मेंड़ता नामक स्थान से की जा सकती है।[453] मुंशी देवीप्रसाद ने भी मेडान्तक को मारवाड़ (राजस्थान) के मेड़ता कस्बे से समीकृत किया है।[454]

मेयी

इस जनपद का उल्लेख गोविन्दचन्द्र के सहेत–महेत ताम्रपत्र अभिलेख[455] में हुआ है। आभिलेख से प्राप्त सूचना के आधार पर ज्ञात होता है कि महाराजा गोविन्दचन्द्र ने जेतवन के बौद्ध विहार के निमित्त कतिपय ग्रामों का दान किया था। इनमें से मेयी जनपद के अन्तर्गत स्थित मोसाडी ग्राम भी एक था।[456] उचित साक्ष्यों के अभाव में मेयी जनपद का उचित अभिज्ञान करना संभव नहीं हो सका है।[457]

ययातिनगर

इस नगर का उल्लेख कर्ण (1110–10 ई0) के रत्नगिरि ताम्रपत्र अभिलेख[458] में किया गया है। इस नगर का उल्लेख करते हुए अभिलेख में कहा गया है कि राजा कर्णदेव ने अपने शासन के पाँचवे वर्ष में अश्विन मास के बारहवें दिन ययातिनगर से कोणा नामक ग्राम

के दान की घोषणा की थी। यह ग्राम उत्तर–तोसलि प्रान्त के अड्डावीस–खण्ड में ब्रह्म के अन्तर्गत स्थित था।[459]

उड़ीसा के वर्तमान कटक का ही प्राचीन नाम ययातिनगर था।[460] कतिपय विद्वानों ने ययातिनगर की पहचान उड़ीसा प्रान्त के अन्तर्गत जाजपुर से की है, यह विचार तर्क संगत प्रतीत नहीं होता है क्योंकि ययातिनगर महानदी के तट पर जबकि जाजपुर वैतरणी नदी के तट पर स्थित था।[461]

राजगृह विषय

इस नगर का उल्लेख देवपाल (812–50 ई0) के नालन्दा ताम्रपत्र अभिलेख[462] में किया गया है। अभिलेख में उल्लिखित सूचना के अनुसार पालशासक देवपाल ने सुवर्णद्वीप के शासक बालपुत्रदेव के आग्रह पर राजगृह विषय के अन्तर्गत स्थित कतिपय ग्रामों का दान नालन्दा के बौद्धविहार के निमित्त किया था।[463]

राजगृह प्राचीन भारत के प्रमुख नगरों में एक है जिसका उल्लेख विभिन्न साहित्यिक स्रोतों में प्राप्त होता है। महाभारत[464] और ल्युडर्स–तालिका[465] में राजगृह नामक एक नगर का उल्लेख प्राप्त होता है। इसे मगध की प्राचीन राजधानी बनने का गौरव प्राप्त है। इसे गिरिब्रज भी कहा जाता था।[466] बुद्धघोष ने कहा है कि चारों ओर पर्वतों से घिरे होने के कारण ही इसका नाम गिरिब्रज पड़ा था।[467] लाहा के अनुसार भी पाँच पहाड़ियों से आवृत्त होने के कारण ही इसे गिरिब्रज कहा जाता था।[468] बुद्धघोष ने इसे पाँच पर्वतों के मध्य स्थित नगर बतलाया है।[469] सुत्तनिपात की अट्ठकथा[470] के अनुसार गिरिब्रज पण्डव, गिज्झकूट, वेमार, इसिगिल और वेदुल्ल नामक पाँच पर्वतों से घिरा था। वाल्मीकि रामायण[471] में गिरिब्रज को ब्रह्मा के चतुर्थ पुत्र वसु द्वारा निर्मित बताया है। इसी आधार पर इसे वसुमति नगरी भी कहा जाता है।[472] महाभारत[473] के अनुसार जरासंध के पुत्र बृहद्रथ के नाम पर गिरिब्रज का एक अन्य नाम बृहद्रथपुर भी था। चीनी यात्री ने राजगृह में प्राचीन नगर और नवीन नगर नाम से दो नगरों का वर्णन किया है जिसमें प्रथम संभवतः गिरिब्रज और दूसरा राजगृह था। उसके अनुसार राजगृह को अजातशत्रु ने बसाया था।[474] सातवीं शता0 में भारत आने वाले प्रसिद्ध चीनी यात्री ह्वेनसांग ने पाटिलपुत्र का प्राचीन नाम कुशाग्रपुर बताया है जिसका कारण यहाँ पर श्रेष्ठ प्रकार की कुश या घास का बहुलता से पाया जाना था।[475] पार्जिटर ने पौराणिक विवरणों के आधार पर बताया है कि मगध के प्राचीन राजा कुशाग्र के नाम पर इस नगर को कुशाग्रपुर भी कहा जाता था।[476] चौदहवीं शताब्दी ई0 के जैन विद्वान जिनप्रभ सूरि को राजगृह का प्राचीन नाम कुशग्रपुर विदित था।[477] आचार्य बुद्धघोष के अनुसार प्राचीनकाल में यह नगर मन्धाता (मान्धाता) और महागोविन्द जैसे राजाओं का गृह (निवास स्थान) रहा था जिसके कारण इसका नाम राजगृह पड़ गया।[478] एक उल्लेख के अनुसार राजगृह के लिये मगधपुर के साथ बिंबिसारपुरी शब्द का भी प्रयोग मिलता है।[479] इस नगर में 32 फाटक और 64 पृष्ठद्वार थे।[480] इस शहर में एक द्वार था जिसके सायंकाल बंद कर

दिये जाने के पश्चात् राजा समेत किसी भी व्यक्ति का प्रवेश निषिद्ध हो जाता था। पूर्व से पश्चिम की ओर राजगृह का विस्तार अधिक तथा उत्तर से दक्षिण की ओर संकीर्ण था।[481]

यह एक खुशहाल नगर था। प्रायः यहाँ उत्सवों का आयोजन किया जाता था जिसमें लोग मांस–मदिरा का सेवन कर नृत्य संगीत में रम जाते थे।[482] यहाँ पर एक सप्ताह तक चलने वाले किसी नक्खट्टकीड़ा नामक उत्सव में समृद्ध लोगों द्वारा भाग लेने का उल्लेख मिलता हैं।[483] पेत्तवत्थुटीका[484] में इस नगर को धनी श्रेष्ठियों का आवास कहा गया है। राजगृह के संस्थागार में आयोजित सभाओं में लोग मिलजुल कर जनहित के कार्यों पर विचार–विमर्श करते थे।[485] सारिपुत्र और मोग्लायन समेत बुद्ध के अनेक सुप्रसिद्ध शिष्यों ने इसी नगर में आकर अपना धर्म परिवर्तन किया था।[486] उपालि ने भी यहीं पर भिक्षु धर्म ग्रहण किया था। बुद्ध ने इस नगर में अनेक अनुष्ठान संपन्न किये थे।[487] महावीर ने राजगृह में चौदह चातुर्मास्य बिताये थे।[488] इसी नगर में जैन धर्म के 20वें तीर्थंकर ने जन्म लिया था।[489] मगध नरेश अजातशत्रु ने राजगृह के चारों ओर धातु–चैत्य निर्मित कराये थे।[490] उसने यहाँ पर 18 विहारों का जीर्णोद्धार भी करवाया था।[491] मगध नरेश बिंबिसार का प्रमुख राजवैद्य जीवक राजगृह नगर का निवासी था।[492] यहाँ आकासगोत्त नामक एक अन्य वैद्य भी निवास करता था।[493] यहीं पर प्रथम बौद्ध संगीति भी आयोजित की गई थी।[494] बौद्ध साहित्य में राजगृह को एक ऐसे स्थान के रूप में विख्यात कहा गया है जहाँ 500 प्रसिद्ध स्थविरों ने महाकस्सप के नेतृत्व में सिम्मिलित होकर बुद्ध के अभिधम्मपिटक एवं विनय सूत्रों का पाठ किया था।[495] राजगृह में बुद्ध और उनके शिष्यों का सदैव आगमन होता रहता था।[496] विनय–चुल्लवग्ग में राजगृह के किसी श्रेष्ठि का वर्णन है जिसनें चंदन का टुकड़ा प्राप्त कर इससे भिक्षुओं के निमित्त एक कटोरा बनवाया था।[497] यहीं के एक अन्य श्रेष्ठि ने भिक्षुओं हेतु एक विहार का निर्माण करवाया था। जहाँ भिक्षुओं के निवास हेतु उसे बुद्ध से आज्ञा लेनी पड़ी थी।[498] राजगृह में रहते हुये बुद्ध ने श्रावस्ती के महाश्रेष्ठि अनाथपिडंक को बौद्धधर्म की दीक्षा प्रदान की थी।[499] राजगृह में व्यापारी समुदाय अपने सामान की बिक्री हेतु आते थे।[500] यहाँ अधिकांश लोग अपनी आजीविका हेतु व्यापार और वाणिज्य में संलग्न थे।[501]

बिम्बिसार और अजातशत्रु के राज्यकाल में राजगृह अपनी समृद्धि के चरमोत्कर्ष पर था। बुद्ध की मृत्यु के लगभग 28 वर्ष पश्चात् जब उदायिन् ने पाटिलपुत्र को अपनी राजधानी बनाया तो राजगृह की गरिमा का पतन हो गया।[502] बौद्ध धर्म के विकास के साथ ही राजगृह जैन तथा नाग और यक्खपूजा का प्राचीन केन्द्र था।[503] राजगृह की पहचान आधुनिक बिहार राज्य की राजधानी पटना के पास स्थित राजगीर नामक स्थान से की जाती है।[504]

वटनगर-भोग

यह एक उपमंडल था जिसका उल्लेख कल्चुरि बुद्धराज के वडनेर ताम्रपत्र अभिलेख[505] में किया गया है। अभिलेख से प्राप्त सूचना के अनुसार शंकरगण के पुत्र और कृष्णराज के

पौत्र कल्चुरि वंश के बुद्धराज ने वाजसनेय माध्यनन्दिन सगोत्र बोधस्वामिन् को बलि, चारू, वैश्वदेव, अग्निहोत्र आदि क्रियाओं को संपन्न करने हेतु कोणियाणां नामक एक ग्राम का दान किया था जो वटनगर–भोग (उपमंडल) में स्थित था।[506] इसके अतिरिक्त वटनगर का उल्लेख शीलादित्य कालीन सामोली प्रस्तर अभिलेख (646 ई0) में भी किया गया है।[507] इस अभिलेख के अनुसार जेन्तक के नेतृत्व में वटनगर से आये महाजनों के एक समुदाय ने अरण्यकूप–गिरि पर लोगों के निवास हेतु एक आगार (मुख्य रूप से एक घर संभवतः आवासीय घर) का निर्माण कराया था।[508]

वटनगर–भोग की पहचान निश्चित रूप से वडनेर से की जा सकती है। इसे इसी नाम के एक ग्राम से पृथक पहचानने हेतु प्रायः बहिरोब्चे वडनेर कहा जाता है जो कि नासिक जिले के चाँदवड़–तालुका में स्थित था। यह इसी नाम के भोग का मुख्यालय था।[509]

व्याघ्रतटी मण्डल

इसका वर्णन धर्मपाल (775–812 ई0) के खालीमपुर ताम्रपत्र अभिलेख[510] में किया गया है। अभिलेख से प्राप्त सूचना के अनुसार पालशासक धर्मपाल द्वारा महान्ताप्रकाश–विषय के क्रौञ्चश्वभ्र नामक ग्राम को नन्न–नारायण के मंदिर हेतु दान किया गया था। उक्त ग्राम को पुण्ड्रवर्धन–भुक्ति के अन्तर्गत इसी व्याघ्रतटी मण्डल में स्थित बताया गया है।[511]

कालिदास द्वार वर्णित रघुविजय के अनुसार व्याघ्रतटी मण्डल बंगाल के विभिन्न संभागों में से एक था। हरप्रसाद शास्त्री ने व्याघ्रतटी को बागड़ी (बलवल) बताया है।[512] इसे बंगाल के चार परंपरागत मंडलो में से एक कहा जाता है जो वर्तमान में बागड़ी से समीकृत होता है।[513] बागड़ी में गंगा और ब्रह्मपुत्र का डेल्टाई भाग भी सम्मिलित था। एस0 एन0 मजूमदार ने भी व्याघ्रतटी को बागाड़ी से ही समीकृत किया है।[514] अनुलिया ताम्रपत्र में व्याघ्रतटी के अधिकार क्षेत्र के अन्तर्गत प्रदत्त भूमिदान का उल्लेख है जो पुण्ड्रवर्धन भुक्ति में स्थित था।[515]

वाडा-चतुरशीति

इसका उल्लेख गोविन्द्रचन्द्र गाहड़वाल के सहेत–महेत दानपत्र अभिलेख[517] (1129 ई0) में हुआ है। अभिलेख से प्राप्त सूचना के अनुसार महाराजा गोविन्दचन्द्र ने जेतवन के बौद्धसंघ को समस्त संपत्तियों सहित छः ग्रामों का दान किया था। इनमें से चार ग्राम विहार, पट्टना, उपलौण्डा तथा वव्हली वाड़ा–चतुरशीति पत्तला में स्थित थे। अन्य दो ग्राम मोसाडी तथा पयासि क्रमशः मेयी तथा पोठिवार से संबद्ध थे।[518]

यहाँ एक बड़े ग्राम बाज–जोटा या पवित्र बाज का उल्लेख भी मिलता है जो कि सहेत–महेत से दो मील पश्चिम में स्थित था। डी0 आर0 साहनी का मत है कि बाजा गलती से वाडा हो गया हो।[519]

वाराणसी

इस नगर का उल्लेख मदनपाल के मंत्री भीमदेव (1143–62 ई0) के राजघाट प्रस्तर अभिलेख[520] में किया गया है। अभिलेख के अनुसार राजा मदनपाल ने वाराणसी क्षेत्र में ही गाहड़वालों को पराजित किया था।[521] वाराणसी का उल्लेख राजा गोविन्दचन्द्र के कमौली–दानपत्र (1184 वि0 सं0) में भी प्राप्त होता है।[522]

वाराणसी भारत के प्रमुख प्राचीन धार्मिक नगरों में से एक है जिसके उल्लेख विभिन्न साहित्यिक स्रोतों में प्राप्त होते हैं। यह एक प्रचीन तीर्थस्थल के रूप में प्रसिद्ध है।[523] यह काशी महाजनपद की राजधानी थी जिसका उल्लेख छठी शताब्दी ई0 पू0 के सोलह महाजनपदों की श्रेणी में किया गया है।[524] भागवतपुराण[525] में इस नगर का उल्लेख प्राप्त होता है। स्कंदपुराण[526] तथा योगिनीतंत्र[527] में एक पुण्यनगर के रूप में इसका वर्णन प्राप्त होता है। वाराणसी का वर्णन काशी जनपद के एक प्रमुख नगर के रूप में ल्यूडर्स की तालिका संख्य–925 में प्राप्त होता है। जैनग्रंथ उवासगद्साओ[528] में वाराणसी को कम्पिल्लपुर, पलासपुर तथा आलमी की भाँति एक प्रमुख नगर बताया गया है। विभिन्न कालों में वाराणसी के, सुरुन्धन, सुदस्सन, ब्रह्मवढ्ढन, पुप्फवती, रम्म, मोलिनी नाम मिलते हैं।[529] कूर्म पुराण[530] में कहा गया है कि वरुणा और असी घाटों के मध्य स्थित होने के कारण इसका नाम वाराणसी पड़ा। जातक[531] के अनुसार वाराणसी को काशीनगर तथा काशीपुर भी कहा जाता था। जातकों में वाराणसी नगर का विस्तार बारह योजन बताया गया है।[532] इस नगर को शूलपाणि महादेव द्वारा निर्मित कहा गया है।[533] मार्कण्डेय पुराण के अनुसार राजा हरिश्चन्द्र रानी शव्या एवं अपने पुत्र के साथ वाराणसी आये थे।[534]

जातकों के अनुसार वाराणसी में निर्मित मूल्यवान, रंगीन, सुगन्धित, अनुलेपयुक्त, पतले एवं चिकने वस्त्र दूसरे भागों में विक्रय हेतु भेजे जाते थे।[535] कामविलापजातक के अनुसार एक राजा की प्रवासित महिर्षी वाराणसी का महीन वस्त्र धारण करती थी।[536] एक जातक में कहा गया है कि वैराग्य ग्रहण करने के लिये तत्पर पति के मन को आकर्षित करने हेतु उसकी पत्नी ने वनारसी साड़ी पहनने की प्रतिज्ञा की थी।[537] मिथिला के राजा जनक के दरबारियों द्वारा वाराणसी के वस्त्रों को पहनने का वर्णन मिलता है।[538] वाराणसी काष्ठ–शिल्प का एक प्रसिद्ध केन्द्र था। इस नगर के उपकण्ठ पर बसे हुये ग्राम में पाँच सौ बढ़इयों का निवास था तथा वे समस्त प्रकार की लकड़ियों पर काट–छांट में निपुण थे। इन्हें बहुमंजिली इमारतें बनाने की कला बखूबी आती थी।[539] यहाँ पर हाथी दाँत का व्यवसाय भी पर्याप्त मात्रा में होता था।[540] एक जातक[541] में वाराणसी की एक गली का वर्णन किया गया है जहाँ हस्तिदंत से निर्मित चीजों का बाजार लगता था। तण्डुनालि जातक में एक सहस्र मील की लंबी यात्रा के पश्चात् वाराणसी पहुँचने वाले अश्वविक्रेता का उल्लेख मिलता है।[542] विदुर जातक के अनुसार वाराणसी का एक सेठ अस्सी करोड़ धन का स्वामी था।[543]

ह्वेसांग के अनुसार वाराणसी के बाजार विक्रय हेतु निर्मित विभिन्न प्रकार के भाण्डों से सजे रहते थे।[544] महायान संप्रदाय के अभ्युदय के पश्चात वाराणसी नगर मथुरा की भाँति

ही बुद्ध तथा बोधिसत्वों की मूर्तियों के निर्माण का एक प्रसिद्ध केन्द्र बन गया।[545] सारनाथ से प्राप्त बौद्ध प्रतिमाएँ वाराणसी मूर्तिकला की परिचायक हैं।

धम्मपद[546] के अनुसार वाराणसी, श्रावस्ती एवं तक्षशिला में व्यापारिक संबध थे। यह एक अत्यधिक जनसंख्या वाला तथा समृद्धशाली प्रदेश था।[547] बौद्ध एंव जैन साहित्य में वाराणसी का प्रमुख रूप से उल्लेख मिलता है जिसकी गणना आनन्द के अनुसार बुद्ध के परिनिर्वाण के लिये उपयुक्त बड़े नगरों में की गयी है।[548] सारनाथ से प्राप्त एक अभिलेख में वाराणसी स्थित कतिपय धार्मिक भवनों की मरम्मत का उल्लेख किया गया है।[549] जैन ग्रंथ विविध तीर्थकल्प में वाराणसी को चार भागों में विभक्त बताया गया है :

1. देववाराणसी– इस स्थान पर भगवान विश्वनाथ का मंदिर निर्मित है, जिसमें 24 जिनपट्ट परिलक्षित होते हैं।
2. राजधानी– वाराणसी– यह यवनों का निवास था।
3. मदन– वाराणसी, और
4. विजय वाराणसी[550]।

चीनी यात्री वाराणसी को पो–लो–नि–स्से कहते थे। यह नगर 4000 ली विस्तृत था। यहाँ पर लगभग 30 संघाराम तथा 100 देव मंदिर थे। वाराणसी के निवासी उदार तथा विद्याप्रमी थे। यहाँ के अधिकतर नागरिक नास्तिक तथा बहुत कम लोग बुद्ध के प्रति श्रद्धा भाव रखते थे।[551] भरहुत अभिलेख में वर्णित चण्डठिठल (चुण्डवील) नामक स्थान वाराणसी के निकट ही स्थित था।[552] वाराणसी नगर की दक्षिणी सीमा का विस्तार कम से कम गंगा एवं असी नदियों के संगम तक था।[553] चन्द्रदेव के चन्द्रावती दानपत्र के अनुसार गाहड़वाल राज्य का विस्तार वाराणसी और कन्नौज से लेकर घाघरा के संगम तक था।[554] वाराणसी का राजा अपनी कमियों के प्रति सदैव सजग रहता था।[555]

बौद्धिक क्षेत्र में वाराणसी की प्रसिद्धि सर्वप्रथम तृतीय शताब्दी ई0 से प्रारंभ मानी जाती है।[556] 7वीं शताब्दी ई0 में भारत आने वाले चीनी यात्री ह्वेनसांग यहाँ के निवासियों का विद्यानुराग देख आश्चर्यचकित हो उठा था।[557] उसके समय सारनाथ के विभिन्न विहारों में लगभग 1500 भिक्षु अध्ययनरत थे।[558] बर्नियर के अनुसार यहाँ के विद्वान अपने घरों पर ही विद्यार्थियों को शिक्षा देते थे।[559] यह परंपरा मध्यकाल तक चलती रही।[560] दार्शनिक सिद्धांतों के प्रत्याभिज्ञान एवं प्रचार हेतु शंकराचार्य भी वाराणसी आये थे।[561] धर्म के साथ वाराणसी का अतिप्राचीन काल से ही घनिष्ठ संपर्क रहा है। संभवतः प्रारंभ में यह अनार्य धर्म का केन्द्र था। पुराणों में वाराणसी को शिवपुरी कहा गया है।[562] वाराणसी की गणना भारत की सात मोक्षदायिनी नगरियों के अन्तर्गत की गयी है।[563] लोगों का विश्वास था कि वाराणसी में निवास करने वाले शिव भक्तों को अलौकिक आनंद प्राप्त होता था। ह्वेनसांग के अनुसार यहाँ के शैव भक्तों में कुछ सिर मुंडित कराते थे तथा कुछ लंबे केशों की जटा रखते थे। कुछ नग्न रहते थे तथा कुछ शरीर पर भस्म लगाते थे। वे नियमित रूप से पूजा

एवं व्रत में सलंग्न थे तथा मोक्ष प्राप्त करना उनका प्रमुख उद्देश्य था।[564] अन्य धर्मानुयायी भी इस नगर को भक्ति एवं मुक्ति प्रदान करने वाला मानते थे।[565] लोगों का विश्वास था कि पापी व्यक्ति को भी वाराणसी में पुण्य तथा आध्यात्मिक सुख प्राप्त होता है।[566] यहाँ आकर दान करने से महान फल की प्राप्ति होती है। राजतरंगिणी के अनुसार कश्मीर के शासक हर्ष ने पुण्य की कामना हेतु वाराणसी को अनेक मठों से सुसज्जित कराया था।[567] गाहड़वालों ने भी यहाँ के ब्राह्मणों तथा मंदिरों को अत्यधिक दान किये थे।[568] बौद्ध धर्म में वाराणसी का अत्यधिक महत्व है। ज्ञान प्राप्ति के पश्चात बुद्ध ने इसी नगर में अपना प्रथम उपदेश दिया था।[569] बुद्ध ने वाराणसी के बहुत से निवासियों को बौद्ध धर्म में परिवर्तित किया तथा कई उपदेश दिये।[570] इस नगर में श्रद्धास्पद बौद्ध भिक्षुओं के आने का वर्णन प्राप्त होता है।[571] जैन धर्म के तेईसवें तीर्थकर पार्श्वनाथ का जन्म स्थल वाराणसी को ही माना जाता है।[572] वाराणसी की पहचान उत्तर प्रदेश के आधुनिक बनारस जनपद से की जाती है जो गंगा नदी के किनारे स्थित है।

वारेन्द्री

इसका उल्लेख लक्ष्मणसेन (1179–1206 ई0) के माधाईनगर ताम्रपत्र अभिलेख[573] में किया गया है। वारेन्द्री का उल्लेख करते हुए अभिलेख में कहा गया है कि राजा लक्ष्मणसेन ने अपने अधिकारियों को जिस दापनियापाटक ग्राम के दान की सूचना दी थी वह वारेन्द्री मण्डल के कांतपुर–आवृत्ति जनपद में स्थित था। अभिलेख में वारेन्द्री को पुण्ड्रवर्धन भुक्ति के अन्तर्गत स्थित कहा गया है।[574] वारेन्द्री को वरेन्द्र भी कहा जाता था। यह उत्तर बंगाल का एक प्राचीन नाम है।[575] संध्याकरनन्दी द्वारा रचित रामचरित में भी वारेन्द्री का उल्लेख किया गया है।[576] प्राचीन पुण्ड्रवर्धन भुक्ति में गौड़ के साथ–साथ वारेन्द्री के भू–भाग भी सम्मिलित थे। इसकी पहचान बंगाल के एक भाग के रूप में की जाती है जो वर्तमान में राजशाही जनपद के अन्तर्गत स्थित है।[577] लक्ष्मणसेन के तर्पणदीधि दानपत्र अभिलेख में वारेन्द्र को पौण्ड्रवर्धन भुक्ति में स्थित कहा गया है। विजयसेन के देवपाढ़ा अभिलेख में वारेन्द्र की एक कलाकार श्रेणी का वर्णन है। वैद्यदेव के कमौली अभिपत्र तथा विष्णु–प्रतिमा और देवपाढ़ा अभिलेख के अलग–अलग सन्दर्भों में इसका उल्लेख प्राप्त होता है।[578]

वालवी-विषय

वालवी का उल्लेख जीवितगुप्त–II (700–10 ई0) के देव–वरणार्क प्रस्तर अभिलेख[579] में किया गया है। वालवी–विषय का उल्लेख करते हुए अभिलेख में कहा गया है कि जीवितगुप्त–II ने अपने अधिकारियों को देव–वरणार्क के मंदिर हेतु वरुणिका ग्राम को दान करने की सूचना दी है। दान में प्रदत्त वरुणिका ग्राम वालवीविषय के अन्तर्गत स्थित था।[580] वालवी–विषय को नगर–भुक्ति में स्थित बताया गया है। इस आधार पर वालवी–विषय को पटना (बिहार) तथा उसके समीपवर्ती भू–भाग से समीकृत किया जा सकता है।[581]

विक्रमपुर-भाग

इसका उल्लेख विश्वरुपसेन (1206–22 ई0) तथा सूर्यसेन (1210–15 ई0) के मदनपाढ़ा ताम्रपत्र अभिलेख[582] में किया गया है। अभिलेख से प्राप्त सूचना के अनुसार विश्वरुपसेन ने विक्रमपुर–भाग की सीमान्तर्गत स्थित पिञ्जोकोष्ठि नामक एक ग्राम का दान विश्वरुपदेवशर्मन् के निमित्त किया था। अभिलेख में विक्रमपुर भाग को वंग की पुण्ड्रवर्धन भुक्ति में स्थित कहा गया है।[583]

विक्रमपुर की पहचान पुण्ड्रवर्धन भुक्ति के अन्तर्गत की गयी है जिसमें संभवतः वे भू–भाग सम्मिलित थे जो उत्तर में धलेश्वरी, दक्षिण में इदिलपुर परगना, पूर्व में मेंघना और पश्चिम की ओर पध्न से घिरे हुए थे।[584]

वृहड्हेवंकाणैं-पत्तला

इसका उल्लेख चन्द्रदेव के चन्द्रावती ताम्रपत्र अभिलेख[585] (1092 ई0) में किया गया है। अभिलेख में उल्लिखित सूचना के अनुसार राजा चन्द्रादित्य देव द्वारा कठेहली–पत्तला के ब्राह्मणों को दान के अवसर पर वृहड्हेवंकाणैं–पत्तला के अन्तर्गत स्थित सरिसोढ़ ग्राम को भी ब्राह्मणों के निवास हेतु दान कर दिया गया था।[586] डी0 आर0 साहनी के अनुसार इस पत्तला का उचित अभिज्ञान स्पष्ट करना अभी तक संभव नहीं हो सका है।[587]

शाकम्भरी

इसका उल्लेख बीसलदेव या विग्रह–IV के दिल्ली–शिवालिक प्रस्तर स्तंभ अभिलेख[588] (1163 ई0) में किया गया है। अभिलेख के अनुसार अनल्ल (अर्णों या आणक) के पुत्र चाहमान बीसल देव–IV या बीसल को शाकम्भरी का स्वामी कहा जाता है। उसे आर्यावर्त को म्लेच्छों (मुस्लिमों) से पूरी तरह मुक्त कराने का श्रेय दिया जाता है।[589]

राजपूत काल में शाकम्भरी को उत्तर पश्चिमी भारत के राजनैतिक केन्द्रों में महत्वपूर्ण स्थान प्राप्त था। इस नगर को समृद्ध तथा विकसित करने का श्रेय चौहान शासकों को जाता है।[590] चौहान शासकों की शाकम्भरी शाखा अपनी वीरता के लिये प्रसिद्ध थी। इस शाखा का प्रसिद्ध शासक पृथ्वीराज–III था जिसने तुर्क आक्रमणकारी मुहम्मद गोरी से युद्ध किया था।

शाकम्भरी की पहचान राजस्थान के जयपुर क्षेत्र में स्थित साँभर से की जाती है।[591] साँभर के पुरावशेषों की खोज 1936–38 में की गयी थी जिससे इस नगर के प्राचीन अस्तित्व का पता चलता है।[592]

शुभस्थली

इसका वर्णन धर्मपाल (775–812 ई0) के खालीमपुर ताम्रपत्र अभिलेख[593] में किया गया है। शुभस्थली का उल्लेख करते हुये अभिलेख में कहा गया है कि पालशासक महाराज धर्मपाल

ने अपने दूतक युवराज त्रिभुवन पाल के माध्यम से भगवान नन्न–नारायण के मंदिर हेतु कतिपय ग्रामों का दान किया था। नन्न–नारायण के उक्त मंदिर को इसी शुभस्थली नगर में स्थित बताया गया है।[594] शुभस्थली की स्पष्ट पहचान अभी तक संभव नहीं हो सकी है किन्तु इसे वर्तमान पश्चिम–बंगाल क्षेत्र में स्थित माना जा सकता है।

श्रावस्ती

इस नगर का उल्लेख हर्ष के मधुबन ताम्रपत्र अभिलेख[595] (631 ई0) में किया गया है। अभिलेख से प्राप्त सूचना के आधार पर राजा हर्ष ने अपने अधिकारियों को श्रावस्ती–भुक्ति के कुण्डधानी–विषय के अन्तर्गत स्थित कुण्डिका नामक ग्राम के दान में दिये जाने की सूचना दी थी।[596]

श्रावस्ती की पहचान वर्तमान सहेत–महेत नामक स्थान से की जाती है।[597] सहेत–महेत का संपूर्ण क्षेत्र उत्तर प्रदेश के गोण्डा और बहराइच जनपदों की सीमा पर स्थित है। बहराइच से इसकी दूरी 26 मील है।[598] बौद्ध साहित्य में श्रावस्ती का उल्लेख कोसल जनपद की राजधानी के रूप में किया गया है, जो राजगृह से दक्षिण–पश्चिम में कालक और अस्सक तक जाने वाले राजपथ पर स्थित था। इस राजपथ पर इसे सावत्थी एवं वनसावत्थी नामक दो प्रसिद्ध पड़ावों के रूप में वर्णित किया गया है। यहाँ संभवतः एक अन्य राजपथ का भी अस्तित्व रहा होगा जो श्रावस्ती से किटागिर होते हुए वाराणसी तक जाता था।[599]

ल्यूडर्स की तालिका[600] में श्रावस्ती का उल्लेख सावस्ती के रूप में हुआ है जहाँ से कतिपय मूर्तियाँ प्राप्त होती हैं। इनमें अधिकांशतः बौद्ध धर्म से संबंधित तथा शेष जैन और कुछ ब्राह्मण धर्म से संबद्ध थी। बौद्ध विद्वान बुद्धघोष के अनुसार सवस्थ नामक एक ऋषि का मूल निवास स्थान होने के कारण इसे सावत्थी कहा जाने लगा था। पूर्व में श्रावस्ती एक धार्मिक केन्द्र था जहाँ कालान्तर में इस नगर का विकास हुआ।[601] मुनष्यों के निमित्त प्रत्येक सामाग्री यहाँ उपलब्ध होने के कारण इसे सब्ब–अत्थि (सावत्थी) कहा जाता था। एक उल्लेख के अनुसार इस नगर का निर्माण राजा श्रावस्त अथवा श्रावस्तक ने कराया था।[602] श्रावस्त को युवनाश्व का पुत्र कहा जाता है।[603] महाभारत के अनुसार श्रावस्त, श्राव का पुत्र तथा युवनाश्व का पौत्र था।[604] किसी समय श्रावस्ती में श्रुतवर्मन् का शासन था।[605] कथासित्सागर एवं दशकुमार[606] चरित में क्रमशः देवसेन एवं धर्मवर्मन् नामक श्रावस्ती के शासकों का उल्लेख मिलता है।

श्रावस्ती को अचिरावती नदी के तट पर स्थित बताया जाता है।[607] महात्मा बुद्ध के समय श्रावस्ती नगर से दक्षिण की ओर निर्मित जेतवन और पुब्बाराम नामक दो प्रसिद्ध बौद्ध केन्द्र थे। यह नगर ब्राह्मण एवं वैदिक ज्ञान का भी एक महत्वपूर्ण केन्द्र था। यहाँ की एक महत्वपूर्ण ब्राह्मण संस्था के आचार्य जानुस्सोणि का उल्लेख मिलता है।[608] बोधिसत्वादानकल्पलता[609] से ज्ञात होता है कि श्रावस्ती के स्वस्तिक नामक किसी ब्राह्मण ने अपने जीवन–निर्वाह हेतु कृषि धर्म स्वीकार कर लिया था। प्रसिद्ध जेतवन विहार का संरक्षक

राजकुमार जेत श्रावस्ती का ही निवासी था।[410] श्रावस्ती के निकट ही कोसलराज प्रसेनजित की महिषि मल्लिका के नाम पर एक सुप्रसिद्ध उपवन था।[611]

श्रावस्ती एक अत्यंत सुमृद्ध नगर होने के साथ ही व्यापार का महान केन्द्र भी था जहाँ तीन प्रमुख व्यापारिक मार्ग आकर मिलते थे। सोहगौरा ताम्रपत्र के आधार पर स्पष्ट होता है कि यहाँ के जनपथों पर उचित दूरियों पर एवं बस्तियों में अनेक रस्सों तथा सार्थों हेतु उपयोगी अन्य वस्तुओं के राजकीय गोदाम थे।[612] श्रावस्ती नगर राजाओं, राजकुमारों, मंत्रियों, सभासदों और उनके अनुगामियों से सम्पन्न था।[613] सामन्तपासादिका[614] के अनुसार श्रावस्ती में 57,000 परिवार निवास करते थे। श्रावस्ती नगर नश्चिय ही तोरणद्वार युक्त एक प्राचीर से संरक्षित था। प्राचीर के भीतर मोटे तौर पर नगर का विभाजन तीन मण्डलों में हुआ था, केन्द्रीय, वाह्य तथा वाह्यतम। यहाँ राजप्रसाद एवं कर्मचारियों के आवासों, धार्मिक एवं शैक्षणिक संस्थानों, बाजारों, निजी गृहों आदि का उचित ढंग से निर्धारण अवश्य किया गया होगा।[615]

यह धर्म व संस्कृति का एक महान् केन्द्र था। जैन लोग श्रावस्ती को चंद्रपुरी या चंद्रिकापुरी नाम से संबोधित करते थे। प्रसिद्ध जैन तीर्थकार संभवनाथ एवं चंद्रप्रभनाथ का जन्म श्रावस्ती में ही हुआ था।[616] विविधतीर्थकल्प के आधार पर ज्ञात होता है कि श्रावस्ती में संभवनाथ की प्रतिमा से सुसज्जित एक चैत्य था। कपिल ऋषि द्वारा ज्ञान प्राप्ति हेतु श्रावस्ती जाने का उल्लेख है। महावीर स्वामी अपने साथियों से अलग होने के उपरान्त श्रावस्ती में ही मक्खलिपुत्र घोषाल से मिले थे। महावीर ने अनेक बार श्रावस्ती की यात्रा की तथा एक चातुर्मास्य भी व्यतीत किया था।[617] महात्माबुद्ध ने अपने अनेक उपदेश श्रास्वती में ही दिये थे तथा बड़ी संख्या में यहाँ के स्त्री–पुरुष बौद्धसंघ में सम्मिलित हुये थे।[618]

प्रसिद्ध चीनी यात्री फाह्यान (पाँचवी शता0 ई0) और युवान–च्वांग (सातवी शती ई0) श्रावस्ती आये थे। फाह्यान के समय यहाँ जनसंख्या कम थी। फाह्यान ने प्रजापति गौतमी द्वारा निर्मित विहार का स्थल, अनाथपिडंक के गृह की प्रचीर एवं कूप तथा अंगुलिमाल के अर्हतपद प्राप्त कर्ने वाले स्थल को स्वयं देखा था।[619] ह्वेनसांग का वर्णन है कि नगर प्रायः नष्ट हो चुका था किन्तु अभी भी वहाँ कतिपय लोग निवास करते थे। यहाँ की जालवायु सम तथा पैदावार अच्छी होती थी। लोग सदाचारी, ईमानदार अध्ययनप्रिय तथा कलाप्रेमी थे। यहाँ पर सौ से भी अधिक विहार थे जिसमें से अधिकांश नष्टप्राय थे। कतिपय देवमंदिर भी निर्मित थे तथा अधिकांश प्रजा अबौद्ध थी। यहाँ पर अनेक स्तूप बौद्ध बिहार तथा महायान संप्रदाय के अनेक भिक्षु निवास करते थे।[620] कालान्तर में श्रावस्ती की समृद्धि और राजनैतिक प्रतिष्ठा में कमीं आयी। एक उल्लेख के अनुसार प्रसिद्ध विहार के निर्माण में 54 करोड़ व्यय करने वाला अनाथपिंडक भिखारी के रूप में मृत्यु को प्राप्त हुआ। उसे व्यापार में 18 करोड़ का घाटा हुआ तथा अचिरावती नदी के तट पर गड़ा हुआ उसका धन बाढ़ में बह गया था।[621] छठी साताब्दी ई0 पू0 से लेकर बारहवीं शती ई0 के मध्य तक जेतवन

के साथ ही श्रावस्ती बौद्ध धर्म का महत्वपूर्ण एवं प्रसिद्ध केन्द्र बना रहा।[622] यह सम्राट हर्ष के समय में एक भुक्ति था।

श्रीपुर

श्रीपुर का उल्लेख पांडुवंशीय शासक तीवर (580–95 ई0) के राजिम ताम्रपत्र अभिलेख[523] में किया गया है। अभिलेख में इसका उल्लेख करते हुए कहा गया है कि कोसल नरेश महाराज तीवरदेव ने अपने शासन के 7वें वर्ष में कार्तिक मास के आठवें दिवस को श्रीपुर से ही पेण्ठाम–भुक्ति के एक ग्राम पिम्प्रीपद्रक के दान करने की सूचना दी थी।[624]

श्रीपुर की पहचान आधुनिक सिरपुर से की जाती है। यह छत्तीसगढ़ के रायपुर जिले की महासमुंद तहसील में महानदी के दाहिने तट पर स्थित एक लघु ग्राम है। यह रायपुर से 37 मील पूर्वोत्तर में और आरंग से 15 मील की दूरी पर स्थित है।[625] किसी समय श्रीपुर महाकोसल की राजधानी के रूप में प्रसिद्ध था।[626] फ्लीट ने भी श्रीपुर को वर्तमान रायपुर से उत्तर की ओर स्थित सिरपुर से ही समीकृत किया है।[627]

श्रीवर्धनपुर

इस नगर का उल्लेख जयवर्धन–II रघोली ताम्रपत्र अभिलेख[628] में हुआ है। अभिलेख से प्राप्त सूचना के अनुसार ज्ञात होता है कि राजा जयवर्धन ने श्रीवर्धनपुर से एक घोषणापत्र जारी किया था।[629]

हीरालाल के अनुसार श्रीवर्धनपुर की पहचान करना संभव नहीं हो सका है। संभवतः यह स्थान मध्य प्रान्त में स्थित नहीं है। यह महाराष्ट्र (बाम्बे) प्रेसीडेंसी का श्रीवर्धन भी नहीं हो सकता है जो एक प्रसिद्ध बन्दरगाह और प्रथम पेशवा का जन्मस्थान था।[630] बहुत संभव है कि यह स्थान नागपुर जिले में रामटेक के समीप कहीं स्थित था। श्रीवर्धनपुर ग्राम से पाँच मील की दूरी पर नागरधन नामक एक ग्राम था जो कि प्राचीनकाल में नन्दिवर्धन के नाम से पुकारा जाता था। स्थानीय व्यापारियों का अनुमान है कि यह देश क्षत्रिय राजाओं द्वारा इसी स्थान से शासित होता था। इस ग्राम से पर्याप्त पुरावशेष प्राप्त हुए हैं। राष्ट्रकूट शासक कृष्ण–III के देवली पत्राभिलेख में नागपुर के साथ इस जनपद का भी उल्लेख है। इससे प्रतीत होता है कि नन्दिवर्धन इतना महत्वपूर्ण स्थान था कि इसे जनपद कहा गया था। इस क्षेत्र में वर्धन नाम से समाप्त होने वाले किसी अन्य ग्राम का कोई भी साक्ष्य प्राप्त नहीं होता है और यह इस क्षेत्र के अन्य ग्रामों से भिन्न प्रतीत होता है। अतः बहुत संभव है कि श्रीवर्धनपुर की पहचान नन्दिवर्धन या रामटेक से अथवा बहुत सीमा तक इसके आस–पास के किसी क्षेत्र से की जा सकती है।[631]

श्रीहट्ट मण्डल

इसका उल्लेख श्रीचन्द्र (925–75 ई0) के पश्चिमभाग ताम्रपत्र अभिलेख[632] में किया गया है। अभिलेख के अनुसार राजा श्रीचन्द्र ने विक्रमपुर स्थित स्कन्धावार से अपने विभिन्न अधिकारियों एवं राज्याश्रित कर्मचारियों, जनपद निवासियों तथा ब्राह्मण किसानों को पुण्ड्रवर्धन भुक्ति के श्रीहट्ट मण्डल के अन्तर्गत चन्द्रपुर, गरला एवं पोगार विषय के विभिन्न भू–क्षेत्रों के दान की सूचना दी थी।[633]

श्रीहट्ट का उल्लेख योगिनीतंत्र[634] में किया गया है। श्रीहट्ट (सिलहट्ट) के उत्तर में खासी और जैन्तिया पहाड़ियाँ, पूर्व में कछार, दक्षिण में टिपरा पहाड़ी और पश्चिम में मेंमनसिंह जिला (बंग्लादेश) स्थित है। यह एक विस्तृत समतल घाटी है जिसके चारों ओर ऊँची पहाड़ियाँ हैं। बरक यहाँ प्रमुख रूप से बहने वाली नदी है जो मणिपुर, कछार और सिलहट से प्रवाहित होती हुई अन्त में भैरब बाजार के निकट ब्रह्मपुत्र के पुराने नदी तल में गिरती है।[635]

सलोणपुर

इसका उल्लेख कर्ण (1100–10 ई0) के रत्नगिरि ताम्रपत्र अभिलेख[636] में किया गया है। अभिलेख से प्राप्त सूचना के अनुसार रानी कर्पूरश्री उत्कलदेश में सलोणपर के महाविहार में नृत्य आदि अभिवादन सत्कार किया करती थी। यह कर्पूर श्री राजा कर्ण की महिषी थी।[637] अभिलेख में इसे (सलोणपुर को) उत्कल–देश में स्थित कहा गया है।[638]

सलोणपुर की पहचान उड़ीसा के कटक जिले के अन्तर्गत जाजपुर के निकट सोलमपुर से की जाती है। संभवतः सलोणपुर का उल्लेख भौम राजा शुभांकर के नैलपुर पत्राभिलेख में भी किया गया है।[640]

स्थालीक्कट-विषय

इस विषय का उल्लेख धर्मपाल (775–812 ई0) के खालीमपुर अभिलेख[641] में किया गया है। अभिलेख से प्राप्त सूचना के अनुसार धर्मपाल ने अपने सामंताधिपति नारायणवर्मन् के अनुरोध पर दूतक युवराज त्रिभुवन पाल के द्वारा आम्रषण्डिका मण्डल के जिस गोपिप्पली ग्राम को भगवान नन्न–नारायण के मंदिर हेतु दान किया था वह इसी स्थालीक्कट विषय से संबद्ध था।[642]

स्थालीक्कट विषय का उचित अभिज्ञान कर सकना संभव नहीं हो सका है।[643]

सुव्वुंग विषय

इस विषय (जनपद) का उल्लेख लोकनाथ के टिपेरा ताम्रपत्र अभिलेख[644] (664 ई0) में हुआ है। अभिलेख से प्राप्त सूचना के अनुसार गौड़ शासक लोकनाथ द्वारा अपने महासामंत

ब्राह्मण प्रदोषशर्मन् को सुव्वुंग विषय के कुछ जंगली प्रदेशों का दान किया गया था।[645] इस विषय का उचित अभिज्ञान स्पष्ट करना कठिन प्रतीत होता है किन्तु संभवतः इसे बंग्लादेश के कोमिल्ला जनपद तथा उसके समीपवर्ती क्षेत्रों से समीकृत किया जा सकता है।

सोणभद्र

इस नगर का उल्लेख कल्चुरि रत्न–II के सार्खों ताम्रपत्र अभिलेख[646] में किया गया है। अभिलेख से प्राप्त सूचना के अनुसार मध्य प्रदेश के सोणभद्र निवासी ब्राह्मण महासोण ने जांबवत नामक पवित्र स्थान सपर 50 दिनों का मृत्यपर्यन्त व्रत रखा था। सोणभद्र को भारतवर्ष के अन्तर्गत मध्यदेश में स्थित बताया गया है।[647]

वी0 वी0 मिराशी के अनुसार सोणभद्र की उचित पहचान करना संभव नहीं हो पाया है। यह मुख्य रूप से मध्य देश या मध्यक्षेत्र में स्थित था।[648] मिराशी के मतानुसार वह पहाड़ी जहाँ गंगा की प्रसिद्ध सहायक नदी सोण (सोन) का उद्गम स्थल है, सोणभद्र कहलाता है। सोन मैकाल श्रेणी के अमरकंटक में नर्मदा के निकट उत्पन्न होती है तथा वह पहाड़ी जहाँ पर यह स्रोत स्थित है उसे सोणभद्र या प्रायः सोनमुण्डा कहा जाता है।[649] के0 एन0 दीक्षित ने सोणभद्र को वाक्पतिमुन्ज के नरवहल पत्राभिलेख (वि0 सं0 1038) में वर्णित श्रवणभद्र से समीकृत किया है। उनका विचार है कि सोणभद्र विहार प्रान्त में सोन या सोनाभद्र के किनारे कहीं स्थित था।[650]

सोदा या सेदा

इसका उल्लेख अनंतवर्मन् चोडगंग के विशाखापत्तनम ताम्रपत्र अभिलेख[651] में किया गया है। अभिलेख से प्राप्त सूचना के अनुसार वीरसिंह ने अपने राज्य को अपने पाँच पुत्रों में विभाजित कर दिया था। इसी क्रम में उसने अपने एक पुत्र मारसिंह को सोदा अथवा सेदा मण्डल का शासक नियुक्त किया था।[652] सोदा या सेदा की स्पष्ट पहचान नहीं की जा सकी है।[653]

संवा विषय

इसका उल्लेख अनन्तवर्मन् चोडगंग के विशाखापत्तनम ताम्रपत्र अभिलेख[654] (1118 ई0) में किया गया है। इसका उल्लेख करते हुये अभिलेख में कहा गया है कि अनन्तवर्मन् चोडगंग ने सिन्दूरपुर में अपने प्रवास के दौरान राष्ट्रकूट किसानों को संवा–विषय में बुलाकर पुरोहित, अमात्य तथा अन्य अधिकारियों की उपस्थिति में एक ग्राम के दान की घोषणा की थी।[655]

संवा–विषय के उक्त ग्राम का नाम तामरखंडि था जो माधव नामक किसी व्यक्ति को दिया गया था।[656] संवा–विषय का स्पष्ट अभिज्ञान निर्धारित नहीं किया जा सका है। संभवतः यह दक्षिण भारत में वर्तमान आन्ध्र राज्य के अन्तर्गत स्थित रहा होगा।

हलदोय-पत्तला

इसका उल्लेख गोविन्दचन्द्र के कमौली ताम्रपत्र अभिलेख[657] (1125 ई0) में हुआ है। अभिलेख में इस पत्तला का उल्लेख करते हुये कहा गया है कि राजा गाविन्द्रचन्द्र ने अपने निवास स्थान मदप्रतीहार से चन्द्रग्रहण के अवसर पर महापुरोहित जागूशर्मन् को महसोणमौअ नामक एक ग्राम का दान किया था। उक्त ग्राम को अभिलेख में इसी हलदोय–पत्तला के अन्तर्गत स्थित बताया गया है। हलदोय–पत्तला की उचित पहचान अभी तक संभव नहीं हो सकी है।[659]

सन्दर्भः

1. फ्लीट, का0 इं0 इं0, III, पृ0 173.
2. तैत्तिरीय संहिता 1,2,18,31,4.
3. दृ0 घोष, ए0 द सिटी इन अर्ली हिस्टोरिकल इंडिया, पृ0 74.
4. दृ0 घोष, वही, पृ0 45.
5. वही।
6. वही।
7. तैत्तिरीय संहिता, 1, 7, 75.
8. ऐतरेय ब्राह्मण, 1, 23, 2, 11.
9. शतपथ ब्राह्मण, 3, 4.
10. वेदिक इंडेक्स, I, पृ0 539.
11. अमरकोश, II, 2, 1, 2.
12. दृ0 घोष, ए0 द सिटी इन अर्ली हिस्टोरिकल इंडिया, पृ0 45.
13. इं0 एंटि, XIV, पृ0 102.
14. दृ0 घोष, ए0 द सिटी इन अर्ली हिस्टोरिकल इंडिया, पृ0 45.
15. वही।
16. मित्रा, देवला, एपि0 इं0. XXXIII पृ0 263.
17. सरकार, डी0 सी0, से0 इं0, II, पृ0 158.
18. एपि0 इं0, XXXI, पृ0 252.
19. वही।
20. मिराशी, वी0 वी0, एपि0 ई0, XXII, पृ0 159 और आगे।
21. सरकार, डी0 सी0, से0 इं0, II, पृ 349.
22. एपि0 इं0, XXII, पृ0 163; लाहा, बी0 सी0, प्रा0 भा0 का ऐ0 भू0, पृ0 508.
23. सरकार, डी0 सी0, एपि0 इं0, XXXV, पृ 202, टि0 6.
24. सरकार, डी0 सी0, से0 इं0, II, पृ0 273.
25. डेविड्स, रीज, बुद्धिस्ट इंडिया, पृ0 39.
26. आवस्सक कामेंट्री, पृ0 244.

27. आवश्यक निर्युक्ति, 382.
28. दृ0 लाहा, बी0 सी0, प्रा0 भा0 का ऐ0 भू0, पृ0 114.
29. आवश्यक निर्युक्ति, पृ0 382.
30. विविधतीर्थकल्प, पृ0 24.
31. भागवतपुराण, IX, पृ0 8–19.
32. स्कन्दपुराण, अ0. I, पृ0 64–65.
33. ऐतरेय ब्राह्मण, XV, 3, और आगे; सांख्यायन श्रौतसूत्र, XV, पृ0 17–25; जे0 आर0 ऐ0 एस0, 1917, 52 पा0 टि0।
34. रामायण, बालकांड, सर्ग, 5, 5.
35. रामायण, बालकांड, सर्ग, 5, पंक्ति 12.
36. रामायण, बालकांड, सर्ग, 5, 8.
37. वही, सर्ग, 5, 28.
38. वही, सर्ग, 5, 20. ,
39. वही, सर्ग, 5, 22.
40. रामायण, पृ0 309, श्लोक, 22–24.
41. वही, पृ0 6, श्लोक, 90–98.
42. वही, पृ0 114, श्लोक, 32.
43. स्कन्दपुराण, I, पृ0 64–65.
44. दृ0 लाहा, बी0 सी0, प्रा0 भा0 का ऐ0 भू0, पृ0 114.
45. विविधतीर्थकल्प, अ0, 34
46. दृ0 लाहा, वही।
47. एपि0 इं0, XX, पृ0 57.
48. लेग्गे, ट्रेवल्स ऑफ फाह्यान, पृ0 54–55.
49. वाटर्स, ऑन युवान–च्वांग, I, 354–9.
50. स्टीवेंसन, एस0, हार्ट ऑफ जैनिज्म, पृ0 5051; संयुक्त निकाय, III, पृ0 140 और आगे; सारत्थपकासिनी, II, पृ0 320.
51. रामायण, पृ0 387, श्लोक, 36.
52. महाभारत, 241, 2; वायुपुराण, 99, 270; हरिवंश, II, 660.
53. विष्णुपुराण, IV, 3, 18; पद्मपुराण, VI, 219–41.
54. महाभारत, III, पृ0, 126.
55. दृ0 लाहा, वही, पृ0 117.
56. वायुपुराण, 88, 171–72.
57. ऐंश्यंट इंडियन हिस्टोरिकल ट्रेडिशन, पृ0 314.
58. कथासरित्सागर, टानी संस्करण, I, पृ0 37.
59. जातक, फॉसवाल, V. पृ0 82–83य वंसत्थप्पकासिनी (पा0 टे0 सो0), I, पृ0 127.
60. दृ0 लाहा, वही, पृ0 117.

61. विविधतीर्थकल्प, पृ0 24.
62. विष्णुधर्मोत्तर महापुराण, अ0 240, पंक्ति 10–19.
63. विक्रमांकदेवचरित, 18, 94.
64. ब्युहलर, इं0 एंटि0, VIII, पृ0 79 और आगे; फ्लीट, का0 इं0 इं0, III, पृ0 173 और आगे।
65. सरकार, डी0 सी0, से0 इं0, II, पृ0 377.
66. एपि0 इं0, I, पृ0 295.
67. लीट, का0 इं0 इं0, III, पृ0 173.
68. दृ0 लाहा, बी0 सी0, प्रा0 भा0 का ऐ0 भू0, पृ0 515.
69. कीलहार्न, एपि0 इं0, IV, पृ0 243 और आगे; मैत्रेय, ए0 के0, गौड़लेखमाला, पृ0 1 और आगे।
70. सरकार, डी0 सी0, से0 इं0, II, पृ0 64.
71. ओझा, जी0 एच0, एपि0 इं0, XIV, पृ0 182 और आगे।
72. सरकार, डी0 सी0, से0 इं0, II, पृ0 250.
73. महाभाष्य, 3.121, पृ0 67–68.
74. योगिनीतंत्र 2.2.119.
75. दृ0 लाहा, बी0 सी0, प्रा0 भा0 का ऐ0 भू0, पृ0 553, टि0 8.
76. वही।
77. दीपवंस, पृ0 57.
78. बील, बुद्धिस्ट रेकार्ड्स ऑफ द वेस्टर्न वर्ल्ड, भाग, II, पृ0 270–71.
79. रैप्सन, ऐंश्यंट, इंडिया, पृ0 175,
80. मैक्रिंडिल, ऐंश्यंट इंडिया ऐज डिस्क्राइब्ड बाई टॉलमी, पृ0 164.
81. खण्ड, 49.
82. दृ0 लाहा, वही, पृ0 554.
83. ब्रह्मपुराण, अ0, 41.
84. मृच्छकटिकं, अंक, I.
85. कांचीमहात्म्य, अ0, 1, पृ0 55.
86. काव्यमीमांसा, पृ0 59.
87. कथासरित्सागर (टॉनी अनुवाद), 2, 275.
88. दृ0 राय, यू0 एन0, प्रा0 भा0 में नगर तथा नगर जीवन, पृ0 189.
89. मेघदूत, 32.
90. वही।
91. जातक, 2, 248.
92. मलाल सेकेरा, 1, 344.
93. सरकार, डी0 सी0, से0 इं0, पृ0 44.
94. पूर्व मेघदूत, 30.
95. वही, 33.
96. दृ0 राय, यू0 एन0, प्रा0 भा0 में नगर तथा नगर जीवन, पृ0 193.

97. सरकार, डी0 सी0, से0 इं0, II, पृ0 172.
98. दृ0 राय, वही।
99. मृच्छकटिकं, अंक, 9.
100. थेरीगाथा, कामेंट्री, पृ0 39.
101. दृ0 लाहा, बी0 सी0, प्रा0 भा0 का ऐ0 भू0. पृ0 554.
102. दशकुमारचरितम्, पृ0 31.
103. इं0 एंटि0, XIV, पृ0 159 और आगे।
104. कथासरित्सागर, 11, 31.
105. काव्यमीमांसा, अ0 10.
106. रायचौधरी, पो0 हि0 ऐ0 ई0, पृ0 556.
107. कादंबरी, 102.
108. वही, 102.
109. वाटर्स, 1. 250.
110. सचाउ, 1, 202.
111. ब्रह्मपुराण, अ0, 41, 59.
112. वही, 41, 65.
113. दृ0 लाहा, वही, पृ0 555.
114. सौरपुराण, अ0 87, 1.
115. दृ0 लाहा, वही।
116. ब्रह्मपुराण, 41, 65 तुलनीय कथारित्सागर, 11, 32.
117. ब्रह्मपुराण, अ0 41.
118. काव्यमीमांसा, पृ0 55.
119. दृ0 राय, यू0 एन0, प्रा0 भा0 में नगर तथा नगर जीवन, पृ0 198
120. मजुमदार, आर0 सी0, एपि0 इं0, XXV, पृ0 181 और आगे।
121. सरकार, डी0 सी0, से0 इं0, II, पृ0 151.
122. एपि0 इं0, XXV, भाग, IV, पृ0 154.
123. दृ0 लाहा, बी0 सी0, प्रा0 भा0 का ऐ0 भू0, पृ0 332.
124. शास्त्री, एच0, एपि0 इं0, XIX, पृ0 17–18.
125. सरकार, डी0 सी0, से0 इं0, II, पृ0 233.
126. शास्त्री, वही।
127. ब्यूह्लर, एपि0 इं0, IV, पृ0 210 आगे।
128. थपल्याल, के0 के0, इंसक्रिप्शंस ऑफ मौखरीज, लेटर गुप्ताज, पुष्पभूतिज, एंड, यशोवर्मन् ऑफ कन्नौज, पृ0 97.
129. फ्लीट, जे0 एफ0, इं0 एंटि0, XVIII, पृ0 166 और आगे।
130. सरकार, डी0 सी0, से0 इं0, II, पृ0 185.
31. वही, पृ0 174, पाद टि0 49.

132. हीरालाल, एपि0 इं0, IX, पृ0 44 और आगे।
133. सरकार, डी0 सी0, से0 इं0, II, पृ0 312.
134. एपि0 इं0, IX, पृ0 43.
135. साहनी, डी0 आर0, एपि0 इं0, XIV, पृ0 192 और आगे; सरकार, डी0 सी0, एपि0 इं0, XXXV, पृ0 202, टि0 6.
136. सरकार, डी0 सी0, एपि0 इं0, II, पृ0 202.
137. सरकार, डी0 सी0, से0 इं0, XXXV, पृ0 165.
138. हुल्त्स, इं0 एंटि0, XV, पृ0 30 और आगे; मैत्रेय, ए0 के0, गौड़लेखमाला, पृ0 56 और आगे।
139. सरकार, डी0 सी0, से0 इं0, II, पृ0 80.
140. सरकार, डी0 सी0, एपि0 इं0, XXXI, पृ0 277 और आगे।
141. सरकार, डी0 सी0, से0 इं0, II, पृ0 268.
142. एपि0 इं0, XXXI, पृ0 279.
143. द हिमालयन डिस्ट्रिक्ट्स ऑफ द नार्थ–वेस्टर्न प्रोविंसेज ऑफ इंडिया, II, पृ0 468.
144. सरकार, डी0 सी0, से0 इं0, I, पृ0 257.
145. कीलहार्न, एपि0 इं0, IV. पृ0 243 और आगे; मैत्रेय, ए0 के0, गौड़लेखमाला, पृ0 1 और आगे।
146. सरकार, डी0 सी0, से0 इं0, II, पृ0 63.
147. अभिधान राजेन्द्र, IV, पृ0 39–40.
148. एपि0 इं0, XXVI, भाग, II, अप्रैल 1941, पृ0 71.
149. रामायण, 1, 32, 6.
150. वही, 1, 32, 11.
151. रामायण, 1, 32, 12.
152. वही।
153. वही, 1, 33, पृ0 34–45.
154. त्रिपाठी, आर0 एस0, हिस्ट्री ऑफ कन्नौज, पृ0 3.
155. राजतरंगिणी, 1, 117.
156. काव्यमीमांसा, पृ0 32.
157. त्रिपाठी, आर0 एस0, हिस्ट्री ऑफ कन्नौज, प0 4.
158. वाटर्स, 1, 341.
159. महाभारत, 5, 30, 19.
160. लेग्गे, ट्रैवेल्स ऑफ फाह्यान, पृ0 54.
161. महाभारत, अ0 87, 17.
162. भागवतपुराण, VI, 1, 21.
163. वाण, हर्षचरित, षष्ठ उच्छवास।
164. विनयपिटक, II, पृ0 299.
165. एपि0 इं0, IV, पृ0 246.
166. बनर्जी, आर0 डी0, प्राचीन मुद्रा, पृ0 215.

167. एपि0 इं0, I, पृ0 33.
168. गुप्त इंसक्रिप्शंस, प्रस्ता0, पृ0 15.
169. दृ0 समुद्रगुप्त का इलाहाबाद स्तंभ लेख, का0 इं0 इं0, III.
170. बील, बुद्धिस्ट रेकार्डस् ऑफ द वेस्टर्न वर्ल्ड, I, पृ0 206–207.
171. एपि0 इं0, I, पृ0 61–66.
172. एपि0 इं0, XVIII, पृ0 101.
173. एपि0 इं0, X, पृ0 1 और आगे।
174. एपि0 इं0, I, पृ0 197.
175. एपि0 इं0, VIII, पृ0 149 और आगे।
176. वाटर्स, 1, 341.
177. दृ0 राय, यू0 एन0, प्रा0 भा0 में नगर तथा नगर जीवन, पृ0 85
178. बाल रामायण, 10, 90.
179. सचाउ, 1, 199.
180. इलियट, हिस्ट्री ऑफ इंडिया, 2, 46.
181. बाल रामायण, 3, 144.
182. विक्रमांकदेवचरित, 19, 80.
183. बाल रामायण, 10, 86.
184. गौडवहो, प्रस्ता0, पृ0 34.
185. वाटर्स, 1, 34.
186. राजतरंगिणी, 1, 117.
187. शास्त्री, एच0, एपि0 इं0, XIX, पृ0 17–18.
188. सरकार, डी0 सी0, से0 इं0, II, पृ0 233.
189. कीलहार्न, एपि0 इं0, I, पृ0 124 और आगे।
190. सरकार, डी0 सी0, से0 इं0, II, पृ0 259
191. एपि0 इं0, I, पृ0 218; शर्मा, दशरथ, लेख कालंजर हिन्दी विश्वकोष, वाराणसी, 1975, II, पृ0 563.
192. एपि0 इं0, I, पृ0 134.
193. वही।
194. बनर्जी, आर0 डी0, जे0 ए0 एस0 बी0, 1909, पृ0 467 और आगे, मजूमदार, एन0 जी0य इंसक्रिप्शंस ऑफ बंगाल, II, पृ0 109 और आगे।
195. सरकार, डी0 सी0, से0 इं0, II, पृ0 124.
196. ब्यूहलर, एपि0 इं0, I, पृ0 72 आगे।
197. सरकार, डी0 सी0, से0 इं0. II, पृ0 224.
198. वही।
199. फ्लीट, जे0 एफ0, इं0 एंटि0, XVIII, पृ0 166 और आगे।
200. सरकार, डी0 सी0, से0 इं0, II, पृ0 184.

201. वही।
202. ब्यूहलर, इं0 ऐं0 VII, पृ0 79 और आगे; फ्लीट, का0 इं0 इं0, II, पृ0 173 और आगे।
203. सरकार, डी0 सी0, से0 इं0, II, पृ0 377.
204. फ्लीट, का0 इं0, इं0, II, पृ0 173.
205. वही।
206. शास्त्री, एच0, एपि0 इं0, XVII, पृ0 318 और आगे।
207. सरकार, डी0 सी0, से0 इं0, II, पृ0 71.
208. दृ0 लाहा, बी0 सी0, प्रा0 भा0 का ऐ0 भू0, पृ0 387.
209. महाभारत, अ0 84, 82—97; तु0 ब्रह्मपुराण, 67.19; कूर्मपुराण, 30, 45—48.
210. योगिनीतंत्र, 1.11, 62—63, 2.5, 141 और आगे।
211. वायुपुराण, II, 105, 45; 109.16.
212. वायुपुराण, अ0, 105, श्लोक, 7—8.
213. कूर्मपुराण, पूर्वभाग, अ0—30, श्लोक, 45, 48, अग्निपुराण, अ0, 109
214. वायुपुराण, अ0. 105, 4—5.
215. सुत्तनिपात्त, पृ0 47.
216. सारत्थपकासिनी, I, 302; परमात्थजोतिका, पृ0 301.
217. दृ0 लाहा, वही, पृ0 368.
218. लेग्गे, ट्रैवेल्स ऑफ फाह्यान, पृ0 87.
219. वाटर्स, आन युवान,—च्वांग, II, पृ0 110 और आगे।
220. दृ0 राय, यू0 एन0, प्रा0 भा0 में नगर तथा नगर जीवन, पृ0 173.
221. दृ0 उपाध्याय, भरतसिंह, बुद्धकालीन भारतीय भूगोल, पृ0 218.
222. विनयपिटक (हिन्दी अनुवाद), पृ0 387.
223. महावस्तु, III, पृ0 324—25.
224. दृ0 उपाध्याय, वही, पृ0 219.
225. बुद्धचरित, 12.89.
226. गरुडपुराण, अ0 81, श्लोक, 17—18.
227. दृ0 राय, यू0 एन0, प्रा0 भा0 में नगर तथा नगर जीवन, पृ0 173.
228. सरकार, डी0 सी0, से0 इं0, XXXVII, पृ0 289 और आगे।
229. सरकार, डी0 सी0, से0 इं0. II, पृ0 93.
230. सरकार, डी0 सी0, से0 इं0, XXXV, पृ0 202, टि0 6.
231. सरकार, डी0 सी0, से0 इं0, II, पृ0 273.
232. दृ0 लाहा, बी0 सी0, प्रा0 भा0 का ऐ0 भू0, पृ0 158—59.
233. सरकार, डी0 सी0, भारतवर्ष, बी0 एस0, 1353, वैशाख, पृ0 360—74, भट्टाचार्य, वंगिय साहित्य परिषद पत्रिका, LIII, पृ0 41 और आगे।
234. सरकार, डी0 सी0, से0 इं0, II, पृ0 38.
235. कीलहार्न, एपि0 इं0, I, पृ0 124 और आगे।

236. सरकार, डी0 सी0, से0 इं0, II, पृ0 259.
237. दृ0 सिंह, अमर, ग्वालियर दुर्ग, मंदिर एवं मूर्तियाँ, पृ0 1.
238. जे0 ए0 एस0 बी0, XXXI, पृ0 407.
239. इं0, एंटि0, XV, पृ0 202 पृ0 1–2.
240. दृ0 सिंह, अमर, उपरोक्त, पृ0 1–2.
141. लाल, बी0 बी0, और नौटियाल, के0 पी0, लोवर एंव मिडिल पैलियोलिथिक इन्डस्ट्रीज इन ग्वालियर, सेमिनार, आन इंडियन प्री हिस्ट्री, 25–29 जून, 1974, डेकन कालेज पोस्ट ग्रेजुएट एंड रिसर्च इन्स्टीट्यूट, पूना, पृ0 1–18.
242. दृ0 सिंह, अमर, उपरोक्त, पृ0 3.
243. वही।
244. सरकार, डी0 सी0, से0 इं0. I, पृ0 400.
245. दृ0 सिंह, अमर, उपरोक्त, पृ0 5.
246. दृ0 सिंह, अमर, उपरोक्त, पृ0 6.
247. मिश्र, एस0 एम0, यशोवर्मन् ऑफ कन्नौज, पृ0 92.
248. पंडित, एस0 पी0, गौडवहो की भूमिका, पृ0 193, 145; राजशेखर, प्रबन्धकोश, पृ0 27–28.
249. प्रबन्धकोश, पृ0 28–29.
250. इं0 एटि0, XV, पृ0 33–46.
251. द इम्पीरियल गजेटियर ऑफ इंडिया, XII, (न्यू एडीसन) आक्सफोर्ड, 1908, पृ0 439–443.
252. फ्लीट, जे0 एफ0, इं0 एंटि0, XVIII, पृ0 168 और आगे।
253. सरकार, डी0 सी0, से0 इं0, II, पृ0 184.
254. दृ0 लाहा, बी0 सी0, प्रा0 भा0 का ऐ0 भू0, पृ0 595.
255. वही।
256. राइस, गंगवाड़ि, कंमेमोरेटिव एसेज प्रजेंटेड टु आर0 जी0 भंडारकर, पृ0237 और आगे।
257. फोगेल, जे0 पी0 एच0, आर्क0 स0 इं0, ए0 रि0, 1902–03, पृ0 251 और आगे।
258. सरकार, डी0 सी0, से0 इं0, II, पृ0 426.
259. सरकार, डी0 सी0, से0 इं0, XXXVIII, पृ0 289 और आगे।
260. सरकार, डी0 सी0, से0 इं0, II, पृ0 93.
261. एपि0 इं0, III, 260.
262. दृ0 लाहा, बी0 सी0, प्रा0 भा0 का ऐ0 भू0, पृ0 61.
263. थपल्याल के0 के0, इंसक्रिप्शंस ऑफ मौखरीज, लेटर गुप्ताज एंड यशोवर्मन् ऑफ कन्नौज, पृ0 98.
264. वही।
265. एपि0 इं0, XXXV, 129.
266. एपि0 इं0, II, पृ0 305 और आगे।
267. सरकार, डी0 सी0, से0 इं0, II, पृ0 337.
268. पद्मपुराण, अ0 21, तीर्थ महात्म्य।

269. भगवतीटीका, पृ0 7.6.
270. भागवतपुराण, श्लोक, 19.16.
271. ललितविस्तर, पृ0 391.
272. रघुवंश, XII, पृ0 47.
273. रामायण, अयोध्याकाण्ड, सर्ग–54, श्लोक, 28.
274. उत्तरचरितम, अंक, I, 24.
275. अवदान, पृ0 50.
276. महाभारत, 85, 58–59.
277. दृ0 लाहा, बी0 सी0, प्रा0 भा0 का ऐ0 भू0, पृ0 125–26.
278. जातक, V, 352
279. कालिकापुराण, 79–143.
280. वही।
181. महाभारत, III, 85–86.
282. कनिंघम, आर्क0 स0 इं0, XXI, पृ0 103; एपि0 इं0, II, पृ0 301.
283. मित्रा, आर0 एल0, जे0 ए0 एस0 बी0 XLII, फलक, I, पृ0 103 आगे।
284. सरकार, डी0 सी0, से0 इं0, II, पृ0 279.
285. इं0 एंटि0, XIV, पृ0 102.
286. सरकार, डी0 सी0, से0 इं0, XXXV, पृ0 125 और आगे।
287. थपल्याल, के0 के0, इंसक्रिप्शंस ऑफ मौखरीज लेटर गुप्ताज, पुष्पभूतिज, एंड, यशोवर्मन् ऑफ कन्नौज, पृ0 175.
288. एपि0 इं0, XXXV, पृ0 129.
289. फोगेल, जे0 पी0 एच0, आर्क0 स0 इं0, ए0 रि0, 1902–03, पृ0 251 और आगे; एंटिक्वटीज ऑफ चंबा स्टेट, I, पृ0 166 और आगे।
290. सरकार, डी0 सी0, से0 इं0. II, पृ0 426.
291. फोगेल, जे0 पी0 एच0, आर्क0 स0 इं0, ए0 रि0, 1902–03, पृ0 254.
292. शास्त्री, बी0 जी0, जे0 बी0 बी0 आर0, ए0 एस0, I, पृ0 259 और आगे; कीलहार्न एपि0 इं0, II, 182 और आगे।
293. सरकार, डी0 सी0, से0 इं0. II, पृ0 392.
294. वृहत्संहिता, XIV, 19.
295. एपि0 इं0. I, 33.
296. दृ0 सिन्हा, यू0 एन0, योग0 महा0 का रचनाकाल, पृ0 82, टि0।
297. वही।
298. वही।
299. माथुर, विजयेन्द्र कुमार, ऐतिहासिक स्थानावली, पृ0 416–17, डे, एन0 एन0, ज्यॉ0 डिक्श0, पृ0 206.

300. कीलहार्न, एपि0 इं0. I, पृ0 253य एपि0 इं0, XXI, पृ0 93; दृ0 लाहा, बी0 सी0, प्रा0 भा0 का ऐ0 भू0, पृ0 552.
301. सरकार, डी0 सी0, एपि0 इं0. XXX, पृ0 183– 81.
302. सरकार, डी0 सी0, से0 इं0, II, पृ0 373.
303. एपि0 इं0, XXX, पृ0 178.
304. ओझा, जी0 एच0, एपि0 इं0, XIV, पृ0 182 और आगे।
305. सरकार, डी0 सी0, से0 इं0, II, पृ0 249.
306. का0 इं0 इं0, III, पृ0 79, टि0।
307. वाणभट्ट, कादंबरी (बम्बई संस्करण), पृ0 19.
308. गजेटियर ऑफ बाम्बे प्रेसीडेंसी, 1883, नासिक, पृ0 636.
309. दृ0 लाहा, बी0 सी0, प्रा0 भा0 का ऐ0 भू0, पृ0 468.
310. वही।
311. दृ0 लाहा, बी0 सी0, प्रा0 भा0 का ऐ0 भू0, पृ0 489.
312. वही, पृ0 469.
313. आवश्यकचूर्णी, पृ0 400 और आगे।
314. एपि0 इं0, XII, पृ0 315 और आगे।
315. दृ0 लाहा, बी0 सी0, उज्जैनी इन ऐंश्यट इंडिया।
316. सरकार, डी0 सी0, से0 इं0, XXXVII, पृ0 289 और आगे।
317. सरकार, डी0 सी0, से0 इं0, II, पृ0 92.
318. वही, पृ0 100.
319. थपल्याल, के0 के0, इंसक्रिप्शंस ऑफ मौखरीज, लेटर गुप्ताज, पुष्पभूतिज, एंड, यशोवर्मन् ऑफ कन्नौज, पृ0 175; फ्लीट, का0 इं0 इं0, II, पृ0 228–30.
320. फ्लीट, का0 इं0 इं0, III, पृ0 228–30 आगे।
321. थपल्याल, वही।
322. शास्त्री, एच0, एपि0 इं0, XVII, पृ0 318 और आगे।
322a. फ्लीट, का0 इं0 इं0, II, पृ 208 आगे।
323. शास्त्री, एच0, एपि0 इं0, XX, 37–46, MASI, 66, 78–82।
324. सरकार, डी0 सी0, से0 इं0, II, पृ0 71.
325. थपल्याल,के0 के0, इंसक्रिप्शंस ऑफ मौखरीज, लेटर गुप्ताज, पुष्पभूतिज एंड यशोवर्मन् ऑफ कन्नौज, पृ0 158.
326. वही, पृ0 192.
327. कनिंघम, ऐं0 ज्यॉ0, पृ0 395.
328. दृ0 लाहा, बी0 सी0, प्रा0 भा0 का ऐ0 भू0, पृ0 405.
329. उपरोक्त।
330. वाटर्स, ऑन युवान–च्वांग, II, पृ0 164.
331. वही, पृ0 168.

332. सुमंगलविलासिनी, I, पृ0 35.
333. महावस्तु, III, पृ0 56.
334. संयुक्त निकाय, II, पृ0 220.
335. जैनसूत्राज, II, पृ0 419 और आगे।
336. कनिंघम, आर्क0 स0 इं0, रि0, 1862–65, I, पृ0 28 और आगे।
337. एनुअल, रिपोर्ट, ऑफ द आर्क0 सं0 ऑफ इं0. 1916–17, पृ0 15.
338. दृ0 लाहा, बी0 सी0, लाइफ एंड वर्क्स ऑफ बुद्धघोष, पृ0 49.
339. डेविड्स, रीज, बुद्धिस्ट इंडिया, पृ0 103.
340. स्मिथ, बी0 ए0, अर्ली हिस्ट्री ऑफ इंडिया, चतुर्थ संस्कण, पृ0 329
341. दीघनिकाय, II, पृ0 81–83.
342. दीघनिकाय, II, पृ0 99.
343. मज्झिम, I, पृ0 371 और आगे।
344. संयुक्त0, IV. 110.
345. वही, पृ0 311 और आगे।
346. दीघ, I, केवद्ढसुत्त।
347. उवासगद्साओ, पृ0 109 और आगे; कैम्ब्रिज हिस्ट्री ऑफ इंडिया, I, पृ0 158–59.
348. डे0, एन0 एल0, ज्यॉ0 डिक्श0, पृ0 137.
349. एपि0 इं0, XXVI, भाग, V, जनवरी, 1942.
350. एपि0 इं0, XXVI, भाग, V, अप्रैल, 1938.
351. जे0 ए0 एस0 बी0, 1908, VI, नयीमाला, पृ0 105–06.
352. इं0 एंटि0, XXVI, पृ0 307 और आगे।
353. एपि0 इं0, XXI, पृ0 72 और आगे; वही, 307 और आगे।
354. वाटर्स, आन युवान–च्वांग, II, पृ0 164–65.
355. विद्याभूषण, एस0, हिस्ट्री ऑफ इंडियन लॉजिक, पृ0 515.
356. वही, 516.
357. वही, पृ0 302; बील, बद्धिस्ट रेकार्ड्स ऑफ द वेस्टर्न वर्ल्ड, II, पृ0 110.
358. इत्सिंग, ऐ रेकार्डस ऑफ द बुद्धिस्ट रिलिजन, भूमिका, पृ0 17.
359. दृ0 लाहा, बी0 सी0, प्रा0 भा0 का ऐ0 भू0, पृ0 408–09.
360. दृ0 लाहा, बी0 सी, द मगधाज इन ऐंश्यंट इंडिया, आर0 ए0 एस0, न0 24, पृ0 41–43; शास्त्री, एच0, नालन्दा एंड इट्स एपिग्रेफिकल मटेरिअल (मे0 आर्क0 सं0 इं0 नं0 86); मैल्ली, ओ0, बिहार एंड उड़ीसा डिस्ट्रिक्ट गजेटिअर्स, पटना, पृ0 217–223.
361. सरकार डी0 सी0, भारतवर्ष, बी0 एस0, 1353, वैशाख, पृ0 389–74; भट्टाचार्य, वंगिय साहित्य परिषद पत्रिका, LIII, पृ0 41 और आगे।
362. सरकार, डी0 सी0, से0 इं0, II, पृ0 36.
363. फ्लीट, का0 इं0 इं0, III, पृ0 200 और आगे; फलक, XXVII, व भंडारकर की सूची सं0 1552.
364. कीलहार्न, एपि0 इं0, II, पृ0 305 और आगे।

365. थपल्याल, के0 के0, इंसक्रिप्शंस ऑफ मौखरीज, लेटर गुप्ताज, पुष्पभूतिज एंड यशोवर्मन् ऑफ कन्नौज, पृ0 165.
366. सरकार, डी0 सी0, से0 इं0, II, पृ0 338.
367. महाभारत, 85, 79–83.
368. हरिवंश, अ0, XXVI, 9.
369. योगिनीतंत्र, 2.2.19.
370. कूर्मपुराण, पूर्वभाग, 30, 45–48
371. पद्मपुराण, उत्तरखंड, श्लोक, 35–38.
372. रामायण, अयोध्याकाण्ड, सर्ग, 54, श्लोक 2–5.
373. भागवतपुराण, VII. 14, 30; X. 79, 10.
374. मज्झिम, I, 39. 75.
375. दृ0 लाहा, बी0 सी0, प्रा0 भा0 का ऐ0 भू0, पृ0 199.
376. सौरपुराण, अ0, V.67, श्लोक, 16.
377. रामायण, अयोध्याकाण्ड, 54वाँ सर्ग, श्लोक, 2–5.
378. रघुवंश, XII, 54–57.
379. दृ0 राय, यू0 एन0, प्रा0 भा0 में नगर तथा नगर जीवन, पृ0 98.
380. रामायण, अयोध्याकाण्ड, सर्ग 54वाँ, श्लोक, 6.
381. महाभारत, वनपर्व, 85, 79–80.
382. दृ0 राय, वही, पृ0 99.
383. महाभारत, वनपर्व, अ0, 85, 19.
384. ब्रह्मपुराण, अ0, 28.
385. मत्स्यपुराण, 1, 4, 5, 8.
386. वाटर्स, ऑन युवान–च्वांग, I, पृ0 361.
387. बील, बद्धिस्ट रेकार्डस ऑफ द वेस्टर्न वर्ल्ड, I, पृ0 230.
388. ब्रह्मपुराण, अ0, 10–12.
389. दृ0 लाहा, बी0 सी0, प्रा0 भा0 का ऐ0 भू0, पृ0 200.
390. एपि0 इं0, I, पृ0 139, 146.
391. एपि0 इं0, IV, पृ0 122.
392. कीलहार्न, एपि0 इं0, IV, पृ0 243 और आगे; मैत्रेय, ए0 के0, गौड़लेखमाला, पृ0 1 और आगे।
393. सरकार, डी0 सी0, से0 इं0, II, पृ0 63–64.
394. दृ0 लाहा, बी0 सी0, प्रा0 भा0 का ऐ0 भू0, पृ0 418.
395. वाटर्स, ऑन युवान–च्वांग, II, पृ0 87.
396. दृ0 मार्डन रिव्यु, मार्च, 1916.
397. दीघनिकाय, II, 86 और आगे; सुमंगलविलासिनी, II, पृ0 540.
398. मैक्रिंडिल, ऐंश्येंट इंडिया ऐज डिस्क्राइब्ड बाई मेगस्थनीज एंड एरियन, पृ0 65.
399. समन्तपासादिका, पृ0 52.

400. लेग्गे, फाह्यान, पृ0 77–78.
401. वाटर्स, आन युवान–च्वांग, II, पृ0 87.
402. दशकुमारचरितम्, प्रथम उच्छवास, श्लोक, 2, पूर्व पीठिका।
403. स्मिथ, वी0 ए0, अर्ली हिस्ट्री ऑफ इंडिया, चतुर्थ संस्कण, पृ0 309
404. वही, पृ0 310.
405. विद्याभूषण, एस0 सी0, हिस्ट्री ऑफ इंडियन लॉजिक, पृ0 349.
406. स्मिथ, वही, पृ0 310–11.
407. मज्झिम निकाय, II, पृ0 157 और आगे।
408. संयुक्त, V, 15–16; 171–72.
409. लाहा, बी0 सी0, दाथावंस, इंट्रोडक्शन, XII, XIV.
410. स्टीवेंसन, हार्ट ऑफ जैनिज्म, पृ0 72.
411. घोष, एम0, पाटलिपुत्र, पृ 14–15; लाहा, इंडोलॉजिक स्टडीज, III.
412. कोनो, स्टेन, एपि0 इं0, IX, पृ0 323 और आगे।
413. सरकार, डी0 सी0, से0 इं0, II, पृ0 293.
414. एपि0 इं0. IX, पृ0 322.
415. एपि0 इं0, XI, पृ0 22.
416. सरकार, डी0 सी0, एपि0, से0 इं0, XXXVII, पृ0 289 और आगे।
417. सरकार, डी0 सी0, से0 इं0. II, पृ0 93.
418. गुप्ते, वाई0 आर0, एपि0 इं0, XIII, पृ0 109 आगे।
419. सरकार, डी0 सी0, से0 इं0, II, पृ0 217.
420. दृ0 लाहा, बी0 सी0, प्रा0 भा0 का ऐ0 भू0, पृ0 123.
421. कनिंघम, ऐं0 ज्यॉ0 इं0, पृ0 407.
422. वाटर्स, ऑन युवान–च्वांग, I, पृ0 329.
423. दृ0 लाहा, वही।
424. कनिंघम, ऐं0 ज्यॉ0 इं0, पृ0 704.
425. गुप्ते, वाई0 आर0, एपि0 इं0, XII, पृ0 33 और आगे।
426. सरकार, डी0 सी0, से0 इं0, II, पृ0 355.
427. गुप्ते, वाई0 आर0, एपि0 इं0, XII, पृ0 33 और आगे।
428. कीलहार्न, एपि0 इं0, IV, पृ0 100–01.
429. सरकार, डी0 सी0, से0 इं0, II, पृ0 283.
430. कीलहार्न, एपि0 इं0, IV, पृ0 100–01.
431. कीलहार्न, एपि0 इं0, IV, पृ0 224 और आगे।
432. सरकार, डी0 सी0, से0 इं0, II, पृ0 64.
433. हुल्त्स, इं0 एंटि0, XV, पृ0 30 और आगे।
434. सरकार, डी0 सी0, से0 इं0, II, पृ0 80.
435. ओझा, जी0 एच0, एपि0 इं0, XIV, पृ0 182 और आगे।

436. मजुमदार, आर0 सी0, एपि0 इं0, XVIII, पृ0 95 और आगे।
437. सरकार, डी0 सी0, से0 इं0, II, पृ0 236.
438. रायचौधरी, हेमचन्द्र, प्रा0 भा0 का रा0 इ0, पृ0 46.
439. महाभारत, आदिपर्व, 107.16, उद्योगपर्व, 186.
440. मत्स्यपुराण, 195.21, भागवतपुराण, 3.5.20, ब्रह्मांडपुराण, 2.27.25.
441. सचाउ, इ0 सी0, अल्बरुनीज इंडिया, पृ0 157.
4442. दृ0 सिन्हा, यू0 एन0, योग0 महा0 का रचनाकाल, पृ0 118–119.
443. वही, पृ0 119.
444. वही।
445. मजुमदार एंड पुसाल्कर, स्ट्रगल फॉर इम्पायर, II, पृ0 65.
446. जे0 ए0 एस0 बी0, 1916, पृ0 101–102.
447. एपि0 इं0, XI, पृ0 55–57य राय, एच0 सी0, द डायनेस्टिक हिस्ट्री ऑफ नार्दन इंडिया, II, पृ0 1129, टि0 2.
448. मजुमदार, आर0 जी0, जर्नल ऑफ द डिपार्टमेंट ऑफ लेटर्स, युनिवर्सिटी ऑफ कलकत्ता, 1923, X, पृ0 21–22; एपि0 इं0, XI, पृ0 69 टि0 1.
449. जे0 ए0 एस0 बी0, 1916, XII, एन0 एस0, पृ0 103–104.
450. दृ0 सिन्हा, वही, पृ0 120.
451. मजुमदार, आर0 सी0, एपि0 इं0, XVIII, पृ0 95 और आगे।
452. सरकार, डी0 सी0, से0 इं0, II, पृ0 238.
453. वही।
454. जे0 आर0 ए0 एस0, 1894, पृ0 3; मजूमदार, आर0 सी0, एपि0 इं0, XVII, पृ0 94.
455. साहनी, डी0 आर0, एपि0 इं0, XI, पृ0 22 और आगे।
456. सरकार, डी0 सी0, से0 इं0, II, पृ0 288.
457. साहनी, डी0 आर0, वही।
458. मित्रा, देवला, एपि0 इं0, XXXII, पृ0 283–68; राजगुरु, एस0 एन0, इंसक्रिप्शंस ऑफ उड़ीसा, IV, पृ0 253 और आगे।
459. सरकार, डी0 सी0, से इं0, II, पृ0 156.
460. एपि0 इं0, III, पृ0 323 और आगे।
461. दृ0 लाहा, बी0 सी0, प्रा0 भा0 का ऐ0 भू0, 40 339.
462. शास्त्री, एच0, एपि0 इ0, XIX, पृ0 318 और आगे।
463. सरकार, डी0 सी0, से0 इं0. II, पृ0 156.
464. महाभारत, 84, 104.
465. ल्युडर्स–तालिका, सं0 1345.
466. दृ0 उपाध्याय, भरतसिंह, बुद्धकालीन भारतीय भूगोल, पृ0 175.
467. पपंचसूदनी, I, पृ0 151.
468. लाहा, बी0 सी0, द मगधाज इन ऐंश्यंट इंडिया, पृ0 33 और आगे।

469. बुद्धचरित, 21.2.
470. सुत्तानिपात, अट्ठकथा, I, पृ0 382.
471. रामायण, अदिकाण्ड, सर्ग, 32, श्लोक 7–8.
472. दृ0 उपाध्याय, भरत सिंह, वही, पृ0 178.
473. महाभारत, 2.24.44.
474. गाइल्स, ट्रेविल्स ऑफ फाह्यान, पृ0 49.
475. वाटर्स, आन युवन चांग्स ट्रेविल्स इन इंडिया, II पृ0 148.
476. पार्जिटर, ऐं0 इं0 हि0 ट्रे0, पृ0 149.
477. विविधतीर्थकल्प, I, पृ0 22.
478. सुमंगलविलासिनी, II, पृ0 132.
479. सुत्तनिपात, अट्ठकथा, I, पृ0 584.
480. हार्डी, स्पेंस, मैनुअल ऑफ बुद्धिज्म, पृ0 323.
481. वाटर्स, ऑन युवान–च्वांग, पृ0 148.
482. जातक, I, पृ0 489.
483. विमानवत्थु, कामेंट्री, पृ0 60–74.
484. पेत्तवत्थुटीका, पृ0 1–9.
485. जातक, IV, पृ0 72 और आगे।
486. कथावत्थु, I, पृ0 97.
487. विनयपिट्क, IV 267; II, पृ0 146, थेरीगाथा, पृ0 16, 27, 41, 142.
488. नायाधम्मकहाओ, II, 10.
489. आवश्यक निर्युक्ति, पृ0 325, 383.
490. महावंस, I, गइनर संस्करण पु0 247
491. समन्तपासादिका, I, पृ० 9–10.
492. विनयपिटक, II, पृ0 119 और आगे।
493. विनयपिटक, I, पृ0 215.
494. चुल्लवग्ग, 11वाँ खंदक।
495. विनय–चुल्लवग्ग, XI
496. विमानवत्थु कामेंट्री, पृ0 250–51; धम्मपद कामेंट्री, I, पृ0 77 और आगे।
497. विनय टेक्स्ट्स , III, पृ0 78.
498. विनयपिटक, II, पृ0 148.
499. संयुक्तनिकाय, I, पृ0 55–56.
500. विमानवत्थु, कामेंट्री, पृ0 301.
501. जातक, I, पृ0 466–67; पेटवत्थु, कमेंट्री, पृ0 2–9.
502. दृ0 लाहा, बी0 सी0, प्रा0 भा० का ऐ0 भू०, पृ0 428.
503. मज्झिम, I, पृ0 1–22
504. दृ0 लाहा, वही, पृ0 426.

505. गुप्ते, वाई0 आर0, एपि0 इं0, XII, पृ0 33 और आगे; मिराशी, का0 इं० इं0 IV, पृ0 47 और आगे।
506. सरकार, डी0 सी0, से0 इं0, II, पृ0 355.
507. हल्दर, आर0 आर0, एपि0 इं0, XX, पृ0 99.
508. सरकार, डी0 सी0, से0 इं0, II, पृ0 360.
509. एपि0 इं0, XII, पृ0 32.
510. कीलहार्न, एपि0 इं0, IV, पृ0 243 और आगे(मैत्रेय, ऐ. के., गौड़लेखमाला, पृ0 1 और आगे
511. सरकार, डी0 सी0, से0 इं0, II; पृ0 64.
512. दृ0 लाहा, बी0 सी0, प्रा0 भा0 का ऐ0 भ0, पृ0 413.
513. वही, पृ0 455.
514. कनिंघम, आर्क0 स0 रि0, XV, पृ0 145—46.
515. आशुतोष कम्मेमोरेशन वाल्यूम, ओरियंटेलिया, ओरियंटेलिया, II, पृ0 424.
516. दृ0 लाहा, वही।
517. साहनी, डी0 आर0, एपि0 इं0, XI, पृ0 22 और आगे।
518. सरकार, डी0 सी0, से0 इं0, II, 90 288.
519. एपि0 इं0, XI, पृ0 243.
520. सरकार, डी0 सी0, एपि0 इं0, XXXII, पृ0 277 और आगे; XXXVII, पृ0 245 आगे।
521. सरकार, डी0 सी0, से0 इं0, II, पृ0 112.
522. एपि० इं0, XXVI, भाग, II, पृ0 71.
523. सौरपुराण, IV, श्लोक, 5य कालिका पुराण, 51,53; 58,35.
524. अगुत्तर, I, 213; IV, 252, 256, 260.

भागवतपुराण, IX, 22, 23; X 57. 32; X, 66.10; X, 84.55.

526. स्कन्दपुराण, अ0, I, 19—23.
527. योगिनीतंत्र, 12, 24.
528. उवासगद्साओ, पृ0 84—85, 90—95, 105—180, 183.
529. जातक, IV, पृ0 15—199; चरियापिटक, पृ0 7.
530. पूर्वभाग, अ0, 30, श्लोक 63.
531. जातक, V. 54; VI, 115; धम्मपद कामेंट्री, I, 87.
532. जातक, IV. 377; VI, 160; मज्झिम कामेंट्री, II, 608.
533. दृ0 लाहा, बी0 सी0, प्रा0 भा० का ऐ0 भू0, पृ0 160.
534. मार्कण्डेय पुराण, बंगवासी, संस्करण, पृ0 34.
535. दृ0 राय, यू0 एन0, प्रा0 भा0 में नगर तथा नगर जीवन, पृ0 128.
536. जातक संख्या, 297.
537. वही, सं0 457.
538. वही, सं0, 548.
539. जातक, IV,159; दृ0 मोतीचन्द्र, काशी का इतिहास, पृ0 48.

540. जातक, 1, 320.
541. जातक, 2, 139.
542. जातक संख्या, 5.
543. वही, सं0 128.
544. वाटर्स, 2, 46.
545. द्र0 राय, यू0 एन0, प्रा० भा० में नगर तथा नगर जीवन, पृ0 127.
546. धम्मपद कमेंट्री, III, पृ0 429य एए पृ0 123.
547. धम्मपद कामेंट्री, III, पृ0 445, सुत्तनिपात्त कामेंट्री, पृ0 523 और आगे।
548. दीघनिकाय, II, पृ0 146.
549. एपि0 इं0, XIV, पृ0 139–40.
550. लाहा, सम जैन क्रॉनानिकल सुत्राज, पृ0 174–175.
551. बील, वृद्धिस्ट रेकार्डस ऑव द वेस्टर्न वर्ल्ड, II, 44 और आगे।
552. बरूआ एंड सिन्हा, भरहुत इंसक्रिप्शंस, पृ0 7,18.
553. इंडियन कल्चर, II, पृ0 148.
554. सरकार, डी0 सी0, एपि0 इं०. XXXV, पृ0 202, टि0 8.
555. जातक, II, पृ0 1–5.
556. हिस्ट्री ऑफ बनारस, पृ0 23.
557. वाटर्स, 2, पृ0 47.
558. वही, 2, पृ0 47.
559. वर्नियर, ट्रेवल्स इन मोगल इम्पायर, पृ0 341.
560. वही।
561. द्र0 राय, यू० एन०, प्रा0 भा0 में नगर तथा नगर जीवन, पृ0 128.
562. वायुपुराण, अ0, 33, पंक्ति , 100.
563. पद्मपुराण, अ0, 33, पंक्ति , 102.
564. वाटर्स, 2, 47.
565. पद्मपुराण, अ0, 33, 38.
566. पद्मपुराण, अ0, 31, पृ0 321; लिंगपुराण, अ0, 92, 53.
567. राजतरंगिणी, सर्ग, 7, पंक्ति 20.20.
568. अल्तेकर, हिस्ट्री ऑफ बनारास, पृ0 28.
569. दीघनिकाय, III, पृ0 141, मज्झिमए I , 170 और आगे, संयुक्तनिकाय, V, पृ0 420 और आगे।
570. विनयपिटक, I, 15,19; अंगुत्तर निकाय, I, 110 और आगे; समन्तपासादिका, I, 201.
571. थेरीगाथा, कामेंट्री, पृ0 30–31.
572. द्र0 लाहा, बी0 सी0, प्रा0 भा0 का ऐ0 भू0, पृ0 162.
273. बनर्जी, आर0 डी0, जे0 ए0 एस0 बी0, 1909, पृ0 487 और आगे।
574. सरकार, डी0 सी0, से0 इं0, II, पृ0 124.
575. द्र0 लाहा, बी0 सी0, प्रा0 भा0 का ऐ0 भू0, पृ0 610.

576. एपि0 इं0, XXXII, भाग, VI, अप्रैल, 1958.
577. एपि0 इं0, I, पृ0 305.
578. दृ0 लाहा, बी0 सी0, प्रा0 भा0 का ऐ0 भू0, पृ0 414.
579. आर्क0 स0 इं0, XVI पृ0 68–73 और आगे; फ्लीट, का0 इं0 इं0, III, पृ0 215 आगे।
580. सरकार, डी0 सी0, से0 इं0, II, पृ0 124.
581. उपरोक्त।
582. वासु, एन0 एन0, ज0 ए0 एस0 बी0, 1899, पृ0 6 और आगे; सरकार, डी0 सी0, एपि० इं0, XXXIII, पृ0 315 और आगे।
583. सरकार, डी0 सी0, से0 इं0, II, पृ0 131.
584. एपि0 इं0, XXXII, पृ0 315 और आगे।
585. साहनी, डी0 आर0, एपि० इं0, XIV, पृ0 192 और आगे।
586. सरकार, डी0 सी0, से0 इं0, II, पृ0 273.
587. साहनी, डी0 आर0, वही।
588. कीलहार्न, इं0 ऐं0, XIX, पृ0 218.
589. सरकार, डी0 सी0, से0 इं0, II, पृ0 409.
590. दृ0 राय, यू0 एन0, प्राचीन भारत में नगर तथा नगर जीवन, पृ0 45.
591. दृ0 लाहा, बी0 सी0, प्रा0 भा0 का ऐ0 भू0. पृ0 548.
592. साहनी, डी0 आर0, आक्यिालोजिकल रिमेंस एंड एक्सवेशंस एट साँभर.
593. कीलहार्न, एपि0 इं0ए IV, पृ0 243 और आगे; मैत्रे;, ए0 के0, गोड़लेखमाला, पृ0 1 और आगे।
594. सरकार, डी0 सी0, से0 इं0, II, पृ0 64.
595. ब्यूहलर, एपि0 इं0, I, पृ0 72 और आगे।
596. सरकार, डी0 सी0, से0 इं0, II, पृ0 224.
597. जे0 आ0 ए0, 1908, पृ0 1098 और आगे, आर्क0 सं0 इं0, रि0 I, 330 और आगे; XI, 78 और आगे।
598. दृ0 लाहा, बी0 सी0, प्रा0 भा0 का ऐ0 भू0, पृ0 210.
599. मज्झिम, I, 473.
600. ल्यूडर्स की तालिका संख्या, 918, 919.
601. पपंचसूदनी, I 59–60, परमत्थजोतिका, सुत्तनिपात कामेंट्री, पृ0 300, उदान कामेंट्री, स्यामी संस्करण, पृ0 70.
602. विष्णुपुराण, अ0, II, अंश, 4.
603. मत्यपुराण, XXI, 29–30, ब्रह्मपुराण, VII, 53.
604. वनपर्व, 201, 3–4, हरिवंश, XI, 21.22.
60. हर्षचहरित, काणे संस्करण, 201, पृ0 50
606. दशकुमारचरितम्, 15, 63–79, अ0, V.
607. विनय, महावग्ग, पृ0 190–91, 293, परमत्थजोतिका, पृ0 511.
608. दीघ, I, 235, सुमगंलविलासिनी, II, 399, मज्झिम, I, 16.

609. बोधिसत्वावदान कल्पलता, 81, 2.
610. पपंचसूदनी, I, पृ0 60.
611. दृ0 लाहा0, वही, पृ0 211.
612. वियना ओरियंटल जर्नल. X, 138 और आगे; इं0 एंटि0, XXV, 216 और आगे।
613. ललितविस्तार, अ0. 1.
614. समन्तपासादिका, पृ0 614.
615. दृ0 लाहा0, वही, पृ0 212.
616. जैन हरिवंशपुराण, पृ0 717 शाह, जैनिज्म इन नार्दन इंडिया, पृ0 26.
617. कल्पसूत्र, सबोधिकाटीका, 103, 105, 106, आवश्यकसूत्र, 221; स्टीवेसन, हार्ट ऑफ जैनिज्म, 42.
618. धम्मपद कमेंट्री, I, 3 और आगे।
619. लेग्गे, ट्रेवेल्स ऑफ फाह्यान, 55–56.
620. वाटर्स, ऑन युवान–च्वांग, I, 377, II, 200.
621. धम्मपद कमेंट्री, III, 10.
622. लाहा, बी0 सी0, ट्राइब्स इन ऐंश्यंट इंडिया, पृ0 129 और आगे।
623. फ्लीट, का0 इं0 इं0, III, पृ0 294–95.
624. सरकार, डी0 सी0, से0 इं0, II, पृ0 307.
625. दृ0 लाहा, बी0 सी0, प्रा0 भा0 का ऐ0 भू0, पृ0 319.
626. एपि0 इं0. XI, पृ0 184.
627. फ्लीट, का0 इं0 इं0, II, पृ0 293.
628. हीरालाल, एपि0 इं0, IX, पृ0 44 और आगे।
629. सरकार, डी0 सी0, से0 इं0, II, पृ0 312.
630. बाम्बे गजेटिअर, XI, पृ0 487.
631. एपि0 इं0, X, पृ0 43–44.
632. सरकार, डी0 सी0, एपि0 इं0, XXXVII, पृ0 289 और आगे।
633. सरकार, डी0 सी0, से0 इं0, II, पृ0 93.
634. योगिनीतंत्र, 2.1., 112–113.
635. दृ0 लाहा, बी0 सी0, प्रा0 भा0 का ऐ0 भू0, पृ0 437.
636. मित्रा, देवला, एपि0 इं0, XXXII, पृ0 263–68.
637. सरकार, डी0 सी0, से0 इं0, II, पृ0 156.
638. वही।
639. वही, पृ0 157.
640. एपि0 इं0, XXXII, पृ0 265.
641. कीलहान, एपि0 इं0, IV पृ0 243 और आगे; मैत्रेय, ए0 के0 गौड़लेखमाला, पृ0 1 और आगे।
642. सरकार, डी0 सी0, से0 इं0. II, पृ0 64.
643. कीलहार्न एपि0 इं0, IV, पृ0 243 और आगे।

644. बसक, आर0 जी0 एपि0, XV, पृ0 306 और आगे।
645. सरकार, डी0 सी0, से0 इं0, II, पृ0 29.
646. मिराशी, वी0 वी0, एपि0 इं0, XXII, पृ0 159 और आगे।
647. सरकार, डी0 सी0, से0 इं0, II, पृ0 349.
648. एपि0 इं0, XXII, पृ0 163–64.
649. इम्पीरियल गजटियर, XXII, पृ0 76.
650. एपि0 इं0, XXII, पृ0 164.
651. फ्लीट, जे0 एफ0, इं0 एंटि0, XVIII, पृ0 166 और आगे।
652. सरकार, डी0 सी0, से0 इं0, II, पृ0 165.
653. वही, पृ0 174, पाद टि0 49.
654. फ्लीट, जे0 एफ0, इं0 एंटि0, XVIII, पृ0 166 आगे।
655. सरकार, डी0 सी0, से0 इं0, II, पृ0 165.
656. वही।
657. कीलहार्न, एपि0 इं0, IV, पृ0 100–01.
658. सरकार, डी0 सी0, से0 इं0, II, पृ0 283
659. एपि0 इं0, VI, पृ0 100–01.

अध्याय 6

ग्राम

ग्रामों का आकार अलग–अलग होता है। कौटिल्य के अनुसार ग्राम सौ से लेकर पाँच सौ परिवारों के समूह हो सकते है।[1] किन्तु जातकों में ग्रामों को तीस से लेकर एक हजार परिवारों का समूह बताया गया है।[1a] विनयपटिक में एक कुटी अथवा दो, तीन या चार कुटियों के समूह को ग्राम के रूप में परिभाषित किया गया है।[1b]

ग्रामों को प्रायः निवास क्षेत्र की आधारभूत इकाई के रूप में प्रयुक्त किया जाता है। प्रशासनिक सन्दर्भ में समान्यतः ग्रामों को राजस्व एकत्र करने की सबसे छोटी इकाई भी माना जाता है।[1c]

उपलौण्डा

इस ग्राम का उल्लेख गाहड़वाल गोविन्दचन्द्र के सहेत–महेत ताम्रपत्र अभिलेख[1d] (1129 ई0) में किया गया है। अभिलेख से प्राप्त सूचना के अनुसार महाराजाधिराज गोविन्दचन्द्र ने चोडदेश के निवासी सौगत परिव्राजक महापंडित शाक्यरक्षित और उनके शिष्य के अनुरोध पर जेतवन के बौद्ध संघ को कतिपय ग्रामों का दान किया था। इनमें उपलौण्डा ग्राम भी सम्मिलित था। दान प्राप्त कर्ता को उक्त ग्राम की समस्त वन, खान आदि संपत्तियों का अधिकार हस्तांतरित कर दिया गया था।[2] उपलौण्डा ग्राम की उचित पहचान स्पष्ट नहीं हो सकी है।[3]

अंगार ग्राम

इस ग्राम का उल्लेख परवर्ती गुप्तशासक विष्णुगुप्त कालीन मँगराँव प्रस्तर अभिलेख[4] में प्राप्त होता है। अभिलेख में इस ग्राम में स्थित सुभद्रेश्वर मंदिर में निरंतर द्वीप प्रज्वलित करने हेतु तेल का प्रबंध करने के लिए दान का उल्लेख किया गया है। यहाँ पर वर्तमान समय में एक प्राचीन टीले पर एक शैव मंदिर निर्मित है। अल्तेकार का विचार है कि यह शैव मंदिर अभिलेख में वर्णित सुभद्रेश्वर मंदिर के (अवशेषों के) ऊपर स्थित है।[5] अल्तेकर के अनुसार अंगार ग्राम या तो मँगराँव अथवा इसके निकटवर्ती सँगराँव में स्थित था।[6] ब्रह्मपुराण[7] में अंगार को एक दक्षिणात्य देश में स्थित कहा गया है।

अंबिपाटक

इस ग्राम का उल्लेख कलचुरि युवराज (980–95ई0) के बिलहरी प्रस्तर अभिलेख[8] में हुआ हैं। अभिलेख से प्राप्त सूचना के अनुसार लक्ष्मणराज ने शैव उपासक मधुमतेय पवनशिव के उत्तराधिकारी शब्दशिव के अनुयायी ईश्वरशिव को स्मरारि (शिव) के निमित्त अंबिपाटक एवं एक अन्य ग्राम 'निपानीय' तथा कुछ स्थानीय क्षेत्रों का दान किया था।[9] कीलहार्न के अनुसार अंबिपाटक ग्राम का उचित अभिज्ञान सुनिश्चित करना संभव नहीं हो सका है।[10]

कपित्थिका

इसका उल्लेख पुष्पभूति शासक हर्ष के मधुवन ताम्रपत्र अभिलेख[11] में किया गया है। यह एक विजय शिविर था। अभिलेख से प्राप्त सूचना के अनुसार कपित्थिका के विजय शिविर से राजा ने ताम्रपत्र अभिलेख को जारी करते हुए उसे पारंपरिक रूप से सिद्धम् और स्वस्ति शब्दों के साथ प्रारंभ किया था। इस अभिलेख को हर्ष संवत् 25 (631 ई0) में मार्गशीर्ष कृष्णपक्ष के छठे दिवस में जारी करने का उल्लेख प्राप्त होता है।[12] कपित्थिका की पहचान मूलतः ह्वेनसांग द्वारा वर्णित की–पि–था (कपित्थ) से की जाती है, जो कन्नौज से 40 मील उत्तर–पश्चिम में स्थित आधुनिक संकिसा (संकाशय) है।[13]

कर्मांत

इस विजयशिविर या सैन्य शिविर का उल्लेख खड्गवंशी शासक देवखड्ग (1910–85 ई0) के अशरफपुर ताम्रपत्र अभिलेख[14] में किया गया है। अभिलेख से प्राप्त सूचना के अनुसार पुरदास नामक एक बौद्ध ने कर्मांत नामक स्थान पर विजयशिविर (सैन्य शिविर) में एक अभिलेख उत्कीर्ण किया था। इस अभिलेख के द्वारा राजा देवखड्ग ने कतिपय भूखंडों के दान की घोषण की थी। यह दान उसके शासन के तेरहवें वर्ष में वैशाख की तेरहवीं तिथि को जारी किया गया था जो संघमित्र द्वारा निर्मित बौद्ध संघाराम के निमित्त था।[15] एन0 के0 भट्टाशाली ने कर्मांत की पहचान आधुनिक कोमिल्ला के निकट स्थित बड़ कान्ता से की है।[16]

कलहंडि ग्राम

इस ग्राम का उल्लेख खयड़वाल शासक प्रतापधवल के ताराचण्डी प्रस्तर अभिलेख[17](1169 ई0) में किया गया है। अभिलेख में कलहंडि ग्राम का उल्लेख करते हुए कहा गया है कि जापिला का स्वामी महानायक प्रतापधवल अपने पुत्रों, पौत्रों और अन्य संबंधियों के बीच यह घोषणा करता है कि स्वर्णहल के ब्राह्मणों ने गांधिनगर (कान्यकुब्ज) के राजा विजयचन्द्र के एक अधिकारी को घूस देकर कलहंडि और बड़यिला ग्रामों के लिए एक फर्जी दानपत्र प्राप्त कर लिया था। वह कहता है कि इस फर्जी दानपत्र पर ध्यान न देकर वे लोग हमेशा की तरह इन ग्रामों से भी राजस्व वसूल कर सकते हैं।[18]

कलहंडि या कलहंडी संभवतः वर्तमान करवंदिय प्रतीत होता है जो कि सूर्य की ढेहरी से छः मील तथा ताराचण्डी से तीन मील दूर स्थित पूर्वी रेलवे का छोटा सा स्टेशन है।[19]

कालीग्राम

इस ग्राम का उल्लेख चन्द्रवंशीय श्रीचन्द्र (925–75 ई0) के पश्चिमभाग ताम्रपत्र अभिलेख[20] में किया गया है। अभिलेख में इस ग्राम का उल्लेख करते हुए कहा गया है कि वैश्नव–विनायक द्वारा छः हजार ब्राह्मणों को चन्द्रपुर में बसाया गया था। वैश्नव–विनायक को इसी कालीग्राम का निवासी बताया गया है।[21] काली ग्राम का उचित अभिज्ञान स्पष्ट नहीं किया जा सका है।

कोणा

इस ग्राम का उल्लेख सोमवंशी शासक कर्ण (1100–10 ई0) के रत्नगिरि ताम्रपत्र अभिलेख[22] में हुआ है। इस ग्राम का उल्लेख करते हुए अभिलेख में कहा गया है कि राजा कर्णदेव (जिसका अन्य नाम महाशिवगुप्त था) ने अपने शासन के पाँचवें वर्ष में अश्विन मास के बारहवें दिवस में कोणा ग्राम के दान की घोषणा की थी। अभिलेख के अनुसार कोणा ग्राम उत्तर तोसली के अट्ठावीस–खंड के अन्तरर्गत ब्रह्म में स्थित था।[23] उपलब्ध स्रोतों के आधार पर कोणा ग्राम की पहचान उड़ीसा प्रान्त के बालासोर जनपद के अन्तर्गत की जा सकती है।[24]

कोणियाणां

इस ग्राम का उल्लेख कल्चुरि बुद्धराज के वड़नेर ताम्रपत्र अभिलेख[25] में किया गया है। अभिलेख में इस ग्राम का उल्लेख करते हुए कहा गया है कि कृष्णराज के पौत्र और शंकरगण के पुत्र कल्चुरिवंशी बुद्धराज ने वटनगर भोग (उपमंडल) के कोणियाणां नामक ग्राम का दान किया था। यह दान भट्‌टउरिका के पड़ोस में स्थित वटनगर के निवासी और वाजसनेय माध्यन्दिन सगोत्र से संबंधित बोधस्वामिन को बलि, चुक, वैश्वदेव, अग्निहोत्र आदि क्रियाओं के संपन्नार्थ किया गया था।[26]

उक्त ग्राम की उचित पहचान करना संभव नहीं है। संभवतः अभिलेख में कतिपय कारणों से ग्राम का सही नाम उल्लिखित नहीं हो पाया है और यह कोणियों का ग्राम उचित प्रतीत होता है। यह कोणिय कौन थे, स्पष्ट नहीं है। किन्तु भण्डारकार के अनुसार वे संभवतः वर्तमान कोलियों से समीकृत किये जा सकते हैं।[27]

क्रौञ्चश्वभ्र

इस ग्राम का उल्लेख धर्मपाल के खालीमपुर ताम्रपत्र अभिलेख[28] (775–812 ई0) में किया गया है। अभिलेख में इस ग्राम का उल्लेख करते हुए कहा गया है कि दूतक युवराज त्रिभुवनपाल के माध्यम से प्राप्त महासामंताधिपति नारायणवर्मन् के आग्रह पर पालशासक धर्मपाल ने स्थालीक्कट विषय के अन्तर्गत आम्रषण्डिका मण्डल में क्रौञ्चश्वभ्र ग्राम, शुभस्थली विषय में नारायणवर्मन् द्वारा निर्मित नन्न नारायण के मंदिर के निमित्त दान किया था।[29] क्रौञ्चश्वभ्र ग्राम पौण्ड्रवर्धन भुक्ति के अन्तर्गत व्याघ्रतटी मण्डल के अधिकारक्षेत्र में आने वाले महांताप्रकाश विषय में स्थित था।[30]

कृष्णशिखरिन् ग्राम

इस ग्राम का उल्लेख चन्द्रवंशीय शासक श्रीचन्द्र (925–75 ई0) के पश्चिमभाग ताम्रपत्र अभिलेख[31] में हुआ है। अभिलेख से ज्ञात होता है कि राजा त्रैलौक्यचन्द्र की सेना ने कृष्णशिखरिन् ग्राम में वंगदेश की दधी का आनंद उठाया और इसके सरदार सुरूंगा तथा विन्ध्यक्षेत्र की अन्य नदियों का जलपान कर मलय श्रेणी के ढलानों को पार करते हुए कावेरी नदी की घाटी तक जा पहुँचे।[32] इस ग्राम की स्पष्ट पहचान संभव नहीं है किन्तु ऐसा प्रतीत होता है कि उक्त ग्राम, वंग राज्य के अन्तर्गत या उसकी सीमा पर कहीं स्थित रहा होगा, क्योंकि त्रैलोक्यचन्द्र की सेना ने वंग देश की दही का आनंद इसी ग्राम में उठाया था। यह कार्य उस क्षेत्र से अधिक दूर जाकर संभव नहीं है।

खद्दिका

इस ग्राम का उल्लेख शैलवंशीय शासक जयवर्धन–II के रघोली ताम्रपत्र अभिलेख[33] में किया गया है। इस ग्राम का उल्लेख करते हुए अभिलेख में कहा गया है कि महाराजाधिराज परमेश्वर जयवर्धन–II जिसे सकलविन्ध्यापति कहा जाता था, ने अपने सहयोगियों और प्रजा को संबोधित करते हुए भगवान आदित्य–भट्टारक (सूर्यदेव) के निमित्त कटेरक विषय के खद्दिका ग्राम के दान की घोषणा की थी।[34]

खद्दिका ग्राम की पहचान खादी नामक ग्राम से की जाती है जो कि रघोली (बालाघाट जनपद) से तीन मील उत्तर–पूर्व में स्थित है। खद्दिका नाम संस्कृत भाषा से उद्धृत हुआ माना जाता है।[35]

खर्परपद्रक

इस ग्राम का उल्लेख पालशासक महेन्द्रपाल–II के प्रतापगढ़ प्रस्तर अभिलेख[36] (946 ई0) में हुआ है। अभिलेख से प्राप्त सूचना के अनुसार धनसुर के आग्रह पर महेन्द्रपाल–II ने अपनी राजधानी महोदय से खर्परपद्रक नामक ग्राम का दान किया था। यह ग्राम दशपुर के पश्चिमी पथक में ब्राह्मण हर्षेश्वर के मठ से संबंधित देवी बटयक्षिणी के निमित्त दान किया गया था।[37]

उक्त ग्राम की पहचान प्रतापगढ़ के दक्षिण–पश्चिम में सात मील की दूरी पर स्थित वर्तमान खरोट ग्राम से की जाती है।[38]

गर्ग्गराकट

गर्ग्गराकट का उल्लेख मौखरि शासक ईशानवर्मन् के हरहा प्रस्तर अभिलेख[39] में किया गया है। अभिलेख में ईशानवर्मन् के पुत्र सूर्यवर्मन् की प्रशंसा करते हुए उसे शास्त्रों का ज्ञाता, वेदों का रक्षक और कला में निपुण बताया गया है। उसने अपने एक शिकार अभियान में शिव के एक मन्दिर का जीर्णोद्धार और विस्तार कराया तथा इसका नाम क्षेमेश्वर रखा। उत्कीर्ण प्रशस्ति का रचयिता रविशान्ति, कुमारशान्ति का पुत्र था जो इसी गर्ग्गराकट का निवासी था।[40] एच0 शास्त्री ने गर्ग्गराकट को गर्गराकोट पढ़ा है और बताया कि यह संभवतः गंगा की सहायक नदी घाघरा पर स्थित कोई किला रहा होगा।[41] गर्ग्गराकट की वास्तविक पहचान करना संभव नहीं हो सका है। इस बात की संभावना है कि यह नाम गर्ग्गराकोट का रहा हो, जिसकी तुलना हम जीवितगुप्त–II के देववर्नाक अभिलेख[42] (700–10 ई0) में उल्लिखित गोमतीकोट्टक से कर सकते हैं। गर्गरा के सम्बन्ध मे एक संभावना यह भी है कि गर्गरा शब्द घाघरा हो जो कि अपने अत्यंत शोरगुल वाली ध्वनि के लिये इस नाम से विदित हो।

गरूड़ाग्राम

इस ग्राम का उल्लेख कार्तिकेयपुर के शासक ललितशूर के पांडुकेश्वर ताम्रपत्र अभिलेख[43] (854 ई0) में किया गया है। इस ग्राम का उल्लेख करते हुये अभिलेख में कहा गया है कि महाराजाधिराज परमेश्वर ललितशूर ने भट्ट श्रीपुरूष द्वारा गरूड़ाग्राम में स्थापित भगवान नारायण भट्टाराक के निमित्त कर्तिकेयपुर विषय के अन्तर्गत थप्पलसारि नामक प्रशासनिक इकाई में एक भूमिखण्ड को दान किया था। इस ग्राम के उचित अभिज्ञान के विषय में डी0 सी0 सरकार ने अपनी असमर्थता प्रकट की है।[45] अतः उचित साक्ष्यों के अभाव में अभी तक इसकी भौगोलिक पहचान नहीं हो पायी है।

गोकर्ण

इस स्थान का उल्लेख देवपाल (812–50) के नालन्दा ताम्रपत्र अभिलेख[46] में किया गया है। इस अभिलेख मे गोकर्ण का वर्णन करते हुए कहा गया है कि धर्मपाल की सेना ने समस्त दुष्ट शासकों का विनाश कर संसार की विजय की और उत्तर में केदार और पूर्व में गंगासागर संगम में स्नान कर गोकर्ण और पश्चिम के अन्य तीर्थस्थलों में धार्मिक क्रियाओं का संपादन किया था।[47]

एक पवित्र स्थल के रूप में गोकर्ण का उल्लेख महाभारत[48] में किया गया है। कालिदास ने दक्षिण भारत के एक अत्यन्त पवित्र तीर्थस्थल के रूप में गोकर्ण का उल्लेख किया है।[49] कूर्मपुराण[50], अग्निपुराण[51] तथा पद्मपुराण[52] में भी गोकर्ण को पवित्र स्थल के रूप में ही उल्लिखित किया गया है। केलादि सदाशिवनायक के कूप ताम्रपत्र में भी गोकर्ण का वर्णन हुआ है जहाँ इसे उत्तरी कनाड़ा(कारवार) में इसी नाम का एक ग्राम कहा गया है। रामायण[53] में उल्लेख है कि एक लम्बी अवधि तक सन्तान विहीन होने के कारण भगीरथ ऋषि ने गोकर्ण नामक स्थान पर जाकर तपस्या की थी।[54] एक उल्लेख के अनुसार गोकर्ण रेवा नदी के समीप स्थित था।[55] शक संवत् 1177 में लिखित कदम्ब कामदेव के ताम्रपत्र गोकर्ण नामक स्थान से प्राप्त हुए हैं।[56] सौरपुराण में दक्षिणी गोकर्ण का उल्लेख है जो सिन्धु नदी के तट पर स्थित था।[57]

गोपिप्पली

इस ग्राम का उल्लेख धर्मपाल (775–812 ई0) के खालीमपुर ताम्रपत्र अभिलेख[58] में आया है। अभिलेख से प्राप्त सूचना के अनुसार दूतक युवराज त्रिभुवनपाल के माध्यम से प्राप्त महासामंताधिपति नारायणवर्मन् के आग्रह पर पालशासक धर्मपाल ने स्थालीक्कट विषय के अन्तर्गत आम्रषण्डिका मण्डल में गोपिप्पली ग्राम शुभस्थली में स्थित नारायणवर्मन् द्वारा निर्मित नन्न नारायण के मंदिर को दान में दिया था।[59] इस ग्राम की पहचान करना संभव नहीं हो सका है।[60]

गोमतीकोट्टक (विजयशिविर)

इस विजयशिविर का उल्लेख परवर्तीगुप्त शासक जीवितगुप्त–II (700–10 ई0) के देव–वरर्नाक प्रस्तर अभिलेख[61] में हुआ है। अभिलेख से प्राप्त सूचना अनुसार जीवितगुप्त ने गोमतीकोट्टक के विजयशिविर से अपने प्रमुख अधिकारियों को वालवी–विषय के अन्तर्गत वारूणिका ग्राम का दान भगवान वरुणवासि–भट्टारक के निमित्त करने को घोषणा की थी।[62]

गोमतीकोट्टक की पहचान गोमती नदी के तट पर स्थित किसी स्थान से की सकती है जो शाहजहाँपुर जिले से निकलकर लखनऊ और जौनपुर में प्रवाहित होती हुई वाराणसी और गाजीपुर के मध्य गंगा में मिलती है।[63]

चिंचातलाई

इस ग्राम का उल्लेख कल्चुरि शासक रत्न–II के सार्खों ताम्रपत्र अभिलेख[64] में किया गया है। अभिलेख से प्राप्त सूचना के अनुसार राजा रत्नदेव–II ने चन्द्रग्रहण के संबंध में सही भविष्यवाणी करने वाले पद्मनाभ से प्रसन्न होकर उसे अनर्धवल्ली मण्डल में स्थित चिंचातलाई नामक ग्राम दान कर दिया था।[65] इस ग्राम की पहचान संभवतः विलासपुर जिले के अन्तर्गत जाजगीर तहसील में हसदो नदी के उत्तरी किनारे पर स्थित चिचोला ग्राम से की जा सकती है। यह सार्खों से उत्तर–पूर्व में लगभग आठ मील की दूरी पर स्थित है।[66]

चित्रपल्य

इस ग्राम का उल्लेख परवर्ती गुप्तशासक बुधगुप्त कालीन शंकरपुर ताम्रपत्र अभिलेख[67] में हुआ है। अभिलेख से प्राप्त सूचना के अनुसार चित्रपल्य ग्राम एक कौत्सगोत्रीय ब्राह्मण गोस्वामिन् को स्थायी रूप से दान किया गया था। दान की शर्तों के अनुसार राज्य द्वारा इस ग्राम से कोई भी राजस्व नहीं लिया सकता था और न ही इसमें सैनिकों को प्रवेश की अनुमति थी। दान के संदर्भ में ही अभिलेख से कतिपय अधिकारियों यथा कुमारामात्यभोगिक, महाप्रतिहार और दूतक आदि के विषय में सूचना प्राप्त होती है।[69]

चुन्दस्कीला तपोवन

चुन्दस्कीला–तपोवन का उल्लेख परवर्तीगुप्त शासक विष्णुगुप्त के समय के मँगराव प्रस्तर अभिलेख[70] में किया गया है। अभिलेख से प्राप्त सूचना के अनुसार अविमुक्तजा (जो कि कुटुक्क देश से आया हुआ शैव उपासक था) ने बहुत से शैव तीर्थों का भ्रमण किया और अल्पकाल के लिये चुन्दस्कीला–तपोवन स्थित मंदिर से संबद्ध बाग में ठहरा था। उसने अंगार गाँव स्थित सुभद्रेश्वर के मंदिर में अखण्ड ज्योति प्रज्ज्वलित करने के लिए दान भी किया था।[71] चुन्दस्कीला की पहचान मँगराँव से छः मील दूर उत्तर–पश्चिम में स्थित वर्तमान चुन्नीगाँव से की जाती है।[72]

जांबवत्

इस ग्राम का उल्लेख कल्चुरि शासक रत्न–II सार्खों ताम्रपत्र अभिलेख[73] में किया गया है। अभिलेख से प्राप्त सूचना के अनुसार मध्य–देश स्थित सोणभद्र के निवासी ब्राह्मण महासोण ने जांबवत् नामक पवित्र स्थान पर 50 दिनों का मृत्युपर्यंत व्रत रखा था।[74] यह एक तीर्थस्थल

के रूप में प्रसिद्ध स्थान था। संभवतः इसकी पहचान पद्मपुराण[75] में उल्लिखित जंबूतीर्थ से की जा सकती है। जंबूतीर्थ में श्रीरामचन्द्र की सहायता करने वाले रीछों के देवता जांबवत् द्वारा एक शिवलिंग स्थापित किया गया था जिसे जांबतेश्वर कहा जाता है। इस संदर्भ के अनुसार संभवतः यह स्थान स्वभ्रमती नदी (वर्तमान साबरमती) की परिसीमा में कहीं स्थित रहा होगा।[76]

जंडेर

इस ग्राम का उल्लेख कल्चुरि शासक रत्न-I के सार्खों ताम्रपत्र अभिलेख[77] में किया गया है। अभिलेख से प्राप्त सूचना के अनुसार राजकीय अधिकार पत्र उत्तीर्ण करने वाला कीर्तिधर अनर्घवल्ली मण्डल के अन्तर्गत जंडेर ग्राम का निवासी था।[78] जंडेर ग्राम की पहचान शिवनाथ नदी के किनारे स्थित जांजगीर तहसील की दक्षिणी–पश्चिमी सीमा पर बसे जोन्ड्र नामक स्थान से की जाती है।[79]

तामरखंडि

इस ग्राम का उल्लेख गंगवंशीय शासक अनन्तवर्मन् चोडगंग के विशाखापत्तनम ताम्रपत्र अभिलेख[80](1118 ई0) में हुआ है। अभिलेख से प्राप्त सूचना के अनुसार अनन्तवर्मन् ने संवा–विषय में पुरोहित, आमात्यों, युवराज, संधिविग्राहिन, दौवारिक तथा अन्य अधिकारियों की उपस्थिति में भीम के पुत्र माधव को शक् सं0 1040 (1118–19 ई0) में तामरखंडि ग्राम देने की घोषणा की थी। उसने सिन्दूरपुर प्रवास के दौरान स्थित बताया गया है।[81] उपरोक्त स्रोतों के आधार पर तामरखंडि ग्राम की पहचान स्पष्ट नहीं है। फ्लीट के अनुसार भी तामरखंडि ग्राम का उचित अभिज्ञान करना संभव नहीं है।[82] किन्तु इसे आधुनिक दामल अथवा चिंगलपुत्त जिले में स्थित नित्तविनोदनल्लूर से समीकृत किया जा सकता है।[83]

तिस्तिहल पाटक

इसका वर्णन परवर्ती गुप्त शासक जीवितगुप्त के कटरा ताम्रपत्र अभिलेख[84] में हुआ है, जिसमें राजा द्वारा प्रत्यक्ष शासनान्तर्गत आने वाले क्षेत्रों के विभाजन के क्रम में कतिपय ग्रामों का उल्लेख मिलता है जो तिस्तिहलपाटक के उत्तर–पूर्वी भाग में स्थित थे। तिस्तिहलपाटक तीरभुक्ति के अन्तर्गत चामुण्डा विषय का एक भाग था। संभवतः यह एक जागीर थी।

त्रेता

इसका उल्लेख प्रतिहार शासक बाउक के जोधपुर प्रस्तर अभिलेख[85] (837 ई0) में किया गया है। अभिलेख में उल्लिखित सूचना के अनुसार वल्ल के देवराज ने एक तालाब खुदवाया,

एक नगर की स्थापना की तथा त्रेता नामक स्थान पर सिद्धेश्वर महादेव के मंदिर का निर्माण करवाया था।[86]

आर0 सी0 मजूमदार के अनुसार त्रेता की पहचान करना संभव नहीं हो सका है।[87]

दापनिया पाटक

इस ग्राम का उल्लेख सेनशासक लक्ष्मणसेन (1179–1206 ई0) के माधाईनगर तामपत्र अभिलेख[88] में किया गया है। अभिलेख के अनुसार लक्ष्मणसेन ने विभिन्न अधिकारियों को संबोधित कर दापनियापाटक नामक एक ग्राम का दान किया था। यह ग्राम 100 भूखाडी और खाडिका के तुल्य था। इस ग्राम की वार्षिक आय 168 कपर्दकपुराण या कौड़ी में गिने जाने वाले रजत सिक्के थी। इस ग्राम का दान इससे संबंधित समस्त संपत्तियों यथा जंगलों, झाड़ियों, तालाब, बंजर भूमि तथा वृक्षों आदि सहित किया गया था। उक्त ग्राम में राजकीय अधिकारियों चाट, भट (पुलिस व उनके मुखिया) आदि का प्रवेश वर्जित कर दिया गया था।[89]

यह ग्राम पुण्ड्रवर्धनभुक्ति के अन्तर्गत वारेन्द्री में कांतापुरी के निकट स्थित था जो कि वर्तमान उत्तरी–बंगाल का एक भाग है।[90]

धार्य ग्राम

इस ग्राम का उल्लेख सेनशासक लक्ष्मणसेन (1179–1206 ई0) के माधाइनगर ताम्रपत्र अभिलेख[91] में हुआ है। अभिलेख में इस ग्राम का उल्लेख करते हुए कहा गया है कि लक्ष्मणसेन ने धार्यग्राम से राजन्, महासेनापति आदि विभिन्न अधिकारियों तथा चाट व भट को दापनिया–पाटक नामक ग्राम के दान की सूचना दी थी।[92] धार्यग्राम का उचित अभिज्ञान स्पष्ट नहीं किया जा सका है।

धारापद्रक

इस ग्राम का उल्लेख पालशासक महेन्द्रपाल–II के प्रतापगढ़ प्रस्तर अभिलेख[93] (946 ई0) में किया गया है। इस ग्राम का उल्लेख करते हुए अभिलेख में कहा गया है कि दामोदर के पुत्र और उज्जैनी के महासामंत एवं दण्डनायक माधव ने चाहमान इन्द्रराज के आग्रह पर धारापद्रक ग्राम को वृक्षों, खानों आदि सभी संपत्तियों सहित इन्द्रादित्यदेव के मंदिर को दान कर दिया था।[94]

धारापद्रक ग्राम की पहचान संभवतः प्राचीन प्रतापगढ़ राज्य की सीमा के समीप स्थित मेवाड़ के धरयावाड से की जा सकती है।[95]

नारण्डप ग्राम

इस ग्राम का उल्लेख सेनशासक सूर्यसेन और विश्वरूपसेन के मदनपाढ़ा तामपत्र अभिलेख[96] में किया गया है। अभिलेख में इस ग्राम का उल्लेख करते हुए कहा गया है कि किसी दानग्राही को हुई हानि की भरपायी करने के निमित्त नारण्डप ग्राम को प्रदत्त क्षेत्र में सम्मिलित कर दिया गया था। इस भू–क्षेत्र की सभी संपत्तियां और संबंधित समस्त अधिकार दानग्राहता को हस्तांतरित कर दिया गया था।[97] इस ग्राम की उचित पहचान करना संभव नहीं हो सका है।[98]

निपानीय

इस ग्राम का उल्लेख कल्चुरि शासक युवराज–II (980–95 ई0) के बिल्हरी प्रस्तर अभिलेख[99] में किया गया है। इस ग्राम का उल्लेख करते हुए अभिलेख में कहा गया है कि लक्ष्मणराज ने शैव उपासक माधुमतेय पवनशिव के उत्तराधिकारी शब्दशिव के शिष्य ईश्वरशिव को निपानीय तथा अंबिपाटक ग्राम के साथ कतिपय अन्य स्थानीय क्षेत्र स्मरारि (शिव) के नाम पर दान किया था।[100]

निपानीय ग्राम की उचित पहचान स्पष्ट कर पाना संभव नहीं हो सका है।[101]

पट्टना

इस ग्राम का उल्लेख गाहड़वाल गोविन्दचन्द्र के सहेत–महेत ताम्रपत्र अभिलेख[102] (1129 ई0) में किया गया है। अभिलेख से प्राप्त सूचना के अनुसार महाराजाधिराज परमेश्वर परम्माहेश्वर गोविन्दचन्द्र ने जेतवन स्थित बौद्ध संघ के निमित्त पट्टना तथा कुछ अन्य ग्रामों का दान किया था। यह दान चोडदेश निवासी सौगत–परिव्राजक महापंडित शाक्यरक्षित और उनके शिष्य के अनुरोध पर किया गया था। इस ग्राम की समस्त वन, खनिज आदि संपत्तियों का स्थानान्तरण भी संघ को कर दिया गया था।[103]

पट्टना ग्राम सहेत से लगभग तीन मील दक्षिण–पश्चिम में अथवा खरगपुर बाजार से वर्तमान में पटना की ओर जाने वाले मार्ग पर कटरा से लगभग दो मील दक्षिण में स्थित था। इस ग्राम से बहुत सारे पुरावशेष प्राप्त हुए हैं।यहाँ किसानों ने कतिपय प्राचीन कूपों को खोज निकाला है जिनका प्रयोग वे अपने खेतों की सिंचाई हेतु करते हैं।[104]

पमहै ग्राम

इस ग्राम का उल्लेख गाहड़वाल शासक हरिशचन्द्र के मछलीशहर ताम्रपत्र अभिलेख[105] (1996 ई0) में हुआ है। अभिलेख में उल्लिखित सूचना के आधार पर हरिश्चन्द्र ने गंगा नदी के

च्यवनेश्वर घाट पर स्नान करने के पश्चात् पमहै ग्राम का दान किया था। इस ग्राम के दान की तिथि अभिलेख में पौष माह की पन्द्रहवीं तिथि को रविवार के दिन बतायी गयी है।[106]

पमहै शब्द पमहा का स्त्रीलिंग प्रतीत होता है। ऐसा प्रतीत होता है कि पमहै ग्राम पमहा के समीप कहीं स्थित रहा होगा। हीरालाल शास्त्री, का विचार है कि नामों की साम्यता के आधार पर पमहै की पहचान बंबाहा से की जा सकती है। कालान्तर में इसकी पहचान पोहा से करने का प्रयास किया गया है जो उस स्थान से दो मील की दूरी पर स्थित था जहाँ से यह अभिपत्र प्राप्त हुआ था। पमहै को पोहा से समीकृत करने में कुछ भी आपत्तिजनक नहीं प्रतीत होता है।[107] संभवतः पमहै ग्राम आधुनिक जौनपुर जनपद के मछली शहर तहसील में कहीं स्थित रहा होगा।

पयासि ग्राम

इस ग्राम का उल्लेख गाहड़वाल शासक गोविन्दचन्द्र के सहेत–महेत ताम्रपत्र अभिलेख[108] (1129 ई0) में किया गया है। अभिलेख से प्राप्त सूचना के अनुसार परम भट्टारक महाराजाधिराज परमेश्वर गोविन्दचन्द्र ने कतिपय ग्रामों का दान जेतवन स्थित बौद्ध संघ के निमित्त किया था। इनमें से एक ग्राम पोठिवार जिले के अन्तर्गत पयासि था। यह ग्राम समस्त जल, खनिज, वन आदि संपत्तियों सहित दान किया गया था।[109]

यह ग्राम पोठिवार से संबद्ध था। इस ग्राम की पहचान बयास से की जाती है जो कि सहेत–महेत से दो कोस उत्तर–पूर्व में स्थित था किन्तु कुछ वर्ष पूर्व राप्ती नदी द्वारा डुबो दिया गया। यह स्थान अभी भी बयासि नाम से ही जाना जाता है।[110]

पलाश कूपिका

इस ग्राम का उल्लेख पालशासक महेन्द्रपाल–II के प्रतापगढ़ आभिलेख[111] (946 ई0) में किया गया है। अभिलेख में इस ग्राम का उल्लेख करते कहा गया है कि खोम्माण के पुत्र महाराजाधिराज भतृपट्ट ने घोण्टावर्षि के इन्द्रादित्यदेव के निमित्त नंद्या नदी के किनारे वल्लूलिक नामक भूमिखण्ड का दान किया था। यह भूमिखण्ड इसी पलाशकूपिका ग्राम का एक अंश था।[112]

पलाशकूपिका ग्राम की पहचान संभवतः मन्दसोर के दक्षिण में लगभग पन्द्रह मील दूर स्थित वर्तमान परासिया से की जा सकती है।[113]

पालितक

इस ग्राम का उल्लेख धर्मपाल (775–812 ई0) के खालीमपुर ताम्रपत्र अभिलेख[114] में किया गया है। अभिलेख से प्राप्त सूचना के अनुसार दूतक त्रिभुवनपाल के माध्यम से प्राप्त महासामंताधिपति नारायणवर्मन् के आग्रह पर पालशासक धर्मपाल ने स्थालीक्कट विषय

के अन्तर्गत आम्रषण्डिका मण्डल में पालितक ग्राम शुभस्थली में नारायणवर्मन् द्वारा निर्मित नन्न–नारायण के मंदिर को दान किया था।[115] कीलहार्न के अनुसार इस ग्राम की उचित पहचान संभव नहीं है।[116]

संभवतः पालितक ग्राम भी अभिलेख में वर्णित, क्रौञ्चश्वभ्र और माढ़ाशाल्मली की तरह महांताप्रकाश विषय में स्थित रहा होगा।

पिञ्जोकाष्ठी ग्राम या पिंजोठीय ग्राम

इस ग्राम का उल्लेख सेनवंशीय शासक विश्वरूपसेन (1206–22 ई0) और (1210–15 ई0) के मदनपाढ़ा ताम्रपत्र अभिलेख[117] में किया गया है। अभिलेख से प्राप्त सूचना के अनुसार विश्वरूपसेन ने फस्फग्राम के विजय शिविर से भाद्र माह में वनमाली देवश्रमण के पुत्र विश्वरूपदेवश्रमण के निमित्त पिञ्जोकाष्ठी या पिंजोठीय ग्राम का दान किया था। इस ग्राम की वार्षिक आय 627 पुराण या चूर्णी थी। यह ग्राम वंग में पुण्ड्रवर्धन भुक्ति के अन्तर्गत विक्रमपुर–भाग में स्थित था।[118] इस ग्राम की पहचान मदनपाढ़ा के निकट वर्तमान पिंजारी से की जाती है।[119]

पिम्पारिपद्रक

इस ग्राम का उल्लेख पांडुवंशीय शासक तीवर (580–95 ई0) के राजिम तामपत्र अभिलेख[120] में हुआ है। अभिलेख से प्राप्त सूचना के अनुसार कोसलनरेश महाराज तीवरदेव ने श्रीपुर से अपने शासन के सातवें वर्ष में घोषणा की कि उसने ज्येष्ठ माह के 12वें चन्द्रदिवस को पिम्पारिपद्रक नामक ग्राम का दान कर दिया था। यह ग्राम पेण्ठाम–भुक्ति का एक अंग था। इस ग्राम का दान भट्ट भवदत्त और भट्ट हरदत्त के निमित्त किया गया था। दान प्राप्तकर्ता को सभी खानों तथा अज्ञात संपत्तियों के उपभोग का अधिकार प्रदत्त कर दिया गया था तथा ग्राम में चाटों और भटों का प्रवेश निषिद्ध था।[121]

इस ग्राम की उचित पहचान स्पष्ट करना पाना अभी तक संभव नहीं हो सका है।[122]

फस्फग्राम

इस ग्राम का उल्लेख सेनशासक सूर्यसेन और विश्वरूपसेन के मदनपाढ़ा ताम्रपत्र अभिलेख[123] में किया गया है। अभिलेख से प्राप्त सूचना के अनुसार विश्वरूपसेन ने फस्फग्राम के विजयशिविर से पिञ्जोकाष्ठि ग्राम के दान की घोषणा की थी।[124] इस ग्राम की पहचान करने में डी0 सी0 सरकार ने अपनी असमर्थता प्रकट की है।[125] अतः वर्तमान में इसकी भौगोलिक स्थिति स्पष्ट नहीं हो पायी है।

बड़यिला

इस ग्राम का उल्लेख खयड़वाल शासक प्रतापधवल के ताराचण्डी प्रस्तर अभिलेख[126] (1169 ई0) में किया गया है। अभिलेख से प्राप्त सूचना के अनुसार स्वामी महानायक प्रतापधवल अपने पुत्रों, पौत्रों और अन्य संबंधियों के बीच यह घोषणा करता है कि स्वर्णहल के ब्राह्मणों ने गाधिनगर (कान्यकुब्ज) के राजा विजयचन्द्र के एक अधिकारी को घूस देकर कलहंडी और बड़यिला ग्रामों के लिए एक फर्जी दानपत्र प्राप्त लिया था। वह कहता है कि इस फर्जी दानपत्र पर ध्यान न देकर वे लोग हमेशा की तरह इन ग्रामों से भी राजस्व वसूल कर सकते हैं।[127] बड़यिला या बडयिला ग्राम की पहचान वर्तमान बरेला से की जाती है जो शाहाबाद के दक्षिणी भागों में स्थित है।[128]

मर्कटसागर

इस ग्राम का उल्लेख पुष्पभूति शासक हर्ष के बाँसखेड़ा ताम्रपत्र अभिलेख[129] (628 ई0) में किया गया है। अभिलेख से प्राप्त सूचना के अनुसार हर्ष (हर्षवर्धन) ने अहिछत्रभुक्ति के अन्तर्गत अंगदीय विषय से संबद्ध पश्चिमी मर्कटसागर ग्राम को बालचन्द्र और भद्रस्वामिन् के निमित्त दान किया था।[130] इस ग्राम का उचित अभिज्ञान करना संभव नहीं है। मर्कटसागर ग्राम अंगदीय–विषय के अन्तर्गत स्थित था जो कि अहिछत्र भुक्ति के अन्तर्गत आता था। इस आधार पर इसे वर्तमान बरेली जनपद के अन्तर्गत कहीं स्थित माना जा सकता है।

मकुतिका

इस ग्राम का उल्लेख पालशासक नारायणपाल (855–910 ई0) के भागलपुर ताम्रपत्र अभिलेख[131] में हुआ है। अभिलेख से प्राप्त सूचना के अनुसार राजा विग्रहपाल के पुत्र नारायणपाल ने अपने अधिकारियों को कक्ष–विषय के मकुतिका ग्राम के दान के अवसर पर राजन राजपुत्र आदि कह कर संबोधित किया था। मकुतिका ग्राम को भगवान शिव–भट्टारक (राजा द्वारा कलशपोट में स्थापित सहस्र–आयतन मंदिर) के निमित्त दान किया गया था। इस ग्राम के कर मुक्त संपत्ति होने का भी उल्लेख किया गया है।[132] मकुतिका ग्राम तीरभुक्ति के अन्तर्गत स्थित माना जाता है।[133]

महसोणमौअ

इस ग्राम का उल्लेख गाहड़वाल शासक गोविन्दचन्द्र के कमौली ताम्रपत्र अभिलेख[134] (1125 ई0) में किया गया है। अभिलेख से ज्ञात होता है कि गोविन्दचन्द्र ने चन्द्रग्रहण के अवसर पर हलदोय–पत्तला में महसोणमौअ नामक ग्राम का दान महापुरोहित जागूशर्मन् के निमित्त किया था।[135] महसोणमौअ ग्राम का उचित अभिज्ञान स्थापित करना संभव नहीं हो सका है।[136]

महाकुम्भारपद्रक

इस ग्राम का उल्लेख शशांक (600–25 ई0) कालीन मिदनापुर ताम्रपत्र अभिलेख[137] में किया गया है। अभिलेख से प्राप्त सूचना के अनुसार शशांक के सामंत सोमदत्त के अमात्य प्रकीर्णदास ने तावीर में करण को सोम द्वारा महाकुम्भारपद्रक ग्राम के दान के सन्दर्भ में सूचित किया था। महाकुम्भारपद्रक का दान कश्यप गोत्रीय ब्राह्मण भट्टेश्वर या भट्टेईश्वर के निमित्त किया गया था।[138]यह ग्राम संभवतः पश्चिम बंगाल के मिदनापुर जनपद के अन्तर्गत स्थित रहा होगा।

महाकुम्भार संभवतः कुम्भार का बदला हुआ रूप है जिसका अर्थ कुम्हार होता है और महाकुम्भारपद्रक का तात्पर्य बृहद कुम्भार पद्रक से था। यहाँ पर एक अन्य दानपत्र में संभवतः लघु कुम्भार पद्रक नामक ग्राम का उल्लेख भी प्राप्त होता है।[139]

महिलबली

इस ग्राम का उल्लेख परवर्ती गुप्त शासक शीलादित्य–VI के अलीना तामपत्र अभिलेख[140] में किया गया है। इस ग्राम का उल्लेख करते हुए अभिलेख में कहा गया है कि शीलादित्य–VI ध्रुवभट्ट ने खेटक आहार में उपलाहेट–पथक के अन्तर्गत महिलबली ग्राम का दान आनन्दपुर निवासी भाटविष्णु के पुत्र भट्ट आखण्डलमित्र की बलि, चारू, वैश्वरदेव, अग्निहोत्र, अतिथि आदि परंपराओं के संपादन हेतु किया था। दान में प्रदत्त ग्राम को सभी करों से मुक्त कर दिया गया था तथा इसे राजकीय कर्मचारियों के प्रवेश से भी मुक्त रखा गया था।[141] यह ग्राम उप्पलहेटा–पथक में खेटक –आहार के अन्तर्गत स्थित था। पथक एक क्षेत्रीय तकनीकी शब्द है जिसका अभी तक कोई निश्चित अर्थ नहीं तय किया सका है। संभवतः यह सड़क या रास्ते के लिए प्रयुक्त किया जाता था।[142]

माढ़ाशाल्मली

इस ग्राम का उल्लेख धर्मपाल (775–812 ई0) के खालीमपुर अभिलेख[143] में हुआ है। इस ग्राम का उल्लेख करते हुए अभिलेख में कहा गया है कि दूतक युवराज त्रिभुवनपाल के माध्यम से प्राप्त महासामंताधिपति नारायणवर्मन् के आग्रह पर पालशासक धर्मपाल ने स्थालीक्कट विषय के अन्तर्गत आम्रषण्डिका मण्डल में माढ़ाशाल्मली ग्राम, शुभस्थली में नारायणवर्मन् द्वारा निर्मित नन्न नारायण के मंदिर को दान किया था।[144] इस ग्राम की स्पष्ट पहचान करना संभव नहीं है।[145] संभवतः यह ग्राम पौण्ड्रभुक्ति के अन्तर्गत माहंताप्रकाश–विषय में स्थित रहा होगा।

मोखलपाटक

इसका वर्णन परमार शासक नरवर्मन् के नागपुर म्यूजियम प्रस्तर अभिलेख[146] (1104 ई0) में किया गया है। अभिलेख से प्राप्त सूचना के अनुसार सूर्यग्रहण के अवसर पर राजा लक्ष्मीधर (लक्ष्मदेव) ने व्यापुर प्रान्त के दो ग्रामों का दान किया था। उक्त दोनों ग्रामों को उसने अपने अनुज और उत्तराधिकारी नरवर्मन्देव से मोखलपाटक नामक स्थान के बदले में प्राप्त किये थे।[147] मोखलपाटक की स्पष्ट पहचान नहीं की जा सकी है।

मोसाडी

इस ग्राम का उल्लेख गाहड़वाल शासक गोविन्दचन्द्र (1129 ई0) के सहेत–महेत ताम्रपत्र अभिलेख[148] में किया गया है। अभिलेख में उल्लिखित सूचना के अनुसार परमभट्टारक परमेश्वर महाराजाधिराज गोविन्दचन्द्र ने जेतवन बौद्धसंघ के निमित्त कतिपय ग्रामों का दान किया था जो अलग–अलग जनपद के अन्तर्गत स्थित थे। इनमें मेयी जनपद में स्थित मोसाडी ग्राम भी एक था। इस ग्राम में स्थित समस्त जलश्रोतों, खानों तथा वन–वृक्ष आदि बौद्ध संघ को प्रदत्त कर दिये गये थे।[149]

मोसाडी या घोसाडी ग्राम मेयी जनपद से संबद्ध बताया गया है किन्तु इसकी स्पष्ट पहचान नहीं की जा सकी है।[150]

याम्या ग्राम

इस ग्राम का उल्लेख परवर्ती गुप्तशासक जीवितगुप्त के कटरा ताम्रपत्र अभिलेख[151] में किया गया है। अभिलेख में इस ग्राम का उल्लेख करते हुए कहा गया है कि जीवितगुप्त ने अपने तारा में स्थापित विजय शिविर से विभिन्न उपाधियाँ ग्रहण कर तीन ग्रामों के दान की सूचना उल्लिखित करायी थी। याम्या ग्राम इन्हीं में से एक था जो कि तीरभुक्ति के चामुण्डा विषय में तिस्तिहलपाटक के उत्तर–पूर्वी सिरे पर स्थित था। डी0 सी0 सरकार के अनुसार याम्या ग्राम की वर्तमान स्थिति स्पष्ट करना संभव नहीं हो सका है।[153]

लोहाटक ग्राम

इस ग्राम का उल्लेख मैत्रक विष्णुसेन के अवन्ति से हस्ताक्षरित ताम्रपत्र अभिलेख[154] (592 ई0) में हुआ है। अभिलेख से प्राप्त सूचना के अनुसार अवन्ति के किसी सामंत ने दर्पपुर से अपने अधिकारियों को लोहाटक ग्राम के निवासी व्यापारिक समुदाय के निमित्त विष्णुभट्ट (विष्णुसेन) द्वारा प्रदत्त व्यवस्था पर अपनी सहमति प्रकट की थी।[155]

इस ग्राम को लोहाट भी कहा जाता था। उपलब्ध वर्णनों के आधार पर इस ग्राम को वर्तमान गुजरात–काठियावाड़ क्षेत्र में स्थित माना जा सकता है। कहना कठिन है किन्तु लोहाटक ग्राम की पहचान कच्छ की खाड़ी में स्थित आधुनिक लोहर या रोहर नामक स्थल

से की जा सकती है, जो कि अंजर जिले के अन्तर्गत एक प्रमुख बन्दरगाह है। संभवतः लोहाटक या लोहाटा एक बन्दरगाह ही रहा हो। यह मत कुछ प्रमुख विद्वानों के वर्णन पर आधारित है।[156]

वलाक्-आग्रहार

इसका उल्लेख गुर्जर–प्रतिहार शासक भोज–I के बरह ताम्रपत्र अभिलेख[157] (836 ई0) में हुआ है। अभिलेख से प्राप्त सूचना के अनुसार भोज–I ने वलाक्–आग्रहार के अपने समस्त अधिकारियों को इसके दान कर दिये जाने के सन्दर्भ में सूचित किया था। इस ग्राम का मूलरूप से दान मौखरिनरेश शर्ववर्मन् द्वारा किये जाने की सूचना भी अभिलेख से प्राप्त होती है। नागभट्ट–II ने इस दान को मान्यता प्रदान की थी। इस अग्रहार की समस्त आय सहित इसे भारद्वाज गोत्र और वाजसनेयी शाखा के भट्ट काचरस्वामिन् के परिवार के ब्राह्मणों को दान किया गया था।[158]

वलाक्–आग्रहार को कान्यकुब्ज मण्डल के कालंजर उपमण्डल में उदुम्बर जनपद के अन्तर्गत स्थित बताया गया है किन्तु वर्तमान में इसकी सही स्थिति स्पष्ट कर पाना संभव नही हो सका है।[159]

वव्वहली ग्राम

इस ग्राम का उल्लेख गाहड़वाल शासक गोविन्दचन्द्र के सहेत–महेत तामपत्र अभिलेख[160] (1129 ई0) में किया गया है। इस ग्राम का उल्लेख करते हुए अभिलेख में कहा गया है कि गोविन्दचन्द्र ने चोडदेश निवासी सौगत–परिव्राजक महापंडित और उनके शिष्य के आग्रह पर वाडा–चतुरशीति जिले के वव्वहली तथा अन्य ग्रामों का दान जेतवन के बौद्धसंघ के निमित्त किया था। इस ग्राम से संबंधित समस्त वन, खनिज आदि संपत्तियों को भी दान प्राप्तकर्ता को हस्तांतरित करने का उल्लेख है।[161]

इस ग्राम की पहचान वर्तमान बेलहा ग्राम से की जाती है जो आधुनिक पटना के निकट स्थित है। ग्रामीणों के अनुसार यह एक अतिप्राचीन ग्राम है।[162]

वसभी

इस ग्राम का उल्लेख पालशासक मदनपाल के शासनकाल में जारी गोविन्दचन्द्र के बसही ताम्रपत्र अभिलेख[163] (1104 ई0) में हुआ है। अभिलेख से प्राप्त सूचना के अनुसार मदनपाल के पुत्र गोविन्दचन्द्र ने जीयावनी–पत्तला के वसभी ग्राम को मेमे के पौत्र और कल्पे या कल्ये के पुत्र आल्हेक को दान करने की घोषणा की थी। यह दान उसने यमुना नदी में स्नानोपरान्त किया था।[164]

वसभी ग्राम की पहचान निश्चित रूप से वर्तमान बसाही से की जा सकती है।[165] बसाही उत्तर प्रदेश के इटावा जनपद में विधुना तहसील से दो मील उत्तर–पूर्व में स्थित है।[166]

वारूणिका

इस ग्राम का उल्लेख परवर्ती गुप्तशासक जीवितगुप्त–II (700–10ई0) के देव–वरनार्क प्रस्तर अभिलेख[167] में किया गया है। अभिलेख से ज्ञात होता है कि जावितगुप्त–II ने अपने अधिकारियों को नगरभुक्ति में वालवी–विषय के वारूणिका ग्राम को भगवान वरूणवासिक–भट्टारक के निमित्त दान करने की सूचना दी थी।[168]

वारुणिका ग्राम की पहचान आधुनिक विहार प्रान्त के पटना जिलान्तर्गत (प्राचीन पाटलिपुत्र) में वालवी–विषय के एक ग्राम के रूप में की जाती है।[169] कतिपय प्रमाणों के आधार पर वारूणिका को देव–वरनार्क का प्राचीन नाम माना जाता है।[170]

विक्रमपुर (विजयशिविर)

इस विजयशिविर का उल्लेख चन्द्रवंशीय श्रीचन्द्र (925–75 ई0) के पश्चिमभाग ताम्रपत्र अभिलेख[171] में किया गया है। अभिलेख से प्राप्त सूचना के अनुसार परमसौगत् परमेश्वर परमभट्टारक महाराजाधिराज श्रीचन्द्रदेव ने अपने विभिन्न अधिकारियों को संबोधित कर कतिपय भू–भागों का दान किया था।[172]

विक्रमपुर स्थान का नाम विक्रम नामक एक राजा के नाम पर पड़ा था जिसने कुछ समय तक यहाँ शासन किया था। विक्रमपुर की प्राचीन राजधानी रामपाल, मुंशीगंज से तीन मील पश्चिम में स्थित थी।[173] राजा बल्लालसेन के सीताहट्टी ताम्रपत्र में श्री विक्रमपुर का उल्लेख किया गया है। विक्रमपुर की प्राचीन राजधानी में बल्लालबाड़ी से अनेक सरोवर तथा पालयुगीन अनेक हिन्दू और बौद्ध देवताओं के अवशेष प्राप्त हुये हैं। श्रीचन्द्र के केदारपुर, केशवसेन के एडिलपुर, विजयसेन के बैरकपुर, लक्ष्मणसेन के अनुलिया और भोजवर्मन् के बेलाव ताम्रपत्रों में भी विक्रमपुर का उल्लेख हुआ है। कुछ समय के लिये विक्रमपुर पर वर्मन्ों का अधिकार स्थापित हो गया था। विजयसेन के बैरकपुर ताम्रपत्र से ज्ञात होता है कि संभवतः विक्रमपुर उसकी राजधानी थी और उसका यहाँ पर स्थायी निवास था। सेन राजाओं के लगभग सभी दानपत्र, विक्रमपुर से ही जारी किये गये थे।[174]

विक्रमपुर वर्तमान ढाका (बांग्लादेश) की मुंशीगंज तहसील के अन्तर्गत स्थित है। इसका एक भाग फरीदपुर जिले में सम्मिलित माना जाता है। विक्रमपुर नाम सामान्यतः उस भू–भाग को दिया गया है जो उत्तर में धलेश्वरी, दक्षिणी में इदिलपुर परगना, पूर्व में मेघना और पश्चिम में पध्न से घिरा हुआ है।[175]

विहार

इस ग्राम का उल्लेख गाहड़वाल शासक गोविन्द्रचन्द्र के सहेत–महेत तामपत्र अभिलेख[176] (1129 ई0) में किया गया है। अभिलेख से प्राप्त सूचना के अनुसार राजाधिराज गोविन्द्रचन्द्र ने वाडा–चतुरशीति जिले के विहार तथा कुछ अन्य ग्रामों का दान जेतवन स्थित बौद्ध संघ के निमित्त किया था। इस ग्राम का दान सौगत–परिव्राजक महापंडित शाक्यरक्षित तथा उनके शिष्य के आग्रह पर किया गया था जो चोडदेश के निवासी थे।[177]

यह विहार ग्राम, दान में प्रदत्त छः ग्रामों में से एक था। अभिलेख में उक्त ग्राम वाडा–चतुरशीति जनपद के अन्तर्गत स्थित कहा गया है। इस ग्राम का वर्तमान अभिज्ञान करना संभव नहीं हो सका है।[178]

वेसाल ग्राम

इस ग्राम का उल्लेख कल्चुरिकर्ण के वाराणसी ताम्रपत्र अभिलेख[179] (1042 ई0) में किया गया है। अभिलेख में इस ग्राम का उल्लेख करते हुए कहा है कि गांगेयदेव विक्रमादित्य ने सुसीग्राम का दान पंडित विश्वरूप के निमित्त किया था। विश्वरूप को वेसाल ग्राम की कौशिक–गोत्रीय वाजसनेय–शाखा से संबंधित बताया गया है।[180]

वेसाल ग्राम की उचित पहचान करना संभव प्रतीत नहीं होता है। कीलहार्न ने बड़ी कठिनाई से वेसालग्राम को प्राचीन वैशाली से समीकृत करने का प्रयास किया है। कीलहार्न का उक्त विचार कनिंघम द्वारा उल्लिखित ऐंश्यंट ज्यॉग्राफी ऑफ इंडिया, खण्ड–1 पृ0 443 पर आधारित है।[181]

सरिसोड

इस ग्राम का उल्लेख गाहड़वाल शासक चन्द्रदेव के चन्द्रावती ताम्रपत्र अभिलेख[182] (1092 ई0) में हुआ है। उक्त ग्राम का उल्लेख करते हुए अभिलेख में कहा गया है कि राजा चन्द्रादित्यदेव ने वृहड्हेवकाणैं–पत्तला के सरिसोड ग्राम को ब्राह्मणों की उसी बस्ती (ब्रह्मपुरी) हेतु दानकर दिया था, जिसे कठेहली–पत्तला ग्राम दान किया गया था। इस ग्राम के दान का उल्लेख इसी पत्तला में मिलता है। इस ग्राम का दान इसकी समस्त संपत्तियों यथा जंगल, तालाब, पहाडी, खानों आदि के साथ किया गया था। दान प्राप्तकर्ता को ग्राम की समस्त आय तथा करों का स्वामित्व प्रदत्त था।[183] इस ग्राम का उचित अभिज्ञान नहीं किया जा सका है।[184]

स्यल्लामायि

इस ग्राम का उल्लेख भञ्जशासक शत्रुभञ्ज (11वीं शताब्दी ई0) के केशरी ताम्रपत्र अभिलेख[185] में किया गया है। अभिलेख में उल्लिखित सूचना के आधार पर ज्ञात होता है

कि महाराजाधिराज परमेश्वर श्री शत्रुभञ्जदेव ने उर्तिविषय के स्यल्लामायि ग्राम को भट्टपुत्र दण्डपाणि के निमित्त दान किया था। यह दान विभिन्न अधिकारियों और संबंधियों की उपस्थिति में सम्पन्न किया गया था।[186]

उक्त ग्राम की स्पष्ट पहचान करना संभव नहीं हो सका है। मिश्र महोदय के अनुसार इस ग्राम का नाम स्यल्लामायि न होकर ल्लामायि था तथा इसमें स्या शब्द अनावश्यक रूप से जोड़ा गया है। आर0 सी0 मजूमदार के विचार से इससे सहमत होने का कोई कारण स्पष्ट नहीं होता है।[187]

स्वर्णहल या सुवर्णहल

इस स्थान का उल्लेख खयड़वाल शासक प्रतापधवल के ताराचण्डी प्रस्तर अभिलेख[188] (1189 ई0) में किया गया है। अभिलेख से प्राप्त सूचना के अनुसार जापिला का स्वामी महानायक प्रतापधवल अपने पुत्रों, पौत्रों और अन्य संबंधियों के बीच यह घोषणा करता है कि स्वर्णहल या सुवर्णहल के ब्राह्मणों ने गाधिनगर (कान्यकुब्ज) के शासक विजयचन्द्र के किसी अधिकारी को घूस देकर कतिपय ग्रामों के लिये एक फर्जी दानपत्र प्राप्त कर लिया था। वह कहता है कि इस फर्जी दानपत्र पर ध्यान न देकर वे लोग हमेशा की तरह इन ग्रामों से भी राजस्व वसूल कर सकते हैं। अभिलेख में उक्त ग्रामों के नाम कलहंडी और बड़यिला बताये गये हैं।[189]

स्वर्णहल या सुवर्णहल ताराचण्डी से 10 मील तथा बरैला से लगभग साढ़े तीन मील दूर स्थित वर्तमान सूनहर है।[190]

सिद्धल ग्राम

इस ग्राम का उल्लेख हरिवर्मन् (1090–1110 ई0) के अमात्य भवदेव के भुवनेश्वर प्रस्तर अभिलेख[191] में किया गया है। अभिलेख में इस ग्राम का उल्लेख करते हुए कहा गया है कि आर्यावर्त के उत्तरी राढ़ में स्थित सिद्धल ग्राम में एक सवर्ण बाह्मण परिवार रहता था। इस ग्राम का उल्लेख भोजवर्मन् के बेलाव तामपत्र[192] में भी हुआ है। कीलहार्न के अनुसार इस ग्राम का उचित अभिज्ञान संभव नहीं हो सका है।[193] कतिपय विद्वान सिद्धल ग्राम की पहचान वीरभूम में अहमदपुर के निकट स्थित सिधल नामक वर्तमान गाँव से करते हैं।[194]

सुमंगल

इस ग्राम का उल्लेख चण्पका के शासक विदग्ध (11वीं शताब्दी ई0) के सुंगल ताम्रपत्र अभिलेख[195] में हुआ है। अभिलेख से प्राप्त सूचना के अनुसार विदग्धदेव ने अपने निवास स्थान चण्पका (चंबा) से अपने विभिन्न अधिकारियों यथा राजन, दूत, गौल्मिक आदि को तावस्क जिले के सुमंगल ग्राम के कुछ भू–भाग अग्रहार के रूप में नन्दुक नामक व्यक्ति को दान करने की सूचना दी है।[196]

इस ग्राम की पहचान वर्तमान सुंगल से की जाती है जो कि शाहों नदी के दक्षिणी किनारे पर स्थित चंबा कस्बे से एक मील उत्तर की ओर स्थित है। इसे पाटल ग्राम के निकट स्थित बताया गया है।[197]

सुरभाक्रे

इस ग्राम का उल्लेख परवर्ती गुप्तशासक जीवितगुप्त के कटरा ताम्रपत्र अभिलेख[198] में प्राप्त होता है। अभिलेख में उल्लिखित सूचना के अनुसार जीवितगुप्त ने तीन ग्रामों के दान की घोषणा की थी। जिनमें सुरभाक्रे ग्राम का भी नाम प्राप्त होता है। यह ग्राम तीरभुक्ति के अन्तर्गत चामुण्डा विषय में तिस्तिहलपाटक के उत्तर–पूर्व भाग में स्थित था।[199] डी.सी. सरकार जैसे विद्वान इस ग्राम की निश्चित पहचान नहीं कर सके हैं।[200]

सुसीग्राम

इस ग्राम का उल्लेख कल्चुरिकर्ण के वाराणसी ताम्रपत्र अभिलेख[201](1042 ई0) में किया गया है। अभिलेख से प्राप्त सूचना के अनुसार गांगेयदेव विक्रमादित्य ने प्रयाग के सैन्य शिविर से अपने सहयोगियों को संबोधित करते हुए काशी के सुसीग्राम का दान पंडित विश्वरूप के निमित्त किया था।[202] इस ग्राम की स्पष्ट पहचान करना संभव नहीं है।[203] संभवतः यह ग्राम वाराणसी के निकटवर्ती क्षेत्रों में कहीं स्थित रहा होगा।

सोमकुण्डिका

इस ग्राम का उल्लेख पुष्पभूति शासक हर्ष के मधुवन ताम्रपत्र अभिलेख[204] (631ई0) में हुआ है। अभिलेख में इस ग्राम का उल्लेख करते हुए उसे प्रशासनिक संगठन के सन्दर्भ में श्रावस्ती भुक्ति के अन्तर्गत कुण्डधानी विषय में स्थित बताया गया है।[205]

सोमकुण्डिका ग्राम की स्थिति उत्तर–प्रदेश के श्रावस्ती जनपद के अन्तर्गत मानी जाती है।[206]

सोमपुर

इसका उल्लेख वीर्येन्द्र के बोधगया से प्राप्त बुद्ध–प्रतिमा अभिलेख[207] में किया गया है। अभिलेख से प्राप्त सूचना के अनुसार सोमपुर निवासी, विनय पिटक के विद्वान स्थविर वीर्येन्द्र ने बुद्ध की प्रतिमा का दान किया था।[208]

सोमपुर की पहँचान डी.सी. सरकार ने बांग्लादेश के राजशाही जिले में स्थित पहाड़पुर से की है।[209] पहाड़पुर में 80 फीट ऊँचे ईंटों के विशाल टीले की प्राप्ति के कारण संभवतः इसका यह नाम पड़ा था क्योंकि यह एक पहाड़ के समान दिखलाई पड़ता था। सोमपुर में धर्मपाल के नाम पर अभिहित एक विहार था जिसे इतिहासकार दीक्षित ने पहाड़पुर से

समीकृत किया है। बौद्ध भिक्षुओं के लिये निर्मित भारतीय विहारों में पहाड़पुर का विहार प्रमुख था। यहाँ से प्राप्त पुरावशेषों में मृणफलक के बहुसंख्यक नमूने हैं।[210] पालशासन में यह बौद्धधर्म का प्रमुख केन्द्र था। पहाड़पुर का विहार जावा के बोरोबुदूर व प्रांबनान तथा कंबोडिया के अंकोरवाट जैसे मंदिरों के समकक्ष था।[211] पहाड़पुर के बौद्ध विहार में एक वर्गाकार मंदिर मिला है जिसमें अनेक कक्ष थे। प्रत्येक कक्ष के सामने एक आँगन व ओसार बने हुए थे। यहाँ से राधा–कृष्ण की पाषाण–प्रतिमाएं, कृष्ण की जीवन गाथाओं आदि से संबंधित कुछ मोहक आकृतियाँ प्राप्त हुई हैं। बालि–सुग्रीव युद्ध, बालि–वध, सुभद्रा हरण आदि के समान महाकाव्यों व पुराणों के दृश्य यहाँ प्राप्त होते हैं।[212] पाँचवीं शाताब्दी में पहाड़पुर से एक जैन मंदिर के प्रमाण प्राप्त हुए हैं।

पहाड़पुर के अवशेष राजशाही जिले (बांग्लादेश) में जमालगंज रेलवे स्टेशन से पश्चिम में तीन मील की दूरी पर स्थित है। उत्तरी–बंगाल पर किसी बंगाल–शासक की सेना द्वारा किये गये आक्रमण के समय पहाड़पुर में स्थित बौद्ध–विद्वान करुणाश्रीमित्र का घर जला दिया गया था जिसमें जलकर उनकी भी मृत्यु को हो गयी थी।[213]

हड़पेश्वर

इसका उल्लेख म्लेच्छ शासक वनमालवर्मन् (836–60 ई0) के पर्वतीया ताम्रपत्र अभिलेख[214] में हुआ है। अभिलेख से प्राप्त सूचना के अनुसार राजा वनमालवर्मन्देव ने लौहित्य–भट्टारक (ब्रह्मपुत्र) नदी के तटपर स्थित हड़पेश्वर से उत्तर–कूल में स्थित स्वल्प–मंगोक मण्डल से संबद्ध हपोसग्राम का दान किया था।[215]

हड़पेश्वर की पहँचान वर्तमान असम राज्य के दरंग जिले के अन्तर्गत तेजपुर के दाह पर्वतीया नामक स्थान से संभवतः की जा सकती है, यद्यपि इसके उचित अभिज्ञान के विषय में स्पष्ट रूप से कुछ भी कह पाना कठिन प्रतीत होता है।[216]

हपोसग्राम

इस ग्राम का उल्लेख म्लेच्छ शासक वनमालवर्मन् (835–60 ई0) के पर्वतीया ताम्रपत्र अभिलेख[217] में हुआ है। अभिलेख से प्राप्त सूचना के अनुसार राजा वनमालवर्मन् ने उत्तरकूल (ब्रह्मपुत्र नदी के उत्तरी तट पर स्थित) में स्थित स्वल्प–मंगोक मण्डल से संबद्ध हपोसग्राम का दान किया था।[218] इस ग्राम की संतोषजनक पहचान करना संभव नहीं है। संभवतः यह ब्रह्मपुत्र के उत्तर में स्थित स्वल्प–मंगोक (जनपद) में कहीं स्थित रहा होगा। स्वल्प–मंगोक का उल्लेख प्राचीन प्राग्ज्योतिष के एक राजा के संदर्भ में किया गया है।[219]

हरिग्राम

इस ग्राम उल्लेख परवर्ती गुप्तशासक जीवितगुप्त–II के कटरा ताम्रपत्र अभिलेख में किया गया है। अभिलेख से राजा द्वारा प्रत्यक्ष शासन के अन्तर्गत क्षेत्रों के प्रशासनिक विभाजन के क्रम में हरिग्राम व दो अन्य गाँवों का उल्लेख मिलता है, जो तीरभुक्ति के चामुण्डा विषय के अन्तर्गत तिस्तिहल पाटक के उत्तर–पूर्वी भाग में स्थित थे। अभिलेख से ज्ञात होता है कि ग्राम को मुख्य प्रशासनिक इकाई माना जाता था।[220] इस ग्राम की स्पष्ट रूप से पहचान नहीं की जा सकी है, किन्तु उपरोक्त स्रोतों के आधार पर इसे चामुण्डा विषय में कहीं स्थित माना जा सकता है, (देखिये अध्याय– 'नगर' के अन्तर्गत 'चामुण्डा विषय')।

हस्तिनी-भिट्ट

इस ग्राम का उल्लेख हरिवर्मन् (1090–1110 ई0) के अमात्य भवदेव के भुवनेश्वर प्रस्तर अभिलेख[221] में हुआ है। अभिलेख से प्राप्त सूचना के अनुसार आर्यावर्त के निवासी तीन प्रसिद्ध भाइयों, महादेव, भवदेव एवं अट्टहास में से भवदेव को गौड़ नरेश द्वारा हस्तिनी–भिट्ट ग्राम दान में प्राप्त हुआ था। संभवतः इस ग्राम से संबंधित समस्त अधिकार भी उसे हस्तांरित कर दिये गये थे।[222] हस्तिनी–भिट्ट ग्राम की उचित पहचान नहीं की जा सकी है।[223]

सन्दर्भः

1. कौटिल्य, अर्थशास्त्र, II, 1.
1.a मेहता, एम0, बुद्धिस्ट इंडिया, बाम्बे, 1939, पृ0 183–184.
1.b वेगल, दृ0 घोष, ए0, द सिटी इन अर्ली हिस्टोरिकल इंडिया, पृ0 32.
1.c दृ0, घोष, वही, पृ0 40.
1.d साहनी, डी0 आर0, एपि0 इं0, II, पृ0 288.
2. सरकार, डी0 सी0, से0 इं0, II, पृ0 288.
3. एपि0 इं0, XI, पृ0 22.
4. अल्तेकर, एपि0 इं0,XXVI, पृ0 241–46 एवं फलक; बनर्जी, पी0, जे0 बी0 आर0 एस0, XXX, 1944, पृ0 199–202.
5. थपल्याल, के0 के0, इंसक्रिप्शंस ऑफ मौखरीज लेटर गुप्ताज पुष्पभूतिज एंड यशोवर्मन् ऑफ कन्नौज, पृ0 169.
6. दृ0 लाहा0, बी0 सी0, प्रा0 भा0 का ऐ0 भू0, पृ0 351.
7. ब्रह्मपुराण, II, 16.59.
8. कीलहार्न, एपि0 इं0, I, पृ0 254 और आगे; मिराशी, का0 इं0 इं0, IV, पृ0 240 और आगे।
9. सरकार, डी0 सी0, से0 इं0, II, पृ0 332.
10. कीलहार्न, एपि0 इं0, I, पृ0 254 और आगे।
11. बुलर, एपि0 इं0, I, पृ0 72 आगे; कीलहार्न, एपि0 इं0, VII, पृ0 155 आगे।

12. थपल्याल, के0 के0, इंसक्रिप्शंस ऑफ मौखरीज लेटर गुप्ताज पुष्पभूतिज एंड याशोवर्मन् ऑफ कन्नौज, पृ0 184.
13. वही।
14. मजूमदार, आर0 सी0, जे0 पी0 ए0 एस0 बी0, XIX, पृ0 375 और आगे।
15. सरकार, डी0 सी0, से0 इं0, II, पृ0 41.
16. वही।
17. सरकार, डी0 सी0, से0 इं0, XXXIV, पृ0 23 और आगे।
18. सरकार, डी0 सी0, से0 इं0, II, पृ0 54.
19. एपि0 इं0, XXXIV, पृ0 26.
20. सरकार, डी0 सी0, से0 इं0, XXXVII, पृ0 289 और आगे।
21. सरकार, डी0 सी0, से0 इं0, II, पृ0 94.
22. राजगुरु,एस0 एन0, इंसक्रिप्शंस ऑफ उड़ीसा, IV, पृ0 253 और आगे।
23. सरकार, डी0 सी0, से0 इं0, II, पृ0 158.
24. एपि0 इं0, XXIII, पृ0 199.
25. गुप्ते, वाई0 आर0, एपि0 इं0, XII, पृ0 33 और आगे; मिराशी, का0 इं0 इं0 IV, पृ0 47 और आगे।
26. सरकार, डी0 सी0, से0 इं0, II, पृ0 355.
27. एपि0 इं0. XII, पृ0 33.
28. कीलहार्न, एपि0 इं0, IV, पृ0 243 और आगे; मैत्रेय, ए0 के0, गौड़लेखमाला, पृ0 1 और आगे।
29. सरकार, डी0 सी0, से0 इं0, II, पृ0 64.
30. दृ0 लाहा0, बी0 सी0, प्रा0 भा0 का ऐ0 भू0, पृ0 386.
31. सरकार, डी0 सी0, एपि0 इं0, XXXVII, पृ0 289 और आगे।
32. सरफार, डी0 सी0, से0 इं0, II, पृ0 92.
33. हीरालाल, एपि0 इं0, IX, पृ0 44 और आगे।
34. सरकार, डी0 सी0, से0 इं0, II, पृ0 312.
35. एपि0 इं0, IX, पृ0 43.
36. ओझा, जी0 एच0, एपि0 इं0, XIV, पृ0 182 और आगे।
37. सरकार, डी0 सी0, से0 इं0, II, पृ0 249.
38. एपि0 इं0, XIV, पृ0 178.
39. मजूमदार, एन0 जी0, इं0 एंटि0, XLVI, पृ0 125–127; शास्त्री, एच0, एपि0इं0, XIV, पृ0 110 और आगे।
40. थपल्याल, के0 के0, इंसक्रिप्शंस ऑफ मौखरीज लेटर गुप्ताज पुष्प भूतिजएंड याशोवर्मन् ऑफ कन्नौज पृ0 146.
41. एपि0 इं0, XIV, पृ0 115.
42. फ्लीट, का0 इं0 इं0, पृ0 215 आगे।

43. सरकार, डी0 सी0, एपि0 इं0, XXXI, पृ0 277 और आगे।
44. सरकार, डी0 सी0, से0 इं0, II, पृ0 269.
45. सरकार, डी0 सी0, एपि0 इं0, XXXI, पृ0 278–79.
46. शास्त्री, एच0, एपि0 इं0, XVII, पृ0 318 और आगे।
47. सरकार, डी0 सी0, से0 इं0, II, पृ0 71.
48. महाभारत, 85, 24–27.
49. रघुवंश, VIII, 33.
50. कूर्मपुराण, 30, 45–48.
51. अग्निपुराण, 109.
52. पद्मपुराण, अ0 133.
53. आदिकांड, 42 वाँ सर्ग, श्लोक, 12.
54. सौरपुराण, अध्याय, 69 श्लोक, 29.
55. एपि0 इं0, XXVI, भाग, IV, पृ0 157 और आगे।
56. सौरपुराण, अ0 99, श्लोक, 33.
57. दृ0 लाहा, बी0 सी0, प्रा0 भा0 का ऐ0 भू0, पृ0 258.
58. कीलहार्न, एपि0 इं0, IV, पृ0 243 और आगे; मैत्रेय, ए0 के0, गौड़लेखमाला, पृ0 1 और आगे।
59. सरकार, डी0 सी0, से0 इं0, II, पृ0 64.
60. कीलहार्न, एपि0 इं0, V. पृ0 243 और आगे।
61. फ्लीट, का0 इं0 इं0, II, पृ0 215 आगे।
62. सरकार, डी0 सी0, से0 इं0, II, पृ0 50.
63. दृ0 लाहा0, बी0 सी0, प्रा0 भा0 का ऐ0 भू0, पृ0 136.
64. मिराशी, वी0 वी0, एपि0 इं0, XXII, पृ0 159 और आगे।
65. सरकार, डी0 सी0, से0 इं0, II, पृ0 349.
66. एपि0 इं0, XXII, पृ0 163.
67. जैन, बी0 सी0, जे0 एपि0 एस0 इं0, IV, पृ0 62–66.
68. थपल्याल, के0 के0, इंसक्रिप्शंस ऑफ मौखरीज लेटर गुप्ताज पुष्पभूतिज एंड याशोवर्मन् ऑफ कन्नौज, पृ0 156.
69. वही।
70. अल्तेकर, एपि0 इं0, XXVI, पृ0 241–46 एवं फलक; वनर्जी, पी0, जे0 बी0 आर0 एस0, XXX, 1944, पृ0 199–202.
71. थपल्याल, के0 के0, इंसक्रिप्शंस ऑफ मौखरीज लेटर गुप्ताज पुष्प भूतिजएंड याशोवर्मन् ऑफ कन्नौज, पृ0 169.
72. वही, एपि0 इं0, XXVI, पृ0 245.
73. मिराशी, वी0 वी0, एपि0 इं0, XXII, पृ0 159 और आगे।
74. सरकार, डी0 सी0, से0 इं0, II, पृ0 349.
75. पद्मपुराण, वेंकटेश्वर प्रेस संस्करण, उत्तरखंड, अ0 150.

76. एपि0 इं0, XXII, पृ0 164.
77. मिराशी, वी0 वी0, एपि0 इं0, XXII, पृ0 159 और आगे।
78. सरकार, डी0 सी0, से0 इं0, II, पृ0 349.
79. एपि0 इं0, XXII, पृ0 164.
80. फ्लीट, जे0 एफ0, इं0 एंटि0, XVII, पृ0 186 और आगे।
81. सरकार, डी0 सी0, से0 इं0, II, पृ0 165.
82. फ्लीट, इं0 एंटि0, XVII, पृ0 165.
83. दृ0 लाहा0, बी0 सी0, प्रा0 भा0 का ऐ0 भू0, पृ0 325.
84. थपल्याल, के0 के0, इंसक्रिप्शंस ऑफ मौखरीज लेटर गुप्ताज पुष्पभूतिज एंड याशोवर्मन् ऑफ कन्नौज पृ0 98.
85. देवीप्रसाद, एम0, जे0 आर0 ए0 एस0, 1984, पृ0 1 और आगे; मजूमदार, आर0 सी0, एपि0 इं0, XVIII, पृ0 95 और आगे।
86. सरकार, डी0 सी0, से0 इं0, II, पृ0 236.
87. मजूमदार, आर0 सी0, एपि0 इं0, XVIII, पृ0 95 और आगे।
88. बनर्जी, आर0 डी0, जे0 ए0 एस0 बी0, 1909, पृ0 487 और आगे।
89. सरकार, डी0 सी0, से0 इं0, II, पृ0 124.
90. दृ0 लाहा0, बी0 सी0, प्रा0 भा0 का ऐ0 भू0, पृ0 363.
81. मजूमदार, एन0 जी0 , इंसक्रिप्शंस ऑफ बंगाल, II, पृ0 109 और आगे।
92. सरकार, डी0 सी0, से0 इं0, II, पृ0 124.
93. ओझा, जी0 एच0, एपि0 इं0, XIV, पृ0 182 और आगे।
94. सरकार, डी0 सी0, से0 इं0, II, पृ0 250.
95. एपि0 इं0, XIV, पृ0 181.
86. सरकार, डी0 सी0, एपि0 इं0, XXXIII, पृ0 315 और आगे।
97. सरकार, डी0 सी0, से0 इं0, II, पृ0 131.
98. सरकार, डी0 सी0, एपि0 इं0, XXXII, पृ0 315.
99. कीलहार्न, एपि0 इं0, I, पृ0 254 और आगे; मिराशी, का0 इं0 इं0, IV, पृ0 240 और आगे।
100. सरकार, डी0 सी0, से0 इं0, II, पृ0 322
101. कीलहार्न, एपि0 इं0, I, पृ0 254 और आगे।
102. साहनी, डी0 आर0, एपि0 इं0, XI, पृ0 22 और आगे।
103. सरकार, डी0 सी0, से0 इं0, II, पृ0 288.
104. एपि0 इं0, XI, पृ0 21–22.
105. शास्त्री, एच0, एपि0 इं0, X, पृ0 95 और आगे।
106. सरकार, डी0 सी0, से0 इं0, II, पृ0 299.
107. एपि0 इं0, X; पृ0 94.
108. साहनी, डी0 आर0, एपि0 इं0, XI, पृ0 22 और आगे।
109. सरकार, डी0 सी0, से0 इं0, II, पृ0 288.

110. एपि0 इं0, XI, पृ0 22.
111. ओझा, जी0 एच0, एपि0 इं0, XIV, पृ0 182 और आगे।
112. सरकार, डी0 सी0, से0 इं0, II, पृ0 250.
113. एपि0 इं0, XI, पृ0 181.
114. कीलहार्न, एपि0 इं0, IV, पृ0 243 और आगे मैत्रेय, ए0 के0, गौड़लेखमाला, पृ0 1 और आगे।
115. सरकार, डी0 सी0, से0 इं0, II, पृ0 64.
116. कीलहार्न, एपि0 इं0, IV, पृ0 243 और आगे।
117. मजूमदार, एन0 जी0, इंसक्रिप्शंस ऑफ बंगाल, बं0, II, पृ0 133 और आगे; सरकार, डी0 सी0, से0 इं0, XXXII, पृ0 315 और आगे।
118. सरकार, डी0 सी0, से0 इं0, II, पृ0 131.
119. दृ0 लाहा0, बी0 सी0, प्रा0 भा0 का ऐ0 भू0, पृ0 422.
120. फ्लीट, का0 इं0 इं0, II, पृ0 294–95.
121. सरकार, डी0 सी0, से0 इं0, II, पृ0 307.
122. फ्लीट, का0 इं0 इं0, II, पृ0 293.
123. सरकार, डी0 सी0, एपि0 इं0, XXXII, पृ0 315 और आगे।
124. सरकार, डी0 सी0, से0 इं0, II, पृ0 131.
125. सरकार, डी0 सी0, एपि0 इं0, XXXII, पृ0 321.
126. सरकार, डी0 सी0, एपि0 इं0, XXXIV, पृ0 23 और आगे।
127. सरकार, डी0 सी0, से0 इं0, II, पृ0 54.
128. एपि0 इं0, XXXIV, पृ0 26.
129. ब्यूहलर, एपि0 इं0, IV, पृ0 210 आगे।
130. सरकार, डी0 सी0, से0 इं0, II, पृ0 221; थपल्याल, के0 के0, इंसक्रिप्शंस ऑफ मौखरीज लेटर गुप्ताज पुष्पभूतिज एंड याशोवर्मन् ऑफ कन्नौज, पृ0 97.
131. हुल्त्स, इं0 एंटि0, XV, पृ0 30 और आगे।
132. सरकार, डी0 सी0, से0 इं0, II, पृ0 80.
133. वही।
134. कीलहार्न, एपि0 इं0, IV, पृ0 100–01.
135. सरकार, डी0 सी0, से0 इं0, II, पृ0 283.
136. कीलहार्न, वही।
137. मजुमदार, आर0 सी0, जे0 आर0 ए0 एस0 बी0, लेटर्स, XI, पृ0 7–8.
138. सरकार, डी0 सी0, से0 इं0, II, पृ0 26.
139. वही, पृ0 27 टि0 5.
140. ब्युहलर, इं0 ऐंटि0, VII, पृ0 79 और आगे; फ्लीट, का0 इं0 इं0, III, पृ0173 और आगे।
141. सरकार, डी0 सी0, से0 इं0, II, पृ0 77.
142. फ्लीट, का0 इं0 इं0, II, पृ0 173.
143. कीलहार्न, एपि0 इं0, IV, पृ0 243 और आगे; मैत्रेय, ए0 के0, गौड़लेखमाला, पृ0 1 और आगे।

144. सरकार, डी0 सी0, से0 इं0, II, पृ064.
145. कीलहार्न, एपि0 इं0, IV, पृ0 243 और आगे।
146. कीलहार्न, एपि0 इं0, II, पृ0 182 और आगे।
147. सरकार, डी0 सी0, से0 इं0, II, पृ0 392.
148. साहनी, डी0 आर0, एपि0 इं0, XI, पृ0 22 और आगे।
149. सरकार, डी0 सी0, से0 इं0, II, पृ0 288.
150. एपि0 इं0, XI, पृ0 22.
151. सरकार, डी0 सी0, एपि0 इं0, XXXV, पृ0 125 और आगे।
152. थपल्याल, के0 के0, इंसक्रिप्शंस ऑफ मौखरीज लेटर गुप्ताज पुष्पभूतिज एंड याशोवर्मन् ऑफ कन्नौज, पृ0 175.
153. सरकार, डी0 सी0, एपि0 इं0, XXXV. पृ0 129.
154. सरकार, डी0 सी0, एपि0 इं0, XXX, पृ0 163–81.
155. सरकार, डी0 सी0, से0 इं0, II, पृ0 373.
156. एपि0 इं0, XXX, पृ0 78.
157. शास्त्री, एच0, एपि0 इं0, XIX, पृ0 17–18.
158. सरकार, डी0 सी0, से0 इं0, II, पृ0 233.
159. शास्त्री, एच0, एपि0 इं0, XIX, पृ0 18 आगे।
160. साहनी, डी0 आर0, एपि0 इं0, XI, पृ0 22 और आगे।
161. सरकार, डी0 सी0, से0 इं0, II, पृ0 288.
162. एपि0 इं0, XI, पृ0 22.
163. मित्रा, आर0 एल0, जे0 ए0 एस0 बी0, XLII, भाग, I, पृ0 314 और आगे; फ्लीट, जे0 एफ0, इं0 एंटि0, XIV, पृ0 103 आगे।
164. सरकार, डी0 सी0, से0 इं0, II, पृ0 279.
165. इं0 एंटि0, XIV, पृ0 102.
166. वही, पृ0 101.
167. इन्द्राजी, भगवानलाल, आर्कि0 स0 इं0, XVI, पृ0 68, 73 और आगे; फ्लीट, का0 इं0 इं0, III, पृ0 215 आगे।
168. सरकार, डी0 सी0, से0 इं0, II, पृ0 50.
169. वही।
170. का0 इं0 इं0, III, पृ0 215.
171. सरकार, डी0 सी0, से0 इं0, XXXVII, पृ0 289 और आगे।
172. सरकार, डी0 सी0, से0 इं0, II, पृ0 92.
173. दृ0 लाहा0, बी0 सी0, प्रा0 भा0 का ऐ0 भू0, पृ0 452.
174. मजूमदार, एन0 जी0, इंसक्रिप्शंस ऑफ बंगाल, III, पृ0 10 60 और आगे; इन्ट्रोड्यूसिंग इंडिया, I, पृ0 81–82.
175. दृ0 लाहा0, बी0 सी0, प्रा0 भा0 का ऐ0 भू0, पृ0 452–53.

176. साहनी, डी0 आर0, एपि0 इं0, XI, पृ0 22 और आगे।
177. सरकार, डी0 सी0, से0 इं0, II, पृ0 288.
178. एपि0 इं0, XI, पृ0 21.
179. कीलहार्न, एपि0 इं0, II, पृ0 305 और आगे।
180. सरकार, डी0 सी0, से0 इं0, II, पृ0 338.
181. कीलहार्न, एपि0 इं0, II, पृ0 305 और आगे।
182. साहनी, डी0 आर0, एपि0 इं0, XIV, पृ0 192 और आगे; सरकार, डी0 सी0, एपि0 इं0, XXXV, पृ0 202 टि0 6.
183. सरकार, डी0 सी0, से0 इं0, II, पृ0 273.
184. सरकार, डी0 सी0, एपि0 इं0, XXXV, पृ0 202.
185. मजूमदार, आर0 सी0, एपि0 इं0, XXV, पृ0 161 और आगे।
186. सरकार, डी0 सी0, से0 इं0, II, पृ0 151.
187. मजूमदार, वही।
188. सरकार, डी0 सी0, एपि0 इं0, XXXIV, पृ0 23 और आगे।
189. सरकार, डी0 सी0, से0 इं0, II, पृ0 54.
190. एपि0 इं0, XXXIV, पृ0 26.
191. कीलहार्न, एपि0 इं0, VI, पृ0 203 आगे; मजूमदार, एन0 जी0, इंसक्रिप्शंस ऑफ बंगाल, III, पृ0 32 और आगे।
192. मजूमदार, एन0 जी0, III, पृ0 16 और आगे।
193. कीलहार्न, एपि0 इं0, II, पृ0 203 आगे।
194. दृ0 लाहा0, बी0 सी0, प्रा0 भा0 का ऐ0 भू0, पृ0 435.
195. फोगेल, आर्कि0 सर्वे ऑफ इंडिया, एन0 रि0 1902–03, पृ0 251 और आगे; ऐंटिक्वटीज ऑफ चंबा स्टेट, फलक, I, पृ0 166 और आगे।
196. सरकार, डी0 सी0, से0 इं0, II, पृ0 426.
197. आर्कि0 सर्वे ऑफ इंडिया, एन0 रि0, 1902–03, पृ0 267.
198. सरकार, डी0 सी0, एपि0 इं0, XXXV, पृ0 125 और आगे।
199. थपल्याल, के0 के0, इंसक्रिप्शंस ऑफ मौखरीज लेटर गुप्ताज पुष्पभूतिज एंड याशोवर्मन् ऑफ कन्नौज, पृ0 175.
200. एपि0 इं0, XXXV, पृ0 129.
201. कीलहार्न, एपि0 इं0, II, पृ0 305 और आगे।
202. सरकार, डी0 सी0, से0 इं0, II, पृ0 338.
203. कीलहार्न, वही।
204. ब्यूहलर, एपि0 इं0, पृ0 72 आगे।
205. सरकार, डी0 सी0, से0 इं0, II, पृ0 224.
206. थपल्याल, के0 के0, इंसक्रिप्शंस ऑफ मौखरीज लेटर गुप्ताज पुष्पभूतिज एंड याशोवर्मन् ऑफ कन्नौज, पृ0 97.

207. ब्लाक, टी0, आर्कि स0 इं0, ए0 रि0, 1908–09, पृ0 157–58.
208. सरकार, डी0 सी0, से0 इं0, II, पृ0 59.
209. वही।
210. दक्षित, के0 एन0, एक्सकेवेशंस ऐट पहाड़पुर, मे0 आर्कि0 स0 इं0, सं0 55.
211. दृ0 लाहा0, बी0 सी0, प्रा0 भा0 का ऐ0 भू0, पृ0 416.
212. वही।
213. एपि0 इं0, XXI, पृ0 97–131.
214. चौधरी, पी0 डी0 और सरकार, डी0 सी0, एपि0 इं0, XXIX, पृ0 145–59.
215. सरकार, डी0 सी0, सं0 इं0, II, पृ0 16.
216. एपि0 इं0, XXIX, पृ0 152.
217. चौधरी, पी0 डी0 और सरकार, डी0 सी0, एपि0 इं0, XXIX, पृ0 145–59.
218. सरकार, डी0 सी0, से0 इं0, II, पृ0 18.
219. एपि0 इ0, XXIX, पृ0 152.
220. थपल्याल, के0 के0, इंसक्रिप्शंस ऑफ मौखरीज लेटर गुप्ताज पुष्पभूतिज एंड याशोवर्मन् ऑफ कन्नौज पृ0 97.
221. कीलहार्न, एपि0 इं0, VI, पृ0 203 आगे; मजूमदार, एन0 जी0, इंसक्रिप्शंस ऑफ बंगाल, III, पृ0 32 और आगे।
222. सरकार, डी0 सी0, से0 इं0, II, पृ0 105.
223. कीलहार्न, एपि0 इं0, पृ0 203 आगे।

अध्याय 7

जातियाँ

आन्ध्र

आन्ध्रों का उल्लेख देवपाल (812–50 ई0) के नालन्दा ताम्रपत्र अभिलेख[1] किया गया है। अभिलेख में उल्लिखत सूचना के अनुसार देवपाल ने स्वर्णद्वीप के शासक बालपुत्रदेव के आग्रह पर बौद्धमठ के निमित्त किये गये दान के सन्दर्भ में अन्य जातियों के साथ–साथ आन्ध्रों को भी सूचित किया था।[2]

विभिन्न साहित्यिक स्रोतों से आन्ध्रों के विषय में पर्याप्त सूचना प्राप्त होती है। विंसेंट स्मिथ के अनुसार आंध्रलोग द्रविड़ जाति के थे जो कृष्णा तथा गोदावरी नदी के डेल्टा में निवास करने वाले तेलगु–भाषी लोगों के पूर्वज थे।[3] कतिपय विद्वानों का विश्वास है कि आंध्र लोग मूलतः विन्ध्य क्षेत्र के एक कबीले थे।[4] धीरे–धीरे इन्होंने अपना राजनैतिक विस्तार पश्चिम से पूर्व की ओर गोदावरी एवं कृष्णा नदी की घाटियों में स्थित क्षेत्रों तक बढ़ा लिया।[5] रामायण[6] के किष्किंधाकांड के अनुसार आन्ध्र लोग गोदावरी से संबधित थे। महाभारत[7] में आन्ध्रों को दक्षिणापथ में स्थित बताया गया है। योगवासिष्ठ महारामायण में आन्ध्रों का उल्लेख द्रविणों के साथ किया गया है।[8]

अशोक के तेरहवें शिलालेख में आन्ध्रों का उल्लेख एक अधीनस्थ राज्य के रूप में हुआ है। जातक[9] में आन्ध्रदेश का वर्णन है, जिसके अनुसार तक्षशिला से अपनी शिक्षा समाप्त कर एक तरुण–ब्रह्मण व्यवहारिक ज्ञान की प्राप्ति हेतु वहाँ गया था। प्लिनी के अनुसार आन्ध्रों के

पास असंख्य गाँव, प्राचीरों और मीनारों से संरक्षित तीस नगर तथा पैदल, घुड़सवार व हाथियों से सुसज्जित एक विशाल सेना थी।[10] मार्कण्डेय पुराण[11] में आन्ध्रों दाक्षिणात्य जन कहा गया है। अभिलेखों से ज्ञात होता है कि आंध्र लोग गोदावरी–कृष्णा की घाटी में बसे हुए थे। सातवाहन शासकों को पुराणों में आन्ध्र या आन्ध्र–भृत्य कहा गया है, जिन्होंने आन्ध्रदेश कहलाने वाले क्षेत्रों के साथ ही समीपस्थ क्षेत्रों पर भी शासन किया था।[12] आन्ध्र लोग निर्भीक एवं भावुक कहे जाते थे। इनका वर्णन ऐतरेय ब्राह्मण[13] एवं शतपथ ब्राह्मण में किया गया है। पल्लव शासक शिवस्कन्दवर्मन् के मयिडावेलु अभिपत्रों के अनुसार आन्ध्रों का विस्तार क्षेत्र कृष्णा जिले तक था। इसकी राजधानी धनकड़ या बेजवाड़ा थी।[14] एक अन्य उल्लेख के अनुसार आन्ध्रों की प्राचीनतम् राजधानी अन्धपुर थी जो तेलवाह नदी के तट पर स्थित थी और जिसे संभवतः तेलिंगिरि से समीकृत किया जाता है।[15] ईश्वरवर्मन् के जौनपुर अभिलेख से ज्ञात होता है कि उसने आन्ध्रों को पराजित किया था।[16] चीनी स्रोतों में आन्ध्रों के देश को अन–ता–लो कहा गया है तथा इस देश की परिधि 300 ली बतायी गयी है।[17]

उड्र

उड्रों का उल्लेख ललितशूर के पांडुकेश्वर ताम्रपत्र अभिलेख[18] (854 ई0) में किया गया है। उड्रों का उल्लेख करते हुए अभिलेख में कहा गया है कि परमभट्टारक परमेश्वर महाराजाधिराज ललितशूर ने अपने समस्त सैनिक–असैनिक व नियमित–अनियमित कर्मचारियों को देन्दुवाक नामक व्यक्ति के अधिकार और थप्पलसारि न्यायिक इकाई के अन्तर्गत आने वाली भूमि (जो कि कार्तिकेयपुर विषय का भाग थी) गरुड़ाग्राम, में भगवान नारयण भट्टारक के निमित्त दान करने की सूचना दी थी। उपरोक्त सूचना गौड़ों, हूणों आदि के साथ उड्रों को भी प्रदत्त की गयी थी।[19]

महाकाव्यों में उड्रों को मेखल, कलिंग, आन्ध्र तथा पौण्ड्रों के साथ उल्लिखित किया गया है।[20] उड्रों का सर्वप्रथम उल्लेख मानव धर्मशास्त्र के एक श्लोक में प्राप्त होता है। पालि साहित्य अवदान में ओड्डका को उड्र या ओड्र का पर्याय माना गया है।[21] प्लिनी ने अपनी नेचुरल हिस्ट्री में ओरेटीस का उल्लेख भारत के उन लोगों की श्रेणी में किया है जिनका देश मलेयस पर्वत पर स्थित मोनेडीस और स्वैरि के मध्य था। कनिंघम ने अन्तिम दो की पहचान मुण्डों तथा स्वैरों से की है तथा उन्होंने ओरेटीस को उड़ीसा का निवासी बताया है। किन्तु यहाँ यह स्मरण रखना आवश्यक है कि हम इस आधार पर ही यूनानी आरेटों को संस्कृत के ओड्रों, उड्रों या औड्रदेश से निश्चित रूप से समीकृत नहीं कर सकते हैं।[22] ब्रह्मपुराण[23] के अनुसार औड्रों का विस्तार उत्तरी भाग से लेकर ब्रजमण्डल (जयपुर), (जिसके तीन क्षेत्र पुरुषोत्तम या श्रीक्षेत्र, सवितु या आर्कक्षेत्र और विरजाक्षेत्र सम्मिलित थे) तथा वैतरणी नदी से प्लावित क्षेत्रों तक था। किन्तु यह काफी आश्चर्यजनक है कि यहाँ से प्राप्त प्रारंभिक आभिलेखों में उड्रों या इनके देश का कोई उल्लेख नहीं मिलता है।

ह्वेनसांग के विवरण के अनुसार उड्रों के देश का विस्तार 7000 ली0 से अधिक की परिधि में था तथा इसकी राजधानी 20 ली से अधिक विस्तृत थी। यहाँ के लोग हिंसक स्वभाव, लम्बे और काले रंगवाले थे। उनकी भाषा मध्य भारत के निवासियों से अलग थी। यहाँ के छात्र अध्ययनप्रिय तथा अधिकांशतः बौद्धानुयायी थे। यहाँ लगभग 100 बौद्ध आश्रम थे जो सभी महायान संप्रदाय से संबंधित थे। यहाँ मंदिरों का भी अस्तित्व था। सभी संप्रदाय के लोग आपस में मिल–जुल कर रहते थे। इस देश के दक्षिण–पूर्व में समुद्र के किनारे चे–ता–लो या चरित्रपुर (पुरी) नगर स्थित था। यह लगभग 20 ली से अधिक क्षेत्रफल में बसा हुआ था, और सुदूर प्रदेशों तथा समुद्री व्यापारियों के लिए एक प्रमुख केन्द्र तथा विश्राम स्थल था।[24]

समकालीन श्रोतों के अनुसार लगभग एक शताब्दी बाद औड्र देश में अराजकता फैल गयी जिसे मात्स्य न्याय के रूप में वर्णित किया गया है। प्रसिद्ध तिब्बती लेखक तारनाथ ने लिखा है कि ओडिविश, वंग तथा पाँच अन्य देशों ने अपने आपको अराजक राजनीतिक स्थिति में पहुँचा दिया था। इससे बचने के लिये उन्होने गोपाल नामक एक व्यक्ति को राजा के रूप में चुना। तारनाथ द्वारा वर्णित ओडिविश निश्चय ही ओड्र विषय का विकृत रूप माना जा सकता है। ओडिविश का वर्णन पुनः तारनाथ ने देवपाल के शासन के अन्तर्गत किया है जिसे उसने अपने राज्य में पहले वारेन्द्र तथा बाद में ओडिविश के रूप में सम्मिलित कर लिया था।[25] राजेन्द्रचोल के शासनकाल के 13वें वर्ष के तिरुमलाई प्रस्तर अभिलेख के अनुसार उसने अपने उत्तरी अभियान के समय ओड्ड–विषय को अपनी सेना द्वारा सील कर दिया था। इस ओड्ड–विषय की पहचान निश्चित रूप से ओड्र विषय से की जा सकती है। इससे पूर्व चोलनरेश राजराज ने भी स्वयं को ओड्ड देश का विजेता कहा है। ओड्ड–विषय की पहचान स्पष्ट रूप से वर्तमान संपूर्ण उड़ीसा राज्य से की जा सकती है।[26]

उत्कल

उत्कलों का उल्लेख श्रीचन्द्र (925–76 ई0) के पश्चिमभाग ताम्रपत्र अभिलेख[27] में हुआ है। अभिलेख से प्राप्त सूचना के अनुसार श्रीचन्द्र की सैनिक सफलता ने यवनों, हूणों तथा उत्कलों की महिलाओं को तनावग्रस्त कर दिया था।[28]

नारायणपाल के भागलपुर दानपत्र के अनुसार पालवंशी जयपाल के आने की सूचना पर उत्कलों का कोई शासक अपनी राजधानी छोड़कर भाग गया था।[29] गुडवमिश्र कालीन बादल स्तंभलेख के अनुसार देवपाल ने गुर्जर एवं द्रविड़ राजाओं के घमंड को चूर–चूर कर, हूणों के मानमर्दन तथा उत्कलों की प्रजाति नष्ट करने में सफलता प्राप्त की थी।[30] महाशिवगुप्त ययाति के सोनपुर दानपत्र में उत्कलों के देश को कलिंग एवं कंगोद से भिन्न बताया गया है।[31] महाभारत में उत्कलों का उल्लेख करते हुए इनकी स्थिति को मेंखलों या मेंकलों के क्षेत्र को स्पर्श करते हुए दर्शाया गया है।[32] उत्कलों का उल्लेख योगवासिष्ठ महारामायण में भी किया गया है जिसके अनुसार ये लोग वर्तमान उड़ीसा राज्य में निवास करते थे।[33]

वैदिक साहित्य उत्कलों की स्थिति का वर्णन नहीं करता किन्तु पुराणों, महाभारत एवं रघुवंश के अनुसार ये लोग विन्ध्यक्षेत्र में स्थित थे।[34] परवर्ती कालीन शक्तिसंगमतंत्र में उत्कलों तथा मेंखलों का साथ–साथ उल्लेख करते हुए इन्हें जगन्नाथ प्रदेश में स्थित कहा गया है।[35] कतिपय विद्वानों के अनुसार उत्कलों को द्रविड़ भाषा के ओक्कल (किसानों) का पर्याय मानते हुए उनका परिवर्धित रूप कहा गया है। इनका उल्लेख बुद्धकालीन इतिहास में भी प्राप्त होता है।[36] संभवतः उत्कल शब्द शबरों एवं द्रविड़ ब्राह्मणों का परिवर्ती स्वरूप है।[37]

महाकाव्यों में उत्कलों को उड्र, मेंखल, कलिंग और आन्ध्रों से संबंधित बताया गया है।[38] द्रोणपर्व के आधार पर ज्ञात होता है कि कर्ण ने मेंखलों, पौंड्रों, कलिंगों, आंध्रों आदि के साथ उत्कलों को भी जीता था।[39] अपनी वानर सेना को सीता की खोज में भेजने के सन्दर्भ में सुग्रीव ने सुषेण से अपने गुप्तचरों के दक्षिण के देशों, मेंखल, दर्शाण तथा उत्कल में भेजने का निर्देश दिया था।[40] पालिग्रंथ सुत्तपिटक के अवदान तथा खुद्दकनिकाय में ओक्कल या उक्कला अथवा उत्कल को मेंखलों से संबद्ध एक जाति के रूप में वर्णित किया गयाहै।[41] दक्षिण में उत्कलों का विस्तार निश्चित रूप से कलिंगों की सीमा तक था। इसी आधार पर पार्जिटर ने उत्कलों को स्पष्ट रूप से छोटा नागपुर के दक्षिण भाग से संबद्ध किया है।[42] मार्कण्डेय पुराण में उत्कलों को कुरुषों, केरलों, उत्तमणों, तथा दशार्णों के साथ विंध्य पर्वत का निवासी बताया गया है।[43] मोटे तौर पर उत्कलों को विंध्य का निवासी ही माना जाता है। वैसे भी छोटा नागपुर पहाड़ी केवल विंध्य पर्वतमाला का विस्तार मात्र है।

प्रामाणिक ऐतिहासिक काल में भी हमें उत्कलों का एक जन के रूप में कोई उल्लेख नहीं प्राप्त होता है, यद्यपि बाद के उल्लेख और साहित्यिक स्रोतों में उत्कल देश या उत्कल विषय के अनेक सन्दर्भ मिलते हैं। उत्कल देश का उल्लेख संभवतः उत्कल जनों का ही संकेत करता है। बारहवी शदी ई0 के गोविन्दचन्द्र गाहड़वाल के एक लेख में बौद्ध विद्वान शक्रादित्य का उल्लेख मिलता है, जो उत्कल देश का निवासी था। बौद्ध साहित्य से उत्कलों या ओक्कलों के विषय में कुछ दिलचस्प सूचनाएँ प्राप्त होती हैं। तपुस्स और भल्लिक नामक दो व्यापारी उत्कल से बुद्ध को मिलने जा रहे थे जो उरुवेला के निकट राजायन वृक्ष के नीचे विराजमान थे।[44] उनके रिश्तेदारों ने उनसे कहा कि वे आशीर्वाद स्वरूप भोजन ग्रहण करें। एक ने पहले इसे स्वीकार करने से मना कर दिया किन्तु बाद में इसे ग्रहण कर लिया और दोनों उनके शिष्य हो गये।[45] उन दोनों धनी व्यापारियों ने पाँच सौ गाड़ियों के साथ उत्कल से मज्झिम देश का भ्रमण किया था।[46]

कर्णाट

कर्णाटों का उल्लेख देवपाल (812–50 ई0) के नालन्दा ताम्रपत्र अभिलेख[47] में हुआ है। कर्णाटों का उल्लेख करते हुए अभिलेख में कहा गया है कि देवपाल ने स्वर्णद्वीप नरेश बालपुत्रदेव के आग्रह पर किये गये कतिपय ग्रामों के दान के सन्दर्भ में अपने अधिकारियों, पुरोहितों तथा अन्य जाति प्रमुखों के साथ कर्णाटों को भी सूचित किया था।[48]

कर्णाट लोग कन्नड भाषा बोलते थे।[49] इम्पीरियल गजेटिअर ऑफ इंडिया[50] तु0 जर्नल ऑफ रॉयल एशियाटिक सोसायटी के अनुसार कर्णाट लोग प्राचीन समय में राजनीतिक आधार पर कर्नाटक (मैसूर) के समीपवर्ती क्षेत्रों में रामनद से श्रीरंगपट्टम तक बसे हुए थे। सरकार महोदय के अनुसार दक्षिण भारत में प्राचीन ब्राह्मण समाज पाँच वर्गों में बंटा हुआ था, जिन्हें पंच–द्रविड़ कहा जाता था। इसके अन्तर्गत कर्णाट लोग भी सम्मिलित थे जो कन्नड़ भाषा का प्रयोग करते थे।[51] पार्जिटर की सूचना है कि कर्णाट लोग दक्षिण–पश्चिम में विस्तृत ब्रिटिश कालीन निजाम के क्षेत्र तथा पश्चिम की ओर घाटों तक एवं दक्षिण में नीलगिरी की पहाड़ियों तक फैले हुये क्षेत्र में बसे थे।[52] कर्णाटों के विषय में मुस्लिम तथा अंग्रेज लेखकों ने अनेक भ्रमपूर्ण विचार भी व्यक्त किये हैं।[53]

लगभग ग्यारहवीं–बारहवीं शाताब्दी में कर्णाटों ने मिथिला में एक नवीन साम्राज्य की स्थापना की थी जिसका संस्थापक नान्यदेव था। इसने चालुक्य शासक विक्रमादित्य–VI की मदद से 1068 ई0 में कैवर्तों के विद्रोह के कारण स्वयं को पालों से स्वतंत्र कर श्रीरॉमपुर में अपनी राजधानी स्थापित की थी। इसका संघर्ष गोविन्दचन्द्र गाहड़वाल के साथ हुआ था।[54] कर्णाटों के इस राज्य का अन्त मुहम्मद तुगलक के आक्रमण के समय हो गया।[55] देवपाल के उत्तराधिकारियों द्वारा कर्णाटों को अपनी सेना में नियुक्त किये जाने का उल्लेख मिलता है।[56] मजूमदार[57] के अनुसार ग्यारहवीं शदी के तृतीय चरण में बंगाल के पालों को चालुक्य विक्रमादित्य–VI तथा कर्णाटों के संघ से अथवा चालुक्य कर्ण से संघर्ष करना पड़ा था। देवपाढ़ा अभिलेख[58] में कहा गया है कि बंगाल के सेनों ने स्वयं को कर्णाट क्षत्रिय माना है।[59] मजूमदार तथा डी.सी. गांगुली ने एक नाटक से प्राप्त उल्लेख के आधार पर (हरप्रसाद शास्त्री की खोज पर आधारित) उसमें वर्णित महीपाल को बंगाल का शासक स्वीकार करते हुए उससे पराजित कर्णाटों को चोल बताया है।[60]

किरात

किरात का उल्लेख भोज–I (836–85 ई0) के ग्वालियर प्रस्तर अभिलेख[61] में किया गया है। किरातों का उल्लेख करते हुए अभिलेख में कहा गया है कि वत्सराज के पुत्र नागभट्ट–I ने आन्ध्र, सिंधु ,विदर्भ और कलिंग के शासकों को पराजित कर चक्रायुध और वंगनरेश (धर्मपाल) को युद्धक्षेत्र से खदेड़ दिया था। तत्पश्चात् उसने आनर्त, मालव, तुरुष्क, वत्स, मत्स्य और किरातों के गिरिदुर्गों पर अधिकार स्थापित कर लिया।[62]

किरातों का उल्लेख विभिन्न प्राचीन भारतीय ऐतिहासिक स्रोतों में प्राप्त होता है। योगवासिष्ठ महारामायण के निर्वाण प्रकारण में हूणों, चीनों के साथ ही किरातों का भी वर्णन प्राप्त होता है।[63] महाभारत के भीष्मपर्व में जिन जातियों के साथ हूणों का वर्णन प्राप्त होता है, उसी वर्णन क्रम में आगे के श्लोकों में किरातों का उल्लेख भी मिलता है।[64] यजुर्वेद, अथर्ववेद, ऐतरेय ब्राह्मण, बाजसनेयी संहिता एवं महाभारत काल में किरात लोग दासों के रूप में प्रसिद्ध थे।[65] किरातों का वर्णन बौद्ध ग्रंथ मिलिन्दपञ्हों में भी प्राप्त होता है।[66] मनु

ने किरातों को अनार्य कहा है।[67] वराहमिहिर, कालिदास तथा भारवि ने अलग–अलग संदर्भों में किरातों का वर्णन किया है।[68]

किरातों के देश का नाम कैकट बताया गया है तथा ये विंध्य पर्वतक्षेत्र के निवासी थे।[69] योगवासिष्ठ महारामायण में किरातों को अंग जन से पराजित वायव्य तथा मध्य–पूर्व का निवासी कहा गया है।[70] इसी ग्रंथ में अंगों द्वारा किरातों पर आक्रमण करने का लोभ[71] तथा उनके निचले पहाड़ी क्षेत्रों का निवासी होने का वर्णन भी प्राप्त होता है।[72] पुराणों के अनुसार ये पूर्व दिशा से आये थे। किन्तु कतिपय पुराण इन्हें उत्तर दिशा से आया हुआ बताते हैं।[73] किरातों की ही एक शाखा का नाम हेमजात मिलता है।[74] टॉलेमी ने किरातों के देश को उत्तरापथ में स्थित बताया है।[75] इनके संनिवेश पूर्वी क्षेत्र में भी थे। टॉलेमी ने किरातों के देश को किरहैडिया कहा है।[76] प्लिनी एंव मेगस्थनीज ने किरातों का उल्लेख स्कीराइट्स नाम से किया है।[77] मेगस्थनीज के अनुसार किरात लोग खानाबदोश जीवन व्यतीत करते थे। श्रीमद्भागवत[78] में किरातों को आर्यक्षेत्र से बाहर का निवासी बताया गया है। पर्जिटर ने किरातों के देश को प्राग्ज्योतिष की सीमा से संबद्ध करते हुए उन्हें पूर्वी समुद्र तट का निवासी बताया है।[79] निमिखों की सत्ता के पतन के पश्चात सूर्य एवं चन्द्रवंशियों से किरातों की उत्पत्ति हुई और उनकी पश्चिम दिशा में बढ़ती हुई शक्ति को गुप्तकाल में लिच्छवियों द्वारा अवरुद्ध कर दिया गया था।[80] बी0 एन0 श्रीवास्तव के अनुसार तिब्बती–चीन जातियाँ अपने संपूर्ण रूप में साहित्य में चीन एवं किरातों के नाम से उल्लिखित हैं।[81] बॉशम का भी विचार है कि किरातों को हिन्द–चीन कहा जाता था तथा उनका इतिहास तीन हजार वर्षों से भी अधिक पुराना है।[82] भारतीय सहित्य में किरातों को जंगली या पाशविक तथा अनार्य कहा गया है।[83] उत्तरापथ के किरातों को शिकारी तथा लोभी पुरुष जैसी हिंसक प्रवृत्ति वाली आपराधिक जातियों के रूप में तिरष्कृत किया गया है।[84] मानसरोवर के निकट के क्षेत्र–कैलास, मन्दार, और हैम, किरातों के प्रमुख निवास स्थल के रूप में प्रसिद्ध थे।[85]

कुरु

कुरुओं का उल्लेख धर्मपाल (775–812 ई0) के खालीमपुर ताम्रपत्र अभिलेख[86] में हुआ है। अभिलेख से प्राप्त सूचना के अनुसार धर्मपाल द्वारा कान्यकुब्ज में अयोजित दरबार में अन्य जातियों के साथ कुरुजन भी सम्मिलित हुए थे। इन्होंने चक्रायुद्ध को कन्नौज का शासक स्वीकार कर लिया था।[87]

कुरुजन प्राचीन भारत के प्रसिद्ध कबीलों में एक थे। कुरू लोग प्राचीन भारतीय इंडो–आर्यन क्षत्रिय जातियों में अग्रगण्य थे किन्तु ऋग्वेद में इन्हें प्रमुख जनों में सम्मिलित नहीं किया गया है।[88] रैप्सन ने विचार प्रकट किया है कि ऋग्वैदिक भरत और कुरुओं के सम्मिलन से वे कुरुक्षेत्र के निवासी कहलाये। भरत जन जो कि इस देश में ऋग्वैदिक काल से सरस्वती नदी के तट पर बसे हुए थे, वे कुरुओं से संबद्ध हो गये और वह संपूर्ण क्षेत्र कुरुक्षेत्र (कुरुओं का देश) कहा गया।[89] ब्राह्मण साहित्य में कुरुओं की गणना प्राचीन भारत

की महान क्षत्रिय जातियों में की गयी है। यहाँ प्रायः इन्हें पांचालों से संबद्ध कर कुरू–पांचाल के रूप में उस देश का निवासी कहा गया है,जहाँ पर कुछ प्रमुख ब्राह्मण साहित्य का संकलन किया गया था। ब्राह्मणों और प्रमुख उपनिषदों के संकलन के समय (800–600 ई0 पू0) में प्रमुख राजनैतिक शक्ति दिल्ली क्षेत्र के कुरु और पांचाल राज्यों में केन्द्रित थी।[90] रैप्सन ने कुरुओं द्वारा विजित क्षेत्रों का संकेत करते हुए कहा है कि कुरुओं ने निश्चित रूप से दोआब का उत्तरी भाग अथवा गंगा व यमुना का मध्यवर्ती भाग, पूर्व में उत्तरी पांचाल तक तथा दक्षिण में दक्षिणी पांचाल तक विजित कर लिया था।[91] भगवतगीता सन्दर्भ में ही कुरु प्रदेश को धर्म क्षेत्र या पवित्र भूमि कहा गया है।[92] बौद्ध साहित्य में कुरुओं का पृथक उल्लेख करते हुए उन्हें पांचालों से संबद्ध किया गया है।[93]

कुरुओं की उत्पत्ति के सन्दर्भ में उल्लेख मिलता है कि जंबूद्वीप के मांधाता नामक एक चक्रवर्ती नरेश ने पूर्व–विदेह, अपरगोयन और उत्तर–कुरु देशों पर विजय प्राप्त की थी। वहाँ से वापस लौटते समय बहुत बड़ी संख्या में उन देशों के निवासियों ने मांधाता के साथ जंबूदेश के लिये प्रस्थान किया। यहाँ आकर जिस स्थान पर वे लोग बसे, कालान्तर में वह स्थान कुरुराष्ट्र कहलाया।[94] जातक[95] में कुरु प्रदेश को 300 लीग विस्तृत बताया गया है जिसकी राजधानी इन्द्रप्रस्थ सात लीग विस्तृत थी। मनुसंहिता[96] में कुरु तथा अन्य संबंधित जनों के देश को ब्रह्मर्षियों का पवित्र देश कहा गया है। छठी शताब्दी ई0 पू0 में वर्णित सोलह महाजनपदों की श्रेणी में कुरुओं का भी प्रदेश सम्मिलित था। अंगुत्तर निकाय में भी कुरुओं को जंबूद्वीप के प्रमुख देशों या सोलह महाजनपदों में से एक कहा गया है। यह एक धन–धान्य से, समृद्ध प्रदेश था।[97] महाभारत[98] के अनुसार संभवतः कुरुओं का देश तीन भागों में विभक्त था– कुरुक्षेत्र, कुरुदेश एवं कुरु–जांगल। महाभारत[99] तथा रामायण[100] के अनुसार कुरुओं के कर्षित क्षेत्र के अन्तर्गत कुरुक्षेत्र में यमुना के पश्चिम का समस्त भाग तथा सरस्वती व दृषद्वती नदियों के मध्य की पवित्र भूमि सम्मिलित थी। कुरुओं के अनुपजाऊ क्षेत्रों में कुरु देश में कुरु–जांगल जो उनके राज्य के पूर्व दिशा में स्थित था और जिसमें गंगा और उत्तरी–पांचाल के मध्यवर्ती क्षेत्र सम्मिलित थे, उल्लिखित है।[101] कौरव–पांडवों के मध्य होने वाला सुप्रसिद्ध महाभारत का युद्ध इसी कुरुक्षेत्र में लड़ा गया था जिसमें एक या दूसरे पक्ष से विभिन्न राज्यों एवं कबीलों ने भाग लिया था।[102] महाभारत[103] के अनुसार यह युद्ध कुरु–कबीलों के साथ कुरुक्षेत्र में लड़ा गया था। भगवद्गीता और भागवतपुराण[104] में कुरुदेश को धर्मक्षेत्र के रूप में वर्णित किया गया है। स्कन्दपुराण[105] में भी इसे एक पवित्र स्थल कहा गया है। कुरुओं का देश अथवा वर्तमान दिल्ली क्षेत्र कौरवों और पांडवों के मध्य संघर्ष के लिये भी प्रसिद्ध है। महाकाव्य के वर्तमान स्वरूप से ज्ञात होता है कि भारतवर्ष के समस्त राज्यों ने एक या दूसरे पक्ष से इस युद्ध में भाग लिया था।[106] मध्यदेश के कुरुओं के अतिरिक्त इनका उल्लेख एक अन्य शाखा उत्तर–कुरु के सन्दर्भ में भी मिलता है। ऐतरेय ब्राह्मण में इन्द्र के महाभिषेक अध्याय के अन्तर्गत उत्तर–कुरु देश का उल्लेख किया गया है। महाकाव्य और परवर्ती साहित्य में उत्तर–कुरुओं को ऐतिहासिक जनों में सम्मिलित किया

गया है। इन्हें हिमालय क्षेत्र के बाहर स्थित कहा गया है। जिमर के अनुसार उत्तर–कुरु जन कश्मीर में निवास करते थे। कुरुओं की प्राचीन राजधानी हस्तिनापुर उत्तर–प्रदेश के मेरठ जनपद के अन्तर्गत गंगा नदी के तट पर स्थित थी। दिल्ली के निकट आधुनिक इन्द्रपरिधि से उनकी दूसरी राजधानी इन्द्रपस्थ की पहचान की गयी है। उत्तराध्ययन–सूत्र में वर्णित एक प्राचीन गाथा के अनुसार इशुकार (प्राकृत में उसुयार अथवा इसुयार) स्वर्ग सदृश सुन्दर और प्रसिद्ध नगर, कुरु देश में स्थित था।[107] बौद्धकाल काल में अन्य कई नगर भी कुरु देश में प्रसिद्ध थे। कुरु राज्य में कोई भी बौद्ध विहार नहीं था। कुरुदेश में रहने वाले भिक्षु–भिक्षुणिओं, उपासक और उपासिकाओं का स्वास्थ्य अच्छा था और उनका मस्तिक हमेशा अच्छी जलवायु व मौसम के कारण धार्मिक सत्य को ग्रहण करने हेतु तत्पर रहता था।[108] बौद्ध साहित्य कुरुदेश और इनकी रानियों तथा प्रजा की भूमिका वाली अनेक कहानियों से परिपूर्ण है।

वैदिक साहित्य में प्रारंभिक कुरु राजाओं का उल्लेख किया गया है। महाकाव्य काल में भी प्रारंभिक कुरु राजाओं का उल्लेख किया गया है। महाकाव्य काल में भीम द्वारा राजगृह में मगध सम्राज्य के शासक और कौरवों की लघु शाखा से संबंधित सम्राट जरासंध का विनाश कर देने के पश्चात् कुरु, उत्तर भारत की सर्वप्रमुख शक्ति हो गये थे। महाभारत के आदि पर्व में कुरुओं की उत्पत्ति से संबंधित कहानी वर्णित है। इसमें पुरु द्वारा स्थापित राजवंश को पौरव राजवंश कहा गया है।[109] पुरु के दशवें वंशज संवरण को पांचालों द्वारा पराजित होने पर सपत्नीक पुत्रों तथा मंत्रियों सहित जंगल में सिंधु नदी के तट पर शरण लेनी पड़ी थी। अपने पुरोहित ऋषि वशिष्ठ की सहायता से उसे पुनः अपना राज्य प्राप्त हो गया। उसे सूर्य की पुत्री ताप्ति से एक पुत्र उत्पन्न हुआ जिसका नाम कुरु था। प्रजा ने कुरु के अच्छे गुणों के कारण उसे राजा चुना। राजा कुरु के कारण ही यह भाग कुरुक्षेत्र या कुरुदेश के नाम से प्रसिद्ध हुआ।[110] कुरु का उत्तराधिकारी दुष्यंत हुआ जिसकी पत्नी एक मछुवारे की दत्तकपुत्री, सत्यवती (मत्स्यगंधा) से विचित्रवीर्य नामक एक पुत्र हुआ। विचित्रवीर्य निःसन्तान मृत्यु को प्राप्त हो गया। विचित्रवीर्य की माता की प्रार्थना पर व्यासदेव ने उसकी पत्नी को दो पुत्रों का आशीर्वाद दिया जिनका नाम धृतराष्ट्र और पाण्डु हुआ। धृतराष्ट्र का विवाह गांधारी से हुआ जिससे सौ पुत्र उत्पन्न हुये और वे कौरव कहलाये।[111] पाण्डु के पाँच पुत्र हुए जो पाण्डव कहे गये। विष्णुपुराण[112] में कुरु से लेकर दुर्योधन तक की वंशावली दी गयी है। भागवतपुराण[113] में शांतनु के पश्चात विचित्रवीर्य, तत्पश्चात् धृतराष्ट्र और पाण्डु का उल्लेख मिलता है। कुरु शाखाओं के मध्य हुये प्रसिद्ध महाभारत के युद्ध के पश्चात् युधिष्ठिर कुरु वंश के शासक बने।[114] चतुर्थ शताब्दी ई0 पू0 से कुछ पहले कुरुओं की राजतंत्रात्मक शासन प्रणाली गणतंत्र में परिवर्तित हो गयी थी। कौटिल्य के आधार पर हमें ज्ञात होता है कि कुरु निगम को राजा की उपाधि मिली थी।[115] परवर्ती काल में कुरुओं का राजनैतिक क्षेत्र में कतिपय योगदान नवीं शताब्दी ई0 में दिखालायी पड़ता है जब धर्मपाल ने अन्य पड़ोसी शाक्तियों के साथ चक्रायुद्ध को कन्नौज का शासक बनाने हेतु कुरुओं से भी सहमति प्राप्त

की थी।[116] उपरोक्त विवरणों के आधार पर स्पष्ट होता है कि विभिन्न कालान्तरों में कुरुओं ने भारतीय राजनीति को अपनी महत्वपूर्ण उपस्थिति से प्रभावित किया था।

कंबोज

कंबोजों का उल्लेख देवपाल (812–50 ई0) के नालंदा ताम्रपत्र अभिलेख[117] में किया गया है। अभिलेख से प्राप्त सूचना के अनुसार धर्मपाल के रन्नादेवी से उत्पन्न पुत्र देवपाल ने विंध्यपर्वत तक अपना विजय अभियान किया तथा वहाँ से कंबोजो के देश गया और हिमालय तक के समस्त क्षेत्र पर अपना अधिकार कर लिया।[118]

कंबोजों का उल्लेख विभिन्न भारतीय साहित्यिक स्रोतों में प्राप्त होता है। संभवतः कंबोज जन वैदिक युगीन प्राचीन कबीलों में से एक थे। ऋग्वेद में कंबोजो का उल्लेख नहीं मिलता है, किन्तु अप्रत्यक्ष स्रोतों के आधार पर कहा जा सकता है कि कंबोज की गणना ऋग्वैदिक कालीन वैदिक आर्यों में की जाती थी।[119] दारा–I ने अपने भारत अभियान के क्रम में उन पर अधिकार कर लिया था। कंबोज प्राचीन फारसी अभिलेखों में वर्णित कंबुजीयों से समीकृत किये जाते हैं, जो सिंधु नदी के पश्चिमोत्तर में बसे हुये थे।[120] छठी शताब्दी ई0 पू0 में कंबोजों का उल्लेख एक महाजनपद के रूप में प्राप्त होता है।[121] जातकों[122] में कहा गया है कि कंबोज लोग अपनी मौलिक आर्य–परंपरा और संस्कृति को भूलकर बर्बर हो गये थे।

कंबोज का उल्लेख पाणिनि ने अपनी अष्टाध्यायी[123] तथा पतंजलि ने अपने महाभाष्य[124] में किया है। कंबोजों का उल्लेख अशोक के पांचवें शिलालेख में हुआ है जहाँ इन्हें पश्चिमी हिमालय क्षेत्र का निवासी कहा गया है।[125] लयूडर्स की तालिका[126] में कंबोजों के एक नगर का उल्लेख है जिसका नाम नंदिपुर था। महाभारत[127] के भीष्मपर्व में कहा गया है कि कंबोजों का निवास स्थान उत्तर में था। भागवत पुराण[128] में कंबोज का उल्लेख एक देश के रूप में किया गया है। कंबोज देश अपनी अच्छी नस्ल के घोड़ों के लिए प्रसिद्ध था।[129] कालिदास कृत रघुवंश[130] में रघु द्वारा कंबोजों की पराजय का उल्लेख किया गया है। ह्वेनसांग के अनुसार कंबोज लोग व्यक्तिगत रूप से सादे तथा रुक्ष हिंसात्मक प्रवृत्ति के थे। जो मूल रूप से भारत देश के निवासी न होकर सीमावर्ती कबीलों से संबंधित हीन जाति के थे।[131]

रीज डेविड्स के अनुसार कंबोजों का देश सुदूर पश्चिमोत्तर में स्थित था जिसकी राजधानी द्वारका थी।[132] पेटवत्थु[133] के आधार पर ज्ञात होता है कि कंबोजों का देश द्वारका से संबंधित एक सार्थ–पथ पर स्थित था। विंसेंट स्मिथ के अनुसार कंबोजों का देश तिब्बत या हिन्दुकुश पर्वतों के मध्य स्थित था। कतिपय अन्य विद्वानों ने कंबोज को वर्तमान गुजरात और सिंध के निकट स्थित बताया है।[134] इलियट के अनुसार भी कंबोज एक अज्ञात जन थे जो संभवतः तिब्बत अथवा उसके सीमावर्ती क्षेत्रों के निवासी थे।[135] सासनवंश[136] के अनुसार मोटे तौर पर कंबोज लोग पश्चिमोत्तर सीमावर्ती प्रान्त हजारा एवं राजौरी (प्राचीन राजपुर) के समीप स्थित थे।

खस

खसों का उल्लेख देवपाल (812–50 ई0) के नालन्दा ताम्रपत्र अभिलेख[137] में हुआ है। खसों का उल्लेख करते हुए अभिलेख में कहा गया है कि देवपाल ने स्वर्णद्वीप के शासक बालपुत्रदेव के आग्रह पर कतिपय ग्रामों का दान बौद्ध मठ के निमित्त किया था और इसकी सूचना उसने अपने समस्त अधिकारियों, पुरोहितों तथा कुछ जन प्रमुखों को भी दी थी। इसमें मालवों, कुलिकों, गौड़ों, आदि के साथ–साथ खसों का भी नाम सम्मिलित है।[138]

खसों का उल्लेख मार्कण्डेय पुराण[139] के एक सन्दर्भ में आया हैं जहाँ उन्हें पर्वताश्रयिन् या पहाड़ों पर रहने वाला बताया गया है। एक अन्य स्थान पर इन्हें शल्वों, निपों, शकों तथा शूरसेनों आदि के साथ स्थित बताया गया है।[140] महाकाव्यों में खसों को शकों, दरदों आदि के साथ बर्बर, अर्द्ध–सभ्य जाति कहा गया है।[141] हरिवंश पुराण में खसों को अर्द्ध–सभ्य कहे जाने का कारण बताते हुए कहा गया है कि ये लोग एक बार राजा सगर द्वारा पराजित कर भगा दिये जाने पर म्लेच्छों से संबंधित हो गये।[142]

मनु ने खसों को मूलरूप से क्षत्रिय जाति का बातया है, किन्तु बाद में पवित्र संस्कारों और ब्राह्मणों के अपने राज्य में अभाव के कारण उनका पतन हो गया और वे निम्न जातियों में गिने जाने लगे।[143] महाभारत के सभापर्व में खसों का उल्लेख करते हुए इन्हें शैलोद् नदी के समीप मेरु और मन्दार पर्वतों के मध्य स्थित बताया गया है।[144] यदि शैलोद् नदी को मत्स्य पुराण[145] में वर्णित शैलोदक नदी मान लिया जाय तो खस लोग मूलरूप से तिब्बत में कहीं या और आगे उत्तर–पश्चिम के निवासी प्रतीत होते हैं।[146] कालान्तर में ऐतिहासिक उल्लेखों के अन्तर्गत बंगाल के पालों और सेनों के अभिलेखों में खसों को अन्य जातियों के साथ वर्णित किया गया है। संभवतः खस लोग उपरोक्त राजवंशों के शासकों की सेना में वेतनभोगी सैनिकों के रूप में सम्मिलित किये गये थे।[147] दिव्यावदान में खस राज्य का वर्णन किया गया है।[147a] ललितविस्तर में खास्य लिपि का उल्लेख किया गया है।[148] इस जाति का समीकरण भारत के उत्तर–पश्चिमी सीमान्त के पहाड़ी क्षेत्र में स्थित (कश्मीर के समीप) खसों से ही किया जाता है।[149]

पर्जिटर के अनुसार शैलोदा नदी के तट पर स्थित खस पश्चिमी तिब्बत के निवासी थे। खसों का संबंध काश्गर से भी बताया जाता है।[150] मोतीचन्द्र खसों को अल्मोड़ा और उसके आसपास के स्थानों पर बसा हुआ बताते हैं। उनका मत महाभारत के एक श्लोक पर आधारित है। यहाँ ह्यर्हाः के स्थान पर मोतीचन्द्र 'ज्योहा' पाठ लेते हैं जिसकी पहचान अलमोड़ा जिले के अन्तर्गत जोहार परगना से की जाती है।[151]

गुर्जर

गुर्जरों का उल्लेख नारायणपाल (855–910 ई0) कालीन बादाल प्रस्तर स्तंभ अभिलेख[152] में किया गया है। अभिलेख से प्राप्त सूचना के अनुसार प्रसिद्ध गौड़ शासक देवपाल ने हूणों को पराजित कर द्रविणों और गुर्जरों (प्रतिहारों) के दर्प को चूर किया था।[153]

गुर्जरों का उल्लेख विभिन्न साहित्यिक तथा अभिलेखीय स्रोतों में किया गया है। रामायण, महाभारत, तथा पुराणों में गुर्जरों का उल्लेख करते हुए इन्हें एक युद्धप्रिय जाति के रूप में वर्णित किया गया है।[154] योगवासिष्ठ महारामायण[155] में तंगणों द्वारा गुर्जरों की पराजय का वर्णन है। इसी ग्रंथ में विधवा गुर्जर स्त्रियों द्वारा केश मुड़ाने की प्रथा का उल्लेख मिलता है।[156] कतिपय विद्वानों का मानना है कि गुर्जर विदेशी जाति के थे तथा हूणों के बाद उन्होंने भारत में प्रवेश किया था।[157] इतिहासकारों के अनुसार एक राजनैतिक शक्ति के रूप में गुर्जरों का उदय लगभग छठी शताब्दी ई0 में गुप्त साम्राज्य के पतन के पश्चात् हुआ था।[158] गुर्जरों के प्रथम राजनैतिक क्षेत्र वर्तमान राजस्थान में जोधपुर तथा गुर्जरत्रा के नाम से प्रसिद्ध थे। उत्तर प्रदेश का सहारनपुर जनपद अठारहवीं शाताब्दी में गुजरात नाम से भी जाना जाता था, तथा ग्वालियर के निकटस्थ क्षेत्र वर्तमान समय में भी गूजरगढ़ के नाम से प्रसिद्ध है।[159] इससे स्पष्ट होता है कि गुर्जरों का कई बार विभिन्न क्षेत्रों में विस्थापन हुआ था। कालान्तर में गुर्जर लोग पश्चिमी हिमालय क्षेत्र, पंजाब, उत्तर–प्रदेश, पश्चिमी राजपूताना तथा सिंधु पार के तटवर्ती क्षेत्रों में विभिन्न कालों में असंगठित राजनैतिक शक्ति के रूप में परिलक्षित होते रहे थे।[160] गुर्जरों का अधिकार क्षेत्र गुजरात तक विस्तृत था। किन्तु दक्षिण की सतपुड़ा पहाड़ियों पर इनका प्रारंभिक अधिकार स्थापित नहीं हो पाया था। कनिंघम के अनुसार गुर्जर लोग किसी समय पंजाब में रहते थे जो कालान्तर में काठियावाड़ द्वीपकल्प में आकर बस गये, जिसके कारण इस क्षेत्र को गुजरात कहा जाने लगा।[161]

गुर्जरों की उत्पत्ति और उनके मूल निवास स्थान के बारे में विभिन्न मत प्रचलित हैं। गुर्जरों को भारतीय मानने वाले विद्वानों का मत है कि जो लोग गुर्जर देश में निवास करते थे उन्हें ही कालान्तर में गुर्जर कहा जाने लगा।[162] इन्हें एक युद्धप्रिय जाति माना जाता था।[163] ईसा की प्रथम शती0 में भारत के राजनैतिक पटल पर विद्यमान अनेक लड़ाकू जातियों में से गुर्जर भी एक थे।[164] ऐसा माना जाता है कि जब गुप्त साम्राज्य अपने पतन की ओर अग्रसर था, उसी समय गुर्जरों ने अपनी शक्ति का विस्तार कर उनके अवशेषों पर एक स्वतंत्र राज्य की स्थापना की। पाँचवी–छठी शताब्दी के पश्चात् गुर्जरों ने एक सामान्य जाति से ऊपर उठकर विशाल साम्राज्य का निर्माण किया।[165]

गुर्जरों की उत्पत्ति से संबंधित एक मत अग्निकुल का है। जिससे उत्पन्न राजपूतवंशों में प्रतिहार वंश सर्वाधिक महत्वपूर्ण था, जिन्हें गुर्जरों से संबंधित होने के कारण गुर्जर–प्रतिहार कहा गया। गुर्जर जाति का उल्लेख पुलकेशिन–II (चालुक्य) के एहोल अभिलेख में हुआ है।[166] हर्ष के राजकवि वाण ने भी अपने हर्षचरित में गुर्जरों का वर्णन किया है। चीनी यात्री

ह्वेनसांग ने कु–चे–लो नाम से गुर्जरों के देश का उल्लेख किया है। यह वलभी से 300 मील उत्तर एवं उज्जैनी से 467 मील पश्चिमोत्तर दिशा में स्थित था।[167]

गौड़

का उल्लेख यशोवर्मन् (725–53 ई0) कालीन नालन्दा प्रस्तर अभिलेख[168] तथा देवपाल (812–50 ई0) के नालन्दा ताम्रपत्र अमिलेख[169] एवं अन्य अभिलेखों में प्राप्त होता है। प्रथम अभिलेख से प्राप्त सूचना के अनुसार कन्नौजनरेश यशोवर्मन् ने चीनी सम्राट के पास 731 ई0 में एक दूतमंडल भेजा था। उसने मगध के गौड़ शासक को मार डाला किन्तु स्वयं कश्मीर के शासक ललितादित्य मुक्तापीड़ से पराजित हो गया।[170] द्वितीय अभिलेख में गौड़ों का उल्लेख करते हुये कहा गया है कि देवपाल ने बौद्धमठ के निमित्त किये गये कतिपय ग्रामों के दान की सूचना मालवों, खसों, कुलिकों और कर्णाटों, के साथ गौड़ों को भी दी थी।[171] कतिपय विद्वानों के मतानुसार गौड़ शब्द की व्युत्पत्ति गुड़ या राब से हुई है क्योंकि प्राचीन काल में गौड़ लोग गुड़ या राब का व्यापार करने के लिए प्रसिद्ध थे।[172] इन्हें गौड़ कहे जाने का एक कारण यह भी मिलता है कि ये गुड–गुड भाषा अर्थात अस्पष्ट शब्दों को बोलते थे।[173] गौड़ों का सर्वप्रथम अभिलेखीय साक्ष्य हमें 554 ई0 के हड़हा अभिलेख[174] में प्रतीत होता है जिसके अनुसार मौखरिशासक ईशानवर्मन् ने गौड़ देश और गौड़ों को पराजित करने का दावा किया है। हड़हा अभिलेख में गौड़ों के लिये "समुद्रसार्य" संज्ञा का प्रयोग किया गया है।[175] इसके आधार पर आर0 सी0 मजूमदार, ने यह विचार व्यक्त किया है कि पूर्वी समुद्र तट पर बसे हुए लोग ही गौड़ नाम से प्रसिद्ध थे।[176] ये लोग समुद्र व्यापार में संलग्न कहे जाते थे।[177] हर्ष कालीन विभिन्न स्रोतों में हमें गौड़ों के प्रसिद्ध शासक शशांक का उल्लेख प्राप्त होता है जो कि हर्ष का शत्रु था और जिसे समूलनष्ट करने की हर्ष ने प्रतिज्ञा की थी।[178] कुछ अन्य इतिहासकारों ने मदोद्धत शत्रुओं को गौड़ कहा है जो छठी शताब्दी ई0 में विजय के लिये प्रयासरत रहते थे।[179] योगवासिष्ठ महारामायण[180] में कहा गया है कि गौड़ों ने ताम्र–यवनों की सेना को समूल नष्ट कर दिया था।

साहित्यिक स्रोतों में सर्वप्रथम पाणिनि की अष्टाध्यायी में गौड़ों का उल्लेख मिलता है।[181] गौड़ों का वर्णन कौटिल्य के अर्थशास्त्र[182] में भी प्राप्त होता है। प्रसिद्ध गौड़ शासक शशांक की मृत्यु के पश्चात् गौड़ो की शक्ति का विभाजन हो गया।[183] वाक्पति के गौड़वहो[184] से ज्ञात होता है कि गौड़ों को कश्मीर के शासक ललितादित्य तथा कन्नौज नरेश यशोवर्मन् से पराजय का सामना करना पड़ा था। गौड़ों का राजनैतिक विस्तार बंगाल के निचले सामुद्रिक प्रदेशों में हुआ था।[185] डी0 सी0 सरकार के अनुसार गौड़ लोग भी अन्य जातियों के साथ पाल शासकों की जल सेना में सम्मिलित थे।

मत्स्य, कूर्म तथा लिंगपुराण के एक गंद्यांश के अनुसार गौड़ों का उद्‌भव–स्थान श्रावस्ती प्रदेश था।[186] किन्तु उपरोक्त गद्यांश, वायुपुरण, ब्रह्मपुराणों तथा महाभारत में नहीं मिलता है।[187] प्राचीन साहित्य में श्रावस्ती के वासियों को कोसलवासी ही कहा गया है।

गंधार

गंधारों का उल्लेख धर्मपाल (775–812 ई0) के खालीमपुर ताम्रपत्र अभिलेख[188] में किया गया है। अभिलेख में गंधारों का उल्लेख धर्म पाल द्वारा कान्यकुब्ज में आयोजित दरबार में उपस्थित होने वाले जनों के सन्दर्भ में हुआ है। इस दरबार में गंधारों के अतिरिक्त कीर, यवन, मद्र, कुरु, आदि जन प्रमुखों ने भाग लिया था।[189] इससे प्रतीत होता है कि गंधार लोग भी धर्मपाल की अधीनता स्वीकार करते थे।

ऋग्वेद[190] में गंधारों का उल्लेख करते हुए उन्हें एक प्राचीन जन बताया गया है। सोलह महाजनपदों की सूची में गंधारों को उल्लिखित किया गया है, जिनकी राजधानी तक्षशिला थी।[191] गंधार लोग छठी शताब्दी ई0 पू0 के अन्तिम वर्षों में संभवतः पारसिक साम्राज्य के अधीनस्थ थे।[192] अशोक के पंचम शिलालेख में गंधार के निवासियों का उल्लेख है, जो पश्चिमोत्तर पंजाब तथा उसके निकटवर्ती प्रदेशों में निवास करते थे। गंधार जनों को पुराणों और महाभारत में उत्तरापथ के निवासियों की श्रेणी में सम्मिलित किया गया है, जो वर्तमान पश्चिमी पाकिस्तान के अन्तर्गत आते थे।[193] ह्वेनसांग के अनुसार गंधार लोग भीरु एवं प्रयोगात्मक कला के प्रेमी थे।[194] योगवासिष्ठ महारामायण[195] के अनुसार बंगाल के गौड़ों ने गंधारों को पराजित कया था। गंधारों की प्राचीन राजधानी का नाम पुष्कलावती मिलता है।[196] कालान्तर में उन्होंने सिंधु नदी के पूर्व में स्थित तक्षशिला को अपनी राजधानी बनाया। कुछ विद्वानों ने गंधारों के राज्य में कश्मीर और तक्षशिला को भी सम्मिलित बताया है।[197] गंधारों का उल्लेख मत्स्यपुराण[198] तथा वायुपुराण[199] में भी मिलता है। पाणिनि ने अपनी अष्टाध्यायी[200] में गंधारों का वर्णन किया है। महावंस[201] के अनुसार मोग्गलिपुत्ततिस्स ने थेर–मज्झन्तिक को गंधारों को बौद्ध धर्म में दीक्षित करने हेतु भेजा था।

चीन

चीनों का उल्लेख यशोवर्मन् (725–53 ई0) कालीन नालन्दा प्रस्तर अभिलेख[202] में हुआ है। अभिलेख में चीनों का उल्लेख करते हुए कहा गया है कि जैन परंपरा के अनुसार कन्नौज नरेश यशोवर्मन् ने 731 ई0 में चीनी सम्राट के पास एक दूतमंडल भेजा था।[203]

हिमालय क्षेत्र की चीन जाति के अतिरिक्त चीन के निवासियों के लिये भी 'चीन' नाम का प्रयोग विभिन्न स्रोतों में मिलता है। बेबीलोनिया के अन्तिम शासक नेबोनोडस (556–539 ई0 पू0) के काल में भारतीयों तथा चीनों के जलयानों का बेबीलोनिया में आवगमन होता रहा था।[204] चीनों का उल्लेख, योगवासिष्ठ महारामायण के निर्वाण प्रकरण में हूणों और किरातों के साथ किया गया है।[205] इसी ग्रंथ में समुद्रतट पर चीनों के पराजित होने का विवरण भी प्राप्त होता है।[206] महाभारत[207] में चीनों को कम्बोजों से संबद्ध कर पूर्व के प्राग्ज्योतिष नरेश के अंगरक्षकों में परिगणित किया गया। महाभारत में ही अन्यत्र चीनों तथा हूणों को उत्तर दिशा से आया हुआ 'वाह्यजन' बताया गया है, जिनके साथ भारत का प्राचीनकाल से ही

व्यापारिक संबंध था।[208] एक उल्लेख के अनुसार चौथी शताब्दी ई0 में प्रथम बौद्ध पगोड़ा का निर्माण हियान–वु नामक चीनी सम्राट द्वारा नानकिंग में कराया गया था।[209]

ऐतिहासिक स्रोतों से ज्ञात होता है कि दूसरी शताब्दी ई0 पू0 में बर्बर हूण, चीनों की सीमा पर बसे हुए थे।[210] भारतीय इतिहास में कुषाण वंशीय कनिष्क प्रथम शासक था, जिसने प्रथम शताब्दी ई0 के अन्तिम चरण में चीनों के विरुद्ध अभियान किया था।[211] एक अन्य विवरण के अनुसार तिब्बती–चीन जातियाँ एवं वंश अपने सम्पूर्ण रूप में विभिन्न साहित्यिक स्रोतों में चीनों एवं किरातों के नाम से जाने जाते थे।[212] कल्हण एवं अरब यात्री अलबरूनी ने भी अपने विवरणों में चीनों का उल्लेख किया है, किन्तु इस सन्दर्भ में उन्होंने किसी महत्पूर्ण युद्ध का वर्णन नहीं किया है।[213] प्राचीन काल में चीनी लोग भारत की तुलना में नेपाल से अधिक संबद्ध थे, जिसके कारण वीरपुरुषदत्त के तीसरी शताब्दी की ब्राह्मी लिपि में उत्कीर्ण नागर्जुनी कोंड अभिलेख से ज्ञात होता है कि चीनों और किरातों का प्रसार हिमालय क्षेत्र में अपरान्त तक था।[214] चीनों के साथ भारतीयों के संबंध हर्षवर्धन के शासन काल में और भी समृद्ध हुए तथा 641 ई0 में भारत से एक दूतमंडल चीन भेजा गया था।[215] इसके फलस्वरुप 850 ई0 में चीनी शासक द्वारा भी वेंग–ह्वेन–सी नामक दूत भारत के लिये भेजा गया, किन्तु इसके भारत पहुँचने से पूर्व ही हर्षवर्धन की मृत्यु हो चुकी थी तथा उसके मंत्री ने तीरभुक्ति में अपनी स्वतंत्रा सत्ता स्थापित कर ली थी। उसने इस चीनी दूत का विरोध किया था। प्रसिद्ध चीनी यात्री ह्वेनसांग हर्ष के शासन काल में ही भारत आया था तथा उसने तत्कालीन भारतीय जन–जीवन का वर्णन अपने संकलनों में अंकित किया है। भारतीय इतिहास के विभिन्न युगों पर विभिन्न चीनी यात्रियों के विवरणों से महत्वपूर्ण प्रकाश पड़ता है।[216]

चेदि

चेदियों का उल्लेख विनायकपाल कालीन धंग के खजुराहो प्रस्तर अभिलेख[217] (954 ई0) में किया गया है। अभिलेख से प्राप्त सूचना के अनुसार हर्ष और उसकी चाहमान राजकुमारी कम्बुका या कंचुका से उत्पन्न पुत्र यशोवर्मन् ने गौड़, खस, कोसल, कश्मीर, मिथिल, मालव, गुर्जर और चेदियों के विरूद्ध सैनिक सफलता प्राप्त की थी। उसने चेदियों को पराजित कर उनके गिरिदुर्ग कालंजर को अधिकृत कर लिया था।[218]

चेदियों का उल्लेख वेदों, पुराणों, महाभारत तथा कौटिल्य के अर्थशास्त्र सहित विभिन्न साहित्यिक ग्रंथों में प्राप्त होता है। राजशेखर के ग्रंथों तथा मानसोल्लास में भी चेदियों का वर्णन किया गया है।[219] प्रारंभ में चेदियों के अधिकार क्षेत्र में गंगा–यमुना के भू–भाग आते थे किन्तु मध्यकाल तक इनका विस्तार नर्मदा घाटी तक हो गया।[220] चेदियों ने छठी शताब्दी ई0 पू0 में एक महाजनपद की स्थिति प्राप्त कर बुन्देलखण्ड तक अपना अधिकार स्थापित कर लिया था तथा कालान्तर में इनका विस्तार नेपाल और बुन्देलखण्ड तक हो गया।[211] प्रथम शताब्दी ई0 में महामेघवाहन के समय इनका उड़ीसा पर भी अधिकार हो गया था।[222]

संभवतः राजनैतिक घटनाक्रम में चेदियों ने धीरे–धीरे एक महत्वपूर्ण राजनैतिक शक्ति के रूप में दक्षिणी भारत में अपना राज्य स्थापित कर लिया।[223] कालान्तर में संभवतः चेदियों की ही एक शाखा ने एक राज्य की स्थापना की जिसे पुराणों में उल्लिखित कार्त्तवीर्य–हैहय से संबद्ध मानकर कल्चुरि नाम से जाना जाने लगा। प्राचीन चेदियों के देश की स्थित दक्षिण–पश्चिम में थी।[224] चेदियों का राज्य जैजाकभुक्ति के चंदेलों के दक्षिणी में स्थित था तथा इस क्षेत्र को चेदि क्षेत्र के नाम से जाना जाता था। इनका राजनैतिक केन्द्र मध्य प्रदेश के जबलपुर क्षेत्र में था। ऐतिहासिक स्रोतों में चेदियों का उल्लेख किसी न किसी रूप में 1500 ई0 तक प्राप्त होता है।[225]

योगवासिष्ठ महारामायण में चेदियों का उल्लेख किया गया है। संभवतः इस चेदि राज्य का संस्थापक महामेघवाहन था।[226] महाभारत के आदि पर्व में कौरव वंशी वासु द्वारा चेदियों के सुन्दर और समृद्ध राज्य को भगवान इन्द्र की सलाह पर जीतने का उल्लेख मिलता है।[227] वायुपुराण के एक उल्लेख से भी पौरव वासु द्वारा चेदि राज्य के विजय की पुष्टि होती है।[228] एक अन्य विवरण के अनुसार कुरु वंशज वासु ने चेदि के यादव राज्य को जीत कर वहाँ स्वयं को स्थापित किया तथा शुक्तिमती नदी के तट पर शुक्तिमती को अपनी राजधानी बनाया। उसने अपनी सीमा को पूर्व की ओर मगध और उत्तर–पश्चिम में मत्स्य तक विस्तृत किया तथा सम्राट और चक्रवर्ती कहलाया। उसने अपने राज्य को मगध, चेदि, करुष, कौशम्बी और मत्स्य में बाँट कर अपने पाँचों पुत्रों को शासक बनाया।[229] उसके सबसे बड़े पुत्र बृहद्रथ को मगध का राज्य मिला और उसने गिरिब्रज को अपनी राजधानी बनाकर बृहद्रथ वंश की स्थापना की जिसके कारण पारंपरिक इतिहास में मगध को प्रथम बार महत्वपूर्ण स्थान मिला।[230] महाभारत में अन्यत्र चेदिराज्य की महानता का वर्णन मिलता है, जिसमें उपरिकर वासु को महान तपस्वी तथा अश्वमेध यज्ञ करने वाला कहा गया है। उसने इन्द्र की तरह अपना शासन किया।[231] चेतिय जातक से हमें चेति राज्य के अन्तर्गत सोत्थिवती नगर के उपकर अथवा अपकर शासकों के पूर्वजों की वंशावली प्राप्त होती है। ये समस्त राजा चेति अथवा चेदि थे।[232] चेदियों का एक अन्य महान और शक्तिशाली शासक शिशुपाल था।[233] विष्णुपुराण[234] व अग्निपुराण[235] से हमें ज्ञात होता है कि चेदियों के वंशज और कौशिक के पुत्र चैद्य कहलाते थे। मार्कण्डेय पुराण[236] में चेदि राजकुमारी सुशोभना का उल्लेख मिलता है जो कि राजा मारु की अनेक रानियों से एक थी। महाभारत से अर्जुन के द्वारा छोड़े गये अश्वमेध यज्ञ के अश्व के दक्षिण में स्थित चेदि राज्य के शुक्तिनगर तक पहुँचने का उल्लेख प्राप्त होता है। यहाँ पर अर्जुन को शिशुपाल के पुत्र सरभ से युद्ध करना पड़ा था। जिसमें पराजित होकर सरभ ने अर्जुन की अधीनता स्वीकार कर ली थी।[237] विभिन्न स्रोतों में प्रायः चेदियों को मत्स्यों के साथ संबद्ध किया गया है, जिससे स्पष्ट होता है कि मत्स्य लोग पश्चिमी सीमा पर उनके पड़ोसी थे जबकि काशी उनके पूर्व में स्थित था।[238] पद्मपुराण के तृतीय अध्याय में चेदि की गणना एक जनपद के रूप में की गयी है। विष्णुधर्मेत्तर महापुराण[239] में भी चेदियों को एक जनपद के रूप में वर्णित किया गया

है। चेदियों के राज्य को जैन और बौद्ध ग्रंथों में सोलह महाजनपदों के अन्तर्गत बताया है।[240] कनिंघम के अनुसार चेदि–कल्चुरि अथवा हैहय राजवंश के अभिलेखों में राजा लोग कालन्जरपुर और त्रिकलिंग स्वामी की उपाधि धारण करते थे। भण्डारकर के विचार से चेता या चेतिय मोटे तौर पर आधुनिक बुंदेलखण्ड से संबंधित थे।[241] रैप्सन के मतानुसार उत्तरवैदिक काल में चेदियों ने मध्य प्रान्त के उत्तरी भाग पर अधिकार कर लिया था।[242] कैम्ब्रिज हिस्ट्री ऑफ इंडिया[243] में कहा गया है कि चेदियों का निवास स्थान विन्ध्य के उत्तर में बुन्देलखण्ड था। पार्जिटर के अनुसार चेति जन यमुना के दक्षिण में बसे हुए थे।[244]

गुप्त शासकों के अधीन चेदियों की राजधानी कालंजर थी। चेदि को त्रिपुरी भी कहा जाता था।[245] महाभारत के आदिपर्व में कहा गया है कि चेदि राज्य रत्नों और मूल्यवान पत्थरों तथा खनिजों से भी समृद्ध था। चेदि राज्य के नगरवासी गुणवान और ईमानदार थे। जो कभी प्रहसन में भी झूठ नहीं बोलते थे। यहाँ पुत्र अपने पिता से संपत्ति का विभाजन नहीं कराते थे तथा वे सदैव माता–पिता की सेवा में तत्पर रहते थे। कमजोर बैलों को न तो जुए में जोता जाता था न ही उन्हें भार ढ़ोने में प्रयुक्त किया जाता था। वे अच्छे चारे पाते थे तथा स्वस्थ रहते थे। चेदि राज्य में चारों वर्ण अपने कर्तव्यों के निर्वहन में संलग्न रहते थे।[246] विसेंट स्मिथ कि अनुसार वैदिक काल में चेदि जन भी, पुरु आदि जनों की भाँति विभिन्न परिवारों के संगठन थे और प्रत्येक परिवार का मुखिया पिता ही होता था। चेदि जाति के संपूर्ण क्षेत्रों पर राजा का अधिकार होता था जो कि एक जातीय परिषद द्वारा नियंतित्र होता था।[247] कालान्तर में चेदियों द्वारा एक संवत् का प्रयोग किया जाने लगा जिसका प्रथम वर्ष 248–49 ई0 के बराबर होता था। इस संवत् को त्रैकूटक भी कहा जाता था। इस संवत् की उत्पत्ति 5वीं शताब्दी से पश्चिमी भारत में मानी जाती है। चेदि शासकों द्वारा इस संवत् के प्रयोग का कारण अभी तक अज्ञात है।[248] रैप्सन के अनुसार चेदि अथवा कल्चुरि संवत् की शुरुआत 249 ई0 में हुई थी। इससे भारत के कुछ क्षेत्रों में चेदियों के एक महान शक्ति के रूप में उदय का संकेत मिलता है।[249] वैदिक काल तक चेदि लोग भारत की प्राचीन क्षत्रिय जातियों में से एक माने जाते थे। उत्तर वैदिक काल में चेदियों का एक प्रमुख जाति के रूप में उल्लेख प्राप्त नहीं होता है, किन्तु प्रसिद्ध महाकाव्य में उन्हें उत्तर–भारत की एक प्रमुख शक्ति के रूप में वर्णित किया गया है। संभवतः उत्तर वैदिक काल या ब्राह्मण अथवा कल्पसूत्र साहित्य में चेदियों का उल्लेख न होने के कारण ऋग्वैदिक काल में उनकी स्थित का पतन रहा हो। उल्लेखनीय है कि हमें प्रत्येक प्राचीन क्षत्रिय जातियों की स्थिति में उतार–चढ़ाव देखने को मिलता है। अतः सम्भव है कि चेदियों के साथ भी ऐसा रहा हो।[250]

चेदिवंशीय कोकल्लदेव–I ने भोजदेव–II को कन्नौज का सिंहासन प्राप्त करने में सहायता दी थी। इसकी पुष्टि कोकल्लदेव–I के विशारी से प्राप्त प्रस्तर अभिलेख से होती है।[251] बनर्जी का मत है कि महीपाल के समय चेदिवंशीय गांगेयदेव ने गौड़ पर आक्रमण कर मिथिला पर अधिकार कर लिया था।[252] मध्य प्रदेश में चेदियों का शासन दीर्घकाल तक बना रहा। ग्यारहवीं शता0 में (कन्नौज) चेदिवंशी कर्णदेव के अधिकार में आ गया था।[253] इस

वंश के शासकों के विभिन्न सिक्के प्राप्त हो चुके हैं जिससे इनकी समकालीन स्थिति और महत्व पर प्रकाश पड़ता है। उपरोक्त विवरणों के आधार पर कहा सकता है कि चेदि प्राचीन भारत की एक महत्वपूर्ण जाति थे जिन्होंने अपनी स्थिति से तत्कालीन भारतीय राजनीति को प्रभावित किया था।

तुरुष्क

तुरूष्कों का उल्लेख भोज–I (838–85 ई0) के ग्वालियर प्रस्तर अभिलेख[254] गोविन्दचन्द्र की रानी कुमारदेवी के सारनाथ प्रस्तर अभिलेख[255] (1114–55 ई0) में हुआ है। प्रथम अभिलेख से प्राप्त सूचना के अनुसार प्रतिहार शासक नागभट–II ने आनर्त, मालव, वत्स, मत्स्य, किरात और तुरुष्कों के गिरिदुर्गों का अधिग्रहण कर लिया था।[256] द्वितीय अभिलेख में तुरुष्कों का उल्लेख करते हुये कहा गया है कि वाराणसी को तुरुष्कों (तुर्की मुस्लिम सेनापति) से सुरक्षित करने के कारण गोविन्दचन्द्र को हरि का अवतार माना जाने लगा।[257] तुरूष्कों के बारे में एक अन्य सूचना नरवर्मन् के नागपुर प्रस्तर अभिलेख (1104 ई0) से प्राप्त होती है। जिसके अनुसार राजा लक्ष्मण देव ने वंक्षु नदी के तट पर तुरुष्कों को पराजित किया था।[258]

प्राचीन काल में तुरुष्कों का समीकरण कुषाणों से किया जाता था।[259] किन्तु पूर्व–मध्ययुग में तुरुष्कों की पहचान मुस्लिम आक्रमणकारियों से की जाती थी।[260] तुरुष्कों का निवासक्षेत्र मध्य–एशिया के प्रसिद्ध देश तुर्किस्तान में बताया जाता है। मध्यकाल में इस देश के निवासियों को ही तुर्क या तुरुष्क कहा गया है।

द्रविड़ (पल्लव)

द्रविड़ों का उल्लेख नारायणपाल (855–910 ई0) कालीन बादाल प्रस्तर स्तंभ अभिलेख[261] में हुआ है। द्रविड़ों (पल्लवों) का वर्णन करते हुए इस अभिलेख में कहा गया है कि गौड़ नरेश देवपाल ने हूणों को परास्त कर द्रविड (पल्ल्व) और गुर्जर (प्रतिहार) राजाओं के दर्प को चूर कर दिया था।[262]

द्रविड़ों का उल्लेख हमें विभिन्न साहित्यिक स्रोतों और अभिलेखीय साक्ष्यों में प्राप्त होता है। भारत में द्रविड़ों को इतिहास अत्यंत प्राचीन है। मजूमदार और पुसाल्कर[263] के अनुसार हजारों वर्ष पूर्व के सुसभ्य भूमध्य सागरीय, सँकरी–ऊँची नाक तथा लंबे सिर वालों का मिश्रित स्वरूप ही भारत में द्रविड़ कहलाया। द्रविड़ लोंग तमिल भाषी थे।[264] संस्कृत ग्रंथों में सर्वप्रथम वाल्मीकि रामायण में ही समृद्धशाली द्रविड़ों का उल्लेख मिलता है।[265] द्रविड़ों का उल्लेख महाभारत[266] में भी किया गया है। भागवतपुराण,[267] ब्रह्मंडपुराण[268] तथा मत्स्यपुराण[269] में द्रविड़ देश के बारे में उल्लेख किया गया है। बी0 सी0 लाहा के अनुसार जैन ग्रंथ बृहत्कल्पभाष्य में द्रविड़ देश का उल्लेख प्राप्त होता है।[270] मनुस्मृति,[271] बृहत्संहिता[272] विल्हण कृत विक्रमांकदेवचरित[273] तथा सोमेश्वर[274] के विवरणों के अधार पर द्रविड़ देश का

समीकरण मद्रास से श्रीरंगपट्टम तथा कन्याकुमारी से तिरूपति तक विस्तृत भू–भाग से किया जा सकता है।[275] सातवीं शताब्दी ई0 में भारत आने वाले चीनी यात्री ह्वेनसांग ने भी दक्षिण स्थित द्रविड़ देश का वर्णन किया है।[276] योगवासिष्ठ महारामायण में द्रविड़ों का उल्लेख आन्ध्रों के साथ हुआ है जिससे उनके दक्षिणावर्ती होने की पुष्टि होती है।[277]

दिनेशचन्द्र सरकार ने भाषा विज्ञान के आधार पर प्राचीन दक्षिण भारतीय ब्राह्मण समाज को पाँच भागों में विभाजित किया है। जिनमें से द्रविड़ जन भी एक थे।[278] कदम्ब शासक शान्तिवर्मा की तालगुण्ड प्रशस्ति में द्रविड़ों (पल्लवों) को क्षत्रिय कहा गया है जबकि अन्यत्र अभिलेखों में इन्हें भारद्वाज गोत्रीय ब्रह्मण कहा गया है। फ्लीट के अनुसार पल्लवों ने कही भी स्वयं को सूर्य या चन्द्र से समीकृत नहीं किया है जिससे वे स्पष्टतः ब्राह्मण प्रतीत होते हैं। ये लोग कदम्बों एवं नोलम्बों की भाँति ही ब्राह्मण थे जिन्होंने द्रविड़ों से वैवाहिक संबंध स्थापित कर पल्लव नामक नये राजवंश की स्थापना की।[279] कतिपय विद्वानों नें द्रविड़ों (पल्लवों) के भारद्वाज गोत्रीय होने के कारण उन्हें शुंगों से संबंधित किया है, क्योंकि कुछ स्रोतों में शुंग भी इसी गोत्र के ब्राह्मण बताए गये हैं।[280] उपर्युक्त साक्ष्यों के आधार पर वर्तमान में हम द्रविड़ों (पल्लवों) को ब्राह्मण मान सकते हैं। पल्लवों की उत्पत्ति और मूल निवास स्थान के सन्दर्भ में तमाम विचारों की समीक्षा के पश्चात् इन्हें मूलतः भारतीय तथा दक्षिण भारत का निवासी माना जा सकता है।[281] संभवतः ये लोग आन्ध्र–सातवाहनों के सामंत थे तथा उनकी शक्ति का ह्रास होने पर स्वतंत्र हो गये। इन्होंने तोण्डैमण्डलम प्रदेश में अपनी सत्ता स्थापित कर ली। सातवाहनों के अवशेषों पर स्वयं को स्थापित करने के कारण इन्होंने प्राकृत भाषा को अपना लिया था। द्रविड़ों के प्रारंभिक अभिलेख अधिकांशतः कृष्णा एवं गोदावरी के मध्यवर्ती क्षेत्रों से प्राप्त होते हैं। कालान्तर में राजनैतिक शक्ति का विस्तार कर इन्होंने तमिल राज्य पर अधिकार स्थापित कर कांचीपुरम को अपनी राजधानी बनाया।[282]

नाग

नागों का उल्लेख कर्ण (1100–10 ई0) के रत्नगिरि ताम्रपत्र अभिलेख[283] में हुआ है। अभिलेख में नागों का उल्लेख करते हुए कहा गया है कि द्योतकेसरि के पुत्र और उत्तराधिकारी जनमेजय ने नाग वंशीय शासक को पृथ्वी का भार वहन करने में सहायता दी थी। इससे स्पष्ट होता है कि जनमेजय ने संभवतः नागों को उनके शक्ति विस्तार में सहायता प्रदान की थी।[284]

नागों का उल्लेख विभिन्न सन्दर्भों में भारतीय साहित्य के अन्तर्गत किया गया है। योगवासिष्ठ महारामायण में नागों का उल्लेख प्राचीन धार्मिक भावना के सन्दर्भ में किया गया है।[285] नाग जाति के बारे में पर्याप्त जानकारी हमें वाल्मीकि रामायण[286] से प्राप्त होती है। महाभारत[287] से भी नागों के बारे में सूचना प्राप्त होती है। विभिन्न विवरणों के क्रम में पुराण भी नागों का उल्लेख करते हैं।[288] नाग कबीले के लोग अपने पूर्वजों का अनुकरण करते हुये निष्ठा पूर्वक नागों की पूजा करते थे। नाग लोगों का विश्वास था कि मनुष्य में

अवश्य ही कोई ऐसी शक्ति है जो मृत्यु के बाद भी जीवित रहती है, परन्तु यह वस्तु कौन सी है और कहाँ चली जाती है, इसका उन्हें ज्ञान नहीं था।[289] नागलोग बीमारियों तथा अपने ऊपर पड़ने वाली अन्य विपत्तियों को प्रेतात्माओं के अनिष्टकारक प्रभाव का परिणाम मानते थे तथा यज्ञों आदि के माध्यम से उससे बचने का प्रयास करते थे।[290]

समुद्रगुप्त की प्रयाग प्रशास्ति के अनुसार उसने आर्यावर्त के प्रथम युद्ध में नागसेन नामक किसी राजा को पराजित किया था। विद्वानों की मान्यता है कि वह कोई नागवंशी शासक था। समुद्रगुप्त से पराजित होने के पूर्व नाग मथुरा में शासन करते थे। पुराणों से ज्ञात होता है कि पद्मावती, मथुरा तथा कान्तिपुर में नाग कुलों के राजा शासन करते थे। पुराणों के आधार पर ज्ञात होता है कि मथुरा में सात तथा पद्मावती में नौ नाग शासकों ने शासन किया था।[291] मथुरा से प्राप्त लघु नाग–प्रतिमा अभिलेख से यह स्पष्ट होता है कि मथुरा में नागपूजा प्रचलित थी।[292] संभवतः यह नाम लोगों की नागों के प्रति श्रद्धा का सूचक है। पद्मावती के नाग लोग अपने कंधों पर शिवलिंग धारण करने के कारण भारशिव कहलाते थे। समुद्रगुप्त का समकालीन मथुरा का नागवंशी शासक गणपतिनाग था। पदमावती नागों की तीन में से एक राजधानी थी।[293] विंसेंट स्मिथ के अनुसार भी पद्मावती गणपतिनाग की राजधानी थी।[294] तीसरी शताब्दी के अन्त तक पद्मावती तथा मथुरा के नाग, मथुरा, धौलपुर, आगरा, ग्वालियर, कानपुर, झाँसी तथा बाँदा के प्राचीन क्षेत्रों तक फैल चुके थे।

चन्द्रगुप्त–II विक्रमादित्य ने नागवंशी राजकुमारी कुबेरनागा से विवाह किया था, जिससे उत्पन्न उसकी पुत्री प्रभावतीगुप्ता थी। इसकी पुष्टि प्रभावतीगुप्ता के पूना ताम्रपत्र अभिलेख से होती है, जिसमें उसने अपनी माता को नागकुल संभूता अर्थात नागकुल में उत्पन्न कहा है।[296] कुषाणों के पश्चात् मथुरा तथा उसके आसपास के क्षेत्रों में नागों का अधिकार स्थापित हो गया था। वर्तमान पाकिस्तान के लाहौर से प्राप्त चतुर्थ शाताब्दी के एक ताम्रपत्र के अनुसार, वहाँ का शासक नागभट्ट का पुत्र महेश्वर नाग था।[297]

पौरव

पौरवों का उल्लेख द्युतिवर्मन के तालेश्वर ताम्रपत्र अभिलेख[298] में किया गया है। अभिलेख से प्राप्त सूचना के अनुसार पौरव कुल में चन्द्र और सूर्य की वंशावली में उत्पन्न होने वाले अग्निवर्मन् ने नागदेव वीरनेश्वर स्वामिन् के चरणों की उपासना की थी और उसका पुत्र और उत्तराधिकारी द्युतिवर्मन् था।[299]

ऋग्वैदिक काल में पौरवों का राज्य सरस्वती नदी के तट पर स्थित बताया गया है।[300] महाभारत[301] में उल्लिखित विभिन्न संदर्भों से भी पौरवों के बारे में जानकारी प्राप्त होती है। रायचौधरी के अनुसार पौरवों का विशाल साम्राज्य महाभारत काल में गंगा नदी से लेकर सरस्वती के तट तक तथा उत्तरी गंगा के दोआब (जिसमें आधुनिक हरियाणा का थानेश्वर

एवं दिल्ली के क्षेत्र सम्मिलित थे) तक विस्तृत था।[302] ऐतिहासिक स्रोतों के आधार पर पौरव जन मूलरूप से झेलम नदी के समीप बसे हुए थे, परन्तु परवर्ती काल में उनके क्षेत्र का विस्तार हुआ।[303] कोसाम्बी के पौरव राजवंश का इतिहास संदिग्ध है। उपलब्ध स्रोतों के आधार पर ज्ञात होता है कि शतानीक् और उसका पुत्र उद्यन इस वंश के प्रसिद्ध शासक थे। शतानीक ने दधिवाहन के शासनकाल में अंग की राजधानी चंपा पर आक्रमण किया था।[304] पौरवों का उल्लेख योगवासिष्ठ महारामायण में उत्तर–दक्षिण के देशों की सूची के अन्तर्गत किया गया है।[305] पौरवों का उल्लेख मत्स्य पुराण[306] हरिवंश पुराण[307] मार्कण्डेय पुराण[308] के विभिन्न संदर्भों में प्राप्त होता है।[309] वाणभट्ट ने अपने हर्षचरित में इनका वर्णन किया है।[310] अरबयात्री अलबरूनी ने वृहत्संहिता[311]के आधार पर पौरवों के बारें में सूचना दी है।[312]

सिकन्दर कालीन पौरववंशी शासक पुरु था, जिसका राज्य पंजाब में झेलम अर्थात् वर्तमान स्यालकोट में स्थित था।[313] छठी शाताब्दी में वराहमिहिर तथा सातवीं शाताब्दी के चीनी यात्री ह्वेनसांग के विवरणों के आधार पर अल्मोड़ा के ब्रह्मपुर से प्राप्त तालेश्वर दानपत्र लेख के उत्तरकालीन कुमाऊँ और गढ़वाल के शासक पौरव वंशी माने गये हैं।[314]

मद्र

मद्रों का उल्लेख धर्मपाल (175–812 ई0) के खालीमपुर ताम्रपत्र अभिलेख[315] में किया गया है। अभिलेख में मद्रों का उल्लेख उन राज्यों की श्रेणी में किया गया है जिनके शासक चक्रायुध के राज्यारोहण के आवसर पर धर्मपाल द्वारा आयोजित कान्यकुब्ज के दरबार में सम्मिलित हुए थे। इसमें मद्रों के अतिरिक्त मत्स्य, कुरु, यदु, यवन आदि अन्य जातियों के प्रमुख भी सम्मिलित हुए थे।[316]

मद्रों का उल्लेख प्राचीन भारतीय साहित्य के विभिन्न सन्दर्भों में किया गया है। इनका वर्णन पाणिनि की अष्टाध्यायी[317] तथा पतंजलि के महाभाष्य[318] में प्राप्त होता है। यह एक युद्धप्रिय जाति थी। मद्रगण योद्धाओं का एक निगम था जिनका स्तर राजाओं के समतुल्य था।[319] मद्रजाति या मद्रराज्य का उल्लेख वराहमिहिर की वृहत्संहिता[320] में भी प्राप्त होता है। इलाहाबाद स्तंभ लेख के अनुसार मद्रों का राज्य यौधेयों के समानांतर विस्तृत था।[321] महाभारत[322] में मद्रों राजधानी को शाकल बताया गया है। इसे स्यालकोट से समीकृत किया जाता। कनिंघम ने इसकी पहचान रावी नदी के पश्चिम में सांगलवल–टिंबा से की है।[323] कनिंघम के अनुसार आज भी शाकल को मद्रदेश या मद्र जनपद के नाम से जाना जाता है। मद्रों का राज्य प्रमुख रूप से वर्तमान स्याकोट और रावी तथा चिनाब नदियों के मध्य तथा उसके निकटवर्ती क्षेत्रों में स्थित था।[324]

हुई–ली के विवरण से ज्ञात होता है कि ह्वेनसांग ने शाकल का भ्रमण किया था। उसके अनुसार प्राचीन शाकल नगर 20 ली के परिक्षेत्र में फैला था। यहाँ एक संघाराम था

जिसमें हीनयान संप्रदाय के लगभग 100 भिक्षु निवास करते थे। संघाराम के उत्तर–पश्चिम में अशोक द्वारा निर्मित 200 फीट ऊँचा स्तूप स्थित था, जब कि एक अन्य प्रस्तर स्तूप लगभग 200 फीट ऊँचा नयी राजधानी से 10 ली उत्तर–पूर्व में स्थित था।[325] मिलिन्दपञ्हों में मद्रराजधानी का भव्य वर्णन प्राप्त होता है। शाकल व्यापार का एक प्रसिद्ध केन्द्र था। वह नदियों, पहाड़ों और जंगलों से समृद्ध स्वर्ग के सदृश प्रतीत होता था।[326]

प्रारंभिक वैदिक संहिताओं में इनका उल्लेख नहीं मिलता, किन्तु सामवेद के वंशब्राह्मण में एक प्राचीन वैदिक शिक्षक मद्रगार शौंगायनी का उल्लेख है, जिसने औपमन्यव कंबोजन को वैदिक ज्ञान प्रदान किया था। मद्रगार नाम के आधार पर विद्वानों ने शौंगायनी को मद्रों से संबंधित बताया है।[327] संभवतः ब्राह्मण काल से पूर्व मद्रलोग आर्यक्षेत्र से संबद्ध थे। ब्राह्मण काल में मद्रों के वैदिक ज्ञान की जानकारी हमें शतपथ ब्राह्मण से होती है। वृहदारण्यक उपनिषद[328] के अनुसार उद्दालक आरुणि ने याज्ञवल्क्य को बताया कि वह त्याग विधा का अध्ययन करने हेतु मद्रों के मध्य पतञ्चल कप्य के घर में ठहरे थे। भुज्यु लाहायनी के अनुसार वह एक शिष्य की तरह घूमते हुए पतञ्चल कप्य के घर पहुँचा।[329] ऐतरेय ब्राह्मण से हमें मद्रों की एक शाखा उत्तर–मद्रों का उल्लेख प्राप्त होता है जो हिमालय के पार्श्व में उत्तरी भाग में उत्तर–कुरु के निकट रहते थे।[330] उत्तरी–मद्रों को विद्वानों द्वारा कश्मीर में स्थित कहा गया है।[331] रामायण के अनुसार सुग्रीव ने वानरों को सीता की खोज के लिये मद्रों तथा अन्य जातियों की ओर भेजा था।[332] विष्णुपुराण[333] तथा मत्स्यपुराण[334] में गंधारों तथा यवनों आदि के साथ मद्रों का भी उल्लेख है। इसी ग्रंथ में शाकल नरेश अश्वपति को मद्र राज्य से संबंधित बताया गया है। बौद्ध साहित्य में मद्रों का उल्लेख सोलह महाजनपदों की सूची में नहीं किया गया है। कतिपय विद्वानों के अनुसार मद्रों की पहचान वाह्लीकों के साथ की गयी है।[335] मद्रों की स्थिति पंजाब के मध्यवर्ती भाग में बतायी गयी है।[336] संभवतः महाकाव्य काल में मद्रों ने चिनाब और रावी नदियों के मध्य स्थित स्यालकोट जनपद पर अधिकार कर लिया था।[337] कुछ विद्वानों का विचार है कि यह झेलम और रावी नदियों के मध्य स्थित था।[338] गुप्तकालीन स्रोतों से ज्ञात होता है कि चौथी शताब्दी ई0 में मद्रगण समुद्रगुप्त को कर देते थे।[339] मद्रों को प्राचीन वैदिक कालीन क्षत्रिय जातियों में से एक कहा गया है।[340] संस्कृत महाकाव्यों और पालि जातकों के अनुसार भी मद्र लोग क्षत्रिय जाति के थे तथा उन्होंने गंगा के तटीय क्षेत्र में स्थित क्षत्रिय राज्यों से वैवाहिक संबंध स्थापित किया था।[341] जातकों में उपलब्ध विभिन्न प्रमाणों के आधार पर ज्ञात होता है कि उत्तर भारत के अनेक क्षत्रिय राजवंशों ने मद्र राजकुमारियों से विवाह संबंध स्थापित किये थे। कुश जातक के एक वर्णन के अनुसार किसी मद्र राजा की सात सुन्दर पुत्रियाँ थी जिनमें से सबसे बड़ी प्रभावती का विवाह अक्काक नरेश के पुत्र कुस या कुश से हुआ था। इस तरह से मद्रराज्य और कुशावती राज्य वैवाहिक संबंधों द्वारा संयुक्त हो गये थे।[342] इक्ष्वाकुवंशी राजकुमार कुश और मद्रराजकुमारी के विवाह संबंध की इसी कथा का उल्लेख कुछ भिन्नताओं के साथ महावस्तु–अवदान में भी मिलता है।[343] कलिंग–बोधि जातक से ज्ञात होता है कि सुदूर पूर्व के

एक कलिंग राजकुमार ने भी एक मद्रराजकुमारी से विवाह किया था। इस प्रकार कलिंग और मद्र एक–दूसरे से वैवाहिक संबंधों में बँध गये थे।[344] छदन्त जातक की सूचना के अनुसार बनारस और मद्रदेश के मध्य भी वैवाहिक संबंध स्थापित हुआ था।[345]

महाभारत से ज्ञात होता है कि मद्रों की पारिवारिक परंपरा के अनुसार वे लोग विवाह में पुत्रियों को दान देने के बदले वर से एक शुल्क लेते थे।[346] भीष्म ने वधुमूल्य चुका कर ही पाण्डु का विवाह मद्र राजकुमारी से संपन्न कराया था। यह राजकुमारी मद्रशासक शल्य की बहन थी। गीता में भी हमें मद्रनरेश शल्य उल्लेख प्राप्त होता है। कुरुक्षेत्र के युद्ध में अपनी सहायता हेतु युधिष्ठिर ने शल्य के पास अपना एक दूत भेजा था। शल्य ने अपने पुत्र के साथ एक विशाल सेना तैयार की थी। जब यह सेना चलती थी तो यह आधे योजन की भूमि ढँक लेती थी। दुर्योधन को जब मद्रनरेश के सेना सहित आगमन की सूचना मिली तो उसने उनका सहयोग प्राप्त करने का निश्चय किया और रास्ते में मद्रनरेश का भव्य स्वागत किया। सेवा भाव से प्रसन्न होकर मद्रनरेश ने दुर्योधन से एक वर माँगने के लिये कहा जिस पर उसने कुरुक्षेत्र के युद्ध में शल्य का सहयोग माँगा। अपने वचन के कारण शल्य ने इसे स्वीकार कर लिया और युधिष्ठिर से उन्हें (किसी कारण वश) सहयोग देने के अपने वचन से मुक्त करने का आग्रह किया। कई मुकाबलों के पश्चात् मद्रसेना अर्जुन के हाथों मारी गयी।[347] भारतवर्ष में प्रसिद्ध सावित्री और सत्यवान की कथा भी मद्रों से संबंधित है, क्योंकि सावित्री मद्र नरेश अश्वपति की पुत्री थी।[348]

जहाँ तक मद्रों के प्रारंभिक इतिहास का प्रश्न है, उनकी राजधानी शाकल सहित उनका संपूर्ण प्रभावक्षेत्र (326 ई0 पू0 के लगभग) सिकंदर महान के अधिकार में आ गया था, जिसने उन्हें झेलम और चिनाब नदियों के मध्य स्थित पड़ोसी क्षत्रप के अधीन कर दिया था।[349] लगभग दूसरी शताब्दी ई0 पू0 मद्र राजधानी शाकल पर प्रसिद्ध यूनानी शासक मिनांडर ने अधिकार कर लिया था।[350]

छठी शताब्दी ई0 के प्रथम चरण में शाकल हूण विजेता मिहिरकुल की राजधानी हो गयी थी।[351] प्रसिद्ध चीनी यात्री ह्वेनसांग के विवरण से भी ज्ञात होता है कि उसके समय से कुछ शताब्दी पहले शाकल नगर पर राजा मिहिरकुल का अधिकार था।[352] मद्रों का राज्य 9वीं शताब्दी ई0 तक अस्तित्व में बना रहा। इस समय मद्रजन पालशासक धर्मपाल के सहयोगी थे।[353]

मत्स्य

मत्स्योंका उल्लेख धर्मपाल (775–812 ई0) के खालीमपुर ताम्रपत्र अभिलेख[354] में प्राप्त होता है। अभिलेख से प्राप्त सूचना के अनुसार धर्मपाल ने चक्रायुद्ध को कन्नौज का शासक बनाया और एक दरबार का आयोजन किया। इस दरबार में मद्र, कुरु, यदु, यवन, अवन्ति, कीर और मत्स्य आदि के प्रमुखों ने भाग लिया और उन्होंने चक्रायुद्ध को कन्नौज नरेश के रूप में

मान्यता प्रदान की थी।[355] मत्स्यका सर्वप्रथम उल्लेख ऋग्वेद के एक अनुच्छेद में प्राप्त होता है जहाँ इन्हें ऋग्वैदिक कालीन एक महान विजेता सुदास के शत्रुओं के साथ उल्लिखित किया गया है।[356] शतपथ ब्राह्मण में हवसन द्वैतवन नामक किसी राजा का वर्णन प्राप्त होता है जिसने सरस्वती नदी के निकट अश्वमेध यज्ञ किया था।[357]

ऋग्वेद[358] के अनुसार मत्स्यों का देश इन्द्रप्रस्थ के दक्षिण या दक्षिण–पश्चिम में तथा शूरसेन राज्य के दक्षिण में स्थित था। मार्कण्डेय पुराण[359] में मत्स्यों को कुशुल, कुल्य, कुन्तल, आदि देशों के साथ मध्य प्रदेश में अवस्थित कहा गया है। महाभारत के कर्णपर्व में विभिन्न जातियों का रोचक वर्णन किया गया है जो अपनी विशेषताओं के साथ अपने नामों वाले विशिष्ट जनपदों में रहती थी। इसमें कौरव, पांचाल, शाल्व, नैमिष, चेदि, आदि के साथ मत्स्यों का नाम भी सम्मिलित था।[360] कैम्ब्रिज हिस्ट्री ऑफ इंडिया[361] में मत्स्यों की राजधानी को विराटनगरी बताया गया है। उपनिषद[362] में मत्स्यों का उल्लेख कुरु, पांचालों, काशी, विदेहों, और उशीनरों के साथ किया गया है। गोपथ ब्राह्मण[363] में मत्स्यों को अपने पड़ोस में बसे हुये शाल्व नामक एक क्षत्रिय जाति से सम्बंधित कहा गया है। महाभारत[364] में भी मत्स्यों को शाल्वों से संबद्ध किया गया है। जातक[365] में भी मत्स्यों या मच्छों को पुण्णक यक्ख के साथ कुरु नरेश की द्यूत–क्रिड़ा में उपस्थित बताया गया है। मत्स्यों की गणना प्राचीन भारत की महत्वपूर्ण क्षत्रिय जातियों में की जाती है।[366] चीनी यात्री ह्वेनसांग ने मत्स्यों का वर्णन वीर और सहासी जाति के रूप में किया गया है, जिसका शासक अपनी वीरता और निर्भीकता के लिये प्रसिद्ध था।[367]

मत्स्यों ने अपने स्वतंत्र राज्य में राजतन्त्रात्मक प्रणाली लागू की थी। कालान्तर में मगध ने मत्स्यों की स्वतंत्र सत्ता को समाप्त कर इसे अपने सम्राज्य में समाहित कर लिया।[368] मत्स्यों की उत्पत्ति से संबंधित एक कथा महाभारत में वर्णित है जिसके अनुसार मत्स्यों के राजा की उत्पत्ति मछली के उदर से मत्स्यगंधा सत्यवती के साथ हुई थी।[369] किन्तु इसका मत्स्य जनों से कोई संबंध नहीं है। वायुपुराण[370] में भी मत्स्य राजा की उत्पत्ति उपरिकर वासु और मीन से बतायी गयी है। महाभारत[371] में वर्णित भारतवर्ष की जातियों में चेदि, मत्स्य तथा कुरुओं को साथ–साथ एक ही वर्ग में रखा गया है। पुराणों[372] में मत्स्यों का उल्लेख एक जनपद के रूप में किया गया है। एक जनपद के रूप में इनका वर्णन महाभारत[373] में भी प्राप्त होता है। अंगुत्तर निकाय में मत्स्यों का उल्लेख महाजनपद के रूप में किया गया है।[374] रायचौधरी का विचार है कि कौटिल्य ने मत्स्यों का उल्लेख एक संघ राज्य के रूप में नहीं किया है। संभवतः इस समय तक मत्स्यों की स्वतंत्रता के साथ ही उनके राज्य का भी अन्त हो गया था। अनुमानतः यह किसी समय पड़ोसी राज्य चेदि में समाहित हो गया। अन्ततः समकालीन समस्त जनपदों की भाँति यह भी मगध साम्राज्य में विलय कर लिया गया था।[375] इतिहासकार स्मिथ का विचार है कि पालशासक धर्मपाल ने चक्रायुद्ध को कन्नौज के सिंहासन पर बिठाने के लिये अन्य पड़ोसी शक्तियों के साथ मत्स्यों की भी सहमति प्राप्त की थी।[376] आठवीं शताब्दी के लगभग प्रतिहार शासक वत्सराज के पुत्र नागभट्ट–II ने मत्स्यों

के दुर्गों पर अधिकार लिया तथा इनके राज्य का अधिकांश भाग राजपूतों के आधिपत्य में आ गया था।[377]

मत्स्यों के राज्य में आधुनिक राजस्थान में जयपुर एवं भरतपुर के कुछ क्षेत्र तथा संपूर्ण वर्तमान अलवर जिला सम्मिलित था।[378] मनुस्मृति[379] में मत्स्यों के देश को ब्रह्मार्षि देश का एक भाग कहा गया है जिसके अन्तर्गत पूर्व पटियाला रियासत का पूर्वी क्षेत्र, दिल्ली, अलवर, राजस्थान के समीपवर्ती क्षेत्र, गंगा–यमुना के केन्द्रीय भाग तथा वर्तमान मथुरा जिला सम्मिलित था।[380] इससे स्पष्ट होता है कि मत्स्य लोग मध्य–भारत के निवासी थे।[381]

म्लेच्छ

म्लेच्छों का उल्लेख भोज–I (836–55 ई0) के ग्वालियर प्रस्तर अभिलेख[382] तथा बीसल या विग्रह–IV के दिल्ली–शिवालिक प्रस्तर स्तंभ अभिलेख[383] (1163 ई0) में किया गया है। प्रथम अभिलेख से प्राप्त सूचना के अनुसार सूर्यकुल में उत्पन्न होने वाले नागभट्ट–I ने म्लेच्छ राज्य को रौंद डाला। उसका भतीजा काकुत्स्थ या कक्कुक एक प्रभुतासंपन्न शासक था तथा उसके अनुज भ्राता ने राजाओं के एक संघ को पराजित किया था।[384] दिल्ली–शिवालिक प्रस्तर स्तंभ अभिलेख में म्लेच्छों का उल्लेख करते हुए कहा गया है कि अर्णो या आणक के पुत्र राजा विग्रहराज–IV या बीसलदेव ने आर्यावर्त को म्लेच्छों से पूरी तरह मुक्त कर दिया था। यहाँ म्लेच्छों की तुलना मुस्लिम (तुर्कों) से की गयी है।[385]

किन्तु म्लेच्छों का उल्लेख भारतीय साहित्य के अन्तर्गत अन्य विभिन्न संदर्भों में प्राप्त होता है। नंदलाल डे ने जैनग्रंथों से प्राप्त सूचना के आधार पर तंगणों को ही म्लेच्छ कहा है।[386] दिव्यावदान में म्लेच्छों के संघ का उल्लेख किया गया है। यहाँ म्लेच्छों से विदेशी जातियों यथा–शक, यवन आदि का बोध होता है।[387] रामायण से प्राप्त एक उल्लेख के अनुसार वशिष्ठ की एक पवित्र गाय के विभिन्न अंगों से ही कंबोज, बर्बर, यवन, शक, हारीत, किरात तथा म्लेच्छ नामक सैनिक जातियाँ प्रकट हुई थी।[388] वराहमिहिर की वृहत्संहिता[389] में यवन देश को म्लेच्छों का निवास स्थान कहा गया है।[390] भारतीय स्रोतों में हूणों को भी म्लेच्छों से समीकृत किया गया है।[391] गुप्तशासक स्कन्दगुप्त के जूनागढ़ अभिलेख के अनुसार हूणों को ही म्लेच्छ कहा गया है। इसके अनुसार म्लेच्छ स्कन्दगुप्त से पराजित होकर अपने देश में उसका यशगान करते थे। सोमदेव के कथासरित्सागर के विवरण से ज्ञात होता है कि उज्जैनी के शासक महेन्द्रादित्य के पुत्र विक्रमादित्य ने एक युद्ध में म्लेच्छों को पराजित किया था। यहाँ भी म्लेच्छों का समीकरण हूणों से ही किया गया है।[392]

उपरोक्त विवरणों से ज्ञात होता है कि भारतीय साहित्यिक तथा अभिलेखीय स्रोतों में विभिन्न विदेशी जातियों के लिये म्लेच्छ शब्द का प्रयोग किया गया है।

मालव

मालवों का उल्लेख देवपाल (812–50 ई0) के नालंदा ताम्रपत्र अभिलेख[393] में प्राप्त होता है। अभिलेख से प्राप्त सूचना के अनुसार पालशासक देवपाल ने स्वर्णद्वीप के शासक बालपुत्रदेव के आग्रह पर बौद्धमठ के निमित्त कतिपय ग्रामों का दान किया था, जिसकी सूचना उसने अपने अधिकारियों, पुरोहितों, चाट–भट तथा खस, गौड़, कुलिक एवं मालव आदि को भी प्रेषित की थी।[394]

मालवों का निवास स्थान पंजाब में बताया जाता है, किन्तु उनके प्रादेशिक विस्तार की सीमारेखा निर्धारित कर पाना अत्यंत कठिन है।[395] विंसेंट स्मिथ ने बताया है कि मालव–जन झेलम व चिनाब नदियों के संगम से आगे स्थित क्षेत्रों में बसे हुए थे। इसके अन्तर्गत पाकिस्तान के मांटगोमरी जिले के कुछ भाग तथा झंग जनपद सम्मिलित थे।[396] मैक्रिंडल ने चिनाब और रावी के वर्तमान दोआब क्षेत्र से सिन्धु और अकेसिनीज के संगम तक विस्तृत प्रदेशों में मालवों का निवास बताया है। इन प्रदेशों का समीकरण वर्तमान मुल्तान तथा मांटगोमरी जनपद के कुछ भागों से किया गया है।[397] कतिपय विद्वानों के अनुसार मालव–जन रावी नदी के दोनों तटों पर उसकी अवर घाटी में बसे हुये थे।[398]

प्रसिद्ध युनानी आक्रमणकारी सिकन्दर ने अपने भारत विजय अभियान में मल्लोई (मालव–जनों) को पराजित किया था। इस संघर्ष में मालवों ने बड़ी वीरता से सिकन्दर का सामना किया था। किन्तु अन्ततः उन्हें पराजित होकर अपना नगर छोड़ना पड़ा।[399] सिकन्दर से पराजित होने के पश्चात् भी संभवतः कुछ समय तक मालव अपने मूल प्रदेश पंजाब में बसे हुये थे।[400]

मालवों का उल्लेख भागवतपुराण[401] और ब्रह्मांडपुराण[402] में सौराष्ट्र, तथा अवन्ती के निवासियों, शूरों, आभीरों तथा अबुदों के साथ हुआ है, जो पारिपात्र पर्वत के आश्रय में रहते थे। परवर्ती अभिलेखीय स्रोतों में सप्त–मालव नामक सात मालव प्रदेशों का उल्लेख मिलता है।[403] महाभारत[404] में मालवों का वर्णन त्रिगर्तों, अम्बष्ठों तथा शिवियों के साथ किया गया है। इसके अनुसार कुछ समय पश्चात मालव–जन अपने निवास स्थान से दक्षिण की ओर जाकर राजस्थान में कहीं बसगये थे। समुद्र गुप्त के समय मालवों का निवास स्थान राजस्थान क्षेत्र में ही था।[405] शकक्षत्रप नहपान के दामाद उषावदात्त के नासिक गुहालेख से राजस्थान में जयपुर के निकट नागर–क्षेत्र पर मालवों के अधिकार की सूचना मिलती है।[406] पतंजलि ने अपने महाभाष्य[407] में मालवों का उल्लेख किया है।

शकों का आक्रमण भी मालवों का विनाश नहीं कर सका, क्योंकि समुद्रगुप्त की प्रयाग प्रशस्ति में आर्यावर्त के पश्चिमी एवं दक्षिणी–पश्चिमी सीमा पर बसने वाले गण–राज्यों की सूची में मालवों का भी नाम सम्मिलित है।[408] नरवर्मन् के मन्दसोर अभिलेख[409] के अनुसार मालवों का नाम प्रसिद्ध मालव विक्रम संवत् से भी संबद्ध किया जाता है।[410]

मेद

मेदों का उल्लेख देवपाल (812–50 ई0) के नालन्दा ताम्रपत्र अभिलेख[411] में किया गया है। मेदों का उल्लेख करते हुए अभिलेख में कहा गया है कि पालशासक देवपाल ने स्वर्णद्वीप के शासक बालपुत्रदेव के आग्रह पर बौद्धमठ के निमित्त कतिपय ग्रामों का दान किया था। इस दान के सन्दर्भ में उसने अपने अधिकारियों, पुरोहितों, चाटों–भटों आदि के साथ ब्राह्मण प्रमुखों, ग्राम प्रमुखों, गृहप्रमुखों तथा आन्ध्रों, चाण्डालों और मेदों को भी सूचित किया था।[412]

यदु

यदुओं का वर्णन धर्मपाल (75–812 ई0) के खालीमपुर ताम्रपत्र अमिलेख[413] में हुआ है। अभिलेख से प्राप्त सूचना के अनुसार धर्मपाल द्वारा कान्यकुब्ज में आयोजित दरबार में कीर, गंधार, यवन आदि के साथ यदु प्रमुख ने भी भाग लिया था। इन जनों ने धर्मपाल की अधीनता स्वीकार कर ली थी।[414]

लक्खा मण्डल प्रशस्ति के अनुसार यदु मूलतः पंजाब के निवासी थे किन्तु वे यमुना नदी के निकट भी बसे हुये थे।[415] यदु, ऋग्वेद में वर्णित भारत की पाँच जातियों में से एक थे। कृष्ण स्वयं वेदिक कालीन यदु जाति से संबंधित थे।

यवन

यवनों का वर्णन धर्मपाल (175–812 ई0) के खलीमापुर ताम्रपत्र अभिलेख[416] में किया गया है। अभिलेख में यवनों का उल्लेख उन जातियों की श्रेणी में हुआ है जिनके प्रमुखों ने पालशासक धर्मपाल द्वारा कान्यकुब्ज में आयोजित दरबार में भाग लिया था। उपरोक्त सूचना के आधार पर यह स्पष्ट होता है कि यवनों ने धर्मपाल की अधीनता स्वीकार कर ली थी।[417]

भारतीय इतिहास में यवनों का उल्लेख सर्वाधिक सम्मान प्राप्त विदेशी जातियों के रूप में हुआ है जो आक्रमणकारियों के रूप में आए और यहाँ की संस्कृति में घुल–मिल गये थे। भारत के पश्चिमोत्तर सीमावर्ती क्षेत्रों में बसे हुए युनानियों को ही योन या यवन कहा जाता था।[418] गौतम धर्मशास्त्र[419] में यवन जाति को क्षत्रिय पुरुष व शूद्र स्त्री से उत्पन्न माना गया है। पाणिनि ने अपनी अष्टाध्यायी[420] में यवनों का वर्णन किया है। रामायण[421] के अनुसार सुग्रीव ने यवनों के देश एवं शकों के नगरों को कुरु–मद्रों तथा हिमालय के मध्य स्थित बताया था। वराहमिहिर की वृहत्संहिता[422] में संभवतः म्लेच्छ नाम से यवनों का ही उल्लेख किया गया है। रायचौधरी[423] के अनुसार यवनों के देश की भौगोलिक स्थिति का स्पष्ट समीकरण करना अत्यंत दुष्कर है।[424]बौद्ध साहित्य में यवनों की स्थिति उत्तर–पश्चिमी सीमा पर बतायी जाती है।[425]

गौतम बुद्ध एवं आश्वालायन के समय किसी यवन राज्य के अस्तित्व का उल्लेख मज्झिमनिकाय[426] से प्राप्त होता है। मिलिन्दपञ्हों के अनुसार यवनों का देश निर्वाण प्राप्ति

हेतु एक उपयुक्त स्थान था।[427] महावस्तु[428] में यवनों की एक सभा का वर्णन किया गया है, जहाँ पर उनके विषय में लागू होने वाली किसी बात पर निर्णय विचार–विमर्श कर लिया जाता था। भारत के पश्चिमोत्तर सीमान्त प्रदेशों से प्राप्त मुद्राओं के आधार पर (जो कि एथेन्स की प्रचीनतम् मुद्राओं से मिलती–जुलती हैं) सिकंदर से पूर्व किसी युनानी उपनिवेश के अस्तित्व का अनुमान लगाया जा सकता है।[429] महाभारत[430] के अनुसार यवनों को उत्तरापथ के अन्य जनों गंधार, कंबोज, किरात, तथा बर्बरों के साथ वर्गीकृत किया गया है। भागवत पुरण[431] में भी यवनों का वर्णन किया गया है। अशोक के पंचम शिलालेख तथा वीरपुरुषदत्त के नागार्जुनीकोंड अभिलेख में भी यवनों का वर्णन कंबोजों के साथ प्राप्त होता है। पाँचवें तथा तेरहवें शिलालेख में यवनों का वर्णन कंबोजों के साथ मिलता है।[432] हखामनी शासकः धारयद्वसु के नक्श–ए–रुस्तम अभिलेख में वर्णित आयोनिया का साम्य यवन देश से किया जाता है। अशोक के शासनकाल में एक यवन अधिकारी तुषाष्फ सौराष्ट्र (काठियावाड़) में उसका प्रान्तपति या राज्यपाल था।[433] इसकी पुष्टि शक महाक्षत्रप रुद्रदामन–I के जूनागढ़ अभिलेख (150 ई0, लगभग) से होती है। वासिष्ठीपुत्र पुलुमावि के नासिक गुहालेख में गौतमीपुत्र सातकर्णि को शकों, पहलवों और यवनों का विनाशक कहा गया है।[434] भंडारकर के अनुसार अशोक के तरेहवें शिलालेख में वर्णित यवन, सिकन्दर के आक्रमण से काफी पूर्व वृहद संख्या में आकर भारत के बाह्य प्रदेशों में बस गये थे। मुद्रा साक्ष्यों से भी इस तथ्य की पुष्टि होती है।[435]

पतंजलि के अनुसार यवनों ने साकेत अथवा अयोध्या तथा माध्यमिका (चित्तौड़ के समीप) को नष्ट कर दिया था।[436] रामायण[437] में भी शकों–यवनों के मिश्रित ओर्दु एवं हिन्दुओं के मध्य संघर्ष का विवरण संकलित है। शुंगकालीन स्रोतों से ज्ञात होता है कि शुंग युवराज वसुमित्र और यवनों का सिन्धु नदी के दक्षिणीतट पर संघर्ष हुआ था। वसुमित्र ने उन्हें परास्त कर अपने राज्य की सीमा से दूर खदेड़ दिया था।[438] यवनों के सर्वप्रथम भारत में यूनानी सत्ता के प्रसार को विफल कर देने का श्रेय शुंगों का प्राप्त है। पश्चिमी भारत में भी आन्ध्र–सातवाहनों ने यवनों के अवशेष को दक्कन क्षेत्र से समाप्त कर दिया था। अन्ततः पार्थियनों (पहलवों) के आक्रमण से यवनों का पश्चिमोत्तर भारत से सदा के लिये अस्तित्व समाप्त हो गया।[439]

उपरोक्त वर्णनों से स्पष्ट है कि यवन एक विदेशी जाति के रूप में भारत में आये थे तथा उन्होने भारत के विभिन्न भागों में अपनी सत्ता स्थापित करने का प्रयास किया, जिनका भारतीय नरेशों द्वारा विरोध किया गया। यवनों के शनैः शनैः भारतीय समाज में घुल–मिल जाने के कारण कालान्तर में एक मिश्रित कला–संस्कृति का विकास हुआ, जिसे हिन्द यूनानी संस्कृति के नाम से जाना जाता है।

यक्ष

यक्षों का उल्लेख नरवर्मन् के नागपुर म्युजियम प्रस्तर अभिलेख[440] (1104 ई0) में हुआ है। अभिलेख में यक्षों का उल्लेख करते हुए कहा गया है, कि लक्ष्मीदेव ने यक्षों से ईर्ष्या के कारण उत्तर की ओर विजय अभियान किया और वहाँ उसने वंक्षु नदी के तट पर तुरुष्कों का विनाश किया।[441]

यक्षों का उल्लेख विभिन्न साहित्यिक स्रोतों में प्राप्त होता है। योगवासिष्ठ महारामायण में यक्षों का वर्णन करते हुए उन्हें उदयगिरि पर्वत पर मोहनी विद्या में पारंगत बताते हुए उनकी मायावी स्थिति का उल्लेख किया गया है।[442] यक्षों कों ब्रह्म अथवा पुलत्स्य की संतान तथा राक्षसों का बंधु बताते हुए वाल्मीकि रामायण, पुराणों तथा महाभारत में इनकी रहस्यमय शक्तियों का वर्णन तथा विशेष विधि–विधान से इनकी पूजा–आराधना का उल्लेख है।[443] वेदों में भी यक्षों की महत्ता तथा स्थिति का वर्णन किया गया है।[444] यक्षों की पूजा–अर्चना की विचारधारा संभवतः सूत्रकाल में अधिक प्रचलित हो गयी थी।[445] बौद्ध ग्रंथों और पुराणों में भी यक्षों की उपासना किये जाने का उल्लेख मिलता है।[446]

यक्ष शब्द का स्पष्ट रूप से उल्लेख जैमनीय ब्राह्मण से माना जा सकता है।[447] संभवतः राक्षसों के प्रभाव के कारण यक्षों को दक्षिण से भागकर उत्तर में आश्रय लेना पड़ा था।[448] प्रथम शताब्दी ई0 के एक अभिलेख[449], प्रथम शताब्दी के द्वितीय चरण के परखम अभिलेख[450] तथा प्रथम शताब्दी ई0 के कोसम प्रस्तर अभिलेख[451], चौदहवीं ई0 के यादववंशी शासक रामचन्द्रदेव के अभिलेख[452] एवं चीनी वृतांतों में भी यक्षों का उल्लेख प्राप्त होता है।[453] इन विवरणों में यक्षों के देवत्व–स्वरूप का वर्णन किया गया है। जैन तथा बौद्ध साक्ष्यों में यक्षों के देवत्व का चित्रण करते हुए इनके अच्छे तथा बुरे गुणों का उल्लेख किया गया है।[454] यहाँ यह भी वर्णन प्राप्त होता है कि कोई भी यक्ष मनुष्य रूप में तथा कोई भी मनुष्य यक्ष रूप से उत्पन्न हो सकता है।[455] योगवासिष्ठ महारामायण में यक्षों की स्थिति पूर्व दिशा में बातायी गयी है।

यक्षों की अति विशाल प्रतिमाओं में सर्वप्रथम भारतीय ऐतिहासिक कला का दर्शन होता है। इससे स्पष्ट होता है कि यक्ष कलात्मक शैली का सतत विकास मौर्यकाल से लेकर गुप्तकाल तक होता रहा। इसी के परिणाम स्वरूप गुप्तयुगीन टेराकोटा कलात्मक कृतियों में यक्षों के चित्र बनाये गये थे।[456] भगवत शरण उपाध्याय ने विचार प्रकट किया है कि यक्षों की कल्पना मनुष्य के रोमांस और उत्तेजनापूर्ण क्षणों का पर्याय है, जिसकी मृगामारीचिका में उलझकर वह मृत्यु को प्राप्त हो जाता है।[457] कालिदास ने भी अपनी साहित्यिक रचनाओं में विभिन्न संदर्भों के अन्तर्गत यक्षों का उल्लेख किया है।[458] संभवतः यक्ष लोग मनुष्य से अधिक शक्तियों के स्वामी थे किन्तु उनका स्थान देवताओं से निम्नतर माना जाता है। धन के स्वामी कुबेर को हिन्दू परंपराओं में यक्ष जाति का ही बताया गया है।

लिच्छवि

लिच्छवियों का उल्लेख जयदेव–II (737–38 ई0) के काठमाण्डु अभिलेख[459] में किया गया है। अभिलेख से प्राप्त सूचना के अनुसार इक्ष्वाकु कुल में दशरथ के आठ राजाओं के बाद लिच्छवि उत्पन्न हुये थे। अपनी बहुत सी सफलताओं के बाद लिच्छवि की मृत्यु हो गयी तथा उसका स्थान सुपुष्प ने लिया जो कि पुष्पपुर (पाटलिपुत्र) में पैदा हुआ था।[460]

लिच्छवियों का उल्लेख प्राचीन भारतीय साहित्य में एक प्रसिद्ध जाति के रूप में मिलता है। लाहा, जायसवाल और अन्य अधिकांश भारतीय विद्वानों ने लिच्छवियों को वैदिक क्षत्रियों का वंशज माना है।[461] उपरोक्त विद्वानों के अनुसार प्राचीन भारतीय साहित्य में लिच्छवियों को एकमत से क्षत्रियों के रूप में उल्लिखित किया गया है। महापरिनिम्बानसुत्त में भी लच्छिवियों द्वारा क्षत्रिय होने के आधार पर बुद्ध के अवशेषों की माँग करने का वर्णन किया गया है।[462] बौद्ध संस्कृत ग्रंथों में भी लिच्छवियों को वशिष्ठ गोत्रीय क्षत्रिय कहा गया है।[463] अनेक जैन ग्रंथों में वैशाली के लिच्छवि सरदार चेटक की बहन को क्षत्रियाणी कहा गया है।[464] किन्तु लिच्छवियों के बारे में एक महत्वपूर्ण साक्ष्य मनुस्मृति से प्राप्त होता है, जहाँ उन्हें व्रात्यक्षत्रिय कहा गया है।[465] इस आधार पर यदि वे क्षत्रिय थे भी तो उनकी स्थिति तथा प्रतिष्ठा शुद्ध क्षत्रियों से निम्नतर थी।

प्राचीन ब्राह्मण तथा ब्राह्मणेत्तर ग्रंथो में लिच्छवि संस्कृति के उपलब्ध साक्ष्यों के आधार पर वे पूर्व की जातियों में से एक थे जिनकी परंपराएँ वैदिक परंपराओं से भिन्न थी।[466] खुद्ध कपाठ का बुद्धघोष की परमत्थजोतिका नामक टीका में प्राप्त वर्णन के आधार पर लिच्छवियों की उत्पत्ति की कथा संक्षेप में इस प्रकार हैः– बनारस के किसी राजा की अग्रमहिषी के गर्भ से किसी बच्चे के स्थान पर एक माँसपिण्ड उत्पन्न हुआ। राजा के भयवश महिषी ने उसे एक पेटिका में बन्दकर गंगा में बहा दिया। वह पेटिका एक ऋषि को प्राप्त हुई जिसने उस माँस पिण्ड की अत्यधिक देखभाल की। बाद में उस माँसपिण्ड से दो शिशु एक लड़का और एक लड़की उत्पन्न हुए, जिन्हें उनकी पतली या परदर्शक खाल के कारण निच्छवि या लिच्छवि नाम दिया गया। वयस्क होने पर उन दोनों ने परस्पर विवाह कर लिया और उनकी संतानें ही लिच्छवि नाम से प्रसिद्ध हुई।[467] संभवतः इस आधार पर यह नियम पारित किया गया कि कोई भी लिच्छवि कन्या वैशाली के बाहर विवाह नहीं कर सकती थी।[468]

जे0 पी0 शर्मा[469] के मतानुसार लिच्छवि इण्डों–आर्यन परिवार की उस शाखा से थे जो मूलतः किसी अन्य नाम से विदित थी। उनके अनुसार यह ब्राह्मणकाल में पंजाब अथवा पश्चिमोत्तर प्रदेश से हिमालय की तराई वाले मार्ग द्वारा कोसल और शाक्य जनपद होते हुए वैशाली में आकर बस गयी। नेपाली तराई में रहते हुए ही ये लोग लिच्छवि नाम से प्रसिद्ध हुए होगें। किन्तु पंजाब से आकर बिहार में बसने वाली कोई जाति पर्वतीय मार्ग से होकर आयी थी, इस पर विश्वास करना अत्यंत कठिन है। पश्चिमोत्तर प्रदेशों से आने वाली आक्रमणकारी जातियों ने संभवतः यह मार्ग कभी नहीं अपनाया। स्वयं शर्मा भी अपने

उपरोक्त मत पर बहुत दृढ़ नहीं है क्योंकि अन्यत्र एक जगह वह लिच्छवियों को मध्य प्रदेश के ब्राह्मण (आर्य) जनों की एक शाखा स्वीकार करते हैं।[470]

प्रचीन अभिलेख एवं साहित्यिक स्रोतों में लिच्छवि शब्द के लेच्छई, लेच्छवि, लिच्छवि, तथा निच्छिवि आदि अनेक रूप प्राप्त होते हैं। इनमें लिच्छवि रूप दिव्यावदान, कुछ अन्य ग्रंथों, नेपाली अभिलेखों तथा कतिपय अपवादों के अतिरिक्त गुप्त अभिलेखों में मिलता है और वर्तमान में प्रायः स्वीकार किया जाता है। जे0 पी0 शर्मा के विचार में लिच्छवि जन बिहार के पर्वतीय प्रदेशों से (जहाँ रीछ या ऋक्ष बहुतायत से मिलते है) आने के कारण ऋछवी कहलायें होंगें। लेकिन लिच्छवि नाम का यह रूप प्राचीनतम साहित्य में प्राप्त नहीं होता है।[471]

वज्जि संघ के दो प्रमुख गणों के रूप में वज्जि और लिच्छवि प्रसिद्ध थे। वस्तुतः वज्जियों और लिच्छवियों को पृथक करना दुष्कर है क्योंकि एक तरफ वज्जि इस संघ की एक पृथक जाति थी तो दूसरी और लिच्छवि आदि जातियों को मिलाकर इस संघ का सामान्य अभिधान भी वज्जि था। पाणिनि ने वज्जियों का वर्णन एक पृथक जाति के रूप में किया है तथा कौटिल्य के अर्थशास्त्र में उन्हें लिच्छवियों से भिन्न कहा गया है। पाली ग्रंथों में वज्जि व लिच्छवियों को पर्यायवाची सा माना गया है। महापरिनिब्बानसुत्त में बुद्ध ने कहा है कि जब तक वज्जि लोग सात अपरिहारणीय धर्मों का पालन करते रहेंगें उनका विनाश नहीं किया जा सकता है परन्तु कलिंगर सुत्त में वे कहते हैं कि जब तक लिच्छवि लोग लकड़ी के तख्तों पर सोयेंगें और उद्यमी बने रहेंगे अजातशत्रु उनका कुछ भी नहीं बिगाड़ सकेगा। बुद्धकाल में लिच्छवि कुल वज्जिसंघ में अत्यंत महत्वपूर्ण था। लिच्छवि जाति की उत्पत्ति का प्रश्न अत्यंत विवादग्रस्त है। सैमुअल बील, ने उनको यूची जाति का सदस्य बताया है।[472] होग्सन ने भी लिच्छवियों को स्कीथियन बताया है।[473] सतीशचन्द्र विद्याभूषण ने लिच्छवियों को ईरानियों से संबद्ध बताया है। इसके सर्मथन में उनका मत है कि लिच्छवियों का मनु द्वारा प्रदत्त लिच्छवि नाम ईरान के निसिविस नगर का स्मरण दिलाता है।[474] स्पूनर ने भी उपरोक्त मत का सर्मथन किया है।[475] यह मत स्वीकार करना समीचीन प्रतीत नहीं होता है क्योंकि ईरानी इतिहास में लिच्छवि जनों का कोई उल्लेख नहीं मिलता हैं, जैसे लिच्छवियों की दिलचस्पी ईरानी धर्म में न होकर बौद्ध धर्म में थी। स्मिथ के मतानुसार लिच्छवियों का तिब्बती जनों से घनिष्ट संपर्क था।[476] इसके सर्मथन में उनका तर्क है कि लिच्छवियों और तिब्बतियों की बहुत सी प्रथाओं यथा शवाधान, न्याय–व्यवस्था आदि में अत्यंत समानता थी।

लिच्छवियों की शासन पद्धति गणतन्त्रात्मक शासन प्रणाली पर आधारित थी तथा राज्यशक्ति जनता के हाथों में केन्द्रित थी।[477] कौटिल्य ने लिच्छवियों के राज्य को राजशब्दोपजीवी संघ कहा है। ललितविस्तर में इस शब्द की व्याख्या दी गयी है जिसके अनुसार लिच्छवि राज्य का प्रत्येक व्यक्ति स्वयं को राजा समझता था। न कोई किसी से छोटा था न बड़ा वरन् सभी लोग एक समान थे।[478] आधिकारियों के रूप में लिच्छवि लोग योग्य व्यक्तियों को चुनते थे। इनकी राज्यसभा में प्रतिनिधियों का सम्मेलन होता था। इनके

अधिवेशन स्थल को संस्थागार कहा जाता था।[479] संभवतः प्रतिनिधियों या राजाओं की संख्या 7701 थी। लगभग इतनी ही संख्या में उपराजा भी नियुक्त होते थे।[480] ऐतिहासिक स्रोतों के आधार पर ज्ञात होता है कि वैशाली के लिच्छवियों के सात हजार सात सौ मूल कुटुम्ब थे, जिनके हाथों में लिच्छवियों की सत्ता केन्द्रित थी।[481] नेपाली अभिलेखों से ज्ञात होता है कि वहाँ लिच्छवियों के दो कुल थे, जिनमें एक (जिसे ठाकुरी परिवार के नाम से जाना जाता था) का उल्लेख वंशावली में हुआ है किन्तु अभिलेखों में इसका कोई भी उल्लेख नहीं है जबकि दूसरा कुल लिच्छवि अथवा सूर्यवंशी परिवार से संबंद्ध था जिसने अपनी घोषणायें मानग्रह नामक घर या महल से जारी की थी और वे व्यापक रूप से गुप्तसंवत के साथ अपने एक संवत् का प्रयोग करते थे।[482]

भौगोलिक रूप से लिच्छवि लोग गण्डक की घाटी में बसे हुए थे तथा इनकी राजधानी वैशाली की गणना प्राचीन भारत के महत्वपूर्ण नगरों में की जाती थी।[483] लिच्छवि लोग अपने पहनावे तथा आभूषणों आदि पर अधिक ध्यान देते थे। महापरिनिर्वाण तथा अंगुत्तर निकाय में लिच्छवियों द्वारा भगवान बुद्ध के विशेष स्वागत का वर्णन मिलता है जहाँ उनके आभूषणों आदि को विशेष रंगों में रंगा गया था।[484] अधिकांश लिच्छवियों का जीवन अनुशासित था। वे सहनशील, युद्ध कला में निपुण तथा अत्यधिक साहसी थे। शिक्षाप्राप्ति हेतु लिच्छवियों के तक्षशिला तथा अन्य केन्द्रों पर जाने के उल्लेख प्राप्त होते हैं। अपनी कुलीनता के कारण वे अन्तर्जातीय विवाह निषिद्ध समझते थे। लिच्छवियों को अपने धार्मिक संस्कारों से विशेष अनुराग था। बुद्ध ने स्वयं इनके अनुशासित जीवन का कई स्थलों पर उल्लेख किया था।[485]

लिच्छवियों की राजधानी वैशाली की जनसंख्या लाखों में बताई गई है। यह उनका केन्द्रीय स्थल था जहाँ से राज्य का संपूर्ण शासन संचालित होता था। राज्य में निर्वाचन द्वारा एक नायक की नियुक्ति होती थी। संभवतः नायक को ही राज्य का प्रमुख या राष्ट्रपति माना जाता था। लिच्छवियों ने एक विशेष प्रकार की न्याय प्रणाली का विकास किया था। जिसमें अपराध की परीक्षा आठ–न्यायालयों द्वारा होती थी और दण्ड अपराध के पूर्ण–रूपेण सिद्ध होने पर ही मिलता था।[486] लिच्छवि राज्य उत्तर भारत का एक महत्वपूर्ण, सुखी, समृद्ध, तथा शक्तिशाली राज्य था। लिच्छवियों की भौगोलिक स्थिति, वैभव, प्रतिष्ठा, सामाजिक व्यवस्था आदि पड़ोसी राज्यों के लिये ईर्ष्या का विषय थे। कालान्तर में लिच्छवियों को मगध की साम्राज्यवादी नीति का शिकार होना पड़ा।[487] मगध नरेश अजातशत्रु के समय लिच्छवियों की राजधानी वैशाली पर आक्रमण किया गया तथा कूटनीति का प्रयोग कर इस पर मगध ने अधिकार कर लिया। यद्यपि अजातशत्रु के पिता बिंबिसार के समय मगध और लिच्छवियों के मैत्रीपूर्ण संबंध थे तथा उसने इनसे वैवाहिक संबंध भी स्थापित किया था।[488] इस प्रकार लिच्छवियों का मगध साम्राज्य में सदा के लिये विलय हो गया।

हूण

हूणों का उल्लेख परवर्ती गुप्तशासक आदित्यसेन (660–75 ई0) के अफसद अभिलेख[489] में किया गया है। अभिलेख में हूणों का उल्लेख करते हुए कहा गया है कि मौखरि नरेश ईशानवर्मन् (550–75 ई0) को पराजित करने के पश्चात् कुमारगुप्त प्रयाग तक गया और वहाँ धार्मिक विधि से प्राणोत्सर्ग किया था। कुमारगुप्त के पुत्र दामोदरगुप्त ने हूणों के साथ एक युद्ध किया था। प्राप्त सूचना के अनुसार उसने हूणों की सेना को पददलित कर दिया था किन्तु वह स्वयं युद्धक्षेत्र में ही मूर्छित होकर मृत्यु को प्राप्त हो गया।[490]

हूणों का वर्णन भारतीय साहित्य के विभिन्न संदर्भों में एक आक्रामक जाति के रूप में किया गया है। योगवासिष्ठ महारामायण में हूणों का वर्णन करते हुए इन्हें पश्चिम दिशा से आया हुआ बताया गया है।[491] महाभारत[492] में हूणों व चीनों को उत्तर दिशा से आने वाला विदेशी बताया गया है। इनका भारतदेश के साथ प्राचीन काल से ही व्यापारिक संपर्क था। आयंगर ने ऐतरेय ब्राह्मण के आधार पर हूणों का समीकरण हिमालय पार की उत्तर–कुरु नामक जाति से किया है। इसके आधार पर कहा जा सकता है कि भारतीयों को अतिप्राचीन काल से ही हूणों के विषय में जानकारी थी।[493] कालिदास[494] के रघुवंश में हूणों का उल्लेख पारसीक जाति के साथ किया गया है। वृहत्कथामंजरी[495] में हूणों का वर्णन म्लेच्छ, तुषार, बर्बर, यवन आदि जातियों के साथ किया गया है। महाभारत के भीष्मपर्व में किरातों और कश्मीरियों से पूर्व हूणों का उल्लेख हुआ है।[496]

हूणों ने लगभग 201 ई0 पू0 से 165 ई0 पू0 में सीथियनों (यूची जाति) जो परवर्ती काल में तोखारी नाम से जाने जाते थे, को पराजित कर उन्हें पश्चिम की ओर भागने पर विवश कर दिया।[497] ऑरेल स्टाइन के अनुसार दूसरी शताब्दी ई0 पू0 में बर्बर हूण चीन की सीमाओं पर बसे हुये थे।[498]

कतिपय विद्वानों ने हूणों को किदार नामक जनजाति की एक शाखा हुन्निस, हस्युंग–नु का परवर्ती रूप बताया है। इनके अनुसार 455 ई0 में उन्होंने भारत पर दूसरा आक्रमण किया था क्योंकि हूणों का प्रथम आक्रमण 388 ई0 में चन्द्रगुप्त विक्रमादित्य के शासनकाल में ही हो चुका था।[499] गुप्तकाल के भीतरी स्तंभलेख के अनुसार गुप्तशासक स्कन्दगुप्त ने हूणों को एक भयंकर युद्ध में पराजित कर अपने कुल की कीर्ति व प्रतिष्ठा में वृद्धि की थी।[500] 510 ई0 के एरण अभिलेख से प्राप्त सूचना के अनुसार गुप्तशासक भानुगुप्त का मित्र गोपराज हूणों के साथ युद्ध करते हुए मारा गया था।[501] बाणभट्ट कृत हर्षचरित से ज्ञात होता है कि प्रभाकरवर्धन ने हूणों को सदा के लिए मध्यभारत से निकाल बाहर कर दिया था।[502]

कालिदास व वराहमिहिर ने प्रारंभ में हूणों को हारहूण तथा श्वेतहूण नाम से उल्लिखित किया है।[503] कालान्तर में हूणों ने भारत में अपना साम्राज्य स्थापित कर लिया तथा वे भारतीय समाज में घुल–मिल गये। उन्होंने अपने को भारतीय परिवेश में ढाल लिया। तब भारतीय साहित्यकारों ने इन्हें अपनी रचनाओं में हूण नाम प्रदान किया। संभवतः उन्हें यह

संज्ञा गुप्तकालीन साहित्यकारों के द्वारा प्रदत्त की गयी थी।[504] चीनी यात्री सुंग–युन ने अपने यात्रा वृतान्त में उल्लिखित किया है कि लगभग 520 ई0 में हूणों की राजनैतिक शक्ति का प्रसार गंधार राज्य तक था।[505] भारतीय साहित्य में प्रसिद्ध हूण शासकों के रूप में तोरमाण और मिहिरकुल का वर्णन किया गया है।

हैहय (कल्युरि)

हैहय या कुल्चुरियों का उल्लेख नारायणपाल (855–910 ई0) के भागलपुर ताम्रपत्र अभिलेख[506] में किया गया है। अभिलेख में हैहयों का उल्लेख करते हुए कहा गया है कि नारायणपाल, विग्रहपाल–I की हैहय वंशी पत्नी लज्जा से उत्पन्न पुत्र था।[507] हैहयों का उल्लेख योगवासिष्ठ महारामायण में हूणों, किरातों, ताजिकों और चीनों के साथ किया गया है।[508] रामायण, महाभारत तथा पुराणों में भी इस जाति का उल्लेख किया गया है। हैहयों को यदु की सन्तान माना जाता है तथा इनके प्रथम नरेश का नाम हैहय था।[509] हैहयों की वंशावली में अर्जुन कार्त्तवीर्य नामक एक शासक का भी उल्लेख विभिन्न ऐतिहासिक स्रोतों में प्राप्त होता है। इस जाति की प्राचीन राजनीतिक शक्ति को स्थापित करने वाला प्रसिद्ध शासक सहस्रजित था।[510] प्राचीन काल में हैहय अपने राजनीतिक महत्व के लिये प्रसिद्ध थे, जिनका उल्लेख तत्कालीन विभिन्न ऐतिहासिक स्रोतों में प्राप्त होता है।

प्राचीन ऐतिहासिक साक्ष्यों से हैहयों की पाँच शाखाओं का वर्णन प्राप्त होता है। 1. वीतिहोत्र 2. शार्यात् 3. भोज 4, अवन्ति तथा 5. टुण्डिकेर।

महिस्मत द्वारा निर्मित माहिस्मती नगरी मुख्य शाखा की राजधानी थी। जो वर्तमान में नर्मदा नदी के तट पर स्थित है।[511] संभवतः हैहयों के अधिकार क्षेत्र में प्राचीन काल का संपूर्ण यमुना क्षेत्र तथा अरावली पहाड़ी का कुछ भाग था। इसके अन्तर्गत ताप्ती नदी की दूरस्थ घाटियों सहित गुजरात, मध्य प्रदेश, छत्तीसगढ़ तथा नर्मदा का तटीय भू–भाग सम्मिलित था।[512] एच0 सी0 रे के अनुसार आर्जुनायन नामक प्राचीन जाति, जिसने चौथी शताब्दी में गुप्त नरेशों का स्वागत किया था, हैहयों की ही एक उपशाखा थे।[513] आरंभिक अभिलेखों में उल्लिखित अहिहय का अभिज्ञान हैहयों से ही किया जाता है।[514] हैहयों का उल्लेख कल्चुरियों के नाम से छठी शताब्दी ई0 से आगे आने वाले सौ वर्षों तक विशेष रूप से हुआ है।[515] हैहयों के परिवर्तित स्वरूप कल्चुरियों के सिक्कों की प्राप्ति लगभग छठी से सातवीं शताब्दी तक होने लगती है।[516] पाँचवी–छठी शताब्दी ई0 के इतिहास में विशेष रूप से उल्लिखित हैहयों को ही कालान्तर में कल्चुरियों के नाम से वर्णित किया गया है।[517] तैलप–III की दुर्बलता का लाभ उठाकर अन्ततः कल्चुरियों ने कल्याणी पर अपना अधिकार स्थापित कर लिया था। कल्चुरि लोग दक्षिणी भारत के विभिन्न भागों में चालुक्यों के सामन्त रूप में शासन करते आ रहे थे।[518]

सन्दर्भः

1. शास्त्री, एच0, एपि0 इं0, XVII, पृ0 318 और आगे।
2. सरकार, डी0 सी0, से0 इं0, II, पृ0 72.
3. इं0 एंटि0, 1913, पृ0 276–78.
4. दृ0 लाहा, बी0 सी0, प्रा0 भा0 का ए0 भू0, पृ0 237–38.
5. इं0 ऐंटि0, 1918, पृ0 71.
6. रामायण, किष्किंधाकाण्ड, 41 अध्याय, 11.
7. महाभारत, XII, 207. 42.
8. दृ0 सिन्हा, यू0 एन0, योग0 महा0 का रचनाकाल, पृ0 158.
9. जातक, I, 356, और आगे।
10. इं0 ऐंटि0, 1877, पृ0 389.
11. मार्कण्डेयपुराण, LVII, 48–49.
12. लाहा, बी0 सी0, ट्राइब्स इन ऐंशएंट इंडिया, पृ0 164–65.
13. ऐतरेय ब्राह्मण, VII, 18.
14. एपि0 इं0, VI, पृ0 88.
15. पो0 हि0 ऐं0 इं0, पृ0 198, पा0 टि0 4.
16. का0 इं0 इं0, III, पृ0 230.
17. दृ0 लाहा, बी0 सी0, प्रा0 भा0 का ऐ0 भू0, पृ0 238.
18. सरकार, डी0 सी0, एपि0 इं0, XXXI, पृ0 277 और आगे।
19. सरकार, डी0 सी0, से0 इं0, II, पृ0 268.
20. महाभारत, वनपर्व, LII, 988य भीष्मपर्व, X, 365य द्रोणपर्व, IV, 122.
21. पिटक, II, पृ0 358.
22. लाहा, बी0 सी0, ट्राइब्स इन ऐंशएंट इंडिया, पृ0 335.
23. ब्रह्मपुराण, 28, 29, 42.
24. वाटर्स ऑन युवान च्वांग II, पृ0 193–204.
25. तारनाथ, इं0 एंटि0, V, 1875, पृ0 365–66.
26. दृ0 लाहा, बी0 सी0, ट्राइब्स इन ऐंशएंट इंडिया, पृ0 336.
27. सरकार, डी0 सी0, एपि0 इं0, XXXVII, पृ0 92, पृ0 289 और आगे।
28. सरकार, डी0 सी0, से0 इं0, II, पृ0 92.
29. हुल्त्स, इं0 एटि0, XV, पृ0 XV, पृ0 30 और आगे; मैत्रेय, ए0 के0, गौड़लेखमाला, 56 और आगे।
30. कीलहार्न, एपि0 इं0, II, पृ0 161 और आगे।
31. दृ0 लाहा, बी0 सी0, प्रा भा0 का ऐ0 भू0, पृ0 332.
32. महताब, हरेकृष्ण, द हिस्ट्री ऑफ उड़ीसा, पृ0 2.
33. योग0 महा0, 3.36.22.
34. दृ0 सिन्हा, यू0 एन0, योग0 महा0 का रचनाकाल, पृ0 9.

35. सरकार, डी0 सी0, स्टडीज इन द ज्यॉग्राफी ऑफ ऐंश्यंट एण्ड मेडिवल इंडिया, पृ0 78,85, 91, 107.
36. रायचौधरी, प्रा0 भा0 का रा0 इ0, पृ0 125.
37. सरकार, डी0 सी0, वही, पृ0 16, 42, 43, 129.
38. महाभारत, भीष्मपर्व, अ0, IX, 348य द्रोणपर्व, अ0. IV, 122.
39. द्रोणपर्व, 30, IV, 122.
40. दृ0 लाहा, बी0 सी0, ट्राइब्स इन ऐंश्एंट इंडिया, पृ0 333.
41. सुत्तपिटक, II, 359.
42. मार्कण्डेयपुराण, 327 पाद टिप्पणी।
43. वही।
44. महावस्तु, III, पृ0 303.
45. विनयपटक, I, पृ0 3 और 4.
46. जातक, फैसवाल, I, पृ0 80.
47. शास्त्री, एच0, एपि0 इं0, XVII, 318 और आगे।
48. सरकार, डी0 सी0, से0 इं0, II, पृ0 72.
49. एपि0 इं0, XXIX, पृ0 152.
50. इम्पीरियल गजेटियर ऑफ इंडिया, 1886. VII, पृ0 377; तु0 जे0 आर0 ए0 एस0, 1912, पृ0484.
51. योग महा0, 3.37.16.
52. दृ0 सिन्हा, यू0 एन0, योग महा0 का रचनाकाल, पृ0 112.
53. वही।
54. मजूमदार एण्ड पुसाल्कर, द हिस्ट्री एण्ड कल्चर ऑफ इंडियन पीपुल, V, बाम्बे, 1988, पृ0255.
55. वही, पृ0 29, 35, 47–48, 53 व 75.
56. दृ0 सिन्हा, यू0 एन0, योग0 महा0 का रचनाकाल, पृ0 113.
57. द हिस्ट्री ऑफ बंगाल, पृ0 147.
58. देवपाडा अभिलेख, पंक्ति, 8.1.5.
59. मजूमदार, एन0 जी0, इंस्क्रिप्शंस ऑफ बंगाल, III, 1929, पृ0 46 और आगे।
60. मजूमदार, इंस्क्रिप्शंस ऑफ बंगाल, पृ0 279, 308, 309; जे0 आर0 एस0 एस0 बी0, भाग 62, पृ0 250; दृ0 सिन्हा, यू0 एन0, योग0 महा0 का रचनाकाल, पृ0 113–14.
61. मजूमदार, आर0 सी0, एपि0 इं0, XVIII, पृ0 107 और आगे।
62. सरकार, डी0 सी0, से0 इं0, II, पृ0 242.
63. योग0 महा0, निर्वाण उत्तरार्द्ध, 112.17.
64. महाभारत, सुक्थांकर एवं वेल्वाल्कर द्वारा संपादित; भंडारकर ओरियंटल रिसर्च इंस्टीट्यूट, पूणे, 1947, 6.10.64–68.
65. मजूमदार एण्ड पुसाल्कर, द हिस्ट्री एण्ड कल्चर ऑफ इंडियन पीपुल, I, बाम्बे, 1988, पृ0252.

66. मिलिंदपञ्हों, ऑक्सफोर्ड, 1880–94, पृ0 331.
67. मनुस्मृति, 10. 43–44.
68. वराहमिहिर, वृहत्संहिता, इंगलिश ट्रांसलेशन, कलकत्ता, 1865; रघुवंशम् 4. 78; कुमार संभव, 1.6.15; भारवि, किरातार्जुनीयम, कलकत्ता, 1815, 5.1.39.
69. योग0 महा0, 4.10.62–63, 6.8.16.
70. वही, 3.38.24, 86.37.30.
71. वही, 37.29 व 31.
72. वही, 76.15. व 16.
73. दृ0 लाहा, बी0 सी0, ट्राइब्स इन ऐंशएंट इंडिया, कलकत्ता, 1934, पृ0 48; सरकार, डी0 सी0, स्टडीज इन द ज्यॉग्राफी ऑफ ऐंश्यंट एण्ड मेडिवल इंडिया, कलकत्ता, 1971, पृ0 29, 31, 35, टि0, 46, 162–64; अवस्थी, ए0 वी0 एल0, स्टडीज इन द स्कन्दपुराण, I, लखनऊ, 1976, पृ0 66, 155, 221.
74. वही, 9; दृ0 सिन्हा, यू0 एन0, योग0 महा0 का रचनाकाल, पृ0 53–54.
75. मैंक्रिंडल, ऐंशएंट इंडिया, पृ0 227.
76. दृ0 लाहा, बी0 सी0, प्रा0 भा0 का ऐ0 भू0, पृ0 167.
77. वही।
78. श्रीमद्भागवत, II, 4.18.
79. पार्जिटर, एफ0 इ0, मा0 पु0, पृ0, 316.335–338.
80. त्रिपाठी, आर0 एस0, हिस्ट्री ऑफ द कन्नौज टू द मुस्लिम कन्क्वेस्ट, दिल्ली 1959, पृ0 235.
81. श्रीवास्तव, बी0 एन0, हर्ष एण्ड हिज टाइम्स, वाराणसी, 1976, पृ0 187.
82. बॉशम, ए0 एल0, ए कल्चरल हिस्ट्री ऑफ इंडिया, नई दिल्ली, 1983, पृ0 303.
83. इंडियन कल्चर, भाग–4, पृ0 266.
84. बरुआ, बी0 एम0, अशोक एण्ड हिज इंस्क्रिप्शंस, पृ0 100.
85. पार्जिटर, मा0 पु0, पृ0 322, पा0 टि0।
86. कीलहार्न, एपि0 इं0, IV, पृ0 243 और आगे।
87. सरकार, डी0 सी0, से0 इं0, II, पृ0 63
88. दृ0 लाहा, बी0 सी0. ऐं0 मि0 इं0 क्ष0 ट्रा0, I, पृ0 1.
89. कैम्ब्रिज हिस्ट्री ऑफ इंडिया, पृ0 47.
90. इलियट, हिन्दूज्म एण्ड बुद्धिज्म, I, पृ0 20.
91. रैप्सन, ऐशएंट इंडिया, पृ0 165.
92. दृ0 लाहा, बी0 सी0, प्रा भा0 का ऐ0 भू0, पृ0 171–73.
93. पंपचसूदनी, पृ0 227–229.
94. पपंचसूदनी, I, पृ0 225–226.
95. जातक, संख्या 537.
96. मनुसंहिता, II, पृ0 17–19.
97. दीघनिकाय, II, पृ0 200, 201, 203.

98. महाभारत, आदिपर्व, IX, 4337–40.
99. महाभारत, वनपर्व, LXXXII, 5071–78, 7073–76.
100. समायण, अयोध्याकाण्ड, LXX, 12.
101. रामायण, अयोध्याकाण्ड, LXXII; महामारत, सभापर्व, XIX, 793–94.
102. जे0 आर0 ए0 एस0, 1908, पृ0 309 और आगे।
103. महाभारत, III, 83–84, 9.15.
104. भागवतपुराण, I, 10,34; III, 3.12; IX, 14.33.
105. स्कन्दपुराण, I, अ0, 19–33.
106. रैप्सन, ऐंशएंट इंडिया पृ0 173.
107. जैनसूत्र, भाग–II, पृ0 62, टि0 ।
108. पपंचसूदनी, पृ0 227–229.
109. महाभारत, आदिपर्व, बंगवासी संस्करण, अ0 75, पृ0 86–88, अ0 85, पृ0 96.
110. महाभारत, आदिपर्व, अ0 94, पृ0 104.
111. महाभारत, आदिपर्व, अ0 95, पृ0 105
112. विष्णुपुराण, चतुर्थ अंश, अ0, 20.
113. भागवतपुराण, नवां स्कन्द, अ0 22.
114. लाहा, बी0 सी0, ऐं0 मि0 इं0 क्ष0 ट्रा0, पृ0 33.
115. शामशास्त्री, ट्रांसलेशन ऑफ दी अर्थशास्त्र, पृ0 455.
116. स्मिथ, अर्ली हिस्ट्री ऑफ इंडिया, पृ0 398.
117. शास्त्री, एच0, एपि0 इं0, XVII, पृ0 318 और आगे।
118. सरकार, डी0 सी0, से0 इं0, II, पृ0 71.
119. ऋग्वेद, I, पृ0 102; वैदिक इंडेक्स, I, पृ0 138.
120. लाहा, बी0 सी0, प्रा0 भा0 का ऐ0 भू0, पृ0 151.
121. अंगुत्तर निकाय, I पृ0 213; IV, 252, 256, 260.
122. जातक, कावेल संस्करण, VI, 110. पा0 टि0. 2.
123. अष्टाध्यायी, 4.1.175.
124. महाभाष्य, I, 1.1, पृ0 317.
125. बरुआ, बी0 एम0, अशोक एण्ड हिज इंस्क्रिप्शंस, पृ0 92–94.
126. ल्यूडर्स की तालिका, सं0 178 व 472.
127. महाभारत, भीष्मपर्व, अ0, IX.
128. भागवतपुराण, II. 7, 35; X. 75, 12; X.10. 82, 13.
129. जैनसूत्राज, II, 47.
130. रघुवंश, IV, पृ0 69–70.
131. वाटर्स, I, पृ0 284 और आगे।
132. रीज डेविडस, बुद्धिष्ट इंडिया, पृ0 28.
133. पेटवत्थु, पृ0 23.

134. दृ0 लाहा, बी0 सी0, प्रा0 भा0 का ऐ0 भू0, पृ0 151.
135. इंलियट, हिन्दूज्म एण्ड बुद्धिज्म, I, पृ0 268.
136. सासनवंश, 49.
137. शास्त्री, एच0, एपि0 इं0, XVII, पृ0 318 और आगे।
138. सरकार, डी0 सी0, से0 इं0, II पृ0 72.
139. मार्कण्डेयपुराण, LVII, 56.
140. मार्कण्डेयपुराण, LXII, 6.
141. महाभारत, सभापर्व, LI, 1858.
142. हरिवंश, XCV, 6440–I.
143. मनुसंहिता, X 43–44.
144. महाभारत, सभापर्व, II, 1858–59.
145. मत्स्य पुराण, CXX, 19–23.
146. दृ0 लाहा, बी0 सी0, ट्राइब्स इन ऐंशएंट इंडिया, कलकत्ता, पृ0 400.
147. वही।
147.a दिव्यावदान, 234.
148. लिफमैन, ललितविस्तर, 126.1.
149. दृ0 लाल, अँगने, संस्कृत बौद्ध साहित्य में भारतीय जीवन, पृ0 30.
150. मा0 पु0, अ0, LVII, पृ0 351.
151. "खसा एकोसना ह्यर्हाः प्रदरा दीर्घवेणवः" – अवस्थी, ए0 वी0 एल0, प्राचीन भारतीय भूगोल, पृ 133.
152. कीलहार्न, एपि0 इं0, II, पृ0 161 और आगे।
153. सरकार, डी0 सी0, से0 इं0, II, पृ0 87.
154. दृ0 श्रीवास्तव, बी0 एन0, हर्ष एण्ड हिज टाइम्स, वाराणसी, 1976, पृ0 220
155. योग0 महा0, 3.37, 19.42.
156. दृ0 सिन्हा, यू0 एन0, योग0 महा0 का रचनाकाल, पृ0 63.
157. दृ0 मुकर्जी, आर0 के0, ऐंशएंट इंडिया, पृ0 370; स्मिथ, अर्ली हिस्ट्री ऑफ इंडिया, पृ0 322.
158. दृ0 सिन्हा, वही, पृ0 63–64.
159. वही, पृ0 64.
160. वही।
161. कनिंघम, ए0 ज्यॉ0 इं0, पृ0 357 और आगे।
162. मजूमदार एण्ड पुसाल्कर, द हिस्ट्री एण्ड कल्चर ऑफ इंडियन पीपुल, III, पृ0 63 और आगे।
163. वही, पृ0 220.
164. वही।
165. दृ0 सिन्हा, वही, पृ0 63–64.
166. दृ0 लाहा, बी0 सी0, प्रा0 भा0 का ऐ0 भू0, पृ0 474.
167. वही।

168. शास्त्री, एच0, एपि0 इं0, XX, पृ0 43 आगे।
169. शास्त्री, एच0, एपि0 इं0, XVII, पृ0 318 और आगे।
170. सरकार, डी0 सी0, से0 इं0, II, पृ0 229.
171. सरकार, डी0 सी0, से0 इं0, II, पृ0 72.
172. दृ0 लाहा, बी0 सी0, प्रा0 भा0 का ऐ0 भू0, पृ0 365.
173. योग0 महा0, पृ0 24.
174. एपि0 इं0, XIV, पृ0 110 और आगे।
175. द्र0 सिन्हा, यू0 एन0, योग0 महा0 का रचनाकाल, पृ0 61.
176. एपि0 इ0, XIV, पृ0 120; मजूमदार, आर0 सी0, हिस्ट्री ऑफ बंगाल, पटना, 1971, पृ0 37. टि0।
177. दृ0 सिन्हा, वही।
178. दृ0 लाहा, वही, पृ0 365–66.
179. वही।
180. योग0 महा0, 37.22.
181. दृ0 लाहा, वही, पृ0 365–66.
182. अर्थशास्त्र, II, पृ0 13.
183. मजूमदार, हिस्ट्री ऑफ बंगाल, पृ0 37 और आगे।
184. गौड़वहो, पूना, 1927. श्लोक, 416.
185. दृ0 सिन्हा, यू0 एन0, योग0 महा0 का रचनाकाल, पृ0 61–62.
186. ''निर्मिता येन श्रावस्ती गौड़देशे द्विजोत्माः'' मत्स्यपुराण, XII, 30य निर्मिता येन श्रावस्ती गौड़देशे महापुरी–लिंगपुराण, I, 65; कूर्मपुराण, I, 20.19.
187. ''यज्ञे श्रावस्तको राजा श्रावस्ती येन निर्मिता'' वायुपुराण, 88.27; ब्रह्मपुरण, VII, 53; तुस्य श्रावस्तकों ज्ञेयः श्रावस्ती येन निर्मिता–महाभारत, III, 201.4.
188. कीलहार्न, एपि0 इं0, IV, पृ0 243 और आगे।
189. सरकार, डी0 सी0, से0 इं0, II, पृ0 63.
190. ऋग्वेद, I, 128.7.
191. दृ0 लाहा, बी0 सी0, प्रा0 भा0 का ऐ0 भू0, पृ0 89.
192. ऐंशएंट पर्सियन लेक्सिन एंड द टेक्स्ट्स ऑफ अखेमेनियन इंस्क्रिप्शंस टोमेन, एच0 सी0, बैंडरविल्ट ओरियंटल सीरीज, VI.
193. दृ0 लाहा, बी0 सी0, प्रा0 भा0 का ऐ0 भू0, पृ0 17.
194. वाटर्स, ऑन युवान च्वांग, I, 198–99.
195. योग0 महा0, 3.37.24.
196. विष्णुपुराण, विल्सन संस्करण, भाग–IV, अ0 4.
197. दृ0 रायचौधरी, पो0 हि0 ऐं0 इं0, चतुर्थ संस्करण, पृ0 124.
198. मत्स्य पुराण, 114.41.
199. वायुपुराण, 45.116.

200. अष्टाध्यायी, 4.1.189.
201. महावंश, अ0, XII, 5.3.
202. शास्त्री, एच0, एपि0 इं0, XX, पृ0 43 आगे।
203. सरकार, डी0 सी0, से0 इं0, II, पृ0 229.
204. दृ0 सिन्हा, यू0 एन0, योग0 महा0 का रचनाकाल, पृ0 58–59
205. योग महा0, निर्वाण उत्तरर्द्ध, 112.17.
206. वही, 3.37.14.
207. महाभारत, 6.9.66, 5.19.15.
208. महाभारत, वनपर्व, 51.1991; भीष्मपर्व, 9.373; शान्तिपर्व, 327.12229, कलकत्ता संस्करण।
209. विद्यालंकार, सत्यकेतु, मध्य एशिया तथा चीन में भारतीय संस्कृति, मसूरी, 1977, पृ0 181 और आगे; वेदालंकार, हरिदत्त, भारत का सांस्कृतिक इतिहास, दिल्ली, 1992, पृ0 131 और आगे।
210. स्टाइन, ऑरेल, द व्हाइट हन्स एण्ड द किन्डर्ड ट्राइब्स इन दी हिस्ट्री ऑफ द इंडियन नार्थ वेस्टर्न फ्रान्टिअर, इंडियन, एंटिक्वैरी, 1905, पृ0 73 और आगे।
211. मजूमदार एण्ड पुसाल्कर, द हिस्ट्री एण्ड कल्चर ऑफ इंडियन पीपुल, II, पृ0 142 और आगे।
212. दृ0 श्रीवास्तव, बी0 एन0, हर्ष एण्ड हिज टाइम्स, वाराणसी, 1976 पृ0 187.
213. वही।
214. नागार्जुनीकोंड अभिलेख, 14वें शासन वर्ष में, पंक्ति 1, मूलसूत्र–2.
215. श्रीवास्तव, वही।
216. जे0 ए0 एस0 बी0, VI, 1837, पृ0 69 आगे।
217. कीलहार्न, एपि0 ई0, I, पृ0 124 और आगे।
218. सरकार, डी0 सी0, से0 इं0, II, पृ0 258.
219. दृ0 सिन्हा, यू0 एन0, योग0 महा0 का रचनाकाल, पृ0 66.
220. माथुर, वी0 के0, ऐतिहासिक स्थानावली, जयपुर, 1990, पृ0 342–43; महाभारत, उद्योगपर्व, 19.7.28; आदिपर्व, 63.2.95; विराटपर्व, 1.12.
221. रायचौधरी, एच0सी0, पो0 हि0 ऐं0 इं0, पृ 211.
222. वही।
223. वही।
224. इलस्ट्रेटेड हिस्ट्रोरिकल मैप ऑफ इंडिया– ऐंशएंट एण्ड आर्यन पीरियड, 600 बी0 सी0 टू 500 बी0 सी0, दिल्ली, गवर्नमेंट ऑफ इंडिया पब्लिकेशन।
225. हिन्दी विश्वकोश, 4, 285–86; एपि0 इं0. I, पृ0 92, 129 व 134.
226. योग0 महा0, 3.36.26.37.41.
227. दत्त, एम0 एन0, महाभारत, पृ0 63.
228. वायुपुराण, अ0 99.
229. पार्जिटर, ऐं0 इं0 हि0 ट्रे0, पृ0, 282.
230. वही।

231. महाभारत, शन्तिपर्व, अ0 136 पृ0 1802.
232. जातक, फौसवॉल, III, पृ0 454–661.
233. महाभारत, I, 7029.
234. विष्णुपुराण, 4–12.
235. अग्निपुराण, 275.
236. मार्कण्डेय पुराण, अ0 129, 130, 131.
237. महाभारत, अ0 83–84, पृ0 2093–94
238. लाहा, बी0 सी0, ऐं0 मि0 इ0 क्ष0 ट्रा0, पृ0 65–78.
239. विष्णुधर्मेत्तर महापुराण, अ0 9.
240. अंगुत्तर निकाय, IV, पृ0 252, 256 व 260.
241. कर्माइकेल लेक्चर्स, 1918, पृ0 52.
242. रैप्सन, ऐंश्एंट इंडिया, पृ0 162.
243. कैम्ब्रिज हिस्ट्री ऑफ इंडिया, पृ0 84.
244. पार्जिटर, ऐं0 इं0 हि0 ट्रे0, पृ0 272.
245. डे, एन0 एल0, ज्यॉ0 डिक्श0, पृ0 14.
246. दत्त, एम0 एन0, महाभारत, आदिपर्व, पृ0 84.
247. ऐंशएंट एण्ड हिन्दू इंडिया, पृ0 22.
248. स्मिथ, अर्ली हिस्ट्री ऑफ इंडिया, पृ0 394.
249. रैप्सन, ऐंश्एंट इंडिया, पृ0 52.
250. दृ0 लाहा, बी0 सी0, ऐं0 मि0 इं0 क्ष0 ट्रा0, पृ0 96.
251. वनर्जी, आर0 डी0, वारंगल इतिहास, पृ0 202.
252. वही, पृ0 224.
253. वही, पृ0 215; लाहा, बी0 सी0, ऐं0 मि0 इं0 क्ष0 ट्रा0, पृ0 113.
254. मजूमदार, आर0 सी0, एपि0 इं0, XVIII, पृ0 107 और आगे।
255. कोनो, स्टेन, एपि0 इं0, IX, पृ0 323 और आगे।
256. सरकार, डी0 सी0, से0 इं0, II, पृ0 242.
257. सरकार, डी0 सी0, से0 इं0, II, पृ0 293.
258. कीलहार्न, एपि0 इं0, II, पृ0 182 और आगे; सरकार, डी0 सी0, से0 इं0, II, पृ0 392.
259. भागवतपुराण, 12.1.30; दृ0 लाल, अँगने, संस्कृत बौद्ध साहित्य में भारतीय जीवन, पृ0 32.
260. एपि0 इं0, II, पृ0 181.
261. कीलहार्न, एपि0 इं0, II, पृ0 181 और आगे।
262. सरकार, डी0 सी0, से0 इं0, II, पृ0 87.
263. मजूमदार एण्ड पुसाल्कर, द हिस्ट्री एण्ड कल्चर ऑफ इंडियन पीपुल, I, पृ0 143–44.
264. वही, II, पृ0 287–289.
265. वाल्मीकि, रामायण, अयाध्याकाण्ड, 1137.
266. महाभारत, सभापर्व, 31.71; वनपर्व 15.22; भीष्मपर्व, 9.50.

267. भागवतपुराण, 4.28.30, 8.4.7, 8.24.13.
268. ब्रह्मांडपुराण, 3.35.10, 7.3.107.
269. मत्स्यपुराण, 227.114.117.
270. दृ0 लाहा, बी0 सी0, हिस्टोरिकल ज्यॉग्राफी, ऑफ ऐंशएंट इंडिया, पृ0 150.
271. मनुस्मृति, 8.350–351, 10.43–44.
272. वृहत्संहिता, 14.19.
273. विल्हण, विक्रमांकदेवचरित्र, ब्यूहलर, संस्करण, बाम्बे, 1875, पृ0 27, टि0 7.
274. मानसोल्लास, गायकवाड़ ओरियंटल सीरीज, 1939, 12, 175–176.
275. जे0 आर0 ए0 एस0, 1848, पृ0 15.
276. बील0, एस0, बुद्धिस्ट रिकार्डस ऑफ द वेस्टर्न वर्ल्ड, II, पृ0 228–231.
277. दृ0 सिन्हा, यू0 एन0, योग0 महा0 का रचनाकाल, पृ0 158.
278. सरकार, डी0 सी0, जे0 आर0 ए0 एस0 बी0, लेटर्स, V, 1939, पृ0 407 और आगे।
279. दृ0 पाण्डेय, आर0 एन0, दक्षिण भारत का इतिहास, पृ0 77–78.
280. वही।
281. वही।
282. वही।
283. मित्रा, देबला, एपि0 इं0, XXXIII, पृ0 263–68.
284. सरकार, डी0 सी0, से0 इं0, II, पृ0 156.
285. योग0 महा0, 3.72.31.
286. रामायण, सुन्दरकाण्ड, 1.73, 137.84, 12.22; युद्धकाण्ड, 7.9.
287. महाभारत, आदिपर्व, 31.6.53; वनपर्व, 66.1.
288. विष्णुपुराण, 4.3.6–12; वायुपुराण, 64.27.36.
289. एलन, बी0 सी0, असम डिस्ट्रिक्ट गजेटियर्स, IX, 1905, पृ0 1–39, नागाहिल्स एण्ड मनीपुर।
290. दृ0 लाहा, बी0 सी0, प्रा0 भा0 का ऐ0 भू0, पृ0 404.
291. दृ0 लाहा, बी0 सी0, प्रा0 भा0 का ऐ0 भू0, पृ0 183.
283. रायचौधरी, एच0 सी0, अर्ली हिस्ट्री ऑफ द वैष्णव सेक्ट, पृ 100.
293. आर्क स0 रि0, 1915–16.
294. दृ0 लाहा, बी0 सी0, प्रा0 भा0 का ऐ0 भू0, पृ0 542.
295. दृ0 रायचौधरी, प्रा0 भा0 का रा0 इ0, पृ0 354.
296. दृ0 रायचौधरी, प्रा0 भा0 का रा0 इ0, पृ0 335–56.
297. फ्लीट, का0 इं0 इं0, पृ0 283.
298. गुप्ते, वाई0 आर0, एपि0 इं0, XIII, पृ0 109 और आगे।
299. सरकार, डी0 सी0, से0 इं0, II, पृ0 216.
300. ऋग्वेद, 10.33.4, 3.19.3, 4.38.1.
301. महाभारत, सभापर्व, 27.17.17, अ0 216; आदिपर्व, 89.31–43, 105.7–22 अ0, 172.
302. रायचौधरी, पो0 हि0 ऐं0 इं0, पृ0 20.

303. वही।
304. वही, पृ0 218.
305. योग0 महा0, 3.37.43.
306. मत्स्य पुराण, 24.70.34.31., अ0 49.
307. हरिवंशपुराण, 20.10.60–73.
308. मा0 पु0, 58.52.
309. डे, एन0 एल0, ज्यो0 डिक्श0 ऐं0 एण्ड मे0 इ0, पृ0 155.
310. बाणभट्ट, हर्षचरित, वाराणसी, 1958, षष्ठ उच्छवास, पृ0 347.
311. वृहत्संहिता, 14.27.
312. सचाऊ, अलबरूनीज इंडिया, I, पृ0 303.
313. सरकार, डी0 सी0, स्टडीज इन द ज्यॉग्राफी ऑफ ऐंश्यंट एण्ड मेडिवल इंडिया, पृ0 101.
314. मजूमदार एण्ड पुसाल्कर, द हिस्ट्री एण्ड कल्चर ऑफ इंडियन पीपुल, IV, पृ0 124–125.
315. कीलहार्न, एपि0 इं0, IV, पृ0 243 और आगे।
316. सरकार, डी0 सी0, से0 इं0, II, पृ0 63.
317. अष्टाध्यायी, 4.1.176, 4.2.131, 42.108.
318. महाभाष्य, 1.1.8, पृ0 45, 1.3.2, पृ0 619.
319. कौटिल्य, अर्थशास्त्र, पृ0 455.
320. वृहत्संहिता, पृ0 92.
321. मजूमदार, आर0 सी0, कार्पोरेट लाइफ इन ऐंशएंट इंडिया, पृ0 272.
322. महाभारत, II, 1196य VIII, 2033.
323. ऐं0 ज्यॉ0 इं0, पृ0 180.
324. दृ0 लाहा, बी0 सी0, प्रा0 भा0 का ऐ0 भू0, पृ0 177–178.
325. बील, एस0, बुद्धिस्ट रिकार्डस ऑफ द वेस्टर्न वर्ल्ड, I, पृ0 166 आगे।
326. मिलिन्दपञ्हों, पृ0 1 एवं 2.
327. वैदिक इंडेक्स, II, पृ0 123.
328. वृहदारण्यक उपनिषद, III, 7, 1.
329. वृहदारण्यक उपनिषद, III, 3, 1.
330. ऐतरेय ब्राह्मण, VIII, 14, 3.
331. जिमर, दृ0 लाहा, ट्राइब्स इन ऐंशएंट इंडिया, अ0, VII, पृ0 54.
332. रामायाण, ग्रिफिथ अनुवाद, संबद्ध नोट्स, पृ0 43.
333. विष्णुपुराण, 2, 3, 17.
334. मत्स्य पुराण, 114, 41.
335. डे, एन0 एल, ज्यॉ0 डिक्श0, पृ0 49.
336. स्मिथ, अर्ली हिस्ट्री ऑफ इंडिया, IV, पृ0 302.
337. कै0 हि0 इं0, ऐं0 इं0, I, पृ0 549–50.
338. कनिंघम, ऐं0 ज्यॉ0, पृ0 185.

339. दृ0 लाहा, बी0 सी0, प्रा0 भा0 का ऐ0 भू0, पृ0 177–178; का0 इं0 इ0, III, पृ0 14.
340. रायचौधरी, एच0 सी0, ए पेपर टू द जे0 ए0 एस0 बी0, न्यू सीरीज, XVIII, 1922, टि0 4, ऑन मद्राज।
341. महाभारत, आदिपर्व, अ0 95.
342. जातक, फौसवॉल, V, पृ0 284 और आगे।
343. महावस्तु, II, पृ0 440.
344. जातक, फौसवाल, IV, पृ0 228 और आगे।
345. जातक, VI, पृ0 1; महावंश, 8, 7.
346. महाभारत, आदिपर्व, अ0 113.
347. महाभारत, उद्योगपर्व, अ0 8 व 19; द्रोणपर्व, अ0 103; कर्णपर्व, अ0 5–6.
348. महाभारत, वनपर्व, अ0 291–8, पृ0 508–23.
349. कै0 हि0 इं0, ऐं0 इं0, I, पृ0 549.50.
350. डेविड्स, रीजय दृ0 लाहा, ट्राइब्स इन ऐंश्एंट इंडिया, पृ0 58.
351. वही।
352. बील, एस0, बुद्धिस्ट रिकार्ड्स ऑफ द वेस्टर्न वर्ल्ड, I, पृ0 165–172.
353. स्मिथ, अर्ली हिस्ट्री ऑफ इंडिया, चतुर्थ संस्करण, पृ0 413.
354. कीलहार्न, एपि0 इं0, IV, पृ0 243 और आगे; मैत्रेय, ए0 के0, गौड़लेखमाला, पृ0 1 और आगे।
355. सरकार, डी0 सी0, से0 इं0, II, पृ0 63.
356. ऋग्वेद, VII, 18.6.
357. शतपथ ब्राह्मण, XII, 549.
358. ऋग्वेद, VII, 18.6.
359. मार्कण्डेय पुराण, अ0 57, 32–35.
360. दृ0 लाहा, बी0 सी0, प्रा0 भा0 का ऐ0 भू0, पृ0 535.
361. कैम्ब्रिज हिस्ट्री ऑफ इंडिया, पृ0 316.
362. उपनिषद, IV, 1.
363. गोपथ ब्राह्मण, 1.2.9.
364. महाभारत, विराटपर्व, अ0 30, पृ0 1–2.
365. जातक, VI, विधुर पंडित।
366. लाहा, बी0 सी0, ऐंश्यंट मिड–इंडियन क्षत्रिय ट्राइब्स, पृ0 65.
367. कनिंघम, ऐंश्यंट, ज्यॉग्राफी ऑफ इंडिया, पृ0 383 और 395.
368. रायचौधरी, पो0 हि0 ए0 इं0, पंचम संस्करण, पृ0 66 और आगे; वनर्जी, आर0 डी0, बांगलार इतिहास, पृ0 158.
369. आदिपर्व, अ0 63.
370. वायुपुराण, अ0 90.
371. महाभारत, भीष्मपर्व, अ0 9.
372. पद्मपुराण, अ0 3; विष्णुधर्मेत्तर महापुराण, अ0 9.

373. महाभारत, VI, 9.40.
374. अंगुत्तर निकाय, I, पृ0 213; IV, 252, 256, 260 तक।
375. रायचौधरी, पो0 हि0 ए0 इं0. पृ0 71.
376. स्मिथ, अर्ली हिस्ट्री ऑफ इंडिया, पृ0 398.
377. दृ0 लाहा, बी0 सी0, प्रा0 भा0 का ऐ0 भू0, पृ0 534–35.
378. वही।
379. मुनस्मृति, II, 19–20; VII, 193.
380. रैप्सन, ऐंश्एंट इंडिया, पृ0 50–51.
381. एपि0 इं0, IV, पृ0 246.
382. मजूमदार, आर0 सी0, एपि0 इं0, XVII, पृ0 107 और आगे।
383. कीलहार्न, एपि0 इं0. XIX, पृ0 218.
384. सरकार, डी0 सी0, से इं0, II, पृ0 242.
385. वही, पृ0 409.
386. डे, एन0 एल0, ज्यॉ डिक्श0 ऐं0 में0 इं0, दिल्ली, 1922, पृ0 212.
387. दृ0 लाल, अँगने, संस्कृत बौद्ध साहित्य में भारतीय जीवन, पृ0 37.
388. रामायण, बालकाण्ड, 55.2–3.
389. वृहत्संहिता, XIV, 18 : म्लेच्छा हि यवनाः।
390. दृ0 लाहा, बी0 सी0, प्रा0 भा0 का ऐ0 भू0, पृ0 230.
391. वही।
392. क्षेमेन्द्र, वृहत्कथामंजरी, 1931, मुंबई, 10.1.285–286.
393. शास्त्री, एच0, एपि0 इं0, XVII, पृ0 318 और आगे।
394. सरकार, डी0 सी0, से0 इं0, II, पृ0 72.
395. दृ0 लाहा, बी0 सी0, प्रा0 भा0 का ऐ0 भू0, पृ0 186.
396. जे0 आर0 ए0 एस0, 1903, पृ0 631.
397. इनवेजन ऑफ इंडिया, परिशिष्ट, टि0 367.
398. रायचौधरी, पो0 हि0 ऐं0 इं0, चतुर्थ संस्करण, पृ0 205.
399. दृ0 लाहा, वही, पृ0 187.
400. वही।
401. भागवतपुराण, II, अ0. 3.
402. ब्रह्मपुराण, अ0, XIX, श्लोक, 17.
403. एपि0 इं0, V, पृ0 229; अ0 भ0 ओ0 रि0 इं0, XII, भाग, 3–4, 1931–32, पृ0 229.
404. महाभारत, द्रोणपर्व, अ0, X, पृ0 17.
405. दृ0 लाहा, वही, पृ0 187.
406. वही।
407. महाभाष्य, IV, 1.68.
408. दृ0 लाहा, वही, पृ0 187.

409. का0 इं0 इं0, III; दृ0 लाहा, वही।
410. दृ0 लाहा, बी0 सी0, ट्राइब्स इन ऐंश्यंट इंडिया, अ0, VIII.
411. शास्त्री, एच0, एपि0 इं0, XVII, पृ0 318 और आगे।
412. सरकार, डी0 सी0, से0 इं0, II, पृ0 72.
413. कीलहार्न, एपि0 इं0, IV, पृ0 243 और आगे।
414. सरकार, डी0 सी0, से0, इं0, II, पृ0 63.
515. एपि0 इं0, IV, पृ0 246.
516. कीलहार्न, एपि0 इं0, IV, पृ0 243 और आगे।
417. सरकार, डी0 सी0, से0 इं0, II, पृ0 63.
418. दृ0 लाहा, बी0 सी0, प्रा0 भा0 का ऐ0 भू0, पृ0 230.
419. गौतम, धर्मशास्त्र, IV, 21.
420. अष्टाध्यायी, 4.1.175.
421. रामायण, किष्किन्धाकाण्ड, IV, 43.11–12.
422. वृहत्संहिता, XIV. 18.
423. रायचौधरी, पो0 हि0ऐं0 इं0, चतुर्थ संस्करण, पृ0 253.
424. भंडारकर, कर्माइकेल लेक्चर्स, 1921, पृ0 29.
425. लाल, अँगने, संस्कृत बौद्ध साहित्य में भारतीय जीवन, पृ0 37.
426. मज्झिमनिकाय, III, 149.
427. दृ0 लाहा, वही, पृ0 231.
428. महावस्तु, I, पृ0 171.
429. न्यूमिस्मेटिक्स क्रोनिकल, XX, 191; ज0 रा0 ए0 सो0, 1805, 874.
430. महाभारत, XII, 207.43.
431. भागवरतपुराण, II, 4.18; 7.34; IV 72, 23; IX, 8.5; 20.30.
432. इंस्क्रिप्शंस ऑफ अशोक, भंडारकर और मजुमदार, 53, 54.
433. दृ0 स्टाइन, यवनस इन अर्ली इंडियन इंस्क्रिप्शंस, इंडियन कल्चर, I, पृ0 343 और आगे।
434. लाहा, बी0 सी0, उज्जैनी इन ऐंश्यंट इंडिया, पृ0 18.
435. कार्माइकेल लेक्चर्स, 1921, 27, 28 और आगे।
436. महाभाष्य, 3, 3, 2, पृ0 246, कीलहार्न संस्करण।
437. रामायण, I, 54, 21.
438. दृ0 लाहा, बी0 सी0, प्रा0 भा0 का ऐ0 भू0, पृ0 232.
439. वही।
440. कीलहार्न, एपि0 इं0, II, पृ0 180 और आगे।
441. सरकार, डी0 सी0, से0 इं0, II, पृ0 392.
442. योग0 महा0, 6ब. 124.17.
443. वाल्मीकि, रामायण, उत्तरकाण्ड, 4.30.11.7. 31–32, अरण्यकाण्ड, 11.97.
444. ऋग्वेद, 10.81.4., यर्जुवेद. 33.9, अथर्ववेद, 10.2.28–33.

445. दृ0 सिन्हा, यू0 एन0, योग महा0 का रचनाकाल, पृ0 146.
446. कर्ण, एच0 सी0, ए मैनुअल ऑफ इंडियन बुद्धिज्म, पृ0. 59.
447. कुमारस्वामी, ऐ0 के0, यक्ष, संस्करण, 2, 1980. पृ05.
448. वैद्य, सी0 बी0, द रिडल ऑफ द रामायण, बाम्बे, 1906, पृ0 99.
449. पटना इमेज, इंस्क्रिप्शंस पटना, बिहार, नं08.
450. परखम इमेज इंस्क्रिप्शंस, न07.
451. कोसम प्रस्तर अभिलेख, न0 10।
452. एपि0 इं0, XXV पृ0 765 और आगे।
453. दृ0 सिन्हा, यू0 एन0, योग महा0 का रचनाकाल, पृ0146–47.
454. कुमारस्वामी, ऐ0 के0, यक्ष, पृ011
455. महावंश, 7.
456. सरकार, डी0 सी0, से0 इं0, I, पृ0 17 टि0 157.
457. उपध्याय, बी0 सी0, इंडिया इन कालिदास, पृ0 319.
458. कलिदास, कुमारसंभव, 4.39; मेघदूतम्, उत्तरमेघ, 3.5.12.23.43.
459. इन्द्राजी, भागवानलाल एंड ब्यूह्लर, इं0 एंटि0, IX, पृ0 178 और आगे।
460. सरकार, डी0 सी0, से0 इं0, II, पृ0 433.
461. दृ0 लाहा, बी0 सी0, सम क्षत्रिय ट्राइब्स ऑफ ऐंश्यंट इंडिया, पृ0 26 आगे; दृ0 जायसवाल, हिन्दू पॉलिटी, पृ0 174–77.
462. डायलॉग्स ऑफ दी बुद्ध, II, पृ0 187.
463. महावस्तु।
464. सैक्रेड बुक्स ऑफ द ईस्ट, XII, पृ0 227.
465. मनुस्मृति, 10.22.
466. लाहा, वही।
467. जे0 बी0 बी0 आर0 एस0, XXVII, पृ0 277.
468. राक्हिल, लाइफ ऑफ द बुद्ध, पृ0 62.
469. रिपब्लिक्स इन ऐंश्यंट इण्डिया, पृ0 89–92.
470. वही।
471. शर्मा, जे0 पी0, मगध साम्राज्य का उदय, पृ0 54.
472. बील, बुद्धिस्ट रिकार्ड्स ऑफ द वेस्टर्न वर्ल्ड, II, 1884 पृ0 66 आगे।
473. मिश्र, योगेन्द्र द्वारा संपादित, हिस्ट्री ऑफ द वैशाली, पृ0 108, टि0I.
474. जे0 एस0 बी0, 80, ए टि0 II; इं0 एंटि0, 1908, पृ0 78–90.
475. ए0 एस0 आई0 आर0, 1913–14, पृ0 118–20.
476. स्मिथ, इं0 एटि0, 1903, पृ0 233.
477. दृ0 पाण्डे, बी0 सी0, प्रा0 भा0 का रा0 तथा सां0 इं0, I, पृ0 239.
478. वही।
479. समन्तपासादिका, I, पृ0 212.

480. वही।
481. वही।
482. फ्लीट, का0 इं0 इं0, III, पृ0 135.
483. दृ0 पाण्डे, बी0 सी0, प्रा0 भा0 का रा0 तथा सां0 इं0, I, पृ0 238.
484. महापरिनिब्बाण–सुत्त, दीघ0 2.3; दृ0 उपाध्याय, भरतसिंह, बुद्धकालीन भारतीय भूगोल, पृ0 389. 486. वही, पृ0 238.
485. वही, पृ0 238.
486. वही।
487. वही, पृ0 239.
488. वही।
489. सरकार, डी0 सी0, एपि0 इं0, XXXVII, पृ0 183 और आगे।
490. सरकार, डी0 सी0, से0 इं0, II, पृ0 44.
491. योग महा0, निर्वाण, उत्तरार्द्ध, 112.27.
492. महाभारत, वनपर्व, 51.1991; भीष्मपर्व, 9.373; शान्तिपर्व, 327.122229.
493. आयंगर, इं0 एटि0, 1919, पृ0 774–75.
494. रघुवंश, 4.65.
495. वृहत्कथामंजरी, 1931, मुंबई, 10.1, 285–286.
496. महाभारत, 5.10.54–58.
497. दृ0 सिन्हा, यू0 एन0, पूर्वोक्त, पृ0 56; रिज्ले, हरबर्ट, द पीपुल ऑफ इंडिया. II, 1969, दिल्ली, पृ0 59.
498. स्टाइन, ए0, व्हाइट हून्स एंडदकिडंर्ड ट्राइब्स इन द हिस्ट्री ऑफ इंडियाना नार्थ वेस्टर्न फ्रान्टिअर, इं0 एटि0 1905, पृ0 73 और आगे।
499. विद्याभवन, राष्ट्रभाषा ग्रंथमाला, बंबई, XXV; पृ0 60; विश्वास, अत्रेयी, द पॉलिटिकल हिस्ट्री ऑफ द हूणाज इन इंडिया, नई दिल्ली, 1973 पृ0 15, 45–48; मजूमदार एण्ड पुसाल्कर, द हिस्ट्री एण्ड कल्चर ऑफ इंडियन पीपुल, III, बाम्बे, 1988, पृ0 18 और आगे।
500. द्र0 रायचौधरी, प्रा0 भा0 का रा0 इ0, पृ0 429.
501. वही, पृ0 443.
502. एपि0इं0, XXIII, पृ0 102य वही।
503. दृ0 सिन्हा यू0 एन0, योग0 महा0 का रचनाकाल, पृ0 59.
504. थपल्याल, के0 के0, स्टडीज इन ऐंश्यंट इंडियन सील्स, लखनऊ, 1972, पृ0 22, टि0, 61, 64, 74, 88, 96, 169 और आगे।
505. बील, एस0, बुद्धिस्ट रिकार्ड्स ऑफ द वेस्टर्न वर्ल्ड इन्ड्रोक्शन, दिल्ली, 1981, पृ0 15.
506. मैत्रेय, ए0 के0, गौड़लेखमाला, पृ0 56 और आगे।
507. सरकार, डी0 सी0, से0 इं0, II, पृ0 80.
508. दृ0 सिन्हा, यू0 एन0, योग महा0 का रचनाकाल, पृ0 53.
509. वही, पृ0 54.

510. वही।
511. पार्जिटर, एफ0 इ0, ऐंश्यंट इंडियन हिस्ट्रोरिकल ट्रेडिशंस, दिल्ली, 1962 (1) के0 87–8, 144 (2) ट्राइब्स, 41, 88, 70, 87–8; वाल्मीकि, रामायण, मुबई, 1964, उत्तरकाण्ड, 22.8; वेदव्यास, महाभारत, गीता प्रेस, गोरखपुर, अनुशासन पर्व, अध्याय, 30, पंक्ति 1949–62, वनपर्व, अध्याय, 116, पंक्ति, 10189, 117, पंक्ति , 10204.
512. पार्जिटर, एफ0 इ0, मार्कण्डेय पुराण, इंगलिश ट्रांसलेसन, कल्कत्ता, 1904, पृ0 333, 335, 340, 342, 344, 351, 352, 368; कनिंघम, ऑर्कियालॉजिकल सर्वे रिपोर्ट, IX, पृ0 54–57.
513. रे, एच0 सी0, द डायनेस्टिक हिस्ट्री ऑफ नार्दन इंडिया, दिल्ली, 1973, पृ0 738.
514. एपि0 इं0, XII, पृ0 268 और आगे।
515. महताब, हरेकृष्ण, द हिस्ट्री ऑफ उड़ीसा, ल0 वि0 वि0, लखनऊ, 1947, पृ0 80.
516. राय, एस0 एन0, भारत की प्राचीन मुद्राएँ, इलाहाबाद, 1995, पृ0 159–160.
517. वही, पृ0 55–56.
518. द्र0 पांडेय, रामनिहोर, दक्षिण भारत का इतिहास, पृ0 34–345.

BIBLIOGRAPHY

A. Sanskrit and Pali Texts (Originals and Translations)

Abhijñāna Śākuntala of Kālidāsa — ed. by A. B. Gajendragadkar, 6th ed., Surat.

Agni Purāna — ed. by H. N. Apte, Anandashrama, Poona, 1900.

Ahirbudhnya-Saṁhitā — 2 vols., ed. by M.D. Ramanujacharya, Adyar, Madras, 1916.

Aitreya Brāhamana — Anandashrama, Poona.

Amarakośa of Amarasiṁha — (1) ed. by Vasudev Lakshaman Sastri Pannikar, 7th ed., Bombay, 1934;

(2) ed. by Raghunandana Sharma, Varanasi, Samvat, 2006.

Aparājitapṛichchhā — ed. by P.A. Mankad, G.,O.S.,CXV, Baroda, 1950.

Āryamanjñśrimūlakalpa — (1) ed. T. Ganapati Sastri, 3 pts., Trivandrum, 1920, 1922, 1925.

Arthaśāstra of Kauṭilya — (1) text ed. by R. Sharma Sastri, 2nd., ed., Mysore, 1919;

(2) Translation by same author, 6th ed., Mysore, 1960.

*Ashṭādhyāyī of Pāṇin*i — ed. by S. C. Vasu, 2 vols., (reprint), Delhi, 1962.

Bhavishya Purāṇa Venkateshwar Press, Bombay, 1959.

Bodhāyana Gṛiyasūtra ed. by R. Sham Sastry, Mysore, 1920.

Bhoja Prabandha ed. by Sadashiva Sastri, Varanasi, 1949.

Brahmāṇḍa Purāṇa Venkateshwar Press, Bombay.

Bṛihaspatismṛiti ed. by K.V. Rangaswami Aiyangar, Baroda, 1941.

Bṛihdāraṇyaka Upanishada Published by Sri Ramkrishna Math, Madras, 1951.

Bṛihatasaṁhitā of Varāhamihira ed. by V. Subramanya Sastri and M.R.K. Bhatt, Bangalore,1947.

Buddhavaṁśa ed. by R. Morris (Pali Text Society), London, 1882.

Chariyāpiṭaka ed. by B.C. Law, Poona, 1949.

Chaturvvargachintāmaṇi of Hemādri (*Vratakhanda*), ed. by Bharata Chandra Siromani, Calcutta, Samvat, 1934.

Daśakumāracharita of Daṇḍin ed. by Taranath Tarkavachaspati, Calcutta, Samvat, 1929.

Dharmakośa ed. by Lakshmanasastri Joshi, Vol. I,3 pts., 1937, 1938, 1941.

Dhammapada ed. by S. Radhakrishnan, Oxford University Press, London, 1950.

Dhammapada Commentry Harvard Oriental Series, vols. XXVIII-XX. of Buddhaghosha

Dígha Nikāya Vol. I, ed. by T. W. Rhys Davids and J.E. Carpenter, 1980, Vol. III, ed. by J.E. Carpenter, London, 1911.

Divyāvadāna ed. by E.W. Cowell and R.A. Neil, Cambridge, 1886.

Gautam Dharmasūtra Anandashrama ed., Poona, 1910.

Gítā Gita Press, Gorakhpur.

Harshacharita of Bāṇabhaṭṭha ed. by P.V. Kane, 2nd ed., Delhi, 1965.

Jayākhya-Saṁhitā ed. by E. Krishnamacharya, G.O.S., No. LIV, Baroda, 1931.

Jātaka ed. by V. Fausboll, 6 Vols., London, 1877-97; trans. under the general editorship of E.B. Cowell, 1895-1913.

Kalpasūtra	Tr. by H. Jacobi, SBE, XXII, Oxford, 1884.
Kātyāyana Smṛiti	ed. by Shobhita Mishra, 2nd Vols., Varanasi, 1952.
Kāmandakīya Nītisāra	Venkateswar Press Bombay, Samvat, 1961.
Kātyāyana śrautasūtra	ed. by A. Weber, Berlin, 1859.
Kṛityakalpataru of Bhaṭṭa	Part VIII (*Tirthavivechanakanda*) ed. by K.V.
Lakshmīdhara	Rangaswami Aiyangar, Baroda, 1942.
Kumārasambhava of Kālidāsa	ed. by Sitaram Sahgal, Jalandhar, 1959.
Kūrma Puarāna	Venkateswar Press Bombay, Samvat, 1983.
Liṅga Purāna	Venkateswar Press Bombay, Samvat, 1981.
Mahābhāshya of Patañjali	ed. by B.J. Sastracharya, Bombay.
Mahāvaṁśa	ed. by Wilhelm Geiger, Pali Text Society, London, 1958.
Mahāvastu Avadānam	ed by E. Senart, Paris, 1882.
Mahābhārata	(i) Calcutta ed. (ed. by P.C. Roy), (ii) Poona (BORI) ced. (ed. by various scholars), (iii) Gita Press ed.
Mālavikāgnimitram of Kālidāsa	ed. by T. Jha
Mānavagrihyasūtra	ed. by R.H. Sastri (GOS, XXXV), 1926.
Manusmṛiti	ed. by Mahamahopadhyaya , G.N. Jha, vols. I and II, Calcutta, 1932, 1939.
Mārkaṇḍeya Purāṇa	Venkateswar Press Bombay.
Matsya Purāṇa	Anandashrama, Poona, 1937.
Meghadūta of Kālidāsa	ed. by G.R. Nandargikar, Bombay, 1894.
Milindapañho	ed. by V. Trenckner, London, 1880, trans. By Rhys Davids in SBE, Vols. XXXV-XXXVI, 1890, 1894.
Mudrārākshasa of Viśākhadatta	ed. by K.H. Druva, 3rd ed. Poona, 1950.
Muṇḍaka Upanishad	ed. by H.N. Apte, Anandasarama ed., 4th ed. Poona, 1918.

Nāradasmṛiti — ed. by K. Sambasastri, *(Nāradīya Manusamhitā)* Anantasayana, 1929.

Navasāhasānkacharita of Padmagupta *alias* Parimal — ed by Jitentra Bharatiya, Varanasi, 1963.

Nītisāra of Kāmandaka — Venkateswar Press Bombay, V.S., 1961.

Nītivakyāmṛita of Somadeva — ed. by Panna Lal Soni, Bombay, V.S., 1979.

Pṛithvīrāja- Vijaya of Jayānaka — ed by S.K. Belvelkar, Calcutta, 1915.

Rājatarangiṇ i of Kalahaṇa — Text ed. by M.A. Stein (reprint), New Delhi, 1960.

Trans. by M.A. Stein, 2 vols. (reprint), New Delhi, 1961.

Raghuvaṁśa of Kālidāsa — ed. by Wasudev Laxman Pansikar, 7th ed., 1929. Bombay,

Rāmāyaṇa of Vālmīki — ed. by Shastri Shrinivas Katti Mudholkar,(7 pts.), Bombay.

Rigveda Saṁhitā with — Vaidika Samsodhana-Mandala. Sāgaṇa's Commentry

śatapatha Brāhmaṇa — ed. by A. Weber, Berlin, 1885.

Samyutta Nikāya — ed. by Leon Feer (PTS), parts, II and III, Oxford, 1880, 1890.

Skanda Purāṇa, Part-IV — Venkateswar Press Bombay, *(Kāśikhaṇḍa)* V.S., 1965.

Smṛiti Chandrikā — ed. by L. Srinivasacharya, Mysore, 1914.

Taittrīya Brahmana — Anandasrama, Poona, 1922.

Taittirīya Upanishad — Sri Ramakrishna Math, Madras, 1949.

śukranītisāra — Venkateswar Press Bombay, Samvat, 2012.

Udayasundar ī-Kathā of Soḍḍhala — ed. by C.D. Dalal and E. Krishnamacharya, Baroda, 1920.

Vaikhānasasmārtasūtra — trans. by W. Caland, Calcutta, 1929.

Vājasaneyī saṁhitā — ed. by A. Weber, London, *(Sukla Yajurveda)* 1852.

Vāmana Purāna — Venkateswar Press Bombay, V.S., 1986.

Vāyu Puarāṇa — Venkateswar Press Bombay.

Vinayavast (Mūlasthaviravada) ed. by Nalinaksha Dutt (Gilgit Manuscripts, Vol. III), Shrinagar, 1947.

Vishṇudharmottara Purāṇa Venkateswar Press Bombay.

Vishṇusmṛiti ed. by V. Krishnamacharya, Madras, 1964.

Vinayapitaka Vol. I, (the *Mahavagga*), ed., by H. Oldenberg,

London, 1879, Vol. II, (the *Chullavagga*), ed. by H. Oldenberg, London, 1880.

B. Secondary Works (Hindi and English)

Agarwal, V.S. *Pāṇinikālina Bhāratavarsha*, Varanasi, 1969.

Agarwal, V.S. *India As Known To Pāṇini*, Varanasi, 1963.

Agarwal, V.S. *India As Known To Pāṇini*, Allahabad, 1953.

Agnihotri, P. *Patañjalikālīna Bhārata*, Patna, 1963.

Ali, S.M. *Geography of the Purāṇas*, (IInd ed.), Delhi,1973.

Awasthi , A.B.L. *Prāchina Bhārata Kā Bhougolika Swarūpa,* (Ist ed.), Lucknow, 1964.

Awasthi, A.B.L. *Prāchina Bhāratīya Bhūgola,* Lucknow, 1972.

Awasthi, A.B.L. *Studies in Skandapurāṇa*, (in four parts), Lucknow, 1976-1983.

Basham, A.L. *The Wonder That Was India, London*, 1954.

Bhandarkar, D.R. *A List of Inscriptions of North India in Brāhmī and Its Derivative Scripts About 200 B.C.,* New Delhi.

Bhandarkar, D.R. *Aśoka* (Hindi Translation), New Delhi.

Bhandarkar, D.R. *Appendix To Epigraphia Indica,* X.

Bharadwaj, O.P. *Studies in the Geography of Ancient India*, Delhi, 1986.

Bhargava, P.L. *India in the Vedic Age*, Lucknow, 1956.

Bhatt, Janardan *Buddha Kālīna Bhārata*, Kashi, 1982.

Borooah, A. *Ancient Geography of India*, (Reprint), Gauhati, 1971.

Bose, D.N. *Yogavasiṣṭha-Rāmāyaṇa*, Calcutta, 1958.

Chaudhari, B.N. — *Buddhist Centres in Ancient India*, Calcutta, 1969.

Chaudhary, M. — *Tribes of Ancient India*, Calcutta, 1958.

Chaudhury, R.K. — *The Hūṇa Invasion on India, Journal of the Bihar Research Society*, Altekar Memorial Volume, 1959.

Cunningham, A. — *The Ancient Geography of India*, Calcutta, 1924.

Dasgupta, K.K. — *Tribal History of Ancient India*, Calcutta, 1967.

Dash, N.K. — *An Encyclopaedic Dictionary of Indian Culture*-II, Cambridge University, 1965.

Devahuti, D. — *Harsha: A Political Study*, Oxford, 1970.

Dey, N.L. — *Geographical Dictionary of Ancient and Medieval India*, London, 1927.

Elliot and Dawson — *History of India as Told by its Own Historians*, (in Two Volumes), London, 1867-1877.

Fleet, J.F. — *Vizagapatam Copper-Plate Grant of* Anantvarman Choḍagañgadeva, śaka Saṁvat-1003, *Indian Antiquary*, XVIII, pp. 166 ff.

Fleet, J.F. — Eran Stone Pillar Inscriptions of Budhgupta, *Corpus Inscriptionum Indicarum*, III, 1963, P.89.

Fleet, J.F. — Alina Copper- Plate Inscription of Śīlāditya, *Epigraphia Indica*, VII, 1902-03, PP. 79 ff.

Fleet, J.F. — Corpus Inscriptionum Indicarum, III, (reprint), Varanasi, 1970.

Foucher, A. — *Notes on the Ancient Geography of Gandhāra*, Calcutta, 1915.

Ghos, A. — *The City In Early Historical India*, Shimla, 1973.

Ghos, A. — Two Maukhari Seals From Nalanda, Epigraphia Indica, XXIV, 1937-38, p. 285.

Ghos, N.T. — *An Early History of Kauśāmbī*, Allahabad, 1935.

Gopal, R. — *India of Vaidika Kalpsūtras*, Delhi, 1950.

Goyal, S.R. — *Magadha Sāmrājya kā Udaya*, Meerut, 1981.

Goyal, S.R. — *Maukhari-Puṣpabhūti-Chālukyayugīna Abhilekha*, I, Varanasi (IInd ed.), 1961.

Grierson — The Kombose: *Journal of Royal Asiatic Society*, 1912.

Gupta, Y.R. — Two Taleshwar Copper Plates, *Epigraphia Indica*, XIII, 1815-16, PP. 109-21.

Halder, R.R.	Samoli Inscription of the Time of Śīlāditya, V.S., *Epigraphia Indica*, XX, 1929-30. p.99f.
Hiralal	Ragholi Plate of Jayavardhana-II, *Epigraphia Indica*, IX, 1807-08, pp. 44 ff.
Jaichand, V.	*Bhārtīya Itihāsa Kī Ruparekhā*, Allahabad, 1942.
Jain, K.C.	*Kālidāsa and His Times*, Delhi, 1990.
Jain, Kamta Prasad	Jaina-Siddhānta-Bhāskara, Part-9, Arah,1942.
Jayaswal, K.P.	History of India, Lahore, 1933.
Jayaswal, K.P.	*Hindu Polity*, Calcutta, 1924.
Jayaswal, K.P.	*Hindu Polity,* (IVth ed.), Banglore, 1967.
Kalot, N.H.	*India As Described By Megasthanese*, Delhi, 1978.
Keilhorn, F.	Two Bhuvaneshwar Inscriptions, *Epigraphia Indica*, VI, 1901, pp. 203 f.
Keilhorn, F.	Bilhari Stone Inscriptions of Rulers of Chedi, *Epighraphia Indica*, I, 1892, pp. 251 ff.
Keilhorn, F.	Devpada Stone Inscriptions of Vijayasena, *Epigraphia Indica*, 1892, pp. 307 ff.
Keilhorn, F.	Benaras Copper- Plate Inscriptions of Karnadeva, Epigraphia Indica, II, 1994, pp.305 ff.
Keilhorn, F.	Nagpur Stone Inscriptions of the Rulers of Malwa, *Epigraphia Indica*, 1994, pp.180 ff.
Keilhorn, F.	Khalimpur Plate of Dharmapāladeva, *Epigraphia Indica*, IV, 1896-97, pp. 243 ff.
Kern, H.	Mutual of Indian Buddhism, Delhi-Varanasi-Patna (Reprint), 1974.
Konow, S.	*Corpus Inscriptionum Indicarum*, II, (i), *Kharosthi Inscription*, Calcutta, 1929.
Lal, A.	*Sanskṛita Bauddha Śāhitya Mein Bhārtīya Jīvana*, Lucknow, 1968.
Law, B.C.	*Lichchhavis in Ancient India*, London, 1921.
Law, B.C.	*Anga And Champā In Pāli Literature*, London, 1925.
Law, B.C.	*India As Described In Early Texts of Buddhism And Jainism*, London, 1941.
Law, B.C.	*Historical Geography of Ancient India*, Calcutta, 1954.

Law, B.C. — *Prāchīna Bhārat Kā Aitihāsika Bhūgola*, (Translation by Dwevedi, R.K.), Lucknow, 1972.

Law, B.C. — *Geography of Early Buddhism, London*, 1941.

Law, B.C. — *Some Kṣatriya Tribes of Ancient India*, (Ist Edn.), Pune, 1943.

Law, B.C. — *Tribes In Ancient India* (IInd Edn.), Pune, 1973.

Law, B.C. — *Geographical Essays* (Ist Part), Calcutta, 1938.

Law, B.C. — *Ancient Mid-Indian Kṣatriya Tribes*, I, Varanasi, 1975.

Legge — *The Travels of Fahien*, Oxford, 1986.

Majumdar, R.C. — *Suvarṇadvīpa* (in Two Parts), Calcutta, 1937-38.

Majumdar, R.C. — *Kambuja Deśa*, Madras, 1944.

Majumdar, R.C. — Three Copper Plate Grants from Mayurbhanja, *Epigraphia Indica*, XXV, 1939-40., pp 161 ff.

Majumdar, R.C. & Altekar, A.S. — *The Vākāṭaka-Gupta Age*, Varanasi, 1967.

Majumdar, R.C. & Pusalkar (ed.) — *The Age of Imperial Kanauj*, Bombay, 1957.

Majumdar, R.C. & Pusalkar (ed.) — *The Struggle for Empire*, Bombay, 1957.

McCrindle, J.W. — *Ancient India As Described in Classical Literature*, New Delhi, 1901.

McCrindle, J.W. — *Ancient India As Described by Megasthanese and Arrian*, Calcutta, 1972.

Mirashi, V.V. — *Vākātaka Rājvaṁśa Kā Itihāsa Tathā Abhilekha*, Varanasi, 1964.

Mirashi, V.V. — Inscriptions of The Vākāṭakas, *Corpus Inscriptionum Indicarum*, Kanpur, 1963.

Mirashi, V.V. — The Sarkho Plates of Ratnadeva, II of the (Chedi) Year 880, *Epigraphia Indica*, XXII, 1933, pp. 159 ff.

Mirashi, V.V. — *Corpus Inscriptionum Indicarum*, IV, Ootacumund, 1955.

Mishra, Jaishankar — *Prāchīna Bhārata Kā Sāmājika Itihāsa*, Patna, 1980.

Mishra, R.G. — *Tapobhūmi Prāchīna Bhārata Kā Aitihāsika Bhūgola*, Prayag, 2007.

Mishra, S. *Prāchīna Bharata Mein Grāma Evam Grāmya Jīvana Ke Katipaya Paksha*, Gorakhpur, 1984.

Mishra, S.N. *Ancient Indian Republics*, Lucknow, 1976.

Mitra, V. *The Yogavasiṣṭha-Mahārāmāyaṇa*, (English Translation), Delhi, 1976.

Motichandra *Geographical And Economic Studies In the Mahābhārata*, Lucknow, 1945.

Nahar, R.S. *Bhāratīya Itihāsa Kī Rūparekhā*, Allahabad, 1961.

Pandey, G.C. *Bauddha Dharma Ke Vikāsa Kā Itihāsa*, Lucknow, 1983.

Pandey, R.B. *Hindudharmakosha*, Lucknow, 1988.

Pannikar, K.M. *Bhārtīya Itihāsa Kā Sarvekshaṇa*, Bombay, 1957.

Pargitar, F.E. *Ancient Indian Historical Tradition*, London, 1922.

Pathak, V. *Uttara Bhārata Kā Rājnaitika Itihāsa*, Lucknow, (IInd ed.), 1977.

Pathak, V.S. *History of Śaiva Cults In Ancient India*, Varanasi, 1960.

Puri, B.N. *India Under The Kushāṇas*, Bombay, 1965.

Raychaudhari, H.C. *Political History of Ancient India,*(6th ed.), Calcutta, 1953.

Raychaudhari, H.C. *Political History of India*, Calcutta, 1972.

Ramesh, K.V. *Indian Epigraphy*, I, New Delhi, 1984.

Rao, V.B. *Uttara Vaidika Samāja Evaṁ Sanskṛiti*, Varanasi, 1966.

Rapson, E.J. *Ancient India*, Calcutta, 1960.

Ray, H.C. *Dynastic History of Northern India*, (Two Volumes), Calcutta, 1931-32.

Reu, V.N. *Rāshṭrakuton (Rāthoron) Kā Itihāsa*, Jodhpur, 1934.

Roy, U.N. *Prāchīna Bhārata Mein Nagara Tathā Nagara Jīvana*, Allahabad, 1941.

Sachau, E.C. *Albaruni's India (Reprint)*, Delhi, 1964.

Sahni, D.R. Saheth-Maheth Plate of Govindachandra, *Epigraphia Indica*, XII, 1813-14, pp. 33 ff.

Sahni, D.R. Chandravati Plates of Chandradeva, V.S. 1150 and 1156, *Epigraphia Indica*, XIII, 1815-16, pp. 192 ff.

Samaddar, J.N. *The Glories of Magadha*, Calcutta, 1927.

Sen, B. C. *Some Historical Aspects of the Inscriptions of Bengal*, Calcutta, 1942.

Sengupta, N. *Cultural History of Kapisha and Gandhāra*, Delhi, 1948.

Sharma, B.N. *Harsha and His Times*, Varanasi, 1970.

Shastri, A.M. *India As Seen in the Bṛihatsaṁhitā of Varāhamihira*, Delhi, 1984.

Shastri, H. The Nalanda Copper-Plate of Devapāladeva, *Epigraphia Indica*, XVII, 1923-24, pp. 318 ff.

Shastri, H. Barah Copper-Plate of Bhojarājadeva, V.S., 893, *Epigraphia Indica*, XIX, 1927, p. 17-18.

Shastri, H.N. *Material*, (MASI: 66), 1942

Singh, Ramvriksh *Gupta-śamrājya*, Allahabad, 1989.

Sircar, D.C. *Indian Epigraphy*, Delhi, 1965.

Sircar, D.C. *Select Inscriptions*, I, Calcutta, 1965.

Sircar, D.C. *Indian Epigraphical Glossary*, Varanasi, 1965.

Sircar, D.C. *Cosmography And Geography In Early Indian Literature*: Indian Studies (Past and Present), 1967.

Sircar, D.C. *Select Inscriptions*, II, Delhi, 1983.

Sircar, D.C. Parbatiya Plates of Vanamālavarmanadeva, *Epigraphia Indica*, XXIX, 1951-52, p. 145-59.

Sircar, D.C. Charter of Viśhṇūsena- V.S. 649, *Epigraphia Indica*, XXX, 1953-54, p. 163-81.

Sircar, D.C. Three Plates of Pandukeswar, *Epigraphia Indica*, XXXI, 1955-56, pp. 277 ff.

Sircar, D.C. Madanpada Plates of Visvarupasena, *Epigraphia Indica*, XXXIII, 1959, pp. 315 ff.

Sircar, D.C. Tarachandi Rock Inscription of Pratāpadhavala, V.S. 1225, *Epigraphia Indica*, XXXIV, 1959, pp. 23 ff.

Sircar, D.C. Some Gāhadavāla Grants, *Epigraphia Indica*, XXXV, 1964, p. 206, n. 6.

Sircar, D.C. Copper-Plate Grants from Bihar, *Epigraphia Indica*, XXXV, 1964, p. 125 f.

Sircar, D.C. Parbatiya Plates of Vanamālavarmanadeva, *Epigraphia Indica*, XXXIX, 1951- 52, pp. 145-159.

Sircar, D.C. *Studies In the Geography of Ancient and Medieval India*, Delhi, 1960.

Smith, V.A. *The Early History of India*, Oxford, 1924.

Srivastava, K.C. *Prāchīna Bhārata Kā Itihāsa Tathā Sanskṛiti*, Allahabad, 2002.

Tamaskar, B.G. *Contribution to Historical Geography of India*, New Delhi, 1985.

Thakur, U. *The Hūṇas In India*, Varanasi, 1967.

Thakur, U. *Some Aspects of Ancient Indian History and Culture*, New Delhi, 1974.

Thaplyal, K.K. *Studies In Ancient Indian Seals*, Lucknow, 1972.

Thaplyal, K.K. *Inscriptions of The Maukharis, Later Guptas Puṣpabhūtis And Yaśovarman of Kanauj*, Delhi, 1985.,

Tiwari, G.S. Shāṇḍilya Gotrīya Brāhmaṇo Ke Kendra, *Journal Of the Indian Research Society of Awadh*, III, July, *Of the Indian Research Society of Awadh*, III, July, 1980-June, 1981, p.145.

Tiwari, R.S. *History of Kanauj to the Moslem Conquest*, Varanasi, 1937.

Tiwari, R.S. *History of Kanauj*, Varanasi, 1937.

Tripathi, R.S. *History of Ancient India*, Varanasi, 1960.

Upadhyay, B.S. *Buddhakālina Bhārtiya Bhūgola*, Prayag, 1883.

Upadhyay, V. *Gupta Sāmrājya Kā Itihāsa*, Allahabad, 1939.

Vedalankar, H. *Bhārata Kā Sanskṛitika Itihāsa*, Delhi, 1992.

Vedalankar, H. *Prāchīna Bhārata Kā Rājnaitika Evaṁ Sānskṛitika Itihāsa*, Lucknow, 1972.

Vidyalankar, S. *Maurya Sāmrājya Kā Itihāsa*, Mussorrie, 1976.

Vidyalankar, S. *Prāchina Bhārata Ki śāśana Paddhati Aura. Rājaśāstra* New Delhi, 2001.

Vidyalankar, S. Madhya Asia Tatha China Mein Bhartiya Sanskriti Mussorrie, 1977.

Vidyalankar, S. *Bhārtiya Itihāsa Kā Pūrva-Madhya Yuga*, (600-120 AD), Mussorrie, 1977.

Vogel, J.Ph. *Antiquities of Chamba States*, Calcutta, 1911.

Vyas, S.N. *India in the Rāmāyaṇa Age*, Delhi, 1967.

Waters, T. *On Yuan-Chwangś Travels In India*. (Reprint), Delhi, 1961.

अनुक्रमणिका

झ

ट

प

फ

ब

त

थ

द

द्य

ध

न

व

श

स